菲利浦．史蒂芬 Philip Stephens ◎ 著　梁永安 ◎ 譯

孤獨英國

從大英帝國到大英國協，
加入歐洲共同體到脫歐，英國將走向何方？

BRITAIN ALONE

The Path from Suez to Brexit

獻給菲麗希緹·布萊恩，她總是鼓舞著我，
也獻給傑斯、班和帕蒂

誰控制了過去誰就控制了未來，誰控制了現在誰就控制了過去。

——歐威爾

好評推薦

菲利浦・史蒂芬達成了一個罕見的成就，讓這本書成為「即時性的經典之作」。這將是帶領我們重看從蘇伊士運河危機到脫歐這六十五年來歷史的解密之書。

——彼得・軒尼詩 Peter Hennessy／英國上議院議員

在經歷數十年採訪多位領袖之後，菲利浦・史蒂芬帶領我們看清英國如何失去、重新找回又再次失去其國際地位的歷程。

——提摩西・賈頓・艾許 Timothy Garton Ash／牛津大學歷史學教授

本書比許多歷史著作更好讀，同時也超越許多新聞記者所能達到的知識高度。書中的諸多軼事與清晰的判斷，提供我們對這段歷程的第一手觀察。

——查爾斯・格蘭特 Charles Grant／歐洲改革中心主任

推薦序

失落的帝國，失落的自我

羅至美

當我接到貓頭鷹出版社邀約，希望我為菲利浦．史蒂芬（Philip Stephens）所著的《孤獨英國》（*Britain Alone: The Path from Suez to Brexit*）的中文出版撰寫推薦序時，我的心情是感動、感慨與感傷。

感動的理由是得知，在閱讀人口大幅下降的二〇二〇年代，在對歐洲事務較為陌生與遙遠的臺灣，居然有本地出版社願意出版一本訴說英國故事、內容上質與量均顯沉重、嚴肅的非文學類的書籍，著實令人驚喜。

自二〇〇〇年赴英國留學開始，我即是菲利浦．史蒂芬的讀者，他每週在《金融時報》（*Financial Times*）的專欄文章與兩本專著：*Politics and the Pound: The Conservatives' Struggle with Sterling* 與 *Tony Blair: The Price of Leadership*，提供我的博士論文研究主題——英國新工黨政府的歐元決策，第一手對核心決策圈動態的觀察與追蹤。他對英國政治與政治人物深入、獨到的分析與批判，常令研究政治的我感到驚喜與折服。他優雅的文字與生動的敘述，也讓像我這樣非英語系國家的讀者，產生額外的閱讀趣味與學習。這兩本專著至今仍置於我研究室書架上醒目的位子。

感慨的理由是：時隔多年，再度閱讀描繪英國戰後政治變遷的此書，英國政治在國際政治已然從後冷戰走向新冷戰的地緣政治新頁時，仍陷在英國知名政治學者安德魯．甘布爾（Andrew Gamble）於一九九八年所言的：「後帝國時期創傷症候群。」本書以曾任美國國務卿的迪安．艾奇遜（Dean G. Acheson）於一九六二年時，以第三者角度評論英國政府的對外行為是：「已經失去一個帝國，卻還找不到一個恰如其分的角色，這是因為政治人物都在扮演鴕鳥。」六十年過去了，這句評論對二〇二二年的英國，依然完全適用。扮演鴕鳥的政治人物，不論是保守黨還是工黨執政，都無法直視英國已經不再是一個具有全球意義的強權國家，但國家的命運卻無法逃避英國的國力，主要是製造業的競爭力，已經不再居於全球首列，甚至連歐洲首列也排不上的難堪現實。鴕鳥們的策略，如本書所詳細描述的，是委身在美國超強地位的巨大身影下，透過所謂的「英美特殊關係」，長期地自我欺騙與逃避地自認為：英國仍是一具有全球地位的強權。鴕鳥策略固然可以繼續讓全民自我感覺良好，卻無法自動解決國力衰退、繁華落盡的產業結構問題。

作者以蘇伊士運河危機為起始點，寫到英國脫歐為終點，前者是象徵大英帝國開始解體的關鍵事件，後者是代表英國離開了一個能為其投射全球影響力的重要政治集團——歐盟。英

文書名訂為 *Britain Alone*，一語道盡了這六十多年來英國在世界的位置。是的，英國愈走愈孤獨，從全球性的帝國走向區域性的歐盟，從區域性的歐盟走向孤懸於歐洲大陸外的英倫三島。脫歐之後，號稱屹立於英倫三島已經千年的英國還可能走向進一步的分裂。

我的感傷也來自於此。作為一個曾經在英國生活過五年的外國留學生，領略過英國文化的醇厚與幽默、英國學術研究的自由與嚴謹、英國人民的友誼與正直，她愈走愈孤獨的身影無疑令我遺憾與惋惜。書中提到，曾任英國外務大臣的努丁對英國未在第一時間加入歐洲統合時評論道：「我們錯過了最後也是最重要的一班巴士。」當英國還在尋找自我時（soul searching），英國錯過的是一個本來可以更好的自己。

本書對研究國際政治、歐洲政治、戰後英國歷史的研究者而言，都是一本不容錯過的精采讀本，從理性與感性層面，我都誠摯地向中文讀者推薦這本值得再三品味的好書。

羅至美　英國東英格蘭大學政治學博士，臺北大學公共行政暨政策學系教授／歐盟莫內講座教授。

孤獨英國

目次

鳴謝

我在「路透社」和《金融時報》當記者時期，持續存在關於英國世界地位的爭論。自一九八〇年代開始執筆談論我國（英國）與歐洲的跌宕關係，以及她偶爾令人尷尬地對華府低聲下氣，我一直留意那個更大的故事：一個不再是世界中心的國家如何拼死拼活重塑自己的身分。我希望本書能夠把這則故事講好。

英國「打贏了」二次大戰，卻在這個過程中失去了她的帝國。遠征蘇伊士運河的崩潰暴露了英國在後帝國時代衰落的事實。在某一段時間內，擁抱歐洲，並且與美國保持一種「特殊關係」，看似提供了一種可行的平衡——儘管常常是一種讓人不自在的平衡。然而，脫歐卻讓英國再一次單打獨鬥。《孤獨英國》是要講述方方面面的力量——歷史的、政治的、經濟的、文化的和情感的力量——是如何讓莎士比亞筆下的權杖之島難以安於當一個既有作為，同時又承認國力有限的角色。

我要感謝《金融時報》歷任主編和我很多優秀的同事，他們的見識和眼界多年來都有助於形塑我的思想。《金融時報》的文學版主編斯蒂德曼（Frederick Studemann）在讀了本書初稿之後提供睿智意見並給予肯定。本書下半部分的許多內容直接取材自我在《金融時報》當作者、專欄作家和主編期間，跟首相、大臣以及官員們數以十計——不，是數以百計——的談話，有些有紀錄在案，有些是私下交流。我曾以「路透社」特派員的身分在布魯塞爾目睹柴契爾夫人為削減英國對歐洲共同體預算的分攤份額而奮戰，然後又以《金融時報》政治版主編的身分訪問她。每逢英國首相到白宮朝聖，我便會進行一趟比歐盟總部更遠的行程。近期則作為首席政治評論員，追蹤了卡麥隆和梅伊的下台始末。在這兩個時間點之間，《金融時報》給了我一個靠近擂台的座位，讓我可以近距離目睹各個重大事件，包括柴契爾夫人對蘇聯領袖戈巴契夫的入迷，布萊爾蹚了伊拉克戰爭的渾水，以及卡麥隆被他一度形容為「瘋子、怪胎，大多是低調的種族主義者」的對手給打敗。

在講述卡麥隆發動脫歐公投的經過和布萊爾走向戰爭的始末時，我除了仰仗我的《金融時報》筆記本，還引用了我前兩本書的內容：一本是關於保守黨從英鎊和歐洲吃到的苦頭，一本是關於布萊爾的首相生涯。我在「參考書目」裡特別提到軒尼詩等歷史學家對於二次大戰後幾十年英國的鮮明記述。

首相官邸、外交部和其他部門的很多官員都是很好的人，願意和我聊聊更近期的事，讓我能夠更如實地引述。他們有些人的話我可以直接引用，但很多其他人的名字必須隱去。我對英國文官的長久印象——除了聰明還無比慷慨大方和樂於推廣真相——從他們身上獲得印證。儘管有時候會因為被要求執行一些決定而感到失望，他們也對他們的女老闆或男老闆忠心耿耿。

我要向他們致上誠摯謝意。我也要感謝柏林、巴黎、布魯塞爾和華府的外交官和官員，他們讓我知道英國在朋友的眼中是什麼樣子。我同樣感謝博世基金會提供獎金讓我可以在柏林休假一年。

我是在本書前半部所涵蓋的時期中長大，即使體認到那是一個與過去決裂的時期，但卻基本上意識不到我國統治菁英為此感受到的痛苦。英國已經習慣了為世界重新制定秩序，習慣了干預發生在遙遠的殖民地、自治領和屬地的事件。她在一九四〇年單獨對抗納粹的事不知道被重提過多少遍。要適應「英國治世」已經被美國霸權取代的事實，不是發出一聲痛苦的吶喊便可以做到的。

想要對戰後幾十年英國歷史了解更多的讀者有很多好的著作可讀。我在「參考書目」裡列舉了最優的一些，又介紹了好些不可錯過的網站，可讓人找到內閣文件、首相書信和里程碑事件當代記載的數位檔案。我嗑過大量政治家、外交官和記者的記述、日記和回憶錄，希望我能恰如其分地表現出他們所講述的故事的豐富性。

菲麗希緹・布萊恩（Felicity Bryan）令人懷念。她是個經常給予我鼓勵的經紀人。從來不停止衝鋒，我在完成上一本書後遲遲沒有新作，是她持續推著我向前邁進。如果我寫出任何有用的內容，要歸功的便是菲麗希緹。我也要謝謝費伯出版社（Faber）的哈桑（Laura Hassan），他在簽下這本書之後好幾次容忍我拖搞（我同時要處理《金融時報》有關脫歐的國會辯論報導）。諾迪（Andrew Naughtie）給我從檔案中挖出大堆好東西，超棒的編輯科普

（Rowan Cope）幫助我讓我的思緒更有條理。我還要感謝巴赫拉米（Ian Bahrami）深思而富有耐心的編輯工作，感謝奧爾納特（Chris Allnutt）小心檢查此書。凱蒂・沃德（Kate Ward）技巧高明地把一切整合在一起。

我對我獲得的所有幫助非常感激，但本書的判斷和任何錯誤都完全是出自於我。

序幕

某位傑出的白廳*科學家敲響了警號。蒂澤德在大戰期間是邱吉爾派往華府的特使，任務是監督英國和羅斯福政府交換先進軍事科技（從機載雷達到核融合）。有一次，在橫渡大西洋的時候，他的手提箱裡帶著英國每一種最新祕密武器的藍圖。到了一九四九年，作為政府首席國防科學家，他的注意力將會轉向英國在大戰後新秩序中的地位。事實證明，英國為勝利付出了重大代價。打敗希特勒標誌著「英國治世」的結束。歐戰勝利紀念日的四年後，大英帝國臨到了解體的邊緣，而英國政府看似陷入了長期的經濟危機。「鐵幕」已經把大國關係改寫為美國和蘇聯之間的競爭。但在白廳和西敏†的走廊裡，承認英國已經淪為二流國家幾乎是一種背叛行為。蒂澤德是少數呼籲應該把現實置於情感之上的人。他在一份正式的白廳備忘錄中說：「我們堅持認為自己是個大強國，無所不能，只是暫時被經濟困難綁住手腳。但我們已經

*是倫敦的一條大道，有許多政府機關在此辦公，因此「白廳」被用來指代英國政府。

†西敏是倫敦市中心的區，西敏宮、白金漢宮、西敏寺都位於此，「西敏」一詞經常用來指英國國會。

不是一個大強國，也永遠不再是。我們是一個偉大民族，但如果我們繼續像一個大強國那樣行動，很快就不會是個偉大民族。」[1] 蒂澤德的先見之明預示了二次大戰後英國歷史的很多方面。本書是一個關於膨脹了的雄心和削弱的形勢的故事。有人稱英國這種行為方式為「管理相對衰落」。保守黨外相赫德則喜歡說英國在全球事務上習慣「在超過自己體重的量級中出賽打拳」。

不管英國有多少尚存的力量（包括她根深柢固的民主傳統和民主文化，以及她的語言、地理環境和天生創造力），她的這種取向都是一個痛苦的歷程。很多時候，她就像是在和歷史搏鬥，死要抱住過去不放。大英帝國在一九四五年還有七億人口，而這個帝國的解體讓英國不得不在一個由其他強權制定規則的世界裡尋找新的身分。英國的政治領袖時不時都得以足夠的勇敢去面對經濟相對衰落的現實。不過更多時候他們卻是抱著錯覺不放，直至被大形勢壓倒為止。英國國際地位的衰落常常被認為表現在英鎊的一貶再貶和英軍被迫從海外撤退。她在一九七三年加入共同市場之舉，本來也許可以作為對往日的緬懷與當下的現實之間可行的妥協。抱著美國大腿，同時在歐盟會議取得有力發言權是一種顫顫巍巍的平衡操作，但她讓英國在華府和布魯塞爾同時有槓桿可以施力。二〇一六年退出歐盟的決定意味著英國必須從頭來過。

艾登*在一九五六年遠征蘇伊士運河的失敗和六十年後的脫歐公投是本故事的自然起迄點。兩者都代表著對過去的緬懷，儘管是出自不同的方式。它們都在問一個問題：英國的身分是應該由地理環境——作為歐洲大陸西部邊緣一個島嶼——來界定呢，還是應該由輝煌的帝國歷史來界定呢？在遠征蘇伊士運河和脫歐這兩件事情上，懷舊症都戰勝了理性，都認為國家身分應該由輝煌過去來形塑，而不是看一九四五年後幾十年間權力的重新洗牌。艾登希望遠征蘇伊士運河可以恢復英國作為一個世界強權的地位。六十年後，脫歐派的領導人同樣堅持英國不應該被與歐洲毗鄰的事實所束縛。強生會選擇「全球性英國」作為口號並非偶然，儘管它的意義還有待釐清。他借用了艾登解釋英國為什麼應該抽離於歐洲之外的說詞。艾登在一九五二年一月指出：「英國的故事和利益超出歐洲大陸的範圍之外。我們的思想越過七大洋，去到世界每一個角落，我們的國人在世界各個領域扮演角色。這些是我們的家族紐帶，是我們的生命。」[2]接著就發生了蘇伊士運河事件。麥克米倫†在一九六二年說出了一個較不討喜的現實：「在過去，作為一個海上強權，我們也許曾經服膺於看不起外國人的孤島式優越感……但如今，我們必須把世界放在它今日的樣子和明日的樣子來考慮，而不是用一個來自潰敗過去的陳腐角度。」[3]而強生更偏向艾登的錯覺。現在，與歐盟的切斷關係要求對英國的過人之處進行另一次點算。

　　不論如何，英國最常且不斷被提及的就是，她打贏了大戰。在大眾的想像裡，盟軍在這齣大戲中只扮演次要角色；這是明明白白寫在邱吉爾的六冊回憶錄裡的。歐洲的其他國家也許會

＊二次大戰後的第三任英國首相。

†二次大戰後的第四任英國首相。

需要規劃一個新的未來，但英國將會懷舊地執著於一個輝煌的過去。一九四五年的勝利迅速在國民心靈上烙下一個英國有別於鄰國的自我印象。英國是一個海上強權，她的利益由全球貿易路線決定。她的政治機構和政治傳統經歷了大戰而毫髮無傷。在鼓起過那麼大的勇氣和經歷了那麼多的犧牲之後，我們理所當然會假定，這個國家很快就會恢復昔日的榮光。維多利亞人曾經辛勤打造英國的國家神話，主張擁有帝國是英國全球使命的證明。大可以稱這種使命為「昭昭天命」＊。這個國家省事地忘記了法語有幾個世紀曾經是他們貴族的語言，忘記了嘉德騎士團在衝鋒時會高喊 *Honi soit qui mal y pense*（心懷邪念者蒙羞）†，忘記了溫莎皇室直到第一次世界大戰為止一直稱為薩克森－科堡－哥達王朝‡——改名是為了照顧國民的感情。邱吉爾說過，英國也許會和歐洲人站在一起，但卻不是歐洲的一分子。然而帝國的疆界正快速縮小，而大英國協——前英國殖民地的聯合體——不足以作為替代品。這個難題觸及自我形象、歷史記憶和身分等所有會引起神經痛的情緒，是麥克米倫和他的後繼者們要去與之搏鬥。對世界來說太微不足道了，英國心理上掙扎於只將自己視為一個地區性強權。從遠征蘇伊士運河到脫歐的六十年間，由光榮歷史所生的優越感和看著一個經濟蓬勃的新歐洲向前邁進所引發的不安全感齊頭並進。在找到一個角色之前，英國必得先找到自己。

歷屆政府對擁有「獨立」核威懾力的堅持，在維持英國的強國錯覺上起著核心作用。麥克米倫說服甘迺迪賣給英國從潛艦發射的北極星飛彈，視之為一項重大勝利。美國人明白，飛彈對英國人的象徵意義大於實質意義。美國總統顧問紐斯達指出，英國的核子武力完全無關東西方的均勢：「英國政府無意獨立進行核攻擊；主動攻擊乃是自取滅亡。至於還擊，他們的計畫長久以來都是和我們的計畫綁在一起。」[4]紐斯達又引用另一位官員更尖銳的話說：對英國而言，核子武器是「繼殖民地之後最昂貴的地位象徵」。後來的首相沒有任何人敢質疑麥克米倫的這個認定：除非英國擁有保證摧毀得了莫斯科的核子飛彈，否則她將無法抬起頭來。

英國的戰後故事有低點也有高點。在二十一世紀第三個十年之初的今日，英國仍然是一個重要的強國，經濟排名世界第六或第七位，大部分時間都願意承擔因聯合國常任安全理事席位而來的國際責任。她自視為各國自由秩序的籌劃者之一，保證了民主與繁榮的穩固，她堅定反對蘇聯共產主義。大體上，她以謹慎體面的方式面對帝國的瓦解。時至今日，英國常常在國際事務上扮演大一號的角色，援外發展預算上慷慨得讓大部分同儕羞愧，還有著很多方面都無與倫比的情報部門和一支仍然能夠戰鬥的軍隊。然而，她依舊是頑固地不願意扮演一個有影響力

＊「昭昭天命」為十九世紀的美國政治標語。當時有些美國人相信美國被上帝賦予了向西擴張至橫跨北美洲大陸的天命。

†英法百年戰爭開打後，英王愛德華三世為了提升士兵鬥志建立嘉德騎士團，此也是英國世俗貴族的起點。百年戰爭期間，愛德華三世的軍隊多次進逼巴黎，控制法國北方土地。

‡來自德國的薩克森－科堡－哥達家族和英國的漢諾威家族從十九世紀起有多次聯姻。一九〇一年繼位的英王愛德華七世是第一位來自薩克森－科堡－哥達王朝的君主。但因為第一次世界大戰的反德情緒，促使繼任的英王喬治五世改姓溫莎。

但次要的角色。就像蒂澤德擔心的那樣，企圖抱住過去常常拉低英國能對現在作出的貢獻。始作俑者是邱吉爾。他曾經跟史達林和羅斯福在德黑蘭和雅爾達會商，又曾跟史達林和杜魯門在波茨坦會商，被認為是世界政治家的「三巨頭」之一。三人一起重繪了世界地圖，所以邱吉爾永不容許自己相信英國已經落入一個第二梯隊。他拒絕承認印、巴的獨立標誌著大英帝國的終結。在這位偉大戰時領袖看來，英國在三環權力之間，即在美國、歐洲和大英帝國暨大英國協之間，依然起著獨一無二的連結作用。和他一樣抱持不認輸樂觀態度的大有人在。艾德禮＊政府的傑出外相貝文是你能夠找到的最不感情用事的政治家，但他一樣掉入陷阱，認為戰後的貧困只是一個過渡階段。英國的大工業、英國的科技研發能力，還有英國人天生的機靈都將會讓英國重返前列。幸而，貝文也為英國在各種為西方秩序制定規則的國際機構——從聯合國安理會到「布列敦森林體制」†到北約組織——爭取到重要角色。

英國恢復光榮的夢想除了是一個自私的要求，也常常被視為一個道德的要求。論者認為，打敗希特勒固然是一種聯合的努力，但要不是英國在一九四〇年顯示出單獨對抗納粹的勇氣，勝利是不可能發生。這就是未來好幾代人所秉持的特殊主義的根源，他們無視於權力的天平已經發生轉變，始終緊抓住可以象徵國家威望的小飾物不放。這種心態解釋了英國為什麼仍然擁有造價極其昂貴的三叉戟飛彈（這種飛彈被認為是英國「獨自」擁有卻又完全仰賴美國科技來保養），以及為什麼阮囊羞澀的皇家海軍讓兩艘大型航母下水，卻沒有建造多少艘驅逐艦和巡防艦來保護它們。

「相對衰落」沒有什麼好丟臉的。二次大戰帶來了決定性的全球權力轉移，讓英國這樣小的島國絕對無法匹敵美國的龐大經濟和軍事力量，也無法匹敵蘇聯的新興勢力。真正讓人受傷的是「十足衰落」的證據，特別是在英國自外於歐洲整合那幾十年所看見的證據。英國駐歐陸外交官在回覆外交部的電文中如實陳述德國製造業的優越和德國火車的準時，且納悶為什麼英國最好的工程師要跨海去為法國的公司工作。當戴高樂能以英國的慢性經濟疲弱為由第二次投票否決英國加入歐洲共同體時，情況已到了何種不堪的地步？

英國的經濟疲弱常常表現在英鎊受到投機性攻擊和英軍被迫從海外撤離。在威爾遜的聲明可以找到英國最終不再假裝自己是全球性強國——一九六八年一月，他宣布英國將會從蘇伊士運河以東的所有軍事基地撤出。這個終極的裁減發生在前一年秋天英鎊令人羞赧的貶值之後並非偶然。拒絕把眼光放低的在位者才會在大環境的逼迫下就範。只有在窮盡了所有其他選項之後，艾德禮政府才在一九四九年讓英鎊貶值。英鎊的虛弱迫使艾登從蘇伊士運河撤兵，威爾遜花了多年時間拉抬英鎊仍徒勞無功。

＊二次大戰後的第二任英國首相。

†是二戰後以美元為中心的國際貨幣體系協定。於一九四四年在美國布列敦森林的貨幣金融會議上簽署。此協定包含成立國際貨幣基金、金本位制、可調整的固定匯率制等。一九六〇至七〇年代爆發多次美元危機，一九七三年此體制崩潰，全球主要貨幣進入自由浮動時代。

隨著一個一個十年過去，也出現了一或兩個其他的蒂澤德。對於英國在戰後的經濟表現為什麼比其他歐洲國家差，沒有人解釋得比英國駐法大使亨德森更好。他在一九七九年發自巴黎的卸任電文——他在其中哀嘆英國妄自尊大——應該會在後脫歐時代的英國引起特別迴響。一個更有殺傷力的評估由美國政治家艾奇遜在一九六二年提出。他的話本來只是一個溫和警告，卻在倫敦引起軒然大波。他說，英國已經失去一個帝國，卻還找不到一個恰如其分的角色，而這是因為政界人物都在扮演鴕鳥。

麥克米倫把英美關係比作希臘與羅馬的關係，認為一個有智慧的希臘足以對較不老練的羅馬起輔助作用。他這是要以英美的「特殊關係」來取代英國的帝國力量，以此調和英國的相對衰落與放眼全球的虛榮之間的落差。然而就像艾奇遜一樣，麥克米倫知道光是對美國輸誠效忠並不足夠。地理把英國放在歐洲大陸的邊緣，而多個世紀以來的歷史本應能教會她，她不能對鄰國的命運漠不關心。艾奇遜觸到了痛處。已經清楚的是，德法創造一個共同市場的計畫正在把英國拋在後頭。

一直到英國在一九七三年加入歐洲共同市場之後，美國人才得到了他們想要的答案*，大西洋主義自此受到歐洲主義的平衡。英國的安全將受到美國最親密盟友的優越地位所保障，但英美「特殊關係」也將跟英國對歐洲的政治和經濟參與融合在一起。一九七五年新當選的保守黨領袖柴契爾夫人告訴下議院，歐洲為英國打開了一扇本來會隨帝國的結束而關上的窗。[5]其他的首相有不同的措詞。他們或者說英國是歐洲和美國之間的「橋梁」，或者說英國（如布萊爾所言）是一股「樞軸性力量」。[6] 不過他們大部分都同意，英國在布魯塞爾的發言權可以擴大英國在華府心目中的地位，反之亦然。

投向美國還是投向歐洲懷抱？英國在大西洋和英吉利海峽兩股相互競爭的潮流之間的瞻顧是她的戰後故事的核心。大西洋主義者列隊反對親歐派，北約組織的支持者反對那些主張加強參與歐盟的人。我們是應該和美國人在一起，確保英國首相是新任美國總統在橢圓形辦公室接見的第一個外國領袖嗎？還是說我們應該發揮力量去形塑我們自己的歐陸政策？從一開始，英國的外交官就知道這是一個假選擇。早在一九四五年，外交部就已經指出，只有英國能確保她在歐洲的領導地位，才可望跟美國和蘇聯平起平坐。[7] 在歐洲的影響力愈大，英國愈有可能在任何其他地方贏得尊敬。然而，這兩種樞軸關係卻很容易被當成是兩回事，認為一者是關於國力和安全，另一者是關於鄰里情誼、貿易和經濟。

對任何想要化腐朽為神奇的首相來說，歐盟總部布魯塞爾貝爾萊蒙大樓外面吆喝合照的聲音永遠比不上白宮攝影機快門的喀喳聲動聽。北極星飛彈（然後是三叉戟飛彈）是重大的地位象徵，哪怕紐斯達對美國所供應核武獨立性的質疑在過去乃至今日都得到許多英國官員的響應。即便進入了冷戰之後的階段，從梅傑、布萊爾、布朗到卡麥隆，沒有一個英國首相曾考慮放棄這種國力的象徵。

＊指英國會為自己找到何種新地位的問題的答案。

在讓英國對自己的過去顧盼自豪的各種神話中，沒有神話比一九四〇至一九四五年的英勇年代更突出。英國一開始是單獨對抗納粹的威脅，最終取得勝利。英國是寥寥可數沒有被外國軍隊侵略或占領的歐洲國家之一。這種不曾被征服過的情形，還有英國的民主制度和她的經濟及社會假設在戰爭中毫髮無傷的事實，都助長了英國的特殊主義。被入侵者蹂躪過的國家（有些在三十年內還經歷了兩次入侵）也許會認為她們有需要採取額外措施以打破歷史的循環，但英國卻認定自己能夠一仍舊慣。英國的政治人物當然都承認歐洲的整合有助於提升和平與和解（特別是德法兩國的和解），但只有最熱烈的親歐派體認得到追求歐洲整合在於歐陸其他首都的情感力量。在英國的計算裡，投入歐洲的整合是一個關乎利害的問題，需要的是不感情用事的「成本－利益分析」。西敏對於任何會侵害主權的舉動都退避三舍，但在歐洲國家看來，參與歐洲的整合計畫可以保障她們的和平與安全，而和平與安全才是主權的本質。即使是那些後來才加入的成員國（包括法西斯統治結束後的西班牙和葡萄牙，還有蘇聯解體後的東歐和中歐國家），她們追求歐洲整合的主導感情也是政治性的。希臘、葡萄牙和西班牙在二〇一二年之所以願意吃下德國開出的經濟苦藥以繼續留在歐元區，就是因為歐盟可以擔保她們成為現代民主國家。希斯是唯一願意重視歐洲多於重視美國的英國首相，而在其他首相眼中，對歐關係是利益交換性質。所以柴契爾夫人雖然透過支持歐洲單一市場來加速歐洲整合的步伐，但後來又反對迪羅*的聯邦主義野心。布萊爾本以為他可以左右逢源，對巴黎和柏林發揮他對華府的同樣影響力，然而在二〇〇一年的九一一恐怖攻擊發生後，他不再迴避表態，選擇支持小布希攻打伊拉克。

與白宮主人的關係愈密切看來愈能迴避英國國力漸衰的問題。威爾遜早在贏得一九六四年的大選前便被人聽見他自誇能夠對白宮發揮影響力。柴契爾夫人沐浴在她和雷根關係良好的光環中。甚至在二〇一七年，首相官邸的官員雖然對川普當選美國總統大搖其頭，但仍然使出渾身外交解數，以確保梅伊是川普在白宮接見的第一個外國領袖。「特殊」關係常常像極了「臣僕」關係。

反觀美國卻是十足地不感情用事——她和英國的交往總是以自家的國家利益為前提。杜魯門在沒有預先警告的情形下取消了租借法案——這法案在整場大戰中都是英國的經濟生命線。蘇伊士運河危機期間，艾森豪命令美國駐聯合國大使聯合蘇聯，對自己的盟友投出反對票。美國財政部阻止英國從國際借錢來支撐英鎊，這時候蘇聯坦克正在長驅直入布達佩斯，準備鎮壓匈牙利人起義。當麥克米倫和威爾遜努力充當華盛頓和莫斯科之間的調停人時，白宮的反應是從不當一回事到惱怒不一而足。就連在雷根和柴契爾夫人如膠似漆的一九八〇年代，這位總統在派出陸戰隊入侵大英國協島國格瑞那達時，一樣不認為有責任要知會英國。當雷根和戈巴契夫磋商裁減英國的核武器時也一樣，沒有知會英國。小布希是真心感謝布萊爾在伊拉克戰爭中的鼎力相助，但英國貢獻的四萬五千名部隊一樣不足以讓布萊爾在海珊被推翻後的美國對伊政

---

*法國經濟學家、政治家，第八任歐洲執委會主席。

策有置喙餘地。小布希曾作出的承諾被他的副總統錢尼和國防部長倫斯斐不當一回事。一名美國高階外交官在伊拉克戰爭前夕告訴我：「你喜歡的話大可把英美關係稱為一種特殊關係，只要記住我們有大量其他『特殊關係』就好。」邱吉爾喜歡大談美英兩國的歷史、文化和情感聯繫，但美國人主要是認為英國應該要清醒面對國際大勢。紐斯達這樣表達了華府不感情用事的觀點：「英國是一個中等強國，既不是與美國平起平坐，也不是美國的附庸。就目前，她的歷史、地理或經濟讓她對我們有重要性。」8

在歐洲，梅傑於一九九一年在馬斯垂克所同意的方式——讓英國在最重要的政策領域有投票權，另外讓英國選擇退出她希望保留行動自由的領域（最顯然的是單一貨幣）——也許證明了是個行得通的平衡。它輕易可以與英國和華府的緊密關係並行不悖。聯合國安理會的常任理事國席位、北約組織中的領導性角色和一個可以同時在華府和布魯塞爾被聽見的聲音，都印證身處講求規則的國際體系是符合英國的重大利益。然而，不該犯的錯誤是讓冷靜盤算被懷舊症壓倒、讓取悅華府的殷切企圖蒙蔽了獨立的判斷，以及讓英國在歐洲追求利益的機會因為國內的政治膽怯而錯失。從法國、德國和比利時的角度看，倫敦政界和媒體會口口聲聲稱歐陸人對英國懷有陰謀的論調著實離奇。他們看到英國在布魯塞爾取得重大成功卻又抱怨受到一個想像出來的「超國家」的威脅。單一市場，以及歐盟擴大至把前蘇聯的共產國家納入是英國的勝利，英國的失敗在於英國的領袖們沒有聲稱這是英國的勝利。

在記者和歷史學家雨果．楊格的精采描述中，歐洲是一個英國無法拋在背後的過去和一個她無法避免的未來之間的碰撞點。[9]歐洲整合大業創始人之一的莫內認為這是「勝利的代價」，即英國為自詡「打贏了」大戰的史觀所付出的代價。[10]七十五年後，在辯論脫歐期間，保守黨國會議員仍然標榜敦克爾克精神*。然而，與這種自我膨脹並肩而行的是害怕被甩在一邊的心理。保守黨疑歐派勾勒脫歐路線圖，並妄想歐盟法律的優先性和超國家機構的存在會蠶食英國的國家主權。他們說，從柴契爾夫人一九八八年在布魯日的著名演講到卡麥隆決定舉辦公投都顯示，英國當初是被硬拖進了一個「歐羅巴合眾國」。

卡麥隆力主，英國在美歐兩邊左右逢源的平衡操作在政治上已經維持不下去，舉行一次決定英國是否留在歐盟的公投在所難免。事實上，他舉行公投的決定純屬自利行為。在二〇一三年初他承諾舉行公投時，認為歐洲議題是迫切且重要的選民不到一成。艾登的遠征蘇伊士運河是出於虛榮心，想要證明英國只要下定決心，仍然能夠自行其是。卡麥隆的賭博出於較低下的動機。這位首相是想要扼殺一次黨內造反，讓自己可以在唐寧街十號†過上安靜日子。

為什麼會有比半數多一點的選民在二〇一六年六月的公投中贊成英國退出歐盟，理由不一而足。停滯的收入，政府在全球金融危機後推行的緊縮政策，數位科技導致的工作崗位的喪失，海濱市鎮被經濟進步拋在後頭，以及伴隨膨脹的歐盟而來愈來愈多的移民，這些全是理由

---

*一九四〇年的敦克爾克大撤退，標舉面對困難也能勇敢前進的精神。

†唐寧街十號位於白廳旁，傳統上為第一財務大臣的官邸，一九〇五年後亦為首相官邸。

之一。然而讓人震驚的是，有關歐盟讓英國主權受損的主張，和一九九五年有人反對英國參加「歐洲煤鋼共同體」在墨西拿召開的會議時所提的主張如出一轍。老一輩的人贊成脫歐，年輕一輩的人反對。「奪回控制權」的口號喚起了美化過的記憶，深深打動人心，讓人想要回到英國能決定自己命運的日子。川普在二〇一六年的美國選舉抓住了同一條浪潮，承諾要「讓美國再次偉大起來」。

脫歐擺出一種英國可以獨自出航的姿勢。她不理會個別國家的政府無法單獨面對跨國威脅和機會的事實。她引發了蘇格蘭（她在公投中投反對票）會不會留在聯合王國的重大疑問，也讓北愛爾蘭的未來變得不確定。真正的主權是有能力集結足夠的朋友和盟友共同進退。決定拔起英國的歐洲錨碇的時間點幾乎差得不能再差。後冷戰時代會有穩定的國際秩序，這種預言已經被證明是錯誤的。歷史正往相反方向走。中國和俄國都在挑戰西方的權力。華府的川普政府丟棄了美國自一九四五年起承擔的責任，讓英國外交政策的中流砥柱——大西洋主義——頓成疑問。懷舊症留給英國的選項少得可憐。她不可能重建一九六八年被威爾遜拆毀的全球駐軍，也不可能逆轉自此幾乎每十年就會嚴重削減一次的軍事和外交實力。在某些人看來，替代選項是保持一種對美國的順從關係。在另一些人看來，替代選項是成為「第二個伊莉莎白時代」，讓一個勇於冒險犯難的「全球性英國」在世界每個角落留下印記，不過，更有可能出現的是一個孤伶伶的英國，甚至是一個孤伶伶的英格蘭。

第一章 破碎的夢

「我相信香檳已經打開了，但空氣中沒有多少氣泡。」一名英國外交官在談到伊曼紐爾．吉羅路一座不知名大別墅舉行的祕密聚會時這樣說，該別墅位於巴黎西南方的郊區色佛爾。「有我所看過最亮的星星，與當前的氛圍完全不協調。」[1] 洛根在一九五六年十月任職外交部，是個有能力、有抱負和前途看好的年輕人。在被派往巴黎近郊的維拉古布雷空軍基地然後搭乘英國皇家空軍飛機返回倫敦途中，他意識到他的任務有多鬼鬼祟祟。不過，這位英國外相的私人祕書不可能猜得到接下來發生的事會多麼表裡不一。歷史也不會將他視為一個見證人，認為他見證了一場粉碎英國國際形象和打破她帝國夢的災難。一九五六年十月二十四日傍晚，洛根把一份匆促以法文打字的文件帶到唐寧街，交給首相艾登，而這份文件向後世證明了英國、法國和以色列之間有一個祕密協議。[2] 三個月前，埃及總統納瑟爾把蘇伊士運河收歸國有，此前，這條地中海和紅海之間的水道被英國實質控制了七十年，是英國用以通到中東和再過去地方的戰略要道。艾登決定要出兵收回運河，但此舉將會讓他垮台，也會讓英國在一個她已經無力統治的世界中迷路。

洛根的這次巴黎行是三天來的第三次。在第一次，他是陪同外相勞埃前往，去的是同一座別墅。第二次，他和法國外交部長比諾一起回倫敦。他後來回憶說，當法國代表團抵達倫敦之後，他謹慎地融入背景中，以免被在場等候的記者注意到他的存在。他第三次到別墅是和外交部助理次長迪恩一起去，會見由比諾領導的一支法國團隊和以色列總理本-古里安率領的高階代表團。迪恩代表外相在後來被稱為《色佛爾協定》的文件上簽名。一星期後，以色列對西奈沙漠發起入侵，迅速向蘇伊士運河推進。幾天內，皇家空軍戰鬥機就轟炸埃及的機場，英法傘兵從天而降，在一次精心策劃的行動中奪取了蘇伊士運河。下議院一片沸騰，紐約的聯合國亦復如此。這則外交自大和政治愚蠢的故事注定成為英國戰後衰落的一個隱喻。

艾登爵士最終在一九五五年四月入主唐寧街十號。事件的發展將會顯示，這位資質超高的政治家當了太久的候補選手。在將權力交給指定繼承人之前，邱吉爾就曾表露出懷疑的態度，之後更不只一次鄭重地對讓位一事表示反悔。固執地無視英國逐漸縮小的角色，他幻想自己可以當華府和莫斯科之間的調停人，可以確保友好的東西方關係。邱吉爾的私人祕書柯維爾在日記裡寫道：到了一九五三年冬天，艾登「飢餓的眼睛」*——這是邱吉爾的形容——已經變得「更加迫切和更加沒有耐性」。到了一九五四年夏天，艾登是那麼的焦急，以致當邱吉爾見過艾森豪總統一面後決定取道海路回倫敦時，他跟隨邱吉爾登上停靠在紐約的冠達郵輪「伊莉莎白女王號」。艾登向柯維爾透露，他來是為了「向邱吉爾取得交接的確定日期」。柯維爾評論說：「有夠奇怪的，兩個認識了那麼久的人竟然在這件事情上扭扭捏捏。」[3]艾登終於得到一個日期，但邱吉爾不到一個月便再次反悔。直到翌年春天艾登才能如願。

在下議院待過三十一個年頭又當了二十四年的部長（其中三屆是當外務大臣），沒有人能夠說艾登不夠資格當首相。他才五十七歲，比八十歲的邱吉爾要年輕很多。作為一個政治家，他的聲名遠播，因為戰前他站在保守黨那邊激烈反對姑息政策。稍後，他又以外務大臣的身分，陪同邱吉爾在雅爾達會見了羅斯福和史達林。溫文爾雅、自信且準備充分，這位政治家從不懷疑自己對政府最高職位的適任性。當上首相不到一個月，他便舉辦大選，以確保得到民意支持。這次選舉讓保守黨在下議院從多十七席變為多六十席。

不管多有自信和多有經驗，漫長的等待都讓他付出了代價。內閣同僚很快就注意到他變得因循守舊和喜歡搞黑箱。他所屬的階級和世代相信英國所面對的嚴峻經濟處境只是暫時現象。一九五三年六月，年輕的伊莉莎白女王舉行了充滿帝國威儀的加冕典禮。向這位新君主歡呼致敬的除了幾百萬揮舞旗幟的忠心人民之外，還有來自世界各地的總統和總理、埃米爾[†]和謝赫[‡]、王子和公主。皇家空軍的專機把新聞影片載運到大西洋彼岸，好讓加拿大的廣播公司能

---

* 指對首相位子的渴盼。
† 原本是阿拉伯世界用來指稱男性統治者、貴族、軍事領袖的尊稱，有時則指統治者家族成員。
‡ 是阿拉伯文中表示尊敬的稱謂，通常是指部族的酋長或宗教領袖。

夠同一天放映。金光閃閃的馬車，壯盛的皇家禁衛騎兵，宏偉的西敏寺——加冕典禮這些炫示的畫面喚起了英國過去的輝煌，但艾登之類的政治人物卻以為它們還是關於未來。畢竟，印度——「皇冠上的寶石」——雖然已經獨立，但米字旗仍然飄揚在世界各地幾十處英國屬地。

艾登選擇野心勃勃的麥克米倫作為外相，但幾個月後就改變主意，因為後者強烈顯示出他對英國在世界上的地位有自己的看法。他被調為財政大臣，外務大臣一職由聽話的勞埃出任，換言之，首相等於是自己當外務大臣。但他被自己的健康拖累：一次拙劣的腹部手術讓他變得虛弱，容易發燒。這一點在隔年納瑟爾於發起大膽挑戰時將變得至關重要。體現在蘇伊士運河危機中的是過去和未來的不可避免碰撞，其中包括新興阿拉伯民族主義對式微的帝國威望的挑釁、既合作又競爭的跨大西洋關係，以及一個華府透過蘇聯的挑戰所看見的世界。三股力量都對艾登不利，但決定英國道路的是這位首相。

蘇伊士運河是根據十九世紀法國外交家雷榭的願景而建造，花了十年完成。在一八六九年通行後的幾年內就成了大英帝國的一條重要動脈。當統治埃及的赫迪夫*破產時，迪斯雷利馬上吃下埃及在「蘇伊士運河公司」四成四的持股。到了一八八二年，蘇伊士運河已經是那麼重要的國際水道，以致格萊斯頓†決定派兵將其占領。直到一九三六年，英國才在經歷半世紀的實質占領後正式撤出埃及。即便如此，英國仍然留下幾千部隊保衛運河。直到納瑟爾宣布將運河收歸國有的幾星期前，最後一批英軍才根據協定撤離。

對於以捍衛阿拉伯世界對抗西方帝國主義自任的納瑟爾來說，英法擁有「蘇伊士運河公司」的所有權和管理權一事乃是不可接受，是過去的國恥的一個象徵。他是幾年前透過發動推翻國王法魯克的軍事政變上台。這段期間，他成功把自己塑造為新興阿拉伯民族主義的領袖，煽動人民對運河的守軍發動間歇性的游擊攻擊，又支持約旦和伊拉克的人民反對統治當地的哈希姆家族政權——他們都是英國的盟友。一九五六年七月，他在亞歷山卓對密密麻麻的群眾講話，激烈攻擊英國帝國主義，宣布將會收回運河。英國和法國的股東雖會獲得補償，自此以後從歐洲到中東的重要水道將會由埃及政府控制。對英國來說，蘇伊士運河的戰略價值是無可爭議的，艾登曾一度稱之為「大英帝國的旋轉門」。前往波斯灣和遠東的航線維持安全暢通至關重要。來自伊朗和伊拉克的石油都是要通過運河，這些石油除了供應英國，也供應歐洲很多其他地區。

當消息在一九五六年七月二十六日傍晚送達時，首相官邸正在舉行晚宴，貴賓是伊拉克國王費薩爾和首相賽義德，在座的還有工黨領袖蓋茨克、外相勞埃和其他客人。艾登盡了最大努力撐起英國在中東的影響力——費薩爾的伊拉克，還有土耳其、伊朗和巴基斯坦都是英國發起的《巴格達公約》的參與者。這是一個軍事和經濟聯盟，用以對抗蘇聯的影響力。納瑟爾選擇

＊埃及統治者的尊號。

†一八六八年至一八九四年英國首相。

自外於這個聯盟，用東方對抗西方這一招來建立他的泛阿拉伯領袖形象。客人都離去後，艾登走入書房，已經等在裡面的包括了內閣大臣、法國大使和美國駐倫敦臨時代辦。首相毫不含糊地認定，如果無法拿回運河，將會「對西方列強的經濟和她們在中東的地位及影響力造成災難性後果」。[4]

在艾登心中，國家威望與貿易和石油同樣重要。幾年前他有過一樣的判斷，當時身為外相的他在伊朗把「英伊石油公司」收歸國有後呼籲美國人發起政變，推翻伊朗領袖穆沙迪克。根據位於華府的國家安全檔案出版的一部中情局政變史所述，倫敦和華府對此有不同的動機。[5]「美國國務院同意艾登所認為的，穆沙迪克必須下台」，但出於不同理由：「對艾登和他的政府而言，穆沙迪克的政策有損英國的威望、影響力和重要商業利益」，但美國人卻更擔心穆沙迪克會打開大門，迎接「蘇聯的宰制」。英國有另一個觀點。她的龐大和四處蔓延的帝國一直是靠一種理解維持，那就是如果她的利益受到威脅，就必須果斷採取行動。艾登擔心，納瑟爾若不受懲治，英國的阻嚇力的威信將會被動搖。

沒有人比艾登對有關蘇伊士運河的爭論更熟悉。二十年前，英國撤出埃及其他部分的協議就是艾登和新獨立的埃及政府簽訂。在一九五四年擔任邱吉爾的外相時，他也跟新的埃及政權就蘇丹的未來和英國部隊從運河地區的撤出達成協議。這個協議讓艾登付出了政治代價。很多保守黨右翼都認為他太過討好納瑟爾，而他也受到幾十個保守黨後排議員*的猛烈批評——這些人都是帝國的理直氣壯捍衛者，自稱為「蘇伊士集團」，其中包括了亞莫瑞、埃諾奇．鮑威爾和麥克林等右翼的明日之星。邱吉爾簽署了協議，但毫不隱瞞他個人是站在反對分子而不是他的外相那一邊。

當納瑟爾宣布把運河收歸國有之後，艾登和其他人的分歧消散了，整個內閣都支持他。因為是財相，麥克米倫本來也許會比較謹慎。前些年，因為政府拚命想辦法增加外匯收入來支應海外駐軍，連續出現英鎊危機。財政的緊縮讓艾德禮決定放棄聯合國交付的巴勒斯坦託管任務，又逼得英國從希臘和土耳其撤軍。在一九五六年，英國的財政再次疲弱：出口不振對英鎊造成壓力，而政府的美元、黃金儲備又因為市場對英鎊的投機性攻擊而被抽乾。麥克米倫在這一年的前幾個月設法削減公共開支，向各個內閣同僚的預算開刀。只有緊縮公共支出，財政部才可望支撐英鎊對美元的匯率。在這種情況下，麥克米倫理應對昂貴的海外軍事冒險持謹慎態度。但他卻採取了一種截然不同的觀點。他在日記裡寫道：「如果納瑟爾得逞，我們就玩完了。整個阿拉伯世界將會瞧不起我們……那有可能是英國影響力和實力的末日。」[6] 軍隊和情報首長們還有別的憂慮。三個月前，聯合情報委員會發出一份報告，警告政府要注意蘇聯與日俱增的影響力。「埃及業已處於一種愈來愈依賴俄羅斯的態勢……另外，埃及人逐漸習於與俄國人合作，而為了讓他們的捐助人高興，他們已經用他們的影響力去促進蘇聯對利比亞的滲透，大概也會去促進蘇聯對敘利亞、葉門、沙烏地阿拉伯和蘇丹的滲透。」[7]

---

*指普通議員。議會的前排座位由擔任內閣大臣的議員占坐，前排議員包含閣員與其他要員。

當內閣在七月二十七日聚會時，氣氛是一片同仇敵愾。內閣祕書布魯克爵士對討論的結果作了摘要。內閣同意「英國政府在必要時可以透過使用武力來逆轉埃及政府國有化『蘇伊士運河公司』的決定」。武裝部隊奉命準備「制定軍事行動計畫和時間表」。[8]這工作落在了鄧普勒爵士的肩上。鄧普勒官拜帝國總參謀長，這個頭銜適切地道出他的老闆們還活在過去。

內閣承認英國的法律立場是脆弱的。「蘇伊士運河公司」是根據埃及法律註冊的公司，而納瑟爾已承諾將以公道價格賠償股東。運河也一直被承認是埃及的領土，所以英國需要一個藉口。內閣決定把理據放在蘇伊士運河是一條國際水道的地位上；這種地位曾經在一八八八年的《君士坦丁堡公約》得到公認。艾登問同僚，如果法國和美國有異議，英國是不是應該準備好單獨行動。他得到的回答是肯定的：「失去蘇伊士運河將會無可避免導致我們在中東的所有利益和資產一項接著一項失去。」[9]

那一天，艾登在一封私人信中尋求艾森豪的支持。信的一開始這樣說：「我們都同意，我們負擔不起任由納瑟爾無視國際協議，以這種方式奪得運河的控制權。如果我們在這件事上採取堅定立場，將會得到所有海上強國的支持。我們深信，不這樣做的話，我們和你們在中東的影響力將會不可挽回地動搖。」[10]十八年前，艾登因為反對姑息政策而辭去外務大臣的職位——當希特勒揮軍進入萊茵非軍事區的時候，艾登沒有說話，但張伯倫拒絕阻止墨索里尼在地中海和東非的野心卻是太超過了。兩年後，張伯倫的政府垮台，艾登加入邱吉爾的戰時內閣。所以，到了如今，姑息政策的危險已經不可磨滅地烙印在他的世界觀裡。他提醒艾森豪納瑟爾和墨索里尼的相似之處。「我倆都不能忘記，在墨索里尼最終被處理以前，他消耗了我們多少生命和財寶。所以，趕走納瑟爾和在埃及扶持一個對西方較不具敵意的政權，必然在我們的目標中具有優先地位。」[11]

從危機剛顯露端倪之際，已能察覺一種致命不平衡。英國和法國都是從帝國的眼光看待蘇伊士運河危機，但世界很多其他國家卻是著眼在戰後建立機構來保持國際和平。在艾登看來，納瑟爾的威脅是生死攸關——英國國力的未來繫於威脅以何種方式落幕。那也是一種私人恩怨，他對納瑟爾的敵意根植於他們打過的交道。這一點讓他確信光是重新控制蘇伊士運河並不足夠。想要恢復英國的威望，需要把納瑟爾趕下台，換上一個比較尊重英國的政權。建立來處理這個危機的「埃及委員會」（由一小群內閣大臣組成）在結論中毫不含糊地表示：「雖然我們的最終目的是把運河置於國際控制之下，我們的直接目標是要讓當前的埃及政府倒台。」[12]法國的看法相同。當時法國正在和阿爾及利亞的民族主義起義者激烈戰鬥，因此也是正處於風雨飄搖之際。但除了倫敦和巴黎以外，其他地方的人對納瑟爾的行動卻是有不同的反應。不錯，埃及的行動確實是離譜，而除了蘇聯集團以外，各國普遍同意應成立一個國際委員會以確保運河的暢通。不過軍事行動卻大有殖民主義的況味。正確的解決辦法應該是訴諸外交手段。適當的討論場合斷然是在聯合國。

艾森豪對艾登的回答立場堅定。他被告知，首相已經決定「毫不延遲地使用武力，也不會嘗試採取中間和較不激烈的步驟」。[13]雖然美國承認有時必須使用武力來維持國際權利，卻認為外交手段必須先行。艾森豪建議召開一個由《君士坦丁堡公約》簽署國舉行的會議：「我以下的深信再強調也不為過：在你設想的行動執行以前，必須嘗試一些這類的方法。」[14] 急速的行動將會引起美國輿論的憤慨。當所有和平手段都試過和證明無效之後，主張採取更強硬措施的輿論自然可被動員起來。

艾森豪的建議引起了外交部常務次長柯克派屈克爵士的尖銳反應。他寫信給英國駐美大使，要後者在他和白宮交換意見時幫腔。他用了近乎《啟示錄》的措詞方式：「根據我們的情報，如果我們袖手旁觀，讓納瑟爾鞏固了他的地位和逐漸控制了產油國家，他就能夠並且將會決心毀了我們。如果中東拒絕給我們供油一或兩年，我們的黃金儲備就會枯竭。如果我們的黃金枯竭，英鎊區就會瓦解。如果英鎊區瓦解而我們有沒有黃金儲備，我們將無法維持在德國乃至任何地方的駐軍。我甚至懷疑我們是否能夠付得起我們國防最基本的費用。一個無力負擔自身防衛的國家勢必完蛋。」[15]

華府不是納瑟爾的朋友。美國擔心他會把埃及和阿拉伯民族主義帶入蘇聯的陣營。納瑟爾最近才給了捷克斯洛伐克大訂單，購買俄製的飛機和坦克。但在一九五六年夏天期間，其他考慮也盤踞在艾森豪和他的國務卿杜勒斯的心上。最最重要的是十一月的總統選舉。英國的出擊將會點燃一場中東的大對抗，而一場中東的危機將會讓選民焦躁不安。對艾森豪來說用某種信念去包裝是方便有利的。華府在大戰期間和大戰之後加諸盟友的反殖民說教聽在英國耳裡跡近偽善。內閣大臣們指出，美國和英國在中東的影響力的彼長我消絕非偶然。

而且不管怎樣，納瑟爾的行動是被艾森豪一星期前宣布撤回資助埃及建造亞斯文水壩的承諾所觸發——建造亞斯文水壩是埃及政府用以灌溉尼羅河三角洲和現代化國家經濟的巨無霸計畫。美國的抽銀根是故意顯示華府對埃及向捷克購買武器的不滿，卻引起了副作用——納瑟爾宣稱沒有了美國的資金，埃及需要源源流入到「蘇伊士運河公司」的通行費來挹注。美國總統提出了一個激怒他的英國盟友的論證：如果西方太明顯表現出從前的殖民作風，將會有把新獨立國家推向蘇聯陣營的危險。美國需要中東的石油，但埃及卻可能會把整個地區帶向莫斯科的懷抱。

兩位領袖各說各話。艾登從前對羅斯福在雅爾達會議表現的反殖民主義姿態不以為然。他後來指出，羅斯福對於去殖民化的熱忱是「一條原則，而這條原則也因為可能帶來的利益而更受珍視。他希望前殖民地一旦擺脫原來的主子，就會在政治和經濟上變得依賴美國。」[16]當杜勒斯在八月初抵達倫敦時，全球輿論和蘇聯介入的危險是他主張以外交手段解決蘇伊士運河危機的最主要論據。而且，任何可能危害艾森豪在十一月六日再次當選總統的動作都不應該進行。在接下來幾個月，艾森豪團隊和艾登團隊有些時候看來確實是彼此誤解。總統和國務卿有時傳達的訊息似乎是些許不同。不過，倫敦和華盛頓的基本分歧始終存在。

如果說艾森豪擔心他的選戰，那麼艾登卻深信他的軍事行動會獲得舉國支持。納瑟爾的舉動一開始就引起幾乎全國一致的憤怒——就連支持工黨的《每日鏡報》都堅定站在艾登一邊，在頭版痛罵「豪奪者納瑟爾」，保守黨各報章也是從一開始就砲聲隆隆。只有中間偏左的《曼徹斯特衛報》語氣比較保留。到處都是把納瑟爾跟希特勒和墨索里尼相比的言論。在下議院，工黨領袖蓋茨克呼應了艾登對一九三〇年代所作的類比，[17]而曾經譴責艾登和納瑟爾簽訂條約的保守黨「蘇伊士集團」議員現在都在背後力挺他。

在英吉利海峽彼岸的法國就像英國一樣，是個處於壓力之下的殖民強權，兩個國家都一樣決心不向阿拉伯民族主義低頭。法國總理摩勒比英國首相更加熱中於對付納瑟爾。他支持新建國的以色列，並提供包括戰鬥機在內的精密武器。法國也表現出把核子科技賣給本－古里安政府的意願。倉皇撤出巴勒斯坦的恥辱讓英國急於用《巴格達公約》保存她跟約旦和伊拉克的優越關係。英國與約旦單獨簽署的另一份條約規定，萬一以色列企圖把領土擴大到約旦河西岸，英國有義務協助胡笙國王抵抗。所以本－古里安雖然熱切於與法國合作對付納瑟爾，卻不信任英國。但和英國的這個合作實在太有利了，讓人捨不得放棄。對埃及宣戰可讓以色列取得蒂朗海峽和阿卡巴灣的控制權，接通紅海。在艾登和摩勒看來，打敗納瑟爾的泛阿拉伯主義的前景值得暫時放下一些舊怨。

艾登只是把納瑟爾視為對英國在中東地位的威脅，摩勒卻看見一個對法國更直接的危險。埃及正在供應武器給在阿爾及利亞對抗法國的民族主義者。如果納瑟爾在收回蘇伊士運河一事上取得成功，阿爾及利亞的起義就可能會打敗法國軍隊。就像艾登一樣，摩勒沒有忘記一九三〇年代的歷史。姑息將招致失敗。

艾登選擇了一個雙軌辦法。英軍和法軍將會共同行動，奪回運河。負責全面指揮的是英方。海軍開始在馬爾他的基地集結一支軍力，皇家空軍開始在賽普勒斯英屬基地部署戰鬥機和轟炸機。然而，艾森豪和杜勒斯卻深信英國會讓外交斡旋先行。八月初，艾登同意在倫敦舉行由二十四個運河主要使用國參加的會議，以確立一個可以讓運河自由通航的國際新保障。美國認為這是個可以談判出結果的方法。艾登想要讓大英國協國家（特別是印度）相信英國想要一個和平的結果，但私底下卻認定外交遊戲只是用武力把埃及人逐出運河的前戲。當時計畫中的英法聯合軍事行動已經取了一個代號：「火槍手行動」。

納瑟爾杯葛倫敦的會議，但杜勒斯不肯輕易放棄調停人的角色。他建議建立一個新的運河使用國協會，負責監督那些依賴自由通航的國家的利益。勞埃判斷，如果美國的這個計畫試過又失敗，英國就說服得了華府支持軍事行動。但艾森豪毫無改變主意的跡象。他在寫給艾登的信中說：「我必須坦白告訴你，美國的民意斷然否定動武的想法。」[18]艾登的回應是把危機放進一個更大的脈絡中思考。他告訴艾森豪，納瑟爾一旦控制了阿拉伯世界，他就會綁架西方，根據莫斯科的授意決定是否准予蘇伊士運河自由通行。

在英國，大眾最初對軍事行動的支持開始冷卻。有相當比例的民眾相信應該給埃及領袖「一個教訓」，但整體民意沒那麼確定。隨著國有化的直接震撼減弱，蓋茨克領導的工黨改為採取了較為微妙的立場。當運河的使用國九月底在倫敦聚集之後，很多聲音認為這件事情應該在聯合國解決。畢竟建立這個組織不就是為了維護國際法治以取代訴諸戰爭的嗎？保守黨主席普爾指出，黨內支持軍事干預的熱情正在減弱，而金融市場有不祥之兆，顯示英鎊正在受到新一波的壓力。在印度的領導下，大英國協對軍事行動幾乎一面倒的反對。財政部常務次長布里奇斯爵士告訴麥克米倫，如果英國準備戰爭，是不是得到美國的支持悠關重要。勞埃被派去紐約，在聯合國重申英國的立場，而「火槍手行動」的準備工作繼續進行。

這個計畫在十月中孵化。在法國摩勒愈來愈感到挫折，認為是美國在從中作梗。到了現在，他已經認定，只有納瑟爾下台，阿爾及利亞的起義才有可能平息。他的政府和以色列走得更靠近，而對以色列來說，奪取沙姆沙伊赫以打通到阿卡巴灣之路具有巨大戰略利益。法國陸軍副指揮官沙勒和代理外交部長加濟耶帶著一個新的計畫大綱抵達契喀斯*。根據這個計畫，以色列將會入侵埃及，而英法會派出自己的軍隊，假裝是維和部隊。艾登對這個計畫愛不釋手——它將會在美國總統選舉之前執行，這樣艾森豪就不會因為譴責以色列的行動而冒著失去猶太人選民支持的風險。勞埃擔心的不是欺騙，而是藉口不夠充分。[19]他加入了這個計畫，幾天內就到了巴黎與摩勒和比諾討論。

英國和以色列之間有很深的互不信任。一九四六年的時候，猶太復國主義組織在耶路撒冷大衛王飯店的託管政府總部放置炸彈，造成九十一人喪生。自此，倫敦的政策制定者在新猶太國家和阿拉伯國家發生爭端時，本能地會站在阿拉伯的一邊。雖然法國準備幫助本－古里安政府在內蓋夫沙漠建設反應爐，英國政府卻警告特拉維夫†不要把傳言中攻擊約旦的計畫付諸實行，否則英國在保護約旦的條約規範下，將有責任派兵支持約旦哈希米王國。[20]這就是中東局勢的複雜之處。在為蘇伊士運河行動準備的鄧普勒元帥言簡意賅地對內閣指出：「我們要不是用海空兵力去幫助約旦（對抗以色列），要不就是（和以色列一起）發動火槍手行動。我們不可能兩者兼顧。」[21]

《色佛爾協定》透露出這種互不信任。每一段文字都經過本－古里安細細推敲，以減輕以色列對英國的意圖的疑慮。他想完全重繪中東地圖的渴望遠超過艾登把舊恨暫擱一旁的意願。不過，共同的利益遠遠大於過去的敵意，而《色佛爾協定》為三方勾結提供了清楚的見證。艾登找到了通向戰爭的方法。以色列除了可以打擊納瑟爾的軍事力量以外，還能獲得一大片新領土。英法同意協定永遠保密，但本－古里安要求兩強支持他對阿拉伯人開戰的書面證明。這是新以色列國的一個重大外交勝利。

洛根等了三十年才動筆記述這個陰謀是怎樣展開。[22]他在契喀斯時便已經對會談內容略有所聞，但正式得知是勞埃和他一道去色佛爾時告訴他的。比諾迎接他們，然後帶他們到一個廳室會見摩勒和以色列代表團。陪本－古里安一起出席的有他的總參謀長戴陽和國防部主任裴瑞斯。接下來兩天，三方幾度談不攏，眼見計畫就要告吹。洛根第二天再來時，發現比諾信不過

＊英國首相的官方鄉間別墅。

†以色列第二大城，國際普遍認其為以國首都，此處代指為以色列。

勞埃的承諾，決定去一趟倫敦和首相親自談。到了第三天，會談回到軌道，迪恩和洛根確保最後的協定符合討論時的約定。三方共同在一式三份的協定上簽名。

《色佛爾協定》完全沒有驚人之處，它的措詞風格完全沒有顯露其何等奸詐。[23]但它的大意一清二楚——按計畫，以色列將會在十月二十九日晚上入侵埃及，向蘇伊士運河推進。假裝中立的英國和法國將會要求以色列立刻終止敵意，把軍隊撤退到運河的十六公里之外。然後埃及被告知必須接受英法對運河地區的臨時占領，而這個最後通牒納瑟爾絕對不可能接受。那樣的話，英法將會在十二小時後派出自己的軍隊，而以色列也只有在埃及停火之後才需要停火。協議上註明這個計畫將會繼續保密，不過一旦三國政府簽署之後就馬上付諸實行。

艾登的資深大臣們對這個計畫一無所知。當勞埃和洛根前往巴黎敲定計畫的最後細節時，艾登在一次內閣會議上提到有傳言說以色列打算攻擊埃及，但這個傳言看來不是真的。國防大臣蒙克頓幾星期前曾發出警示，但艾登因為鐵了心要打敗納瑟爾，看不見此舉可能有多大後座力。出兵蘇伊士運河除了會威脅英國和華府的關係之外，單邊軍事干預也將會得罪大英國協和自打耳光，因為英國政府常常表示支持以聯合國為代表的國際秩序體制。蒙克頓不想讓艾登難堪，所以同意讓艾登靜悄悄把他調任為財政部主計長這種不起眼的角色。英國和以、法的約定將會是一個被嚴守的祕密。當洛根和迪恩從巴黎帶回來簽署好的文件時，艾登對於一切竟被寫成白紙黑字表示震驚，下令必須把所有書面協議銷毀。「第二天，即十月二十五日，我們奉命回到巴黎，要求法國銷毀他們的文件副本。」[24]但任務失敗了。在奧賽堤岸（法國外交部所在地），兩位英國官員被帶到其中一個大接待廳。等了幾個小時之後，他們最終被告知，本－古里安已經把他的協議副本帶回了以色列，而法國政府也不認為有理由銷毀自己手上的副本。

軍事行動大體照計畫進行。如果說有什麼思慮不周之處，那就是並沒有如預想的那樣一舉占領運河，而是花了好幾天。以色列在推進時遭遇到若干抵抗。英法的最後通牒照預定的那樣發出和受到納瑟爾拒絕。十月三十一日，英法轟炸機轟炸埃及機場和軍事設施，以傘兵部隊打頭陣的陸軍隨即控制了蘇伊士運河。然而艾登低估了國內和國際反彈聲浪的力道。他堅稱英國的干涉代表了一種「警察行動」，但此說並沒能平息國會內的憤怒抗議，也沒能有驅散眾人對於整件事件是經過精心策劃的懷疑。艾登拒絕詳細說明出兵的經過，蓋茨克為此在下議院提出了譴責動議。他指責說，政府透過一次「災難性的愚蠢行為，打擊了英國至少已經遵行了十年的三條外交原則：與大英國協團結一致、英美同盟和謹守聯合國憲章」。[25]

艾登的敗陣不是發生在戰場上，而是發生在輿論界和國際金融市場。在英國，本來有很大一批民眾信奉帕默斯頓勳爵的「砲艦外交」主張，但心緒正在改變。這個國家正在償付第二次世界大戰的開支，沒什麼興趣從事軍事冒險。曾經有十萬英軍被派去韓國，作為美國領導的聯合國軍隊的一部分。這場對付共產黨北韓的戰爭才結束三年，大眾極不喜歡看見國家的年輕士兵又被派赴中東。對於英國的自由主義左派而言，西方和蘇聯的對峙加強了一種主張——維持全球和平更多是依靠外交手段而不是軍事攻擊。這不就是設立聯合國的目的嗎？英國也經歷了深度的文化轉變。尊卑有序的時代正在逝去。一九五六年除了是蘇伊士運河之年還是貓王之年。奧斯本的劇作《憤怒的回顧》＊挑戰了舊秩序。在英國本土，帝國正以加勒比海勞工支撐公共服務的形成再現。艾登被困在了一個正在逝去的時代。

如果他是在八月便採取行動，很有可能全國人都會支持他。但到了十一月初，正反意見已經勢均力敵。反對者的聲音較大。十一月四日星期日，也就是英軍預定登陸賽得港的前一天，正在召開內閣會議的艾登可以聽見示威群眾從特拉法加廣場向唐寧街行進時發出的憤怒咆哮聲。現在除了政府最殷切的支持者以外，誰都看得出來勞埃在聯合國的講話只是裝裝樣子。有些議員要求知道英國是不是已經正式參戰。《觀察家報》的老闆阿斯特在該報譴責入侵的報導中加入一句：「我們本來不知道我們的政府有能力做出這麼愚蠢和狡詐的事。」[26]

但國內的憤怒無法跟阿拉伯世界和大英國協的暴怒相比，又特別是無法跟華府的暴怒相比。艾登和麥克米倫嚴重誤解了美國的意向，以為艾森豪政府有點模稜兩可的態度表示它會默許一次軍事行動。還是九月底的時候，麥克米倫去了一趟白宮（他和艾森豪是北非戰爭時代的老朋友），當時艾森豪並沒有表示反對英國出兵蘇伊士運河。麥克米倫由此錯誤地推論沉默表示首肯。他回到倫敦之後告訴艾登：「艾克†將不作聲。」[27]

華府並非不知道英國的備戰動作。以色列發動進攻的前夕，國務院情報顧問委員會指出以色列的部隊正在集結，又補充說：「有高度敏感的情報顯示，英國過去四十八小時把她在賽普勒斯的空軍軍力提升至六十三架『坎培拉』（中型轟炸機），是原先的一倍。法國十八架運輸機在過去二十四小時抵達，讓運輸機總數增至二十一架，可運載一千五百人。」[28]但美國政府仍然對《色佛爾協議》一無所知。艾森豪就入侵所作的生硬公共發言掩蓋了私底下的憤怒：「美國並沒有在這些行動的任何階段受到任何方式的諮詢。我們也沒有被事前告知……這些當前的敵對行為將不會有美國的參與。」[29]

在艾森豪的一次國家安全會議上，杜勒斯鋪陳了美國的立場。華府想要穩固老盟友，但「我們同樣想獲得那些擺脫殖民主義的新獨立國家的友誼和理解」。[30] 以色列發起攻擊幾小時後，美國便召開聯合國安理會，提出要求立即停火的動議。英法投了反對票。艾森豪轉而把動議提交聯合國大會。因為無法進行否決，英法看著聯合國有六十四個會員國聯手反對她們。歷來第一次，美國在聯合國和蘇聯一同譴責自己的歐洲盟友。只有澳洲和紐西蘭、英國、法國和以色列反對決議。大英國協一面倒反對軍事干預，加拿大建議聯合國馬上派出一支軍隊去監督停火。整個中東都有示威者走上街頭，抗議英國的「帝國主義」。戰爭之後，英國國防參謀長將會承認世界已經改變：「蘇伊士運河行動的一個教訓就是，世界輿論現在是戰爭的絕對準則，不可等閒視之。」[31]

即便說華府對英國的伎倆感到憤怒，艾森豪的反應仍然異乎尋常。五年前，英國曾經派兵

＊這是一個現實主義的劇本，描述一名出身勞工階級的但受過良好教育的男子與他中上階級出身的妻子的故事。

†艾森豪的暱稱。

和美國人在韓國並肩作戰。但現在，雖然世界兩大超級強國因為西方自由民主和蘇聯共產主義的對壘而鬥得你死我活，華府卻和莫斯科站在同一邊。部分原因和發生在東歐的事件有關。因為布達佩斯新政府不滿本國在共產主義勢力圈中的附庸地位，蘇聯面臨了波蘭和匈牙利的民眾起義。當英國的傘兵準備奪取運河四周的陣地和英國軍艦載著部隊從馬爾他前往賽得港時，布里茲涅夫派了六個師的蘇聯軍隊進入匈牙利對付示威者。英國的殖民主義軍事行動形同解除了西方的武裝。匈牙利革命被粉碎。譴責莫斯科的鎮壓行動和英國的軍事行動時，艾森豪是在儘可能占據道德制高點。

華府不以此為滿足。隨著國際動盪讓國際投資者逃離英鎊，麥克米倫報告說英格蘭銀行的美金和黃金儲備迅速枯竭。財政部擔心政府很快就會無力維持英鎊兌美元的匯率。麥克米倫原先沒有理會軍事行動的經濟後果，但這一次他變成了內閣中的鴿派領袖。納瑟爾用沉船堵塞蘇伊士運河，切斷了英國的石油輸入路線，沙烏地阿拉伯也宣布對英國實施石油禁運。但最沉重的打擊是來自美國。作為布列敦森林體制各機構最大的股東，美國不讓英國從國際貨幣基金組織取得救急資金。美國聯準會阻止西方主要中央銀行對英國紓困，而華府也表示她不會幫英國找替代的石油來源。總統顧問紐斯達後來描述財政部長亨福銳給艾登的一個選擇：「即時停火或為英鎊而戰。」[32]

英國地面部隊在十一月六日登陸賽得港。第二天，在麥克米倫的堅持下，艾登默默接受了聯合國的停火呼籲。雙方同意國際維和部隊抵達之後，英國就需要離開埃及。這是一次全盤皆輸，一場原定是要提高英國威望的遠征以屈辱告終。蘇伊士運河危機迫使英國和自己最重要的盟友決裂。納瑟爾仍然掌權，而阿拉伯世界——包括艾登的盟友約旦和伊拉克——現在都轉過來反對英國。法國（她本來願意拂逆美國）感到被出賣，認為自己的同謀在白宮的壓力下太快就範。

英國繼續當中東霸主的野心就此粉碎。諷刺的是，華府很快明白到這給了莫斯科可乘之機。這是美國政策中反覆出現的弔詭之處。雖然她強迫英國解散其帝國，卻發現自己有必要介入，以制衡蘇聯。沒多久，美國對前殖民地獨立的關心就受到了她對自己國家利益的重視所節制。一九五六年十一月的一次國安會議上，杜勒斯承認華盛頓正走在一條鋼索上。蘇伊士運河危機的一年後，美國總統宣布了「艾森豪主義」，這是對西方的阿拉伯盟友的一個安全保證，要用美國力量來代替英國力量。

艾登拒絕承認出兵蘇伊士運河是出於預謀，哪怕指控英、法、以三國自編自導自演的傳言甚囂塵上。《色佛爾協議》將會繼續保持祕密，直到本－古里安拿到的那一份副本在三十多年後被公諸於世為止。儘管如此，艾登一九五六年十二月在下議院的講話仍然不老實得讓人吃驚：「對於是否預知的問題，我要坦告下議院，我沒有預先知道以色列將會攻擊埃及。我沒有。」[33]在大西洋的另一端，美國國務院展開了自己的祕密調查，調查結果在十二月呈交給艾森豪。報告的標題本身就透露出高層官員達成的結論：「在攻擊埃及一事上英法以勾結和欺騙的證據」。[34]報告不客氣地指出，英法的蓄意謊言除了是針對埃及的獨裁者，也是針對美國。

法國比英國還要詭詐，但三個同謀都是蓄意違逆華盛頓。艾森豪不解英國首相在踏出這麼危險的途徑之後，又怎麼會失去勇氣。美國外交官肯楠的見解更加有力，他指出華府對納瑟爾的處理不當「迫使英國和法國政府狗急跳牆。對於她們有欠思慮和可憐兮兮的行動，我們負有很大的責任」。[35]艾登的謊言為他風雨飄搖的首相生涯敲響喪鐘。一月，他下台一鞠躬，麥克米倫接替他成為了唐寧街的新主人。

蘇伊士運河危機是大英帝國終結的一個象徵，但也是美國霸權的地緣政治現實的反映。當艾登和其他人望向鏡子時，他們看見的是一個還能夠專斷獨行的國家。撤軍粉碎了這面鏡子。英國固然仍是一個重要國家，卻已經無法無視國際意見或者拂逆美國。不管美國對英國有什麼義務，美國政策制定者的優先著眼點總是對抗蘇聯。受到蘇伊士運河事件的教訓，英國的政治家此後將會縮在美國的後面。日後，柴契爾夫人將會歸納蘇伊士運河事件的教訓。[36]一是英國不應該在沒有美國的支持下出兵，二是一旦出兵就必須貫徹到底。第三是「誰猶豫誰就輸了」。這就是她後來派兵要從阿根廷手中奪回福克蘭群島時心裡想著的事情。

蘇伊士運河危機同樣對英國和她歐洲鄰居的關係產生深遠衝擊。艾登向華府低頭的速度證實了法國政治家的偏見——英國總是把她和美國的關係擺在她和其他歐洲國家的前面。巴黎方面由此得到的結論是，法國必須大力推進她和宿敵德國的和解與整合過程。就像英國一樣，法國也巴望扮演全球性角色，但她選擇的工具將會是在歐洲取得政治領導地位。西德總理艾德諾卯足勁這樣向摩勒建言：「我們只剩下一個方法可以在世界上扮演一個決定性角色，那就是聯合起來，締造歐洲。英國還沒有成熟到願意參與此事，但蘇伊士運河事件將會幫助她打起精神。我們沒有時間可以浪費，歐洲將會是你的復仇。」[37]

病懨懨又筋疲力竭，艾登前往小說家佛萊明的牙買加隱居處「黃金眼」休養。幾年前，佛萊明的小說《皇家夜總會》捧紅了英俊瀟灑的詹姆士．龐德角色。這位英國情報機構的〇〇七號密探溫文爾雅、穿著考究又無比勇敢，很快就成為了英國自己的象徵。但蘇伊士運河事件翻開了新頁。作家葛林很快就對英國在世界上的地位有一種升級過的觀點。在小說《哈瓦那特派員》中，葛林把穿燕尾服的〇〇七換成衣服破舊的伍爾摩——此人原是吸塵機銷售員，但被倫敦的特務頭子說服，兼職當起了特務。

第二章　希臘人與羅馬人

邱吉爾在無憂宮感到舒適自如。這宮殿是三十年前為皇太子威廉而建，矗立在普魯士的鍍金城市波茨坦的皇家廣場上。德皇威廉下令蓋這宮殿當時的建築時尚，讓它成為了一棟仿都鐸式的木頭府邸。一九四五年夏末，英國的戰時首相沒有和有錢朋友在首都圈一起打獵共渡週末，而是來了無憂宮跟史達林和杜魯門一起。這宮殿是沒有受到盟軍最後猛攻摧毀的重要建築之一。匆匆忙忙用附近普魯士貴族的別墅找到的家具重新裝潢過（不過史達林從莫斯科帶來了他自己較不奢華的家具），這裡舉行了最後一場三巨頭會議。在德黑蘭和雅爾達，美蘇英三國領袖曾制定通向勝利的路線圖。現在他們是要瓜分戰利品，重塑歐洲的輪廓。邊界在大筆一揮之下被修改，人口像棋盤上的棋子那樣被移動，以因應新的地緣政治現實。

無憂宮後來被改成博物館，保存了下來，至今仍然散發著讓人敬畏的氛圍。在大廳裡，杜魯門、史達林和邱吉爾俯視著攤開在會議桌上的地圖。這幅特大號照片下方的圖說寫著「三巨頭」幾個字。這是最讓邱吉爾愜意的語句，因為它確認了世界事務的方向繼續是由華府、莫斯科和倫敦共同制定。在談判中，邱吉爾、杜魯門和史達林平起平坐。這本質上就是英國在戰爭勝利時刻對自己的感覺。

這種自我形象是昧於現實。二次大戰改寫了世界的經濟和政治地貌。曾經自視為世界文明中心和繁榮進步不可少的引擎，歐洲現在名副其實是一片廢墟。美國——盟軍戰爭成果的工業後盾——在一九四五年的產出占了全球大約一半。沒有受到戰爭的破壞，美國毫無疑問地是世界最大和最富有的經濟體。大戰為美國的許多工業帶來利多，推動科技進步和新型大量生產技術的大步邁進。在廣島和長崎上空爆炸的原子彈表明了華府無可置疑的軍事優越性。美國單獨擁有人類所見過的最致命武器。至於史達林統治下的蘇聯則是挺過了說不盡的艱苦，死了超過兩千五百萬平民，成功阻止希特勒向東推進。在科技的不足之處，莫斯科代以堅定不移的決心和意識形態組成的信念。她的部隊占領了歐洲大陸東半部的大部分地區。蘇聯將不會放鬆對衛星國家的鉗制。她準備好要伸出觸角，向全球各地爭取皈依者。世界很快就會落入華府和莫斯科對壘——東、西方對壘——的冷戰階段。

在二戰的勝利時刻，英國筋疲力竭。她的帝國岌岌可危，財政瀕臨崩潰。德國投降前三個月，邱吉爾在一個私人晚宴上預卜了和平後的挑戰。他說海外有人擔心，擔心「我們將會羸弱，我們將會沒錢，我們將會被夾在美利堅合眾國和蘇維埃社會主義共和國的兩大勢力之間。」[1]當戰時聯合政府在歐戰勝利日僅僅三星期後解體時，邱吉爾這位勝利的工程師比之前的任何時間更受人歡迎。但這話卻不適用於保守黨。在七月五日的大選中，艾德禮領導的工黨獲得了壓倒性勝利。工黨的宣言曾經這樣說：「讓我們迎向未來。」艾德禮承諾在戰後進行經濟和社會改革：免費健保、社會住宅和像樣的社會福利將會隨著一個福利國家的創建而來到。他的選戰策略刻意和保守黨在一九三〇年代經濟大蕭條期間的嚴苛經濟政策形成鮮明對比。醫療、住屋和貧窮乃是一個筋疲力竭國家和她的解甲還鄉軍隊最關注的事。七月底，艾德禮接替了邱吉爾在波茨坦的位置。

英國在世界新秩序中的地位將會被一句簡單的短語遮蔽——這短語在此後幾十年將會同時是英國首相的自豪之源和固定包袱。英國通向全球影響力的道路從此將會是通過華府，換一種說法則是說世界最主要兩個英語強國有著「特殊關係」。這說法——還有它帶給後來歷任英國首相的兩面刃遺產——是邱吉爾在一九三〇年代所打造。大戰期間，麥克米倫以邱吉爾代表的身分在艾森豪將軍位於阿爾及利亞的軍事總部任職。當時，他告訴同僚克羅斯曼，在制定盟軍的軍事策略上，英國的角色猶如輔助羅馬人的希臘人。他指出，美國人「非常類似希臘人眼中的羅馬人：大塊頭、庸俗、喧鬧，比我們有活力但也比我們懶散，有更多未受汙染的美德但也更加腐敗。」所以，「我們必須像替克勞狄皇帝運作軍事行動的希臘奴隸那樣運作盟軍總部。」[2]

美國人負責提供勞力，英國人負責提供頭腦。這種自大心態此後將會主導英國對「特殊關係」的觀點。這種「特殊關係」將會被未來的英國首相當成軍旗來揮舞，有時候則是他們不得不背在身上的大石頭。當成軍旗揮舞的時候，它將可作為影響力的擴大器——如果其他國家（包括歐洲以內和以外的國家）知道英國人對華府說得上話，她們將會更密切注意她所提議的事情。倒過來說，如果美國知道英國在別的地方說話有份量，也會更容易被英國的論點說服。

但「特殊關係」作為大石頭的一面也是不可忽視。在明知會惹惱華府的時候，英國還能夠獨斷獨行嗎？白宮是怎樣看待英國首相的？這些問題將永遠讓英國提心吊膽。每次白宮易主，倫敦都會雞飛狗跳，想盡辦法讓首相成為第一個被新任美國總統接見的外國領袖。夥伴關係和主從關係的界線模糊不清。美國人並不總是讓英國人好過。當保守黨在一九五一年底重新執政後，麥克米倫在日記中寫道：「二戰期間，美國都是平等對待英國，視之為一個可敬的朋友。但如今美國人對我們的態度卻半是可憐，半是鄙視。」[3]認為美國人也是盎格魯－撒克遜人大概是個錯誤。為了確認他的個人偏見，麥克米倫繼續寫道：「他們的血統已經被沖淡很多。他們是一個拉丁－斯拉夫的混合體，有著很大比例的德國和愛爾蘭血統。」在大西洋的另一邊，杜魯門的國務卿艾奇遜自稱是個親英派，但他卻禁止國務院裡提「特殊關係」，以免讓其他盟國認為英國可以得到特殊優待。[4]

在接下幾十年，有些英國首相把夥伴關係和主從關係的比例要調得比其他首相好。例如麥克米倫就贏得甘迺迪的尊敬。威爾遜拒絕派一支甚至是象徵性的部隊前往越南讓他和詹森發生齟齬，但這個決定卻是英國戰後最佳的外交政策之一。柴契爾夫人和雷根相處愉快，但法國的密特朗卻是第一個在阿根廷入侵福克蘭群島之後為她提供幫助的人，而雷根也不認為有必要在派部隊入侵大英國協國家格瑞那達前先徵求英國同意。布萊爾一度說過，和美國總統小布希相處愉快是他作為英國首相的責任。他也因此踏上了出兵伊拉克*的不歸路——這種錯誤可與遠征蘇伊士運河並列最災難性的現代外交政策。

英國的政策制定者太容易自欺。歷史學家瓦特讚揚邱吉爾創造了主張英美有獨一無二交情的「有益神話」。[5]所以他雖然在一九四五年被英國選民趕下台，卻始終在美國民眾中大受歡迎。一九四六年初，他造訪美國，去了他媽媽在紐約布魯克林的出生處，又去了邁阿密和華府，然後前往密蘇里州的富爾敦。可作為他的德隆望尊的反映的是，杜魯門決定陪伴這位英國政治家前往西敏學院接受榮譽學位。「富爾敦演說」——邱吉爾稱之為「和平砥柱」（The Sinews of Peace）——以它預言共產主義在歐洲的推進而名噪一時：「從波羅的海的斯德丁，到亞得里亞海的的里雅斯特，一道鐵幕已經降下。」所有中歐和東歐古國的首都——華沙、柏林、布拉格、維也納、布達佩斯、貝爾格勒、布加勒斯特和蘇菲亞——都被囚禁在邱吉爾所謂的「蘇聯圈」中。西歐國家的合法政府也正受到本國共產黨和莫斯科支持的第五縱隊的動搖。

邱吉爾的幽暗分析和美國駐莫斯科代表團副團長肯楠圍堵共產主義的主張不謀而合。肯楠的「長電報」切合邱吉爾的意圖。†這位戰時英國首相力稱，只有美國和英國聯手當西方民主

*美國在九一一事件後，宣布向恐怖主義宣戰，並認為當時由海珊領導的伊拉克政府是邪惡軸心，二〇〇三年英國與美國等多國軍隊出兵伊拉克以推翻海珊政府為目標。此戰爭延續八年，英國投入上萬兵力，卻未換得中東的和平，此戰爭後來也被視為ISIS崛起的原因之一。

†一九四六年二月，肯楠向美國國務院發了一封長達數千字的電報（史稱「長電報」），深入分析了蘇聯的內部社會和對外政策，提出了最終被美國政府所採納的對付蘇聯的長期戰略，也就是圍堵政策。

國家的領頭羊，才有可能對抗共產主義。他說美國當然是一個處於「世界權力頂峰」的國家，但沒有人應該低估英國挺過眼下物質匱乏的黑暗時刻的能力：「請不要小看大英帝國和大英國協的堅持能力。」聯合國需要領頭羊。「沒有我稱之為『各英語民族的手足式的聯合』，要有效地防止戰爭和繼續發展世界組織是辦不到的。這意味著大英國協暨大英帝國與美利堅合眾國之間需要建立一種特殊關係。」[6]

邱吉爾的誇張觀點認為，英美之間的夥伴關係除了共同語言，還受到歷史和文化淵源的灌溉。所以，維繫雙方的紐帶除了共同的利益或威脅，還是感情、價值和理念。這是英國編造過的最鋪張的神話。不錯，邱吉爾和麥克米倫都有一個在美國出生的媽媽可以自誇，但自英軍在一八一二年第二次獨立戰爭中洗劫白宮的一個多世紀以來，英美關係並不是一貫的融洽。兩國在二戰結盟之前，關係大多時候是互不關心，有時還會互有敵意。大多數美國人對英國的認識，她曾經是一個殖民強權，而且在南北戰爭期間偏袒邦聯。邱吉爾的遺產是勾勒出英美有一層「特殊關係」，雖然這關係日後常常會因為利益衝突而變形。如果說攀親帶故有時會有用，那麼更堅實的基礎就是戰時和戰後建立的許多合作機制。軍事、情報和外交上的合作足以彌補美國總統和英國首相的定期口角。在一九四六年締結的《英美協定》讓英國祕密情報局和美國中央情報局關係變得異常密切，也讓英國「政府通信總部」電子通訊中心和美國國安局關係變得異常緊密。[7]英國願意把她的前帝國前哨站——例如印度洋上的迪亞哥加西亞島——租借給華府來強化雙方的軍事聯繫。兩個首都的官僚也建立起超出大多數同盟關係的互信和合作習慣。

邱吉爾是舞台高手。艾德禮卻偏好內閣會議室多於鎂光燈。然而他將證明自己是最有效和最重要的英國戰後領袖之一。他重繪了國家的邊界和政府對社會福利的責任。對於英國的國際角色，他的觀點和邱吉爾一樣。相信英國可以恢復昔日國力與威望的信念普遍見於國會中政見相左的議員之間。在捍衛英國的特殊主義一事上，艾德禮付出的努力不在邱吉爾之下。為什麼戰爭的結束會讓英國的全球性地位畫下句點呢？她不是排除萬難打了勝仗了嗎？殖民地部安撫自己說，帝國的統治權仍然及於世界很多地區。所有英國部隊加起來還有近三百萬人。在作為國際儲備貨幣的英鎊的扶助下，大英帝國暨大英國協構成的龐大貿易集團必然會復興。

自欺之詞繼續說，英國仍然統治著印度這顆帝國的寶石。英國也是中東的一霸，控制著蘇伊士運河，在盛產石油的波斯灣有一個重要的戰略據點。非洲很多地方仍然由倫敦發號施令。說英語的自治領——加拿大、澳洲和紐西蘭——仍然飄揚著米字旗。日本的戰敗讓遠東的屬地失而復得，逆轉了一九四二年因為新加坡陷落而蒙受的恥辱。即使是帝國撤退之處，仍然留下了一個指望倫敦領導的大英國協。所以英國為什麼不應該相信自己呢？二次大戰見證了英國國民性的堅毅，也見證了英國典章制度的韌性。所以在一九四五年夏末，英國當然有權想像自己會再次鶴立雞群，在萬國中處於前列。美國新來乍到，蘇聯看來是個不足慮的競爭者。當邱吉爾談到英國在全球三個權力圈——大英帝國暨大英國協、美國和歐洲——具有獨一無二的連結作用時，他不過是道出了英國政治階級的意見。要打造一個歐羅巴合眾國就讓法國和德國來打造吧。[8] 英國已經為自由的大業作出了重大犧牲，美國理當會承認這種獨一無二的貢獻。在新國會的議員諸公看來，英國的地位將會繼續和她在德黑蘭會議、雅爾達會議和波茨坦會議的時候一樣。接下來十年，英國政界將會抱著這個危險的錯覺不放。

然而艾德禮政府很快就明白，美國人的世界觀並不會遷就一個衰落強權的嬌弱自我。在華府，居統治地位的是實用主義和利己心態，而美國政治人物看來就像投票讓邱吉爾下台的英國選民一樣不感情用事。羅斯福在大戰期間曾經相信美國的安全離不開大西洋另一邊的襄助，但到了一九四五年，這種觀念在美國國會議員中間絕非普遍。國會山莊大部分政治人物都想要讓海外美軍歸國。就連羅斯福自己都不預期美國會有長期的軍事糾葛。在戰時的會談中，他曾經告訴史達林，華府打算在德國投降兩年後讓美軍解甲還鄉。在在看來，美國都會重蹈一九二〇年代的覆轍，當時美國的孤立主義助長了納粹德國的興起。這種心態在發現蘇聯的擴張企圖後才有所改變。到了一九四七年，也就是華府收到肯楠的「長電報」的一年後，美國斷定自己的戰略利益繫於抵抗蘇聯共產主義的擴散。

英國和她的帝國在戰時是靠著美國的租借法案挺過來。這個別開生面的計畫是羅斯福在一九四一年設計，把數百億美元的軍事物資和基本補給品運過大西洋而沒有引起孤立主義者的憤怒。被邱吉爾形容為「歷史上任何國家最無私和最慷慨的金融舉動」[9]，這計畫讓美國在正式加入戰爭之後就和英國的聯盟關係穩固。羅斯福用國家安全的理由來掩飾幫助英國的事實，以「促進美國的防衛」為口實幫助美國的盟友們對抗納粹。資金來自軍事預算，而國會山莊的孤立主義派都相信此舉基本上是為了保護美國國土。對英國來說，租借法案是一條不可少的生命線，也讓英美兩國在計畫和執行戰爭時相互信賴、親密無間。但國會從來沒有完全信服，所以當槍砲聲一沉靜下來，就出現了反對用美國納稅人的錢來重建歐洲的聲音。美國選民想要他們的政界人物更多注意國內的問題。杜魯門政府對於它打算怎樣幫助盟友模稜兩可。羅斯福和杜魯門都把解散大英帝國作為戰後的關鍵目標。道德追求和私利追求有志一同——華府不打算為了維持大英帝國付費。

倫敦的震驚在一九四五年十二月十二日暴露無遺，當時國會要對和美國的新財務安排的條件作出投票。四個月前，杜魯門突然把租借法案喊停，端賴艾德禮派出的一個緊急代表團求情，英國才被允許保留已經發運的物資。在倫敦近乎一片恐慌的氣氛中，一個由傑出經濟學家凱因斯率領的高階代表團被派到華府，要談判一紙和平時期的條約。如果英國打算維持她的海外屬地和遵守她的外匯承諾（更不要說支付從軸心國奪來的國家的駐軍費用），擁有美元攸關重要。雙方談妥了一筆貸款，但貸款條件顯示美國把英國當成一個乞援者而不是朋友或盟友。這是未來權力對比的一瞥。《經濟學人》在一篇嚴厲批評的社論中指出，這紙條約讓英國明白到「我們為了共同理想而喪失四分之一國家財富的獎賞，乃是向那些因戰爭致富的人納貢半個世紀。」[10]

當協議十二月在下議院交付辯論時，杜魯門政府這項措施的無情被財相道爾頓清楚表明。他本來可能會為協議大力辯護，然而他在說明貸款條件時毫無歡慶之色，完全是一副無可奈何的樣子。貸款將會挽救英國，讓她不致發生即時經濟崩潰，但道爾頓無法解釋何以英國在分攤了為自由而戰的責任以後，還要承擔那麼大的利息負擔。英國現在面對的「巨大債務」確實是「對我們在這片土地上為了共同理想而吃的許多苦頭的奇怪獎賞」。[11]道爾頓承認談判不只一次近乎破裂。英國代表團一開始是要求華府直接贈款，以表彰英國在大戰中的貢獻。凱因斯乞憐說，戰時援助的結束讓英國面臨一次「財政上的敦克爾克」。美國人不為所動。凱因斯退一步，改為要求一筆無息貸款，但仍然不成功。最後他別無他法，只能接受一筆利率百分之二的三十七億五千萬美元信用額度。還款分為五十年，從一九五一年開始。

利率水準和市場利率一樣，但美國人提出附帶條件：英國得接受華府設計的全球經濟新安排。布列敦森林體制（國際貨幣基金組織和世界銀行的建立），還有透過《關稅暨貿易總協定》達成的多邊貿易自由化，日後將會被視為一個經濟新秩序的支柱，使包括英國在內的所有富裕民主國家最後都得益。但美國的這些計畫是出於利己而不是利他動機。它們的目的是保衛和促進全球最大經濟體的利益，不讓英國繼續從自己的帝國獲得的好處。條件中對英國最傷的是要求英鎊到了一九四七年年底成為完全有「可兌換性」。這個改變看似只是技術性，卻可以大大鬆開英國對其殖民地和自治領的經濟控制。她們將不必非買英國貨不可，也可以把英鎊換成美元。這樣將會增加英國的財政壓力，鞏固美元作為首屈一指國際儲備貨幣的地位。大英帝國和大英國協內那些以前只能買英國貨的地方現在可以選擇買美國貨。二戰之前，英國一直是世界上最大的債權國，從對大英帝國和大英國協的貿易賺進大把鈔票。但現在她變成了債務國，且會因世人對英鎊的觀感改變而落居劣勢。另外，華府要求取消所有帝國貿易優惠。布列敦森林體制的規則同樣有利於美國人。她們的大權落在貿易盈餘創紀錄的國家，特別是美國，而像英國這樣為赤字而苦苦掙扎的國家則會成為乞援者。多年之後，道爾頓道出了激烈的被背叛感：「我們撤退，緩慢但愈來愈惱怒地接受最不願意接受的繩索捆綁，這捆綁有可能會扼殺我們的貿易，甚至扼殺我們的整個經濟生活。」[12]美國人也會在私底下承認他們的冷酷無情。助理國務卿克萊頓一度表示：「我們在貸款談判中加諸英國的條件是漫天要價。」

很多國會議員都拒絕向華府低頭。道爾頓的演說引起保守黨的憤怒，反應最激烈的是自稱為「帝國忠貞派」的保守黨右派，他們獲得《每日快報》老闆畢佛布魯克勳爵和諸如布雷肯等同儕支持。保守黨議員布思比指控貸款條件是一紙「經濟的慕尼黑協定」，而英國將會花錢購買的東西之一是美國菸草。「英國政府從來沒有從人民得到的一項授權是可以為一包香菸而賣掉大英帝國。」說著把一包香菸砸在下議院的地板上。[13]現在是反對黨領袖的邱吉爾對協議也是一樣失望，又像其他議員一樣反對把貸款和其他安排（例如布列敦森林體制）攪和在一起。他認為英鎊有可兌換性的要求可能會被證明是不可行的（這個判斷在一九四七年被證明為正確，當時可兌換性被引入，卻因為觸發金融危機馬上又被擱置。）邱吉爾覺得禁止英國擁有帝國貿易優惠是「最可反對的」。所以他說，反對黨為什麼要「贊成和歡迎一項讓下議院所有政黨都感到極大焦慮的建議？」[14]最後邱吉爾棄權，但有大約七十個其他保守黨人加入了布思比投反對票的行列。共一百個議員反對協議，另有一六九人棄權。

貝文的上任讓外交部的官員吃了一驚。習慣了伺候出身最好公學和大學的畢業生（他們自己就是這樣的畢業生），白廳官僚對於艾德禮任命的新外相——原是碼頭工人工會領袖——的粗線條舉止感到錯愕。不過很快地他們將會發現，貝文是個睿智、勇敢且風趣的政治家。一九六〇年代威爾遜政府的外相喬治・布朗是他眾多景仰者之一：「他是個很少或完全沒有教育優勢的人，一切全憑自己的頭腦、想像力和對人對事的設想力。在這種能力上，我相信任何我認識的人都無出其右，甚至沒有可以並駕齊驅的。」[15]貝文是個堅定的社會主義者，但又是激烈的反共人士和堅定的大西洋主義者——不過他並不幼稚，深知華府總是以自己的利益為先。他和國務卿伯恩斯的關係甚至可以說是冷淡。貝文意識到，高高在上的伯恩斯熱中於縮小英國在形塑戰後秩序中所扮演的角色。一九四六年秋天，當財政部反對英國建造核武器的昂貴計畫時，正是貝文力主英國必須有獨立於華府的核子武力。別人提出反對意見時，他說：「不行，首相先生，這不行。我自己是無所謂，但我不想看到我國的任何外務大臣將來和美國國務卿談話的時候，會像我剛才和伯恩斯先生談話的樣子。不管多昂貴，我們都必須把那東西弄出來。我們必須在上面放上一面血紅色的米字旗。」[16]貝文的大西洋主義是基於現實考量而不是情感或政治牽繫。他告訴下議院，政府必不接受「德文港選區的議員（富特先生）提出的觀點，他說我們已經不再是一個大國，不再扮演那個角色……我們為自由艱苦戰鬥所付出的代價保證了我們保有這位置。」[17]但他也明白英國在經濟上需要美國的明確事實。歐洲的和平安排讓英國在德國駐紮了八萬部隊，又擔負著在歐陸南邊破碎國家（包括希臘、土耳其和利比亞）恢復秩序的重責。維持海外的部隊、船艦和作戰飛機需要外匯，而英國在出口所賺的錢不夠打平帳本。到了一九四七年初期，她無法繼續負擔希臘駐軍的態勢已經很明顯（希臘政府正在和一支共產黨叛軍作戰），也無法繼續保證安哥拉的土耳其政府的穩定。帶著一些尷尬，她把這兩個責任轉移給華府。

雖然受到工黨左翼很多人的譴責，貝文卻是其中一個首先認識到莫斯科的全球野心的人，設法要把美國拉入一種長期的反共夥伴關係。歷史記載杜魯門和他的國務卿馬歇爾是二戰後反對共產主義的大西洋聯盟的建造者。在一九四七年提出的杜魯門主義決心抵抗蘇聯的擴張[18]，而在翌年引入的馬歇爾計畫成為了歐洲新秩序的支柱。貝文在這兩方面都出了力，而且他在體現美國對歐洲的軍事承諾的《北大西洋公約》裡扮演重要角色。雖然對英國的重振雄風充滿樂觀，但他仍然透過支持多邊機制和鼓吹北約組織，兩面下注。如果英國沒有能力獨自保護她的國際利益，那又有什麼比加入一個由美國負最終責任的基於規則的秩序更划算？

在杜魯門政府方面，堅稱給予英國的有息貸款是唯一可望獲得美國國會通過的方案，因為她仍傾向重返孤立主義。如果說國務院和國防部的官員沒能及早看出史達林的擴張野心，那麼眾議院和參議院就更加不覺得有必要在歐洲投入財政資源和讓美軍留駐。一九四六年通過的《麥克馬洪法》要求貿然終止英美核子合作計畫，標誌著同一種孤立主義當道。美國中產階級並不認為美國虧欠了誰。如果說東岸的外交政策看來要更加大方，那是出於戰略考量，不是情感因素。羅斯福的戰時國務卿斯特蒂紐斯便曾提出警告，從戰時同盟到戰後關係的轉換將不平順。他相當有先見之明地指出，英國將不甘心於扮演一個縮小了的角色：「基本上的原因當然是情感上難以接受。當任何人——尤其是英國人——在經過那麼長久把領導視為自己國家的權利時，要他扮演一個次要角色真是難之又難。」[19]

除了自利因素，美國還對歐洲各帝國懷有敵意。美國威爾遜總統在第一次世界大戰結束時曾以他著名的「十四點原則」揭櫫反殖民主義立場。民族自決權利位於這立場的核心。羅斯福和杜魯門都聲稱他們攻打納粹的目的不是為了看見龐然的大英帝國在勝利後重建。羅斯福曾經和邱吉爾爭論印度的未來。在一個誕生於反抗英國殖民者的共和國裡，對帝國反感乃是美國人政治心靈的一部分。在羅斯福看來，民族自決是國際新秩序的前提。他在一九四一年和邱吉爾談判一份新的大西洋憲章時重申：「我不能相信我們可以打一場反對納粹奴隸制的戰爭的同時，不去幫助全世界的人民從一種落後的殖民政策中解放出來。如果美國要在自由世界執領導地位，她的權力的行使就將會是奠基於自由和民主的原則。」[20]在英國人看來，講道德是好事，但只應該對戰敗的軸心國的帝國講去。當邱吉爾對倫敦的聽眾說出以下的話時，他是在公開給美國人一記耳光：「我當國王的首席大臣不是為了負責給大英帝國清盤。」[21]五年後，當國會匆匆處理印度和巴基斯坦的獨立案時，艾德禮向不可避免的事情俯首。工黨議員東尼·班恩指出，當上議院在一九四七年七月十八日批准印、巴獨立時，邱吉爾和其他資深保守黨人並不在場。乾巴巴的法案條文幾乎反映不出這一刻的意義重大：「英國議會在此同意刪去王室頭銜上的『印度皇帝』字眼。」

美國的道德立場總是伴隨著美國的利益。隨著英國放棄她的殖民地和被保護國，美國開始建立自己的「影響力帝國」。透過要求英鎊可以完全兌換，美國強迫英國放棄英鎊區，以此幫助確立美元成為世界的儲備貨幣。歐洲各帝國的崩解將可以為美國工業打開新的市場，讓美國在那些攸關其戰略利益的地區建立據點。對石油的渴求讓美國取代英國成為了沙烏地阿拉伯的主要保護者。不久之後，她的目光就會越過波斯灣，望向伊朗和阿拉伯灣的小產油國（英國在那裡控制著一些石油資源）。

國內政治也對美國的政策起作用。在巴勒斯坦（那裡接受聯合國託管的英軍面對了來自猶太復國主義者的恐怖活動），美國政府口頭上支持調停巴勒斯坦人和猶太人的「兩國家方案」，但是面對美國國內猶太選民的強大壓力，杜魯門批准暗中支持猶太復國運動。其結果就是破壞了貝文努力追求政治解決辦法，迫使英國提早撤出。到了一九四八年，英國已經將託管地交還聯合國。以色列宣布建國之後，猶太復國主義者和阿拉伯人爆發戰爭。華府很快地進一步踐踏英國的利益——與澳洲和紐西蘭簽署一紙新的安全條約。新加坡在二戰時向日本投降讓英國的地位在此地區內受到致命打擊。澳洲乃轉而物色一個新的守護者，而華府因為占領了日本，變成了太平洋上的要角。

雖然在倫敦很少人會承認，但世人正在目睹全球霸主的地位正式從英國向美國轉移——「英國治世」正在被「美國治世」取代。歷史學家霍華德認為，失去印度以及從希臘與土耳其撤兵，標誌著英國從一個獨立的全球性強權轉變為美國領導的西方盟邦一分子的第一步。[22]美國的經濟在七十年前便已超越英國，但美國一直謹守傑佛遜的遺訓，避免捲入海外事務。兩場世界大戰和蘇聯的全球野心改變了她的想法。失去霸主地位對英國來說看似是殘忍，但霸主地位的和平轉移卻是開了歷史先例。古希臘將軍兼歷史學家修昔底德早在西元前五世紀就指出過，一個強權取代另一個強權無可避免會帶來戰爭。許多個世紀以來不同帝國的興起和衰落證明了修昔底德的主張大體正確，但英美勢力的交替並沒有追隨這種模式。雖然對英國來說是恥辱，但向「美國治世」的轉換是在不發一槍一彈的情況下完成。

馬歇爾的一百二十億美元重建歐洲計畫標誌著美國從孤立主義者的角色轉換為自由與民主守護者的角色，要力抗目無上帝的共產主義的無休止推進。史達林在一九四八年企圖封鎖柏林之舉證實了反共主義者的疑心。本來對歐洲漠不關心的美國國會現在換上一批獵巫議員，他們致力對付哪怕和蘇聯只有一丁點兒關聯的人。德國間諜富赫斯在一九五〇年的被揭發激起了恐慌情緒（他本來是為英國原子計畫工作的核子科學家，後來參加美國的曼哈頓計畫）。參議員麥卡錫在每張床底下都找到赤色分子，而反帝國的道德主義受到了現實政治的節制，因為看來有些前殖民地會選擇投靠蘇聯而不是西方陣營。若干年後，甘迺迪向麥克米倫抱怨，他不解那些從西方手上獲得自由的國家怎麼會那麼殷切歡迎蘇聯集團的極權主義。華府一些人發現了一件諷刺的事——失去帝國之後的英國變成不是那麼有用的盟友。英國是第一批排隊向馬歇爾計畫求助的國家之一。美國對希臘和土耳其的援助構成了對蘇聯擴張主義的制衡力，是杜魯門主義的第一次宣示。在一九四九年春天，美國跟十個歐洲國家和加拿大簽署《北大西洋公約》，建立了那個將會打敗蘇聯共產主義的聯盟。

北約組織建立了一個美國帶頭的抗蘇保護網，而艾德禮和貝文基於同樣邏輯，在沒有徵詢國會的同意下允許美國B－29「超級堡壘」轟炸機在英國東盎格利亞載著核子武器起降。莫斯科對柏林進行陸上封鎖時，英國也是本著同樣思路進行了不遺餘力的空運。為了穩住美國對歐洲的牽繫，艾德禮在一九五〇年決定回應華府的要求，派出大批英軍參加聯合國部隊，對抗入侵南韓的共產北韓。北約組織提供了歐洲和英國在整個冷戰期間和之後的安全支柱。《北大西洋公約》的第五條是一份大禮，它規定：只要任何成員國受到攻擊，所有成員都有責任給予幫助。艾德禮決定要讓英國成為美國在聯盟中最可靠的夥伴，而這很快就成為後來其他首相的榜樣。

這底下沒有說出來的理路昭然若揭。英國的經濟再也負擔不起海外駐軍的包袱，如果責任可以轉移到一個由美國領導的新多邊機構，英鎊受到的壓力就可以減輕。在一九五二年，時任外相的艾登在一張內閣用紙上總括了這個策略。目標「應該是說服美國在這一類組織中扛起真正的擔子，而我們則盡可能發揮政治操縱力，也因此同時獲得威望和世界影響力」。[23]

美國的新世界觀在一九五〇年代初期由杜魯門的國安團隊扼要地寫在一張紙上。這份後來被稱為NSC－68號的文件標誌著西方的轉捩點，其中把蘇聯共產主義視為攸關生死的威脅。這份文件被用來正當化美國軍力的快速提高：「我們目前的整體政策也許可以被描述為是設計來促進一個可以讓美國體制生存和繁榮的世界環境。因此，它否定孤立的觀念，肯定我們有積極參與世界共同體的必要。」[24]這文件形同宣布，美國已經擔綱世界霸主的角色，雖然這有時會讓她踐踏盟國的利益。一九五四年英國駐華府大使馬金斯在一封寫回國的信上說：「我們有很好的理由可以懷疑，美國正準備取代我們在中東的地位。」[25]他說美國業已是沙烏地阿拉伯和土耳其的宰制性外來勢力，而現在，她又把目光望向波斯和巴基斯坦。馬金斯的錯誤在於以為美國的野心侷限在中東。

麥克米倫收拾蘇伊士運河危機的殘局之後，把重新修復英國和華府的關係列為優先要務。一九五七年三月，他和艾森豪在百慕達舉行高峰會議，會中主動提出要提供一個新的英國基地，供美國存放新型的「索爾」核子飛彈。他這是在冒政治風險，因為該基地將會讓英國成為蘇聯第一波核攻擊的目標。但這個示好將會成為了一九五八年的《共同防禦協定》的基礎——該協定是英美兩國未來核子合作的核心。麥克米倫被迫向擔憂的國會議員保證，裝有美國核彈頭的「索爾」飛彈將是處於皇家空軍的控制之下，也就是說英國政府對其發射有否決權。這個決定是一個更大戰略的一部分，該戰略就是把英美關係重塑為西方面對蘇聯威脅的骨幹。即便邱吉爾主張的平起平坐夥伴關係已經褪色，但英國至少會讓自己成為不可或缺的盟友。

莫斯科為麥克米倫提供了一個意料之外的機會。一九五七年十月，蘇聯因為成功發射一枚人造衛星而在太空競賽中拔得頭籌。「史普尼克」的發射讓華府的自信受到當頭棒喝的一擊。美國一向視為理所當然的科技優越地位突然受到質疑。麥克米倫迅速採取行動，遊說艾森豪，指出華府有需要盟國的幫助以重建她的優越性。這可以成為與英國更緊密合作的開始，然後擴及其他西方盟國。麥克米倫對自己這個大構想很是得意，稱之為「相互依賴」，言下之意是英美兩國從此進入一種較為平衡的關係。白宮對此有一些鼓勵之舉。英國很快地加入了熱核俱樂部，有了自己的氫彈，而華府也說服國會，撤銷一九四六年的《麥克馬洪法》（此法阻止把原子機密轉移給英國）。讓英美兩國恢復合作研究核武器的舞台就此架好。到艾森豪和麥克米倫一九五七年十月在華府見面的時候，蘇伊士運河危機時的敵意已經煙消雲散。兩位領袖發表了一份「共同目的宣言」，作為對聯手阻遏蘇聯共產主義擴散的宣示。[26]在麥克米倫的建議下，一些聯合工作團隊被建立來促進更深的合作。

一如以往，這種關係對英國來說比對美國重要。國務院的會談紀錄顯示麥克米倫尋求「對兩國關係一種正式的承認，然後這種關係可以再擴及其他國家」。而這意味著英國比其他盟國有更優越地位。[27]但艾森豪的偏好卻是「倒過來，透過我們的盟國和英國維持盡可能密切的接觸」。這種分野看似細微，卻意義非凡，不過這並沒有澆熄麥克米倫對大戰略的熱忱。一九五八年春天，外相勞埃在一份祕密內閣報告中道出這個計畫。他一開始帶點自我膨脹地說，英國和美國已經彼此依賴了一段時間。「某種程度上，這種依賴一直是傾斜的，因為歸根究柢我們對美國的需要多於他們對我們的需要。」不過這無所謂，因為蘇聯的推進「已經讓美國在英國（和其他地方）的基地成為防衛美國本土不可或缺，大概也動搖了美國人對他們科技自足的自信。」[28]

勞埃在報告中指出，英國的國力和威望現在已經與她和華府的關係綁在一起。「美國是西方陣營中最強大的國家，若我們想在世界上隨心所欲地行事端看我們能否讓美國的行動朝符合我們利益的方向發展。在她的反對下，我們會難以施展（例子是蘇伊士運河事件），而我們需要美國的支持是不能忽略的事實。準此，我們的政策斷然應該是爭取她盡可能最大的支持。英美相互依賴的政策正是為達成這個目標而設計。」這其中當然是有風險存在。一個是難以維持和美國的合作——萬一洲際彈道飛彈的發展導致某一屆的美國政府採取一種「捍衛美國」（fortress America）＊的政策怎麼辦？再來是「變成或表面上成為美國衛星國的危險」。而且美國會從她對英國的支持索取代價也不讓人意外，她「在某種程度上也已經這樣做了」。被視為只是美國的代理人將會有損英國和其他國家（特別是歐洲國家）的關係。這樣英國也會失去對美國人的影響力，「因為這種影響力繫於我們對其他地方影響力的高下。」一眾內閣大臣認為值得冒這些險，因為如果英國和美國保持距離將會更加虛弱，而她也可以向美國表明「雖然相互依賴是我們政策的奠基石，我們不會為此犧牲我們的其他利益」。

這種新戰略的問世標誌著英國戰後衰落的轉折點。麥克米倫的政策將會成為一片政治的無花果葉，在它後面，英國將會讓華府的地位和影響力正式取代她在帝國時代享有的獨立行動權利。它也反映出倫敦的政策制定者有多麼受到華府的催眠，乃至於無視於離英國更近的地方的發展。在英吉利海峽的另一邊，一九五五年的墨西拿會議業已確立了一個由德法領導的，創造歐洲共同市場的計畫。德國的經濟因為不必負擔軍費和可以從頭開始建立一個現代經濟工業體系，跑在了前頭。法國也快速重建了她的基礎建設和工業生產力。戴高樂正在等著重掌政權，一路下來都把英國說成是為華府霸權野心的工具。在巴黎的政治菁英看來，美國就像蘇聯一樣是對歐洲獨立的嚴重威脅。英美「特殊關係」固然可以重新包裝為「相互依賴」的新主張，但英國卻忽略了自己所處的歐洲正在發生的事情。

在此後幾十年，「特殊關係」有好幾次確實可以為英國的帳本帶來重要進帳。有些時候，例如當英國在一九五八年呼籲要心平氣和地回應蘇聯所要求（西方）離開柏林的最後通牒時，她確實有道理自詡為一個希臘人之於羅馬人的角色。麥克米倫拒絕放棄鼓吹那看似無望的禁止核試爆條約常常會惹惱華府，更不用說他在一九五九年為了促成一份協議而跑了一趟莫斯科。這位首相對蘇聯威脅的相對平靜反應是另一個磨擦的源頭。在莫斯科試圖把盟軍趕出柏林時，美國政府認為麥克米倫太過軟弱。一九六〇年，東西方高峰會議在巴黎舉行，在座的有美國、蘇聯、英國和法國的領袖。但蘇聯擊落由鮑爾斯駕駛的U－2高空偵察機的事件讓會議不歡而散。一年後，新上任的美國總統甘迺迪和蘇聯總書記赫魯雪夫在維也納舉行的會議上因為柏林的事談不攏而翻臉，冷戰解凍的希望為之落空。然而麥克米倫的堅持不懈終於得到了補償。一九六三年八月，美國、蘇聯和英國簽署了一紙部分禁止核試爆的條約——這是一系列將會大大

＊「捍衛美國」是一九八六年發行的戰爭遊戲，遊戲背景設定為二十一世紀美國對洲際導彈攻擊有了完美防衛網絡，但其他國家擔心這個防禦系統會反過來攻擊她們，於是各國團結起來，打算摧毀美國這個具威脅性的武器。

減少核子衝突風險的歷史協議的第一份，麥克米倫在其中居功不小。

不管犯了什麼錯誤（沒有一個錯誤比布萊爾決定出兵伊拉克更大），也不管英國首相和美國總統的交情如何，合作的習慣和機構繼續運作。這兩個國家在聯合國安理會密切合作。包括加拿大、澳洲和紐西蘭在內的情報分享機制「五眼聯盟」見證了這些國家的情報機構之間異乎尋常的互相信賴程度。北約和其他地方的軍事合作讓高階軍方人物持續雙向交流。英國的購買「北極星」飛彈和後來把核子阻嚇力量升級為「三叉戟」飛彈體現了一種獨一無二的互相合作。一九六一年，一個年輕官員向甘迺迪總統呈遞一份備忘錄，其中談到英國鼓吹向俄羅斯讓步以化解柏林緊張的危險性。季辛吉寫道：麥克米倫在一九五九年的造訪莫斯科「不能不讓人產生一種印象，那就是有些盟國領袖之所以能夠扮演調停人角色，是因為他們比較理智、溫和比較有技巧」。備忘錄建議總統告訴英國首相，他充當和事佬的企圖是「幫不上忙的」。然而季辛吉接著表示：「美英兩國的親密性反映著兩個姊妹民族的共同語言和文化。英國表現出極高的自我節制，所以成功地在實體實力衰退以後仍然能夠維持政治影響力。」[29]

華府其他人認識到英國對美國的補充作用。一九八二年五月，仕途看好的國務院官員伯特草擬了一份備忘錄，指出英國出兵從阿根廷手中奪回福克蘭群島攸關些什麼。他警告說美國不能對一支航向南大西洋遠征艦隊的成敗漠不關心：

因為此事攸關到英國政府的命運，而這個政府已經證明它比它的任何前任或可能的後繼者對美國的政策有更大的支持。英美關係以相對迅速的速度從蘇伊士運河的創傷恢復，但英國的國家自信並沒有恢復。柴契爾政府的首要成就是逆轉英國三十年來從全球性責任撤出的趨勢。福克蘭群島的戰敗將會破壞《羅德西亞協議》對恢復英國國家自豪感所做的一切。那將會讓我們除了法國之外沒有其他盟友願意分擔保護全球西方利益的風險和費用。[30]

不是每個國務院官員都認同這個分析。火爆的珍妮．柯克派屈克——她在福克蘭群島衝突期間擔任華府駐聯合國大使——更在意的是保護華府在拉丁美洲的利益。然而最後勝出的是伯特的觀點。

負債的方面是，英美「特殊關係」將會被證明是一個不間斷的焦慮來源，是一份需要不斷公開再確認的交情。當艾森豪看似想要和莫斯科進行雙邊協商時，麥克米倫感到絕望：「所有人都將會假定，兩大強權——俄羅斯和美國——將要在我們的頭頂上和在我們背後敲定一份協議。」[31]每個在倫敦作出的決定都必須考慮到它會不會在華府產生問題。英國花了太多時間向歐洲其他國家呈遞美國的觀點，沒有花足夠時間催促華府聆聽歐洲人的聲音。這並不是說兩邊不能有意見不合的時候，例如麥克米倫在共產中國的問題上就常常與艾森豪相左，而柴契爾夫人在美國入侵格瑞那達之後把雷根訓一頓。但這種獨立於美國的彈性能有多大？英國政府能偏離美國的意向多遠？英國媒體喜歡以英國首相有多獲得美國總統青睞作為衡量他們的標準。他們是新任美國總統在白宮接見的第一個外國領袖嗎？他們有應邀到馬里蘭山的美國總統渡假別墅大衛營嗎？美國總統願意聽他們說多久的話？布萊爾固然有其他理由參與小布希對伊拉克的侵略，但從蓋達組織攻擊紐約和華府那一刻起，這位英國首相就鐵了心要證明英美的關係確實特殊。二〇〇九年，布萊爾的繼任人布朗在紐約聯合國總部的廚房抓住歐巴馬說話。他明顯無法讓對方專心聆聽而讓他在國內受到奚落。還有些時候，英美關係會出現決裂——例如在威爾遜首相拒絕英國出兵越南的時候。在二戰後的英國首相中，希斯是唯一重新把英國想像為一個歐洲國家的人。但順服的習慣不容易擺脫。當川普在二〇一六年贏得總統大選時，英國的政壇就像美國的大部分盟友那樣，一臉愁容，幾近絕望。但到了他在二〇一七年一月宣誓就職時，梅伊卻奔赴華府，搶著當他第一個在白宮接見的外國領袖。

第三章　一千年的歷史

一九五五年六月初，當法國、西德、義大利、荷蘭、比利時和盧森堡的外交部長聚集在義大利墨西拿時，艾登政府婉拒邀請，不參加鞏固歐洲經濟整合的討論。一個外交部官僚後來解釋說，從倫敦到這個西西里港口城鎮的旅程幾乎不是一直線*。[1]後來，當「六國」（「歐洲煤鋼共同體」的成員國）的領袖和外交部長一九五七年三月在羅馬集會，要簽署「歐洲經濟共同體」的創立協議時，英國人仍然缺席。艾登一直認為歐洲太小，不是足以讓英國揮灑的舞台。他的繼任人麥克米倫為了收拾蘇伊士運河的殘局，把目光緊緊盯著大西洋對岸。在這位英國首相的評估中，英國再也不能和美國公開決裂。所以當其他人在一九五七年三月前往羅馬簽訂條約創立「歐洲經濟共同體」和「歐洲原子能共同體」時，麥克米倫卻去了百慕達和艾森豪見面。

一九五〇年代最後幾年為那些渴望世界一仍舊貫的人提供一些鼓舞。英國經濟表現強勁，

＊指從倫敦到西西里的路線太曲折。

戰時的配給制度成為回憶，而這個國家也在文化和經濟上擁抱現代性。數以百萬計的房屋興建起來，全都附有大家渴望已久的室內廁所。分期付款購買方式的出現，還有新成立的民營「獨立電視網」商業頻道的廣告，激化了汽車、冰箱和洗衣機的銷售量。因為不用服兵役，年輕人發現了搖滾樂。他們的父母口袋裡有錢。利物浦之類的城市孕育出世界上最好的其中一些流行音樂和搖滾樂團。對恭順的老習慣感到不耐煩和渴望擺脫道德的緊身衣，這樣的英國眼睛正望向未來。

「超級麥克」紅火朝天。當漫畫家維琪把麥克米倫畫成一個「漫威漫畫」英雄時，用意本來是諷刺他總是不倦於宣傳自己，但麥克米倫卻以此形象自我標榜。在取代失意的艾登成為唐寧街十號的主人之後不久，他就對選民說：「你們的生活從未這樣好過。」他這話是有道理的。當大笨鐘為新一個十年敲響鐘聲時，麥克米倫有理由滿足地回顧他在唐寧街的頭三年歲月。這位首相的大手筆公共支出和低利率政策對英國的榮景貢獻匪淺。他的財政團隊甚至一度辭職，抗議他這種寬鬆政策。不過麥克米倫卻收割了政治果實。一九五九年十月，英國舉行大選，保守黨以多一百席的多數大勝。麥克米倫既是一個愛德華時代的富豪*，又是迪斯雷利傳統底下的一個「舉國一致」保守黨人。†他的政策很多是由對經濟大蕭條的悲慘和貧窮的回憶所形塑。身為一個發自本能的凱因斯主義‡者，麥克米倫沒有空管意識形態。他的其中一個財相埃諾奇·鮑威爾是財政基本教義派的大祭司，因為抗議政府的「浪費」而辭職，他的作風在當時和後來也常常感染了那些錙銖必較的財政部官員——在麥克米倫不饒人的形容中，他是

「狂熱分子」。大戰已經顯示過這個國家的政治制度和經濟結構韌性十足。在歐洲大陸的大部分地區，舊的結構已經被撕碎，所以德國、法國、布魯塞爾和其他地方的政治家自然有需要打造新的體制。但英國既然贏得了那麼著名的勝利，又有什麼改變的必要呢！在一九五〇年代的很長一段時間裡，英國繼續沐浴在勝利那讓人安心的光芒中。邱吉爾的戰時演說被反複播放。老兵總是重提他們在戰場上的英勇事蹟，兒童漫畫不厭其煩地描述英勇的年輕皇家空軍機師如何在英國南部的天空擊落希特勒的「梅塞施密特」戰鬥機。

但世界正在改變。英國的科學和技術正在失去優勢。雖然選民願意花大錢購買消費時代的各種好東西，但英國入不敷出的警訊已經出現。相互競爭的公共開支要求——超支的帝國開銷、軍隊的軍費、新的國民健保、公共部門開支——全都對公共財政產生壓力。勞資關係惡

＊愛德華時代指一九〇一至一九一〇年英國國王愛德華七世統治時期，此時科技進步、經濟繁榮、和平穩定，是英國的黃金時代。

†迪斯雷利於一八六八年、一八七四至八〇年兩度擔任英國首相。他提出「舉國一致」保守主義，強調社會成員應互相幫助，以妥協穩定為社會發展核心。當時有過許多社會改革，比如提供低息貸款給工人。此理念在二戰後因為對極端、激進意識形態的恐懼而受到推崇，也連帶影響保守黨採行凱因斯主義干預經濟的寬容政策。

‡凱因斯經濟學主張國家應採用擴張性的經濟政策促進經濟成長。比如政府應在經濟衰退時提出各種政策以刺激需求，進而達到減緩失業與恢復經濟繁榮的目的。

劣，重要工業常常因為罷工而停擺。愈來愈龐大的貿易赤字——這是二戰後在位者一直要擔心的——讓英鎊動輒在外匯市場受到攻擊。在未來的工業上，包括航太工業、先進機械工業和汽車工業，英國正在被德國和法國超越。

擠壓英國地位的力道正在增加。她能繼續對大英國協和剩下的殖民地履行財政承諾的能力並不明顯。從大英帝國獨立出來的新國家是不是願意維持舊有的經濟安排也是未定之天。英鎊區的存續與否變成了財政部的一個執迷的關注。相對的經濟衰落看來是無可避免，但可以做些什麼來讓英國留在國際決策的牌桌上呢？麥克米倫認定他需要一份總評估，一個對英國經濟、軍事和政治強項和弱點的全面性計算。按照目前的趨勢，英國在十年後的一九七〇年在世界上會是站在什麼位置？在一個由美蘇冷戰定義下的世界裡，有需要做些什麼才能確保英國的利益和影響力？由「六國」透過《羅馬條約》*創造的歐洲正在推進中。麥克米倫納悶，英國的命運是不是將會「夾在一個有敵意（至少是愈來愈不友善）的美國和一個強大的查理曼帝國†之間？——這個帝國目前由法國控制但日後必然改為受德國控制。」[2]

由內閣祕書布魯克主其事，政府各部門在一九五九年夏天投入工作，整理各種數據，評估全球趨勢和比較英國與其他國家的強項與弱點。這是一件讓人望而生畏的工作，又因為是在完全保密的情況下進行而更為艱鉅。負責監督這個計畫的人數不多，包括了前印度總督蒙巴頓伯爵。海軍司令蘭伯、帝國參謀總長賚斯廷和前駐美大使現任財政部次長馬金斯。

法國也像英國一樣，對於維持自己在世界上的地位充滿焦慮。一九五四年，她在奠邊府被胡志明領導的越南獨立同盟會打敗，從此被趕出印度支那。此時，她正在阿爾及利亞打一場鎮壓民族起義的凶殘戰爭。就像英國一樣，她擔心自己雖然曾經是一個殖民大國，卻因為影響力逐漸縮小而在現代世界失去地位。日後，英吉利海峽兩岸的外交官都會把英法關係視為是一個錯失了的機會。同樣具有全球視野，同樣是聯合國安理會常任理事國，同樣具有強烈國家自豪感，同樣對德國的復甦有戒心，也同樣願意用兵，這兩個國家本來可以聯手打造一個不同的歐洲。可是同類有時會相斥。審視蘇伊士運河的殘局時，法國得出了一個和她的前夥伴相反的結論。在法國人的心目中，美國的帝國主義就像蘇聯共產主義的推進一樣危險。法國的領袖們惦記著拿破崙在被囚於聖海倫娜島時所說過的話。這個失位的皇帝曾經預言，一百年後歐洲要不是屬於美國人，就是屬於哥薩克人‡。

和轉向華府的麥克米倫不同，法國認定如果她想要保有一流強國的地位，就必須透過歐

＊即本章開頭提到前往羅馬簽的條約，於一九五八年生效並依此建立歐洲經濟共同體（ＥＥＣ），簽署國家為比利時、法國、義大利、盧森堡、荷蘭、西德等六國。一九九三年改名為歐洲共同體（ＥＣ）。

†查里曼（七六八至八一四年）統治的法蘭克王國國土橫跨法國、德國、荷蘭、比利時、盧森堡、北義大利，與一九五〇年代簽署羅馬條約的諸國重疊。此處比喻英國夾在美國與歐洲經濟共同體之間。英國最終於一九七三年加入共同體。

‡哥薩克原指起源東歐大草原多族群的群體，十八世紀後被俄羅斯帝國納入編組成軍事團體，在俄國擴張過程中為重要的軍事力量。此處代稱為蘇聯（俄國人）。

洲，哪怕這意味著要讓渡出國家主權。這種想法得到波昂*的熱情鼓勵。就在艾登撤出埃及之際，德國總理艾德諾向法國總理摩勒提出整合歐洲的構想。法國到了這時候仍然不相信德國和三個低地國家提出的共同市場構想有價值。她更關心的是保護本國的農民。艾德諾知道，對法國來說，歐洲共同體的吸引力將在於它的宏大政治目的。他告訴法國總理：「英法兩國的國力將永不可能跟美國和蘇聯相比。德國也不可能。我們只剩下一個方法可以在世界上扮演決定性角色，那就是聯合起來，締造歐洲。英國還沒有成熟到願意參與此事，但蘇伊士運河事件會幫助她打起精神。我們沒有時間可以浪費——歐洲將會幫你報仇。」[3]

隨著時間過去，麥克米倫能夠看出來艾德諾的意思。這位英國首相自視為親歐派，不像他黨內很多人那樣老是緬懷帝國的輝煌過去，但他的心思集中關注在華府。《羅馬條約》允諾轉化歐洲經濟體的表現，創造一個全面性的關稅聯盟，對歐洲共同體以外的國家豎立貿易障礙。自從大戰結束後，英國的主要貿易對象就從大英國協轉向其他富裕工業國家，而這個新集團的成立將會讓她在她一些最肥美的市場失去競爭力。英國政府起初的反應是創立一個由較小國家組成的「歐洲自由貿易協會」（EFTA），要用它來抗衡歐洲共同市場。不多久後，英國又呼籲巴黎和波昂把兩個組織融合為一個全歐洲的自由貿易區——這個組織也將會保護英國跟大英國協和殖民地的貿易。但為時已晚。法國和西德看不出有理由為了英國的方便而改動她們的計畫。

倫敦的政界慢慢看出來歐洲共同市場的經濟意涵和戰略意涵。不管英國多麼以自己的全球角色自豪，她仍然是一個歐洲國家，而她幾百年來的外交政策都是要確保沒有其他歐洲國家強大得足以統一歐陸，對她不利。要不然她為什麼會在二十世紀前半葉經歷兩次戰爭？在此後幾十年刮起的跨海峽風暴†的反諷之一，在於柴契爾夫人是最了解這個道理的政治家之一。在她首相任期結束時，她已經變成了保守黨疑歐派的殉教先知。然而，她在一九八八年發表的布魯日演講——後來被疑歐派當成聖經——絕不是像眾人所知的那樣，是對英國民族主義的頌歌。[4]柴契爾夫人宣稱，歐洲的理念「不是任何團體或機構的私產。我們英國和其他國家一樣，都是歐洲文化遺產的繼承人。我們同歐洲其餘部分——即歐洲大陸——的關係，一直是我們歷史上的主要因素。有三百年時間，我們是羅馬帝國的一部分……我們的祖先——塞爾特人、撒克遜人、丹麥人——來自歐洲大陸」。她繼續說，英國以作為自由和民主的先鋒自豪，但「我們知道，沒有歐洲政治觀念的遺產，我們不可能達成我們那麼多的成就。」[5]

布魯克奉命編纂的報告在一九六〇年一月放入麥克米倫的首相文件匣，文件上蓋有「最高機密」印章。[6]接下來一個月，這本印量有限的《未來政策研究》分送給少數信得過的人。它的作者們（由布魯克領銜）守口如瓶。報告的結論原擬交由整個內閣討論，但後來不了了之。

＊西德首都，此處代指西德。

†指英國要不要入歐或脫歐爭議。

因為打算充分整合到海峽對岸的事務去，麥克米倫斷定這個政策轉換需要謹慎的政治管理。有必要說服整個保守黨，也有必要說服整個國家。有鑑於此，他下令討論只限在少數幾個資深大臣之間進行。

報告內容完全沒有感情用事的成分。其說服力由證據累積而成。報告執筆者一開始先以最乾巴巴的統計數字勾勒國家的前景，這些數字包括：相對的經濟成長率、煤鋼產量、能源消耗量、競爭力和人口趨勢。數字自己會說話：「在所有主要強國中，英國的經濟是最脆弱的。」因為外部財務狀況的疲弱，儲藏在英格蘭銀行金庫裡的黃金只足夠支付對其他國家英鎊外債的三分之一不到——「勉強支持一種本來必須承受全世界各種政治和財政壓力的國際貨幣。」

經濟發展強勁，若這時間點對英國來說是有利的話，那麼對英國的歐陸鄰國則是更好。英國的生產力——未來財富的關鍵性指標——比不上法國或西德。歐洲大陸，特別是西德抓住了競爭優勢，而「歐洲共同市場」的早期成功預示了傾斜的快速加大。英國提倡建立的「歐洲自由貿易協會」不敵「歐洲共同市場」已經十分明顯。危險在於未來：「雖然就總值來說我們的經濟資源應該會大大增加，但我們相對於美國和西歐的地位卻會衰落。」地緣政治後果將會很嚴重：「如果『歐洲經濟共同體』把自己鞏固為一個有效的政治單位，英國將會相形見絀。英國相對於三個巨人——美國、蘇聯和歐洲共同體——來說將會變成一個小國，相對於第四個急起直追的巨人中國來說也是如此。」研究報告強調：「所以，如果歐洲共同體六國達成了真正的整合措施，一個新的世界強權將會登上舞台。」

研究報告肯定英國強調和美國打好關係的一貫外交政策可以擴大英國的影響力，也是歐洲安全的基本保證。「我們的外交政策的核心是大西洋聯盟，也必須維持下去。」但英國不能把全部籌碼押在華府上面。她必須學會左右兼顧。「作為一個相對較小的經濟強國，我們將會愈來愈受制於歐洲共同體實施的經濟和貿易政策，又如果我們未能取得與它讓人滿意的連結，將會有嚴重損傷的風險。」這份報告的作者認為英國不應該把美國和歐洲視為是二選一的選擇，因為如果歐洲各國置英國於不顧，英國和美國的獨特聯繫也將會受損。「如果我們被排除在歐洲之外，將會嚴重削弱我們在大英國協和大西洋聯盟（英美聯盟）中的地位，也會嚴重削弱聯盟的凝聚力本身。」

麥克米倫的顧問們小心選擇字眼，但他們仍然突出了無可避免的結論。需要這樣的策略：加深對歐洲事務的參與來平衡和美國無比重要的關係。「不管發生了什麼事，我們都不能讓自己落入必須在大西洋兩岸二選一的處境。」這個建言跟麥克米倫自己的想法符合，也跟艾森豪政府勸他親近歐洲的建議和赤裸裸的經濟事實符合。英國遲早都必須加入共同市場。

此後幾十年，英國都在親美和親歐兩種感情之間徘徊掙扎，有時成功管理兩者之間的衝突，但終歸失敗。一種天生的優越感讓英國自成一國，而這種優越感是由她的輝煌歷史、她獨一無二的議會傳統、在二戰的勝利和島國的地理形勢所致。英國也有一種愈來愈強烈的不安全感。在二戰期間曾被侵略和征服的國家現在看來注定要在和平時期勝出。麥克米倫對《未來政策研究》的保密表明了他認識到要掃除舊的假象有多麼困難。如果實際考量是把他拉向歐洲，而整個國家的心緒卻是傾向於相反方向。為解釋大英帝國的必然性而特製的國家神話高揚英國的特殊主義。現在英國雖然正在喪失帝國的領土，卻不準備放棄帝國心態。她的民族意識落後於世界權力的重新分配。

在英國的統治階級看來，歐洲是一塊太小的畫布。擔任外務大臣時，艾登曾經表達過這種統治集團的觀點。他說，當他選區的選民望向放在門毯上的信件時，會看見信上的郵票不是出自法國、比利時或德國，而是出自馬來亞、黃金海岸和奈羅比。[7]就算是在帝國解體之後，英國仍然是大英國協領袖，聯合國五個常任理事國之一，和美國有著獨一無二的親密關係，以及擁有自己的核子武器。簡言之，她仍然是個世界強權，就像美國和蘇聯一樣。這樣看來，邱吉爾說過的，英國應該「和歐洲人站在一起，但不是歐洲的一部分」，所言不假。

戰後英國最大的外交失利是自找的。受到傑出文官和政治經濟學家莫內的鼓勵，法國外交部長舒曼在一九五〇年五月九日發布了建立「歐洲煤鋼共同體」的德法合作計畫。煤和鋼是戰爭的爐灶。融合兩國的工業和把它們置於一個超國家機構的監管之下，強烈表達出德、法在戰後和解的意願。舒曼和莫內不只是要為預防歐陸兩大強國的未來衝突買保險，還邀請其他國家加入。所以，大戰才結束五年，巴黎就開闢出一條讓西德重返歐洲國家社群的途徑。新的德法聯盟因此會成為歐洲整合和復興的關鍵。對這個宣布，倫敦方面的反應是震驚和憤怒——在知道了這個計畫曾經事先知會美國國務卿艾奇遜之後更是如此。艾奇遜是在一九四九年取代馬歐爾成為國務卿，他在前往倫敦參加一個外交部長會議途經巴黎時被告知這個計畫，知道了以後表示予以祝福。透過「歐洲煤鋼共同體」，巴黎和波昂打造了後來的「歐洲共同市場」的模板。它給予英國的信息再清楚不過：即便英國不準備參加，她的鄰國仍然會在美國的支持下繼續向前推進。艾奇遜被指控和法國人合謀。日後他將會指出，英國「在戰後所犯的最大錯誤是拒絕參加舒曼計畫的協商」。[8]

先前，英國在戰後也曾轉向和削弱一連串的歐洲倡議：扼殺荷蘭提出的關稅聯盟的計畫；削減新成立的議會大會——「歐洲議會」——的權力；確保新成立的「歐洲經濟合作暨發展組織」——負責監督「馬歇爾計畫」援助款的分配——不會侵害成員國的主權。如果說白廳有什麼一貫性的指導原則，那就是反對超國家主義。任何新設立的機構都不應該侵犯國家主權，特別是不應該損害英國的行動自由。邱吉爾當時仍然是國際舞台和歐洲舞台的一個要角，他以一種極矛盾的態度回應這一切。既然目睹過歐洲大陸的滿目瘡痍並曾建議成立一個英法聯盟，他又怎麼會不歡迎一個會讓未來戰爭變得無法想像的更緊密的國家聯盟組織？在艾德禮選舉得勝後，他作為反對黨的領袖成為了大歐洲計畫的鼓吹者。一九四七年，他創辦了「聯合歐洲運動」，在「皇家艾伯特廳」發起此事。翌年，他在海牙舉行的一個被戲稱為「歐洲國會」的會議中擔任明星演講者。這為「歐洲議會」在隔年的創立架設好舞台——「歐洲議會」是歐洲各國國會在法國史特拉斯堡舉行的一個會議。然而不管他口頭上怎樣說，也不管他有多熱中批評政府的謹慎，他並不打算讓英國投入這一類活動。他樂於在史特拉斯堡享受歐洲同仁的掌聲，但他從沒有真正放棄他的一個信念；英國應該鼓勵歐洲的統一，但不應該參與其事。當他在一九五一年重新執政後，並沒有大幅更改他在野時大力譴責的政府政策。他的私人祕書柯維爾總結這種模稜兩可說：「我想邱吉爾在歐洲面前會自認為是歐洲人，但在英國面前卻不必然如此。」[9]

艾德禮政府不能宣稱它被舒曼的建議嚇一跳。法國官員在前一年便提出過這建議。其靈感來源莫內是負責法國戰後重建的高階官員，他在疑歐派的聯邦主義壞蛋名單裡排名很前面。在現實生活中，莫內是個親英派，大戰期間在英國為法國政府工作。在莫內的鼓勵下，舒曼本人在一九四九年的好幾個會議上曾向英國官員提出這個計畫。他深信歐洲各國只有集體行動才能有效地處理所面臨的挑戰。其中一個聽過舒曼行銷辭令的資深白廳官員普洛登，後來告訴ＢＢＣ記者查爾頓，英國政府為什麼會否定這個計畫：「外交部的觀點是我們必須緊緊保持我們和美國的關係，不讓任何東西——不管法國和歐洲對我們有多重要——成為障礙。」[10]作梗的還有過去的包袱。普洛登繼續說：「首先我們不可忘記我們剛剛贏了大戰。我們仍然處於一個帝國的中心——不是一個國協的中心而是一個帝國的中心……我們認為我們仍然是世界上的強國之一。」英國本來是莫內的首選夥伴，但被拒絕。之後他轉向了德國。

英國錯判了美國人的心緒。外交部因為想盡辦法在這個由美國和蘇聯支配的世界中維持地位，又因為和美國人在全球很多地方有合作關係，所以本能上會向華府傾斜。財政部也是這樣，這是因為美國財政部守住國際貨幣基金組織的大門，控制了英國有時需要支撐英鎊價格的資金來源。國防部和情報機構也是如此，它們都仰賴美國的科技和資源。然而英國官員假定的二分法卻是錯誤的，因為英國在歐洲扮演領導性角色的話反而會強化她在華府的聲量。因為受到蘇聯共產主義的威脅，美國人一直鼓勵歐洲國家更緊密地合作。

莫內、舒曼和其他歐洲共同體開創者的大願景來自一個決心，那就是法國和德國這兩個國家在不到一世紀的時間發生過三次戰爭，應該找出一個方法止息干戈。他們的方法的高明之處在於把和解與現實政治結合在一起。法國希望獲得歐洲的領導權，德國希望得到重建，這兩個目的會合成為追求永久和平的最高目的。這就是歐洲人會得到美國人全心全意支持的理由。馬歇爾重建歐洲大陸經濟的計畫需要以前所未有的合作為前提。華府利用影響力來促進歐洲整合，支持荷蘭成立一個關稅聯盟的建議，鼓勵受援助國之間的貿易和投資。資深的美國官員認為經濟合作可以帶來阻止共產主義推進所需的政治穩定。肯楠從莫斯科回國後在國務院扮演新角色。英國外交官法蘭克斯後來這樣描述肯楠的任務：「他所鼓吹的，和被馬歇爾將軍接受的是，透過馬歇爾計畫，西歐必然會變為一個不那麼破碎的經濟體，必然會成為一個較大的市場，而眾人必然會更加成為一體。」[11]

貝文的經濟顧問霍巴志是少數看透倫敦的表裡不一的官員之一。他指出，美國人「點燃起」歐陸各國政府的想像力，但他自己的老闆寧可不去聆聽。英國政府在一九四九年曾接受建立「歐洲議會」的倡議（這倡議獲得邱吉爾的支持），但在它的理解中，這議會只是在各國政府的指導下運作的聊天室，不擁有任何超國家的權威。設立關稅聯盟之議被認為跟大英帝國和大英國協的貿易安排相左——霍巴志認為這個決定是出自「白廳根深柢固的成見」。[12]外交部次長斯特朗在寫給駐美大使的短柬中道出了英國對美國支持歐洲統一的惱怒：「內閣大臣們對於美國政府在跟我們和其他歐洲國家打交道時的缺乏體貼和理解感到愈來愈不滿，有時甚至會感到憤怒。對於美國人假定他們可以藉『歐洲復興計畫』來施壓，試圖改變我們的內部政策也是如此。」[13]斯特朗就像他的老闆一樣，誤解了自己的大西洋主義傾向的邏輯。貝文曾經比任何政治人物更努力於遊說華府對歐洲作出永久承諾。當美國這樣做了之後，英國卻又事不關己，這當然是粗魯無禮的事。

「舒曼計畫」在倫敦受到了傲慢無禮的對待。一份白廳的會議紀錄顯示財相克里普斯認為這計畫同時是對英國和美國的挑戰：「我們都同意，它顯示出一個從大西洋共同體移動到歐洲聯盟令人遺憾的趨勢。」[14]巴黎特別受到責怪。他繼續說：「一般都同意，法國政府在這個節骨眼向世人提出這個建議而沒有嘗試情商英國政府或美國政府的意見，是一種極端失禮的行為。」這事情不過是發生在邱吉爾倡議的「英法聯盟」的幾年之後。人的記憶何其短暫。

舒曼比他的英國朋友們技高一籌。英國、義大利、荷蘭、比利時和盧森堡全被邀請加入「歐洲煤鋼共同體」，但法國制定計畫，防止英國破壞。這計畫以既成事實的方式呈現在它的潛在參與者面前，共同體的超國家權威是沒有協商餘地，而參加與否必須在期限之內決定。邱吉爾在下議院的反對黨座位區說話，呼籲政府參與談判，因為即使英國不喜歡這計畫，但也不該靜默無聲。[15]舒曼縮短辯論的時間。他在六月一日告訴英國大使，法國希望在第二天結束前得到回覆。

英國的傲慢回應顯示出她對自己的國力持續存在錯覺。這是一個分岔口，讓英國和其歐陸盟友分道揚鑣。而內閣卻是在首相和外相同時缺席的情況下拒絕了這個計畫。當時艾德禮正在渡假（而且偏偏是在法國渡假），貝文則是在住院。由於他們有把握其他閣員會否定參與「煤鋼共同體」的建議，所以放心把事情交由內閣討論，而內閣甚至不去討論這樣做會給英國帶來的孤立後果。包括財相克里普斯在內的許多同僚就像貝文一樣對於任何有損主權的事情充滿敵意。內閣裡沒有任何人為成就一個更團結的歐洲說話。在場的威爾遜日後回憶說，這件事情「沒有被太認真對待」。[16] 然而，財政部的評估看來掌握了這一刻的政治意義。它說：

> 主要的議題其實是政治。和法國政府的交流讓人得知他們的建議起初是出現在一個德法的脈絡，而現在被賦予更廣泛的運用。法國要求我們從原則上接受的不只是資源的匯聚，還是在一個歐洲體系裡融合或讓出主權的觀念。舒曼先生的原備忘錄指出，他的計畫是邁向歐洲聯邦的第一步。基於我們的世界地位和利益，我們迄今的政策是不在政治或經濟的領域上不可逆地向歐洲投入，除非我們能夠評估這種投入的幅度和後果。現在這正是我們被要求去做的事。法國現在所要求的，正是這樣的投入。也正是在同一時刻，我們決定要發展大西洋共同體並賦予更大的意義。

在這裡，財政部犯了我們熟悉的那個錯誤。它不啻是說英國只能夠在大西洋彼岸和英吉利海峽對岸二選一。

不管是在加入歐洲共同體之前或之後，內閣對主權的強調開啟了一個英國從來未能完全逃離的腐蝕辯論。反對歐洲整合的人指控歐陸的聯邦主義者正在陰謀用一個「歐羅巴合眾國」來吃掉各個民族國家。這個目標固然是少數熱忱人士的憧憬，卻不是戴高樂或他在愛麗榭宮的繼任人所嚮往。法國支持經濟整合是基於維持國家威望的考慮。他們相信，愈歐洲所意味的就是愈法國。對德國人來說，參加這個計畫的著眼點是國家重建。他們沒有計畫不繼續當德國人。

這一刻的重要性是海峽左邊的英國所渾然不覺。只有到了後來，政策制定者才明白到英國在對「舒曼計畫」關上大門的同時，也失去了對自身未來的控制。此舉拱手讓出了一九四五年那個勝利者的權威。她幾乎不可能為一個選擇了自身目標的大洲繪製未來。按莫內的評估，英國「雄偉防禦牆似的自信心就是從這時開始出現第一道裂痕」。[17]另一方面，歐洲統一的鼓吹者則學習到歐洲是可以在沒有她的島國鄰居的扶持下單獨前進。

一種模式就這樣建立起來。這種模式將會再出現在《羅馬條約》的談判中，而且會一再出現在後來的幾十年，當時英國政治家對他們歐洲夥伴的野心存有戒心。按照這種模式，英國對歐洲任何倡議的第一個反應都是認為計畫不切實際而加以否定。第二個反應是指出設計上的一些錯誤讓計畫窒礙難行。又如果此說最終被證明為不能成立，英國就會選擇退出整個計畫。這正好就是歐洲執委會主席迪羅在一九八〇年代籌劃發行單一貨幣時發生的事。對這個計畫，白廳先是嗤之以鼻，認為沒有實際可行性，而當計畫開動後，英國財政部又提出了所謂的「強勢歐洲通貨單位」的替代性計畫。其他人沒有理會，繼續推行他們自己的計畫。最後梅傑要求讓英鎊「選擇退出」迪羅的計畫。到了英國在二〇一六年投票離開歐盟時，她選擇退出的計畫包括了單一貨幣、跨邊界移動的申根體系以及很多法律和司法事務的整合。

德法的合作並非一帆風順。在一九五四年，法國國民議會因為不願意看見德國重新武裝，否決了建立歐洲防禦共同體的計畫。英國的失算在於把這個暫時的頓挫解釋為永久的逆轉——這是另一種反覆出現的模式。從一開始，英國的政治家就未能理解歐洲更緊密合作背後的強烈政治動機。倫敦講求實際的觀點低估了形塑巴黎和波昂的決定背後，追求和解的強烈感情和毫不感情用事的政治盤算。英國不願意放棄她的特殊主義，而她的鄰國又不打算等待，所以當「煤鋼共同體」各成員國的部長在一九九五年六月齊集墨西拿討論更緊密的經濟合作時，很快就達成結論，要建立一個免除關稅的「歐洲共同市場」。它看來是莫內的創造物的一個自然延伸。

對此，英國的反應是滿不在乎的漠視。英國財相巴特勒對墨西拿會談不屑一顧，稱之為在一個西西里古城進行的「一些考古挖掘」。[18]然而各國接著在布魯塞爾舉行會議，商討新共同市場的結構。當時，一個法國官員問他的英國同僚，倫敦會不會派代表出席墨西拿會議，得到的回答是「那麼一個鳥不生蛋的地方難指望任何一個大臣會到得了」。磋商地點改為布魯塞爾之後，英國不再有這樣的藉口。但艾登政府為了表示自己興趣缺缺，派出的不是一個大臣而是一個文官。貿易局的資深官員布雷瑟頓爵士奉命以觀察者而不是參與者的身分參加會議。根據外交官之間的口耳相傳，他在一九五六年十一月舉行的會議上極為罕見地發言過一次：「你們正在討論的條約沒有機會獲得通過。如果它獲得通過，它沒有機會獲得批准。如果它獲得批准，它沒有機會付諸實行。又如果它會付諸實行，它將會是英國全然無法接受。」所以是時候對這種徒勞的商議說再見了：*Au revoir et bonne chance*（謝謝你們，祝你們順利）。這引述八成是杜撰，不代表布雷瑟頓的觀點，但它卻斷然反映出倫敦方面的心態。歐洲人的願景被英國人以懷疑心態看待。就算在一九七三年成為了歐洲共同市場一員之後，英國繼續反對每一個威脅其主權的新建議，預料它們將會行不通，而當它們行得通之後，英國就會提出「選擇退出」的要求。

幾十年後，當梅伊在二〇一六年脫歐公投後談判脫歐條件時，她將會抗議說她不是反對歐洲的擴大合作本身。她主張的毋寧是由英國配得到一份量身定做的協議，讓其有權控制自己的命運。梅伊的假設呼應了邱吉爾的感情，他說他必須和歐洲說再見，但祝願歐洲一切順利。

當初美國人會推出「馬歇爾計畫」並沒有利他成分。它的著眼點完全是為了讓經濟疲弱的歐洲國家不會落入蘇聯的魔掌。美國判斷，一個統一的歐洲將會最能代表美國的利益，所以不讓人意外地，華府對英國的作梗政策感到不耐煩。英國要求美國以一股歐洲勢力的身分行事，但她自己又拒絕擔綱這種角色。在美國看來，共同市場是對抗蘇聯共產主義推進的一道扶壁。肯楠的圍堵政策預示的是一個長期競賽——西方必須證明自己的經濟體系比共產主義優越，顯示市場比國家規劃更能帶來繁榮。任何能夠增加歐洲西半部凝聚力和繁榮的措施都會獲得華府的歡迎。

英國因此捨棄了新歐洲的主導權。雖然正大力往德法和睦相處的方向推進，但歐洲不見得一定會用這種方式整合。法國就像英國那樣，對主權的問題有諸多顧慮。在墨西拿會議之後重新執政的戴高樂稍後承認，如果在草擬《羅馬條約》的當時他是總統，他將會拒絕簽署。法國最初把防衛上的合作放在經濟合作之上，提倡建立一個匯集歐洲核子武力的新機構。至於西德，則是想要得到免關稅的製造業貿易和抗拒法國的「共同農業政策」計畫。所以，英國政府如果決心要形塑政治議程，本來有很大的槓桿可以左右歐洲合作的道路。後來，曾任外務大臣但在蘇伊士運河危機之後辭職的努丁承認，英國錯失了一個機會：「我認為那是我們錯過了的最後和最重要一班巴士。我想如果我們參加了墨西拿會議，將會在歐洲繼續扮演領導性角色。」[19]

麥克米倫的《未來政策研究》證實了一些讓人不是滋味的事實。共同市場行之有效，英國想要透過跟瑞典、挪威、丹麥、葡萄牙、奧地利和瑞士結成「歐洲自由貿易協會」與之抗衡的打算已經失敗。在法國或德國缺席的情況下，「協會」缺乏足夠的經濟影響力。麥克米倫指出：「自從拿破崙時代以來，這是歐陸主要強國第一次結成一個帶有相當政治面向的十足經濟同盟……它有可能足以把我們排除在歐洲市場之外和排除在歐洲政策的建言權之外。」[20]讓人恍然大悟的真相當然是大西洋主義和歐洲主義只能二選一的想法只是個錯覺。甘迺迪向麥克米倫指出過這一點，歐巴馬會在半世紀後再指出這一點，當時他支持鼓吹英國留在歐盟的運動。

麥克米倫的轉變讓人聯想起莫內在一開始所說過的預言。被問及法國和西德是否準備在英國缺席的情況下推進「煤鋼共同體」時，莫內告訴工黨的財相克里普斯：「我衷心希望你們從一開始就會加盟。但如果你們沒有，我們就會在沒有你們的情況下前進。因為你們是現實主義者，我很有把握，當你們看見我們取得成功之後將會按照事實進行調整。」[21]莫內曾無意間完美地描述英國將會從懷舊症向現實主義轉移的過程——對歐洲先是冷漠，然後是猶豫，然後是忌恨，然後在所有其他選項都窮盡之後，以不優雅的姿態匆匆忙忙爬上歐洲的列車。

雖然麥克米倫的政治選項已經大大減少，他並不準備冒險。當《未來政策研究》在一九六〇年三月呈現在一小群內閣大臣面前的時候，他們對報告的結論並不踴躍。有些人認為報告的態度是「失敗主義」。財政部被指控低估了大英國協的價值和對英國的經濟前景太過悲觀。已經轉任內政大臣的巴特勒一改他先前對墨西拿會議的懷疑，大膽主張英國應該爭奪歐洲的領導權。就像歷史學家軒尼詩簡潔指出的那樣，巴特勒並沒有解釋這要怎樣做得到。[22]白廳的官僚要很慢才從鄙夷的態度轉為擔心被歐洲排除在外。有些政治家還要花更長時間才被說服，願意相信英國應該和一些「較不起眼」的國家聯合起來。麥克米倫對眾人就國家認同、歷史和國家自治的成見小心翼翼。

保守黨的和工黨的懷疑派一樣認為主權才是重點。對英國的統治階級來說，英國民主的優越性是不言自喻，其民主制度、習慣和傳統是經過奮鬥取得，歷經幾百年的錘鍊。柴契爾夫人在一九八九年攻陷巴士底監獄二百週年紀念大會上告訴法國總統密特朗，歐陸國家的歷史充滿動盪、戰爭和革命，但英國卻沒有這些——這是省事地忘了英國內戰和一六八八年的光榮革命，當成沒發生過。望向海峽對岸時，英國議員看見的是一些新採行民主制度的國家。當艾德禮政府考慮「舒曼計畫」時，他的副首相莫里森指出，「杜倫的礦工」*將不會接受任何這類對國家經濟管理的約束。邱吉爾有時會採取較細緻的方針。他一九五〇年在國會說：「如果條件和保障措施讓人滿意的話，我們準備考慮接受讓出國家主權。」[23]然而，他讓這樣的條件是否可能滿足的問題保持懸而未決。在保守黨的右派，埃諾奇．鮑威爾高舉英國民族主義的大旗。在他看來，《羅馬條約》是可惡事物，是對國家自治的致命侵犯。它將會推倒民主的支柱。埃諾奇．鮑威爾指出，在簽署《羅馬條約》的六個國家中，有四個只存在了兩個世紀。歐洲不是鮑威爾的唯一敵人。共同市場將會顛覆英國的民主機構，而從大英國協湧入的移民將會動搖英國的民族和文化純潔性。這就是二〇一六年強硬脫歐派的仇外運動的先聲——這運動鼓吹從布魯塞爾奪回自主權和禁止土耳其移民移入。

這場辯論混淆了象徵與現實，混淆了憲政理論與現代世界跨邊界相互依賴的事實。理論上，主權提供了行動的權力，然而，這種權力常常是依賴志同道合的國家的合作。在十九世紀

---

*杜倫自十九世紀以來成為英國主要煤礦產地，一八六二年成立杜倫礦工協會，成為工黨中的強勢團體。

下半葉的帝國巔峰時期，帕默斯頓勳爵的知名言論說過，英國不需要永遠的盟友。她的利益是至高無上。當世界地圖上有四分一的地方是塗成粉紅色的時候，這種區隔是可信的，但在二十世紀下半葉，英國卻沒有這種選擇。對一個已經失去突出的全球地位的國家來說，聯盟和國家利益是分不開的。照英國民族主義者的理路，一個流落荒島的人是可以號稱擁有絕對主權，但是，這樣一個孤伶伶的人又是完全無力的。

一個不爭的事實就是，英國長久以來都是熱烈的條約簽定者和國際組織加盟者。根據外交部在二〇一五年的計算，這個國家自一八三四年以來簽定超過一萬三千份條約，內容從防衛協定、捕魚權安排、貿易協定到加入北約和聯合國不等。所有這些條約都會讓英國的理論性主權有所減少，要麼是因為認定有一個第三方仲裁者可以解決紛爭，要麼是因為接受限制和相互性義務。然而這些承諾沒有一個可以奪走國會的絕對主權，可以奪走國會議員推翻這些安排的權利。西敏在昨天讓出的東西是可以在明天要回。麥克米倫明白主權和權力的重要分別。

英國主權的支持者不是唯一反對和歐洲連結的人。大英帝國的前屬地——現在集合在大英國協的名義之下——讓英國自覺不只是個歐洲強權還是個全球強權。「白色自治領」——加拿大、澳洲和紐西蘭——歡迎英國和美國的特殊關係。大英國協有自己的貿易優惠體系，而如果英國加入歐洲共同體的關稅聯盟，這個體系有可能受到損害。被麥克米倫派去和歐洲共同體談判的希斯了解這些緊繃性，他在一九六一年十月道出英國的目標：「聯合王國有些人納悶歐洲共同體的會員資格是不是能夠和大英國協的會員資格協調⋯⋯如果我們加入歐洲共同體將會迫使大英國協其他成員改變她們的整個貿易模式，將會是一場悲劇。」[24]在談判的過程中，這個難題需要想辦法解決。

麥克米倫對懷疑主義的聲音的反應是放慢步調。繼《未來政策研究》之後是一九六〇年夏天另一次貌似客觀的盤點。白廳設計出一系列問題，測試「共同市場」和「歐洲自由貿易協會」之間的優劣。事實上，這些問題的答案很多都是不言自喻。麥克米倫的目的是顯示大環境自從墨西拿會議以來已經發生改變。官員們得出結論是，艾登政府在兩方面判斷有誤：一是認為共同市場計畫不可行，二是假定英國能夠提出自己加入的條件。報告中指出，法國和西歐「已經不再是弱者」。正好相反，「共同市場在經濟和政治上正在變成一股強大和有活力的力量。在一九五六年，我們認為加入共同市場削弱我們和美國的特殊關係。這種情況已經改變，美國正在愈來愈重視歐洲共同體。」[25]至於大英國協，任何因為英國入歐而失去的直接連結也許都會比不上英國因自外於歐洲而損失的全球影響力，而那樣子的話將會傷害大英國協。英國正在經濟上落後，加入共同市場將可讓她搆得著一個兩億人的市場和擴大她在華府的影響力。不錯，入歐是會失去一點主權，但在部長理事會中占有一席之位將讓英國政府可以遏制歐洲聯邦主義者的野心。

白廳內部的辯論轉向了怎樣把對大英國協的義務和對共同市場的義務編織在一起。一開始，內閣是希望透過談判達成一些特殊安排，讓英國既可以保留和前殖民地的連結又可以獲得成為共同市場一員的好處。這是麥克米倫在一九六一年七月和歐洲共同體六國展開正式談判時的如意算盤。從一開始，申請成員資格的決定是得到整個內閣的一致同意，就像外交部歷史學家班內特所指出的那樣，內閣閣員們沒有歡慶的氣氛，更多是沉浸在「一種憂鬱的認命心緒」。[26]不錯，歐洲是一個機會，但英國將不會縮小自己的野心。

後來被稱為「疑歐主義」的那種心態並不是政治光譜右邊的民族主義者和懷舊者所專有。歐洲問題既在兩大政黨之間引起分歧，也在它們自己內部引起分歧。政治左派為自己的國際主義自豪，但這種國際主義並沒有涵蓋對貿易政策的共同控制。莫里森就杜倫礦工所說的話反映出工會極度疑心歐洲是英國產業的一個威脅。一個對德國製造業開放的市場將會嚴重傷害英國的就業。面對內閣的決定，工黨領袖蓋茨克決意小心應對。他不像工黨左派那樣相信歐洲共同市場是一個資本家俱樂部，將會對英國勞工階級構成生死威脅，不過他也不像他在影子內閣＊的有些同僚那樣，發自本能地親近歐洲。所以他採取觀望，堅持反對黨會根據談判團隊取得的條件採取立場。不過，到了一九六二年年中，反歐洲主義在工黨內已經成了氣候。蓋茨克曾在一九五九年的大選敗給麥克米倫。下一次的大選在一九六四年舉行，如果麥克米倫申請入歐成功，下一任的首相任期將會是其囊中物。蓋茨克並不想和反歐洲的工黨左派一戰，這一派由正在崛起的威爾遜領導。

蓋茨克在一九六二年十月的大轉彎讓整個國家嚇了一跳，也讓麥克米倫大驚失色。利用在黨大會現身的機會，他猛烈抨擊申請入歐之舉。他一開始指出，入歐的經濟獲益一直被誇大，但其政治代價卻是沒有一個英國政治人物曾經考慮。他指控說主權的讓出將意味著「英國作為一個獨立歐洲國家的終結」。然後他一頭栽進先前屬於保守黨專有的懷舊症裡，繼續說：「那意味著一段一千年的歷史的終結。」[27]作為一場政治演說，這是蓋茨克最美好的時刻，整個會場響起如雷掌聲。他的志得意滿有待他太太朵拉來敲醒。她告訴他：「歡呼喝采的全是不對的人。」[28]指出他在社會民主派一翼的傳統支持者皆默不作聲。

當保守黨在下個月召開年會時，曾對墨西拿會議不屑一顧的巴特勒反駁蓋茨克說：「對他們來說事情關乎一千年的歷史，對我們來說關乎未來！」巴特勒是以一種高高在上的態度看歐洲：為什麼那些該死的歐陸人不了解自然之理和向英國的領導俯首？所有的入歐辯論——不管是出現在內閣、在西敏還是在其他地方——都是在光榮孤立的傳統裡進行。政治家假定英國和歐洲其他國家的關係是可以在倫敦搞定。不錯，歐洲人是可以在這裡或那裡要求一個小修正，但定調的是英國人。這是一種英國從來沒有甩掉的心態。

對麥克米倫而言，歐洲成為了一個關乎權力的問題。和美國的「特殊關係」是必要的，但單靠它不足以完全支撐英國的權力。他判斷，英國離開了歐洲共同體六國，影響力將快速衰

＊英國議會的下議院是由單一選區選舉產生。議會多數黨領袖擔任英國首相，並由他負責挑選本黨人員組成內閣。而最大的在野黨隨之成為正式的反對黨，並組織「影子內閣」。「影子內閣」通常不會符合內閣大臣的觀點，反而會唱反調。負責領導下議院中本黨成員的一切活動，當遇到議會辯論時，「影子大臣」往往會踴躍發言，在闡述本黨觀點的同時，指出並攻擊時任內閣的問題與缺陷。

退。十年前，艾登曾提出相反的理據，說「英國的故事和她的利益超乎歐洲大陸之外。我們的思想穿過七海，去到很多地區。我們的人民在世界每一個角落起作用。這些是我們的家庭紐帶。那是我們的生命」。[29]麥克米倫知道英國的選項已經變少。「過去作為一個海上強權，我們也許曾經沉湎在高於外國人的優越感……但我們現在必須按照世界今日的樣子和將來會有的樣子考慮世界，不是用一個已消失的過時範疇。」[30]儘管如此，當這位首相一九六一年八月在下議院宣布英國正式展開和歐洲共同體的談判時，語氣仍然是誠惶誠恐。他強調的理由幾乎全部是經濟性的。他向國會議員們保證，《羅馬條約》無關國防或外交政策。他把重點放在列舉入歐後不會割捨的東西多於入歐可以帶來的契機，例如說英國將會保留她的全球性角色和她跟大英國協的連結，不會犧牲從澳洲和紐西蘭輸入的廉價食物供應。雖然內閣仔細討論過主權的問題，但麥克米倫在演講中一語帶過，讓人感覺英國將會按照自己提出的條件加入歐洲共同體。

實際的情況是英國不能假定自己會受到熱烈歡迎。法國對英國從蘇伊士運河的撤退記憶猶新。雖然英國決心不再遠離美國的運行軌道，法國整合歐洲的計畫卻是為了防範美國的勢力。沒有人比戴高樂——他在一九五八年重新掌權——更加不信任英美之間的勾結。這位將軍對英國懷有各式各樣的悲憤，有些是真實的，有些是想像出來的。他從來不能忘記自己在大戰期間被排斥在強國會議之外，不能忘記英國曾反悔一項英法核子合作計畫，以及不能忘記麥克米倫是美國人的產物。英國要談判的對象正是戴高樂。麥克米倫希望兩人戰時在北美的關係會有幫助。但他幾乎處處碰壁。他邀請戴高樂到他的鄉村別墅，但只落得失望：「戴高樂現在什麼都不肯聽，什麼都聽不進去。」問題在於「他的高傲、他對英國繼承而來的憎恨（起自聖女貞德時代）、他對上一場戰爭的苦澀回憶，又特別是他對法國的強烈『虛榮感』。」[31]

麥克米倫召集了一支強大的談判團隊，成員包括希斯，後者注定成為戰後唯一毫無保留支持英國入歐的英國首相。直到最近都對入歐之議嗤之以鼻的外交部這一次派員在歐洲共同體六國的首都大力運作。在歐洲共同體中地位不亞於戴高樂的艾德諾受到熱烈拉攏。隨著談判在一九六二年繼續拖拖拉拉，白廳意識到自己有需要讓步，重新調校自己和大英國協的連結強度。

一九六三年一月十四日，戴高樂讓英國的入歐談判嘎然而止。麥克米倫上個月在朗布耶和將軍會面時已經得到預先警告（這個會面就發生在他和甘迺迪在巴哈馬群島舉行高峰會之前）。雖然麥克米倫拒絕承認，但戴高樂事實上已經作出了決定。儘管如此，他對戴高樂在一月把媒體召集到愛麗榭宮之後發出的轟隆砲聲仍然沒有心理準備。二十年前，作為法國在倫敦的流亡政府首腦，戴高樂曾考慮邱吉爾有關建立一個新英法聯盟的建議。但這一次他卻斷言英國不值得信任，不配作為歐洲共同體的一員。歐洲共同體六國已經選擇了把歐洲打造為她們的未來，但英國卻不放鬆她和美國的連結。一個月前，麥克米倫在巴哈馬首府拿騷和甘迺迪會面時，求購從潛艦發射的「北極星」核子飛彈，並獲得應允，因此推掉了法國提出的一個共同發展歐洲核子武器的計畫。這件事不能不予以懲罰。

戴高樂的聲明列出了很多英國加入共同市場的實際障礙。其中之一是英國抵觸為保護法國農民而設計的「共同農業政策」，因為英國從大英國協輸入廉價食品之舉「顯然是違反六國相當自然而然地為本身建立的體系」。[32]「共同農業政策」是法國在通向《羅馬條約》的談判中獲得的勝利，也是艾德諾政府為鞏固德法和解所付出的代價。法國農民和葡萄酒釀造商的利益不應該被紐西蘭的乳品製造者和英屬加勒比海的甘蔗種植者所傷害。

在這種經濟分歧底下的是哲學的分歧。戴高樂一直有在留意西敏的辯論。呼應英國是個全球性強權而不是個歐洲強權之說，他說：「英國事實上是個孤島。她是個海上國家，她是透過她的貿易、她的市場、她的供應鏈而跟最多樣化和常常最遙遠的國家相連接。」英國的加入將會改變歐洲共同體的性質。如果英國被接納，其他「歐洲自由貿易協會」的國家也會跟進，那麼「其成員的凝聚力……將不會持續太久，最終落入依附美國和受其引領的情況。」簡單來說，戴高樂就是暗示英國是華府的特洛伊木馬。戴高樂在結論裡說：「英國不是不可能作出充分改變，讓自己變成歐洲共同體的一部分……在那種情況下，六國將會對她敞開大門，而法國將不會提出阻攔。」但他對此不抱太高希望。

在這位將軍的心目中，在拿騷敲定的「北極星」協議確認了英美的勾結。甘迺迪曾經表示願意為法國提供同樣協議，但這只讓戴高樂更加深信，法國需要有自己的核子嚇阻武力。法國將會很快退出北約組織的指揮架構，而在三年後，這個組織形同被驅逐出法國。

戴高樂的聲明既讓英國吃驚，也讓法國的夥伴吃驚。由西德當頭的另外五個國家支持英國的入歐申請。談判過程中雖然不斷出現障礙。但這些障礙不是不可克服。麥克米倫認定戴高樂的反對除了是有關歐洲，還是歷史的敵意造成。這位法國總統從未能忘記他被排除在德黑蘭會議、雅爾達會議和波茨坦會議之外，大概也不能原諒法國的世仇在一九四五年取得的勝利。他害怕英國入歐之後會削弱法國的領導地位。不管他的考量有多精確，英國模稜兩可和兩面下注的態度都給了這位法國總統口實。這證明了斯特蒂紐斯的一個先見之明——他對羅斯福說過，英國在任何她沒有領導地位的社群裡都不會太合群。對歐洲共同體六國來說，歐洲共同體的成立是為了防範歷史重演和保衛未來。英國的觀點卻是計算性的：她是在歐洲共同體的裡面還是外面比較好？她可以不放棄既有的好處而獲得一些收益嗎？這是對英國頑固的特殊主義的預示，英國將因這種特殊主義而永遠無法與她的鄰國打成一片。戴高樂投下否決票的一星期後，法國和西德簽下《愛麗榭條約》，這紙獨一無二的政治協議讓歐陸最強大兩個國家的命運綁在了一起。麥克米倫所害怕的被排除完全實現了。他在一九六三年一月二十八日的日記上寫道：「我們所有國內和國外的政策都成為了廢墟。」[33]政治專欄作家瓦特比較同情戴高樂的思路：麥克米倫那麼賣力談判「北極星」飛彈顯示出英國重視她在世界上的地位多於重視歐洲。不管怎樣，歐洲現在起將成為英國政治的重心，並會保持這種核心地位超過半世紀。

第四章 一枚非常英國的炸彈

「國家威望」這四個字在白廳反覆響起。英國相關的經濟衰落愈是削弱了現實國力，英國的領袖就愈是癡迷於抓住國力的象徵。沒有一種國力象徵比原子彈更重要。在一九六二年十二月，經過一系列的誤判和失算之後，這個國家作為一個核子大國的未來地位完全繫於麥克米倫和年輕美國總統甘迺迪一次高峰會議的結果。沒有了核子阻嚇武力的話，英國將會需要徹底重新思考她的防衛策略。更重要的是，沒有了原子彈，英國將會變成什麼樣子？在麥克米倫看來，那將會對英國的國際地位造成致命打擊。

世界領袖之間的高峰會極少能改變歷史的走向。它們都是為了攝影機而安排，結果早就由較低層的官員在密室裡敲定。發表共同宣言的目的是為了公開宣示已經做成的決定。但當麥克米倫在一九六二年十二月丟下倫敦的寒冷冬天前往溫暖的加勒比海和甘迺迪會面時，他的行動將會改寫歷史。再者，美國把「北極星」武器系統賣給英國的決定將左右英國未來半世紀和更後來的外交與國防政策。這宗核子交易讓英國得以成為一個菁英俱樂部的成員，也讓她形同繳交了聯合國安理會常任理事國的會費。在這個過程中，麥克米倫打造出一座他的繼任者從未能走出的心理監獄。當卡麥隆在二〇一六年宣布英國政府將會向美國購買最新式的「三叉戟」核子飛彈時，他只不過就像他之前的柴契爾夫人那樣，更新麥克米倫在波光粼粼的加勒比海達成過的買賣。沒有事情比這一件更能表現出英國在戰後世界和美國的緊密關係。英美兩國領袖的互動沒有一次比這一次更大形塑了雙方的關係。

「百代新聞社」報導兩位領袖抵達拿騷的短片無意中呼應了英國以全球大國自居的心態。旁白者以嘶啞的聲音指出，「兩巨頭」將會討論「怎樣鞏固迅速惡化的英美聯盟關係」。其實他大可以補充說，麥克米倫的政治前途取決於這次會談的結果。過去一個月，保守黨在一連串的補選連連敗選。麥克米倫加入共同市場的努力又受到戴高樂的阻礙。華府看來決定要取消曾經答應賣給英國的「天弩」飛彈系統，這讓英國核子阻嚇武力無以為繼。麥克米倫十二月九日在日記中寫道：「《太陽報》狂酸歐洲、狂酸『天弩』和狂酸保守黨。」[1]三天前，他因為感受到充分的壓力，所以告訴後排的國會議員*，如果他們認為他的辭職解決得了政府的難題，他準備好辭職。他在當晚寫道：「這是我第一次必須使用這種武器。」

僅僅在拿騷高峰會舉行的兩星期前，英國是不是全球強權的問題便受到了極大的置疑。艾奇遜曾任杜魯門的國務卿，現在是甘迺迪的非正式顧問。出身美東的名門望族，酷愛剪裁合身的西裝，艾奇遜同時是個親英派，是白廳熟悉和高度尊敬的人物，對倫敦最時髦奢華的沙龍絕不陌生。不過作為美國戰後歐洲政策的主要策劃者之一，他也是一個不感情用事的外交政策執行者。他總是不相信美國和某個盟國有特殊關係是符合美國的最佳利益。在國務院任職期間，他聽說了部內有計畫要將英美關係的特殊性成文化，立刻下令終止該計畫，把所有文件銷毀。他問國務院的官員，如果美國其他盟國認為英國得到特殊待遇，她們將會有何感想？[2]

儘管如此，一九六二年十二月初他在西點軍校所作的演講卻不帶敵意。他演講的大部分內容都是在反省跨大西洋聯盟和北約組織的未來，但總議論中包含著給倫敦好朋友們的溫和提醒。他沒有料到他的話將會在英國首都引爆一枚炸彈。在他最常被引用的一句話中，他說：「不列顛已經失去了一個帝國，但還沒有找到自己新的角色。」然後，他狠狠批評英國在戰後為自己設定的道路——「她企圖扮演一個獨立的強權角色，也就是一個分離於歐洲的角色，一個以英美『特殊關係』為基礎的角色，一個以沒有政治結構或統一性或力量的『大英國協』為基礎的角色……這個角色行將結束。」

英國首相不能指望可以指引兩大超級強國的關係：「大不列顛企圖單獨行動，充當美國和俄羅斯之間的和事佬，但這種政策看來就像她的軍事力量一樣軟弱無力。」[3]艾奇遜察覺不到倫敦的敏感情緒。他的話引起了軒然大波，左右兩派的報紙都憤怒回應。《每日快報》宣稱他的演講是「在背後捅刀」，而《每日電訊報》稱艾奇遜在衣著上要比在政治判斷上較無瑕疵可尋。《每日鏡報》更進一步提醒讀者，美國在一九四〇年敦克爾克大撤退時也是不看好英

＊在英國下議院內閣要員或反對黨重要人物會坐在前排，地位較低的議員坐在後排。因此可以用來指稱非內閣成員或是影響力較低的一般議員。

國。當時羅斯福根據美國駐倫敦大使約瑟夫・甘迺迪——也就是現任總統的父親——的建議行動。白宮宣稱艾奇遜的意見不代表政府的意見。為了滅火，甘迺迪在打給麥克米倫的私人電話中傳達了同樣訊息。不過隨著保守黨和工黨議員同聲加入譴責的行列，麥克米倫作出了公開的回應。在回覆據說是來自前保守黨大臣錢多斯勳爵的「發言」時，麥克米倫談到了英國的光榮歷史，指出艾奇遜所犯的錯誤「和過去四百年來很多人如出一轍，包括西班牙的腓力、路易十四、拿破崙、德皇和希特勒」。[4]

麥克米倫稍後在日記裡承認，英國如果能夠不把艾奇遜的發言當一回事會讓人感覺更強悍一些。[5]艾奇遜的發言之所以造成傷害，是因為他說出了真相。英美關係愈不平等，英國人就愈感覺有必要談論他們在美國人心目中的特殊地位。國防大臣霍尼戈夫從他一星期前在高峰會上和美國國防部長麥納馬拉的一連串火爆對話明白了這個道理。他說，他不能「被看見跪在地上向美國人求情」。

在麥克米倫看來，艾奇遜演講更加諷刺的在於他只是以更白的語言把《未來政策研究》的結論說出來。麥克米倫的回應——申請加入共同市場——就是他對英國未來問題的解答。在他的計畫裡，美國和歐洲將會成為英國全球角色的相互扶持支柱。但實行上沒有這麼簡單。戴高樂想讓英國作出選擇。英國不管是內閣或保守黨都沒有改變立場，沒有準備好與德法患難與共。很多人仍然抱持邱吉爾的三環外交*美夢。今日，當戴高樂在朗布耶與麥克米倫會面時，他便準備要阻擋英國通向歐洲之路。這位將軍將會常常引用他和邱吉爾在諾曼第登陸前夕的一段對話。當時邱吉爾承認，如果英國必須在歐洲和大海之間作出選擇，「她必然總是選擇大海。」現在，戴高樂指控麥克米倫不願意擺脫美國對英國的枷鎖。麥克米倫覺得這次會面讓人疲倦和沮喪。戴高樂告訴法國內閣，他的客人幾乎被逼得掉淚。麥克米倫知道，如果他從巴哈馬群島也是空手而回的話，將會吃不完兜著走。

英美領袖分住在拿騷兩棟不同的海濱別墅裡，他們是大異其趣的人。一個是蘇格蘭貴族，出生在上一個世紀，既是保守黨人又是新教徒。麥克米倫打過第一次世界大戰，是得過勳章的戰爭英雄，不像他的對談人是在這場戰爭的近尾聲才出生。美國駐倫敦大使布魯斯提醒總統不要被麥克米倫的談話風格所騙，指出這位英國首相是最不感情用事的人。反觀四十五歲的瀟灑白宮主人則是來自波士頓的愛爾蘭裔天主教徒，這種背景讓他不會成為一個理所當然的親英派。他的有錢老爸在一九三〇年代是駐倫敦大使，支持張伯倫的姑息政策。當時約瑟夫．甘迺迪說過：「民主在英國已經完蛋。」在一九六〇年代之初，年輕的傑克†是現代性的旗手，卻從來沒有人說過麥克米倫「時髦」。不過雙方官員在高峰會前的焦慮都是低估了他們的老闆：他們一個是深知歷史牽引力和手段高明的政治老手，一個是年輕聰明和懂得用政治調和政策的總統。《星期日泰晤士報》的老鳥記者布蘭登——他報導過很多這一類高峰會——注意到這次

＊指在美國、歐洲和大英帝國暨大英國協之間作為連結者。

†美國總統約翰．甘迺迪。

的高峰會充滿緊張感：一種揮之不去的惱怒與激烈的憤怒瀰漫，「是我在過去二十年來報導過的所有英美會議中從來沒有見過的。」[6]

麥克米倫的會前緊張是可以理解的。英國一直自認為仍享有三巨頭時代的大國地位，但能夠支持這種認定的東西已一一瓦解。現在，她又面臨著另一個對她的國際威望的威脅。就像貝文所堅持的那樣，英國製造了自己的原子彈，但皇家空軍老舊的「火神式」轟炸機機隊行將退役。英國自行研發「藍紋」火箭的計畫在兩年前以失敗告終。英國政府缺乏金錢和技術，無法仿效美國和俄國的樣子建造大型的洲際飛彈。既然缺乏投射致命原子武器的工具，她憑什麼威脅或阻嚇蘇聯？要繼續保持核子大國的身分，她需要美國的投射系統。

麥克米倫無意捨棄核子武器這種國家威望的象徵。他在會談以前便決定，他要主打「相互依賴」的觀念，這是他在一九五七年便向艾森豪提出過。按照這個觀念，西方只有同步行動才能對抗現時代的各種挑戰。但相互依賴並不表示要犧牲國力。對英國而言，這有賴她與美國的親密關係和作為核子大國的地位。美國歷史學家和甘迺迪的密友史列辛格明白這對麥克米倫有多麼事關重大。他指出，在麥克米倫看來，英美「特殊關係」和擁有阻嚇性武器「同時是對大不列顛必要、對保守黨有利和可以美化自己的歷史地位。」[7]到達拿騷時，麥克米倫明白會談之後發表的宣言將決定英國能否繼續自視為全球要角。甘迺迪為了這次高峰會做了認真準備，還一度打電話給艾森豪，以確定對方早前答應過英國些什麼。他不會知道巴哈馬高峰會的決定將為英國直到下一世紀的政策確立方向。

由外務大臣荷姆和國防大臣霍尼戈夫陪同，麥克米倫在會談時沒提戴高樂拒絕英國入歐的事。他暴露不起弱點。在拿騷一如在朗布耶那樣，這位英國首相都是個乞求者。戴高樂有權力把英國拒諸門外，甘迺迪有權力讓英國失去作為大國地位象徵的核武器。一九五七年的時候，英國因為試爆氫彈而加入了「熱核俱樂部」。就像貝文要求的那樣，這一枚氫彈印有英國國旗。但開發一種運送核子彈頭的飛彈的計畫卻以失敗告終。「藍紋」計畫在一九五五年啟動，在一九六〇年取消，期間從沒有進行過正式的測試。在更近期，美國人發現他們的「天弩」系統的穩定性出現嚴重問題，這系統本來是艾森豪在「藍紋」計畫失敗後答應賣給英國的。到了麥克米倫前往拿騷的時候，從潛艇發射的「北極星」飛彈系統成為了僅有的選項。如果甘迺迪拒絕出售，那麼在蘇伊士運河危機之後艱苦重建的英美「特殊關係」就會分崩離析。英國的大國自稱也將會是如此。麥克米倫知道這次的高峰會也許會要了他的命。

讓人意外的是，麥克米倫和甘迺迪雖然背景懸殊，兩人卻建立起了一種信賴關係。狡猾的麥克米倫一直強調自己的美國血統，又任命甘迺迪的少時好友奧姆斯比－戈爾為駐華府大使，後者馬上就讓自己成為白宮的圈內人，可以上通天聽。這在外交使節中鳳毛麟角。有違一切禮節和讓甘迺迪自己的幕僚惱怒的是，在從華府飛往拿騷的總統專機上為他準備了一個機位。甘迺迪的顧問們不認為這種人際關係會有用：他們判斷，和麥克米倫達成協議不會讓美國得到什麼好處。這些不感情用事的政策制定者告訴總統，讓英國維持獨立的核武能力有違美國的利益。是讓英國回到恰如其分的位置的時候了。

世界上殺傷力最強大的武器本來有可能是英國發明。讓原子彈成為可能的科學突破是在伯明罕一個實驗室。一九四〇年春天，德國出生的佩爾斯和奧地利出生的弗里施（兩人都是逃出納粹德國的流亡人士）發現了怎樣用少量的鈾二三五創造連鎖反應，引發大爆炸。後來其他難民加入了他們的行列，其中包括兩名對以鈽為基礎的武器有先驅性研究的法國科學家。當政府創立的穆德委員會在翌年完成它的絕密報告之後，英國在核子遊戲上已經遠遠領先。所以當她把這件事告訴華府的時候，美方要求攜手合作。

英國政府決定獨力研究，大大低估了美國人在這方面投入的規模。不到一年，在把她的優越科學和工業資源投入「曼哈頓計畫」之後，美國取得了決定性的領先。[8] 當希特勒把戰爭帶到英吉利海峽之後，邱吉爾同意英國的研究團隊應該疏散。大部分人都改投美國的計畫，有些則在加拿大繼續他們的研究——這合作是由一九四三年的《魁北克協議》正式化。英美雙方同意不得在沒有得到對方的同意下使用這種武器。所以當美國轟炸機一九四五年八月在廣島和長崎造成史無前例的破壞時。它們是得到英國的正式允許。皇家空軍獲勳章最多的飛行員切希爾加入了觀測長崎核爆的空中觀察團。

大戰結束後，美國將注意力轉回國內。國會通過《麥克馬洪法》推翻英美先前的所有核子默契，又禁止任何未來的合作。蘇聯有自己的核子發展計畫。英國政策制定者面對的關鍵問題是，美國會不會願意冒核子衝突的風險防衛英國。當然，除此以外還有國家威望的問題。邱吉爾顧問查韋爾勳爵所說的話可以代表政府中很多人的態度：「如果我們不能自己製造出原子彈，在這種無比重要的武器上得完全依賴美國，我們將會淪為二流國家之列，只被容許提供輔助部隊，就像那些被允許擁有少量武器但不包括砲兵的殖民地軍隊一樣。」[9]至關重要的是守住英國的全球性地位。

貝文在一九四六年時堅持英國的原子彈應該印有英國國旗這一點和英國的自我形象相符。很多工黨議員仍然希望可以和莫斯科恢復和睦相處，但艾德禮政府作出了沒有後繼者會挑戰的決定。五年後，在西澳洲外海蒙特貝羅群島升起的一朵蕈狀雲標誌著英國進入了一個高門檻的俱樂部。在一九五一年重新執政的邱吉爾起初對核子試爆猶豫不決，但他的科學顧問彭尼卻沒有這種顧慮。他說：「第一流大國的試金石在於她是不是製造了一枚原子彈。我們要麼是通過測試，要麼是同時在國內和在國際上蒙受嚴重的威望損失。」[10]當時蘇聯已試爆了自己的原子彈，而美國也在艾德禮的批准下把攜帶核武的轟炸機派駐在英國基地。當第一枚英國原子彈試爆時，在巴摩拉城堡謁見女王的邱吉爾正在睡覺。那只是競賽的開始。

原子彈決定性地改變了戰爭的演算法。氫彈在幾年後的出現威脅了地球本身的未來。英國原子試爆的僅僅一星期後，美國在太平洋的埃內韋塔克環礁引爆了世界的第一枚熱核裝置，爆炸引起的蕈狀雲高達四十多公里，直插大氣層。爆炸的威力超過一千萬噸黃色炸藥，而投擲在廣島的「小男孩」只有大約一萬五千噸黃色炸藥的威力。英國被蒙在鼓裡，完全不知道美國研發氫彈的事。但美國的氫彈試爆表明了大國地位的入場券的費用提高了。當邱吉爾和反對黨領袖在下議院就英美關係發生爭論時，艾德禮對邱吉爾的要求無意中透露出他們面對英國戰後角色的共同假設。這要求是：「三大國的領袖應該會面。」沒有人敢承認事實上只有二大國。莫斯科很快就會有自己的氫彈。英國不能站在一邊，無所作為。邱吉爾告訴普洛登：「我們一定要做。這是讓我們可以坐在首桌的代價。」[11]當軍方將領在一九五四年完成對國防項目的全面檢討之後，他們有信心主張：「在氫彈一事上，我們的科技和技術生產力讓我們有能力追求與美國和俄國看齊。」[12]「看齊」、「三大國」：不管你在白廳走到哪裡，都會遇到一個為英國全球實力的衰微而煩惱的官員。

艾德禮、邱吉爾和後來的麥克米倫都對美國準備好隨時使用核子武器的態度愈來愈感到震驚。一九五一年，艾德禮和杜魯門約定了使用儲存在英國的核武器的程序。這協議在翌年獲得邱吉爾和艾森豪的再次確認。一份聯合宣言上說：「為了共同防禦的安排，美國使用了英國的一些基地。我們重申，這些基地在緊急狀態時的使用將會由英國政府和美國政府視當時的情況作出共同決定。」[13]至於在現實上一個美國總統是不是需要英國首相批准才能使用核子武器則較不清楚。

英美對核子武器理解上的落差在邱吉爾於一九五三年十二月到百慕達會見艾森豪時清楚顯示出來。他的私人祕書柯維爾指出，邱吉爾視氫彈為「某種全新和恐怖的東西」，是一個對文明世界的存在本身的威脅。反觀艾森豪卻把氫彈「視為只是軍事武器的最新改良。他暗示事實上不存在『常規武器』和核子武器的分別：所有武器到了適當時候都會變成常規武器。這當然也代表了美國輿論和英國輿論的一個根本分歧。」[14]柯維爾所言不差。這種分歧——在英國又被愈來愈壯大的核裁軍運動放大——將會在接下來十年支配兩國首都的核子外交政策。當韓戰爆發時，艾德禮飛到華府，尋求重新確認那個戰時的默契：原子武器只有在兩國政府都同意的情況下使用。杜魯門保證說華府在採取這種決定前將會諮詢英國。[15]艾德禮的繼承人和他一樣憂慮。一些精密的地下指揮部建在了首都圈的一些祕密地點。全國各地都設有防空洞。核戰演習開始舉行，地方政府也草擬出一些遇到核攻擊時如何反應的計畫。這些其實都是在做做樣子。氫彈的出現意味著和蘇聯的任何核子戰都會讓全英國被夷為平地。

邱吉爾後來近似癡迷地想要促進華府和史達林之後蘇聯領導層的和睦關係，但終究失敗，也因此引退。麥克米倫接過這棒子，先後大力遊說艾森豪和甘迺迪去跟蘇聯簽訂禁止核子試爆條約。華府的態度要無所謂得多。邱吉爾和麥克米倫會積極扮演和事佬的角色，固然反映著他們熱中於讓英國留在世界事務的牌桌上，但另外一方面也顯示出他們明白如果發生核子大戰，英國付出的代價將會比美蘇慘重得多。這種意識也為迅速擴大的核裁軍運動和反核運動提供了力量。

不過不管人民有多恐懼，這都是任何一個英國領導人無法選擇不參加的遊戲。一九五四年，法蘭克斯——公務員、學者和一九四八至五二年間的駐美大使——在英國廣播公司主持講座，講題是「英國與世界事務的潮流」。世界動盪不安，但法蘭克斯對英國角色的評估卻是清晰分明——不管地緣政治板塊如何變動，「英國都將會繼續是她原來之所是，即一個大國。」[16]三年後，英國將引爆自己的氫彈。英國的全球地位自此和她擁有的核子武器變得密不可分，但到了麥克米倫在一九六二年和甘迺迪在拿騷見面時，英國的全球地位和核子武器都受到了華府的威脅。

在一九五〇年代晚期，英國已經有能力生產出她認為需要的核彈頭數目，剩下需要的只是能夠穿透蘇聯防禦系統的投射裝置。一九六一年四月，白宮國安會議祕密制定美國的政策，當時甘迺迪只上任了幾個月。[17]這政策的基本假設是，最符合美國國家利益的做法是把西方的核子軍火庫存控制在手裡。只要英國一天有原子彈，法國和德國就會想要看齊。法國業已在一九六〇年測試過一枚原子彈。「我們必須設法消除英國的特權地位……我們的最低目標應該是說服他（麥克米倫）把原子彈和投射武器交給北約組織指揮。除此以外，我們應該設法讓他停止生產用於武器的可分裂物質。」換成白話文，這段話的意思就是說美國應該單獨控制西方核武器的開關。甘迺迪同意這個見解，又在文件上寫了一個批示：「最好是長遠來說英國會逐步淘汰其核子嚇阻力量，因為他們在這個領域的活動對法國來說永遠是一根刺。」

麥克米倫當然不認同美國人的這種顧慮，而他依賴的是一項和艾森豪在一九六〇年達成的協議。當時華府想找一個英國港口駐紮北極星核子潛艦艦隊。麥克米倫給了他一個位於蘇格蘭聖潔海灣的基地，這等於是甘冒在美蘇開戰時成為蘇聯靶子的風險。美國答應的回報是等空射彈道飛彈系統「天弩」發展成熟之後提供給英國。先前，俄羅斯發射史普尼克衛星把世界推入了飛彈時代。美國重新部署了核子武力，讓大量「義勇兵」飛彈零散分布在美國大沙漠和大草原的地下坑洞，又讓攜帶「北極星」飛彈的潛艦潛行於最深的海洋裡。「藍紋」系統的研發失敗讓「天弩」成為了英國僅剩的選項。正在由五角大廈研發的「天弩」飛彈可望把英國的核子嚇阻力延伸到火神式轟炸機退役之後——這種轟炸機在蘇聯的防空系統面前已經顯得有所不足。

不過，到了一九六二年年中，一系列的測試失敗讓「天弩」系統的可行性被打上大問號。這種空射導彈已經嚴重超支，技術人員斷定它即便可用也不會特別精準。五角大廈在初秋公開質疑「天弩」是不是符合成本效益。不過美國人並沒有因此表現出慌張，因為「天弩」只是美國的一個選項而不是少不了的計畫。不過英國人開始懷疑美國人別有用心。美方沒有直接告知麥克米倫政府「天弩」取消的可能性，但背景音樂已經改變。美國國防部長麥拉馬拉在一次演講中公開說出資深政策制定者私下所想的事。他宣稱，甘迺迪政府反對所有西方盟國單獨擁有核武力。[18]這裡所說的「所有」只可能指的是英國。麥拉馬拉告訴密西根州安娜堡的聽眾，獨立的核子武力是「危險而昂貴，容易過時，在作為一種阻嚇力量上缺乏可信賴度」。

美國自己的核子武器當然是另作別論。麥納馬拉的觀點跟國務院和甘迺迪的國安顧問邦迪一致。負責對歐關係的官員波爾樂見歐洲的整合，擔心英國的核子武器會破壞這個進程，讓法國有額外的誘因去發展自己獨立的核子武力，波爾和其他人都認為，過不了多久，西德也會想要原子彈。擔心波昂會推翻艾德諾不追求研發核武的承諾成為了美國外交圈反覆提起的話題。國務院的反對聲音特別大，因為波爾力陳提供北極星飛彈給英國將會助長英國的「錯覺」，推遲邁向歐洲的腳步和抑制阻止核擴散的進程。一九六一年夏天，甘迺迪寫信給麥克米倫，解釋他為什麼決定拒絕幫助法國研發核子武器的要求。「如果我們幫助法國獲得核武力，將不能不對德國的態度產生重大影響……大有可能，德國人最後會想要獲得核子武器的期望會大大增加。」任何這樣的發展都會「動搖北約組織的根基」[19]，又讓核擴散成為不可抑止。特別是在波爾的遊說之下，甘迺迪相信延長對英國的獨厚會破壞華府和歐洲其他國家（特別是法國）的關係。在這一點上，他至少是對了一半。戴高樂在否決英國的入歐申請之後，又把所有外國部隊驅逐出法國，而法國也退出了北約的軍事架構。

作為讓各國獨自擁有核武的替代選項，華府也考慮在盟友之間建立一個新的多邊核武機制，美國會提供部分核武，英國則貢獻本國所有核武。按照假定，這種核武力主要是選自西方盟國的艦艇裝載。不管是用哪種方式，華府都是想緊緊掌握西方的原子彈。英國的國防戰略專家取笑美國的多邊核武力觀念，認為這是在自綁手腳，因為到了真正應該動用核武的時候，將難望各國政府達成一致共識。更要不得的是多邊核武力機制將會讓英國在歐洲獨擁核武的地位終結。麥克米倫向甘迺迪抗議說，在萬般無奈的情形下*，單獨行動將會比「把一個英國水手放到船上和葡萄牙人喝茶」有用。[20]換言之，英國並不只是美國的另一個歐洲盟友。

美國媒體不是沒注意到美國政府的強硬立場。《華盛頓郵報》在十二月十五日的一篇社論裡說：「在處理和大不列顛的關係上，美國政府很少考慮英國的感受，也沒有太多證據顯示她真正在意英國的立場。」話雖如此，麥納馬拉私底下承認麥克米倫面臨一些嚴重的政治麻煩。國務卿也想要避免和英國公開衝突。他對英美「特殊關係」的觀念的擁護是出於實際考量而不是感情因素。由於華府與戴高樂和艾德諾不熟，保持與英國的密切關係對美國來說是上策。一個官員在筆記裡寫道：「國務卿魯斯克說在找到更佳取代方案之前，他不會反對特殊關係。」[21]但國務院歐洲事務局的官員採取一種較不妥協的態度，認為是讓英國直接面對自己日漸低落地位的時候了。所以甘迺迪是帶著三個方案去拿騷供麥克米倫選擇：第一是美國繼續研發「天弩」計畫，經費由英國分攤。二是麥克米倫可以購買「獵狗」飛彈系統，這種系統業已在美國空軍服役，不過要用在英國空軍需要大幅度改裝。要不然英國也可以成為甘迺迪尋求建立的新多邊核機制的成員。這三個選擇都低於麥克米倫的企望。

加勒比海已經成為了英美元首高峰會的固定場地，因為這樣一來，美國人不用跑太遠，英國人也可以說他們是在「英國的」土地上開會。有部長和官員參與出席，這些會面常常持續兩、三天。在一個還沒有二十四小時新聞報導和數位訊息的世界，這些高峰會讓領袖們有時間觸及廣泛的議題。甘迺迪和麥克米倫先前已經在百慕達碰過面，當時相談甚歡。不過美國總統後來抱怨說，頗為狹窄的總督府裡的熱水不夠熱，不足以供人好好刮鬍子。英國人喜歡加勒比海的放鬆海灘環境，它讓人不用被西敏的噪音和華府的鎂光燈纏繞。麥克米倫擅長施展魅力，他得在拿騷拿出看家本領。

＊指非得進行核子戰不可的時候。

他的要求很簡單，給英國一套可以投射自製核彈頭的飛彈系統，因此讓英國可以成為世界一等強國。這表示他想要「北極星」飛彈系統。他不敢想像被拒絕的情景。有個問題會始終無法完全解決：這樣一套系統可以有多「獨立」？在什麼樣的情況下英國政府可以單邊決定發射這種飛彈？雖然麥克米倫打心底反對多邊核機制的主意，但他卻準備好妥協。他但求回到英國時能夠宣稱英國的核子獨立已經獲得保障。

美國國務院的拿騷談判紀錄傳達出麥克米倫的決心和狗急跳牆。[22]他一開始回顧了英美合作的歷史，又指出原子彈一開始原本是英國的計畫。邱吉爾和羅斯福曾經相約合作研究，但一九四六年的《麥克馬洪法》阻斷了英國的參與。儘管如此，英國在十年後還是大方地把一個基地借與美國停放潛艦。此舉足以證明英國對美國的善意。

除了情感訴求，麥克米倫又先發制人地安撫甘迺迪的擔心，特別是勸他不用在意華府的其他歐洲盟友會對一紙新的英美協議觀感不佳。他沒有提戴高樂最近對他表示的不悅，反而說他有把握一份核子協議對於英國入歐申請的影響「絕對是零」。但英國從採購「天弩」改為採購「北極星」會不會讓其他盟友不高興呢？麥克米倫表示他認為不會，又說「如果會，我們就表態安撫一下。我們所談的所有事情在某個意義下都是表態，因為美國的實力是唯一的事實」。這是一件他之前或之後的英國首相都不敢公開承認的事。說到底，一切都是美國說了算。

甘迺迪一開始是建議，英美可以聯合出資把「天弩」的研發計畫恢復過來。這種飛彈固然不是太精準，而空射核武也是一種不完美的嚇阻力量，然而這筆投資數量不大（他的粗略估計是一億美元），英國也可由此得到她需要的核武力，至少可以使用至一九七〇年代早期。甘迺迪反覆論及核子擴散的危險，不過又說他準備考慮給英國購買「獵狗」飛彈系統，這套系統可以改裝在「火神式」轟炸機上面。麥克米倫無意購買一個被美國軍方認定是失敗的系統，也不接受甘迺迪認為一份北極星協議會鼓勵核擴散之說。他承認德國是「危險的」，但感覺因為兩個超級強國的出現，國際環境已經沒有一九三〇年代時那麼有威脅性。

麥克米倫用一個沒有多少遮掩的威脅表達自己的狗急跳牆。把自己的處境比作邱吉爾在一九四〇年面對的孤立環境。他說自己面臨著邱吉爾當年面臨的兩難：是「放棄還是撐下去」？這個比擬用任何標準衡量都是誇張的，因為邱吉爾面對的是一個橫掃一切的敵人，而麥克米倫面臨的只是一個可能拒絕的盟友。但這位英國首相毫不害臊。他告訴甘迺迪，英國有很多人認為國防預算可以有其他更好的用途，例如提高退休金。如果在拿騷沒有取得協議，他將會被迫考慮是不是單獨行動，從零起建立一個英國的飛彈系統。另外美國也應該考慮，如果工黨執政，英國將會是一個怎樣的盟友。

麥克米倫誇大了得不到「北極星」的後果，以此作為最後通牒結束發言。他說他首先將會設法單邊推動，削減在遠東的軍事開支以支付研發飛彈系統的費用。不過他知道此舉一定會引起「英美的重大裂痕」。到時候，美國對英國的指望——以全體常規武力肩負防衛歐洲的重責大任——也將不可能達成。如果他斷定英國無法留在核子俱樂部裡，他就會辭職。屆時美國將會發現自己需要和接任的「蓋茨克」打交道——這裡是暗指工黨對裁減多邊核武的支持。有關核武的爭論持續了超過兩天，期間穿插著其他話題，包括印、巴對喀什米爾的爭奪和中國在聯合國的地位等。不過對英方而言，「北極星」飛彈的話題才是重點。

到最後，甘迺迪讓步了。麥克米倫可以得到「北極星」飛彈，其價格在英國代表團看來也是完全合理。但討價還價並未就此結束。美國人的飛彈大禮是有附帶條件。甘迺迪堅持攜帶「北極星」飛彈的潛艦要交由北約組織指揮。那樣將沒有人——尤其是德國人——會懷疑這些武器是由盟軍控制而不是英國控制。麥克米倫從一開始就預期甘迺迪會有這種要求，所以才會說「他準備把所有北極星飛彈納入北約組織，只要是女王有最終的權力與權利在遇到類似一九四〇年的緊急事件時抽回飛彈」。甘迺迪建議用更嚴格的措詞：「只有在遇到嚴重國家緊急情況下，在遇到一種我們不能預見也相信永遠不會發生的緊急情況下，英國政府可以考慮是否決定單獨使用這種武力——但當然是在對所有夥伴作出足夠告知之後。」國防大臣霍尼戈夫大大怒，建議麥克米倫終止會談。但較冷靜的聲音很快就占了上風，而在進一步的談判後，雙方就新的表達方式達成了共識——美國將會根據共識為英國提供北極星飛彈，那就是這些飛彈會成為北約組織多邊核武力的一部分。「英國首相清楚表明，除非英國政府認定最高的國家利益陷於危殆，否則這種英國武裝力量將會在各種情況下都只用於西方盟國的國際防衛。」[23]

英國的國防戰略專家把購買「北極星」飛彈視為一項保險措施。在一九六二年，英國落入美國的核子保護傘之下。美國部署在英國的「索爾」飛彈、潛艦和核子轟炸機清楚表明，如果蘇聯攻擊英國，一定會招致美國報復。不過就像麥克米倫向甘迺迪指出的那樣，大環境是可能改變的。一個未來的美國總統是有可能因為不願讓紐約和華盛頓受全面核子大戰波及而在英國受到蘇聯攻擊後不予懲罰。而且還有第三個可能。就算未來的美國政府確實遵守對英國的承諾，莫斯科一樣可能會誤判。蘇聯也許會誤認為美國因為不願意引發更大的核子衝突而在英國受到攻擊的時候袖手旁觀，所以放膽攻擊英國。但如果英國有自己的核子阻嚇力量，足以摧毀莫斯科和十幾個其他的蘇聯城市，就可以防止這種誤判的發生。

剩下來的問題只是拿騷協議有沒有讓英國在危急情況下有充分的獨立行動空間。麥克米倫知道協議的文字是模稜兩可的。他對國內會有什麼反應感到忐忑不安，因為反對派可能會指責英國獲得了獨立核武力之說只是空話。所以他要求首席大臣巴特勒在倫敦召開內閣會議，檢討協議中的措詞。從艾德禮政府決定製造原子彈開始，內閣大臣就大多不與聞跟原子彈有關的決策事宜，但這一次麥克米倫需要一個政治背書。他得到了，但不是沒有一些曖昧之處。官方的內閣會議紀錄顯示，大臣們恭喜英國首相「成功說服美國總統改變原來的立場」。[24]在麥克米倫看來，聯合公報「給了我們決定使用我們的戰略核子武力的獨占權」。陪他一起出席高峰會的外務大臣和國防大臣表示同意。然而內閣會議紀錄顯示，有些大臣不是完全滿意。這些大臣說，公報的內容看來模稜兩可。它是說英國在攸關最高國家利益的情況下有權使用她的核子武器嗎？還是說它容許英國在防衛西方盟國以外的其他情況使用核子阻嚇力量？內閣會議紀錄繼續說：「明顯看來，首相想要在這兩種情況下都容許例外。如果他在美國總統的同意下能自由公開這樣解釋，就可以保障獨立的原則。但如果能夠釐清公報中的用語和除去模稜兩可之處，將會有好處。」在法國，戴高樂正在致力發展獨立的核武力。[25]所以內閣會議紀錄在結論裡說：釐清英國的立場「對我們在西歐人的觀感中特別重要。我們輕易就會讓人懷疑我們的軍事獨立性不像法國那樣鞏固」。

到了這些擔憂傳到拿騷的時候，麥克米倫已經斷定他不可能取得任何進一步的讓步。他只能夠以已得到的為滿足。政府已經挽救了英國核阻嚇力量的未來，用一定的價錢購買「北極星」飛彈，分擔了美國政府的小部分研發經費。英國也將要把印度洋迪亞哥加西亞島的空軍基地租借給美國人。麥克米倫心滿意足地在日記中寫道：「過了棒極了的一星期。有三天在艱苦談判——事實上是近四天。美國人逼得我們很緊。國會和國人將會認為我們做得好還是做得壞我還不敢說。昨日的報紙評論都滿好（畢佛布魯克勳爵的報紙當然除外），今日的都很差。」[26]畢佛布魯克的《每日快報》尖叫說：「認輸。」《每日先驅報》呼應說：「麥克米倫的核蠢事。」大臣們就像接下來幾十年常常發生的那樣，被迫承認英國國力的侷限性，但很多媒體覺得難以適應。麥克米倫在日記裡給予自己的妥協一個正面的描述：「大體上我答應讓我們的轟炸機（或一部分的轟炸機）和我們的北極星飛彈（指運抵之後）成為北約武力的一部分，但我絕對保留了政府在攸關『最高國家利益』的情況下獨立使用它們的權利。這些語句的意義日後將會被反覆爭論。」他又補充說：「內閣不是太喜歡這協議。」[27]

根據美國人的看法，麥克米倫得到了他所能得到的最好協議——要比英方一些人員所指望的對英國有利，也比美方官員和總統幕僚所樂見的更慷慨。甘迺迪的顧問曾要求他堅不讓步。

換成是另一個英國首相，在拿騷十之八九會一事無成。很大程度上，麥克米倫依靠的是勸說和信賴關係。大國的互動一般都是由利益而不是感情所左右，但在某些偶然的情況下，歷史也會是由人與人之間的化學作用而不是相對的權力大小決定。

然則甘迺迪為什麼要讓步呢？他的顧問紐斯達認為，不管美英兩位首腦的背景有多大差異，他們在性情氣質、品味和風趣上出奇的相容。[28] 麥克米倫一直在賣力建立他和美國總統的關係。他和艾森豪走得很近。當艾森豪在一九五九年八月訪問倫敦時，麥克米倫親自打點他的行程。他命人向好萊塢電影明星小范朋克借來一輛敞篷的白色勞斯萊斯，讓他和艾森豪可以拉風地驅車前往聖保羅大教堂望彌撒。當甘迺迪在一九六一年就職以後，麥克米倫給他寫了一連串的信件和建議。有時這些書信有點像「希臘人為羅馬人服務」的味道，最初幾封信被麥克米倫戲稱為籌劃西方未來的「宏偉設計」，但它們的目的是把英國營造為美國總統最可靠的盟友。在甘迺迪就職以前，麥克米倫曾反思自己該做的事。「在艾森豪，我們的連結是共同回憶和長久的友誼。接著我將要設法憑依我的觀念贏得他（甘迺迪）的好感。」就在高峰會的兩個月前，世人淺嚐了核子大戰的滋味，當時華府發現莫斯科在古巴設置核子飛彈。古巴危機期間，甘迺迪否決派兵攻打飛彈基地的計畫。不只一次，他打電話到倫敦，排演他打算用來說服蘇聯領袖赫魯雪夫收回設置飛彈成命的理由。麥克米倫為他加油打氣。甘迺迪同時感激他的鼓勵和沒說教。打破所有先例，奧姆斯比－戈爾應邀參加白宮的危機會議。[29]

國務院的波爾把拿騷協議的敲定歸因於兩個領袖對彼此的極大「溫情」：「我的看法是，

甘迺迪不過是對一個沮喪中的政治家的絕望吶喊發出回應，是一種同儕情誼。」[30]史列辛格指出兩人的相處方式就像「他們已經認識了彼此一輩子。」紐斯達後來對「北極星」協議進行了一個詳細評估。他認為麥克米倫之所以能夠打動甘迺迪，是因為「他是個熱情和年紀較大的人，代表著一個有價值的較弱盟友，體現著一個輝煌的戰爭紀錄和一段歷史性的朋友情誼，更不用提的是一個政治家對另一個政治家的惺惺相惜。」[31]紐斯達總結說，在拿騷會談前的爭論中，「麥納馬拉和霍尼戈夫說的是不同的語言，這兩個人（麥克米倫和甘迺迪）說的是一樣的語言。」英國首相的高明之處是一直同時利用「我們的友誼和恐懼」。奧姆斯比－戈爾——甘迺迪在海恩尼斯港的豪宅的常客——對於建立彼此的信賴居功厥偉。這位大使與甘迺迪的官方關係和社會關係幾乎融合為一。在總統身邊的人看來，他是美國人陣營中的一個異類。這個印象在拿騷會議後他被邀請到佛羅里達參加總統的聖誕派對時獲得了證實。

甘迺迪獲得麥克米倫的保證，購買「北極星」飛彈將不會成為英國進一步削減常規軍備的藉口。甘迺迪的這個顧慮將會成為美國人反覆抱怨的一件事，即抱怨歐洲在國防開支上喜歡搭美國的便車。如果歐洲人不準備為他們的國防盡力，美國為什麼要投資在歐洲的國防上呢？不過，在一九六二年十二月，甘迺迪的直接挑戰是來自法國。美國政府既希望西方的盟友團結一致共抗蘇聯，又想要阻止核擴散。為了避免被指為偏袒和企圖化腐朽為神奇，白宮表示願意以對英國的類似條件為法國提供「北極星」飛彈。但戴高樂沒有接受，也準備好要讓企圖入歐的麥克米倫吃閉門羹。

麥克米倫和英國無法承認戴高樂為擁有完全獨立核武力而提出的理由。「在一場核子戰爭中，兩個國家的恐怖摧毀將是無可避免。在這種情況下，世界上沒有一個人——又特別是美國沒有一個人——可以說得上來美國的核子武器是不是應該捍衛歐洲，應該的話又捍衛哪裡或怎樣捍衛或捍衛到什麼程度。」[32]戴高樂的外交部長墨維勒一語道出英法的反差：「我們從來不設想我們的阻嚇力量不是一種法國的阻嚇力量……英國從來不設想她的阻嚇力量不是美國幫忙建造。那意味著她的阻嚇力量不可避免會受到美國控制。」當然，這話中「受到美國控制」幾個字是麥克米倫和歷任繼承者絕不會承認的。事實上，英國購買一套美國核子武器系統乃是在購買一份保險，以預防美國收回她的核子保護傘。所以，拿騷協議中豁免條款*的象徵性對英國首相來說已經足夠。反觀戴高樂則認定一種美國製造的阻嚇力量就定義來說就不會是完全獨立。夠奇怪的是，法國人這樣做乃是遵循了貝文所劃定的道路。他們不只會把三色旗印在他們的原子彈上，還會印在攜帶這些原子彈的飛彈上。英國將不得不和模稜兩可生活在一起。由於原子彈是國家威望的象徵，麥克米倫認為值得付出這個代價。法國已經在一九六〇年測試過原子彈（中國將會在一九六四年測試），這讓英國更有必要繼續是一個核子大國。即便不是三大國之一，也至少是五大國之一——這五大國的每一個都是聯合國安理會常任理事國。

儘管如此，英國人對原子彈的問題仍然很敏感。自此之後，沒有一任英國政府在提到自己

*指准許英國在最高國家利益受威脅時單方面決定使用核武力。

的核子阻嚇力量時不會先提「獨立」二字——這種堅持只讓人更懷疑英國在沒有美國的同意下有沒有可能使用原子彈。二十年後，當柴契爾夫人寫信給雷根表示希望購買美國的「三叉戟」飛彈以代替老舊的「北極星」時，拿騷的鬼魂仍然徘徊不去。卡特總統曾經在一九八〇年同意把「三叉戟一型」賣給英國，到了一九八二年，美國海軍選擇採用了更先進的「三叉戟二型」。柴契爾夫人要購買的就是「二型」，但她不敢忘記拿騷協議規定的條件。她寫道：「就像北極星飛彈那樣，也為了符合為供應『三叉戟一型』而在一九八〇年所達成的協議，英國的『三叉戟二型』將會分配給北約組織。除非是英國政府斷定她的最高國家利益處於危殆，這種後繼的武力在全部情況下都會是用於對西方盟國的國際防衛。」[33]

柴契爾夫人也感覺有必要重申麥克米倫對維持英國常規武力的承諾：

> 就我所理解，英國核子嚇阻力量的現代化合作的建議做法是，讓雙方現有和前景中的國際責任一致化。我可以向您保證，英國政府仍然全心投入強化常規武力。英國政府近年來已經實質增加國防支出，也計畫在未來進一步增加，以便可以維持英國對同盟國阻嚇和防禦力量的全方位貢獻。[34]

雷根的回覆也是採取拿騷的模式。他首先說，美國準備好提供這套系統證明了美國政府對於讓英國維持獨立核子嚇阻力量的高度重視。然後就是附帶條件：「我極重視您所保證的，英國的『三叉戟二型』飛彈將會分配給北約組織，而且英國將會把因兩國政府的合作而省下來的錢用於升級常規軍備。這種核子武力和常規武力的改善對北約組織的安全具有最高優先性。」[35]

三十多年之後的二〇一六年夏天，當國會同意建造四艘新的潛艦以攜帶美國最新型的「三叉戟」飛彈時，卡麥隆政府重彈了舊調。他在華沙舉行的一場北約會議中說：「依我之見，核子阻嚇力量不只對英國的安全仍然重要，而是就像我們在這裡的所有盟友都承認的那樣，對北約盟國的全體安全同樣重要。」[36]這顯示出，在蘇聯瓦解和冷戰結束的二十五年後，英國政府的思路仍然和一九六二年如出一轍，當時世界正在接近核子大戰的邊緣。

國會有些人對於核阻嚇的性質提出了質疑。英國真的仍然需要一個——用海軍的術語來說——「不間斷海上阻嚇」系統嗎？也就是說有需要任何時候都至少有一艘潛艦準備好一得到通知就向敵人發射核子飛彈嗎？自由民主黨人——他們在二〇一〇至二〇一五年之間和卡麥隆的保守黨組成聯合政府——傾向於較便宜的阻嚇力量。其他人則質疑英國是否仍然需要「不間斷海上阻嚇」的保障。雖然在莫斯科掌權的是一個好戰的普丁，英國會突然受到核子攻擊的可能性仍微乎其微。所以何不把建造四艘潛艦的計畫刪減為三艘，這樣政府可以省下幾十億英鎊的支出。但卡麥隆不為所動，繼續按照原定計畫行事。

這位英國首相身邊的一些官員表達了更深的憂慮。隨著二〇〇八年全球金融危機而來的預算緊縮，國防預算已經被大大削減，而新建造的四艘核子潛艦將會進一步侵蝕英國的國防經費。當麥克米倫在一九六二年和甘迺迪會面時，國防開支是英國國家收入的百分之六多一點，但到了卡麥隆決定要把海軍現代化的時候，這個數字幾乎不到百分之二。陸軍、空軍和皇家海軍三者的預算都面臨嚴重削減。未來三十年為了維護三叉戟系統，常規武力的經費將會進一步被排擠。國防部一位高級官員在政府決定建造四艘潛艦之後私底下說：「最昂貴的核武和無兵可用。」

白廳的其他人提出了核武獨立性的議題。卡麥隆想要美國提供一種新的措詞方式讓英國顯得有動用核武的更大自由，但美國人卻表明拿不出來。拿騷協議除了把英國潛艦交由北約組織指揮外，還讓英國在技術上必須依賴美國（這是法國不能接受的）。同樣的，卡麥隆簽下的協定也包括飛彈系統會交由美國保養和翻新的條款。美國控制了飛彈系統的軟體，飛彈也只能在美國的設施保養。這真的是英國首相在危急情況下可以不受掣肘地使用的阻嚇力量嗎？

這不是貝文期望中的原子彈，其獨立性也無法和法國的原子彈相提並論。在卡麥隆和美國談判把三叉戟飛彈的運作延續至二〇六〇年的條件時，威斯馬科是英國的駐美大使。他指出，除了得把核武納入北約組織以外，英國在使用核武一事上還受到其他束縛。飛彈不只是在美國製造，還必須一輩子都在喬治亞州金斯灣的潛艦基地進行保養和維修。在三叉戟飛彈的獨立性問題上，威斯馬科突顯一個矛盾：「我們也許是想要維持一種我們稱之為獨立核阻嚇的力量，但我們久已放棄不靠美國人而這樣做的選項。」[37]也當過駐法大使的他這樣對比英法的核子武力：「另一方面，法國的核子系統是獨立運作的，哪怕他們曾經和美國合作升級他們的一些核彈頭技術。」然則英國的政壇人物為什麼看來沒有對於北極星飛彈和三叉戟飛彈不是獨立的事實感到困擾呢？威斯馬科認為：「他們假裝它是獨立的。當然，也不是真有一隻美國手指扣在板機上。」美國歷史學家沃爾茲以嚴厲措詞說道：英美核子協定「本來是要讓大不列顛再次『偉大』，卻把英國變成美國的一個核子衛星國」。[38]

這就是麥克米倫打造的監獄，他後來的歷任繼任者不是不願意就是無法逃出去。英國首相們繼續為裝備北極星飛彈和三叉戟飛彈提出戰略性理由，但政治事實是，擁有核子武器已經與大眾觀感和國家威望密不可分地綁在了一起。沒有一位後來的英國首相膽敢挑戰邱吉爾在一九五四年所說的，核子彈是「讓我們可以坐在首桌的代價」。主張英國放棄核阻嚇力量就是承認英國不是一等強權。那樣的話，其他國家就會質疑英國為什麼能在聯合國安理會占一席常任理事，因為其他四個常任理事國都是擁有核武的。

裁減核武器成為了政治弱勢和軍事弱勢的同義詞。在一九八〇年代早期有過一段短時間，富特領導的工黨曾經改變立場。它在一九八三年大選主打的議題是單邊裁軍，不過富特的政策被誤解為他不願意維持強大的軍事力量，結果柴契爾夫人贏得壓倒性勝利。所以後來的工黨領袖——金諾克、史密斯和布萊爾——斷定反核不是好主意。雖然沒有人會因為德國沒有核子武器而認為德國較不安全，但英國畢竟不是德國。

第五章　國力與英鎊

「他很難搞。」布魯斯在一九六四年十月新任英國首相要入主唐寧街十號時發給華府的電報上說。「我們將發現威爾遜先生足智多謀、強硬、現實、專橫又愛討價還價。」[1]布魯斯的傳記作者稱這位美國駐倫敦大使為「最後的美國貴族」。出生於巴爾的摩名門望族，布魯斯在維吉尼亞州也擁有一座「前南北戰爭」時期的大府邸。他是國務院中最有天份的外交官之一。除了在甘迺迪政府裡輕鬆自如，他也在貝爾格拉維亞區保守黨人豪宅的客廳如魚得水。奧姆斯比－戈爾為麥克米倫敲開了甘迺迪白宮的門，布魯斯則獲得了隨時面見英國首相的特權。

甘迺迪遇刺和麥克米倫請辭在一九六三年最後幾個月讓跨大西洋關係不再親密。麥克米倫選定的繼任人——蘇格蘭貴族荷姆——必須放棄上議員身分才能接任首相之職。史書將會記載他只是個看守者。保守黨已經筋疲力竭，荷姆是保守黨十三年統治的一個政治注腳。在大西洋另一邊，新上任的美國總統詹森是個粗線條的德州政治家，靠著在參議院興風作浪而爬到民主黨最高層。他不太可能會受到英國上層階級貴族舉子的魅惑。作為一個南方的民主黨人，他也對新任英國首相哈羅德·威爾遜自稱擁護社會主義不太以為然。

布魯斯是一段緊張多於愉快關係的橋梁。作為大使，他除了自視為總統的僕人也自視為中間人。在工黨勝選後寫回華府的報告中，他指出大西洋在短期內的波浪起伏也許將會大一點點。威爾遜素有「難搞的顧客」之稱，但白宮應該可以放心，因為「即便沒有其他原因，自利考量也會讓他不敢冒險和華府發生嚴重齟齬。」分析威爾遜的個性會很有意思，但那樣做「需要一份像雜誌厚的報告。沒有電文可以恰如其分地說明他複雜和常常不一貫的人格。只有他未來的行動會透露許多詆毀者和景仰者對他的動機和能力的評估是否正確。」[2]華府方面當然注意到了威爾遜的左翼目標和他與莫斯科的關係，但布魯斯相信這位新任首相不是蘇聯間諜。「我不認為他的常常造訪俄國會讓他受到瞞騙，但他確實哄騙自己相信，他比任何其他盟國的政治家更善於和蘇聯政府進行談判。」

「瞞騙」這個字眼理應更多是來自他在巴爾的摩時髦漂亮街區的家族排屋而非維吉尼亞州。他的評估禁得起時間的考驗。威爾遜從來不是一個容易被看透的人——直到他首相任期結束很久之後，他的詆毀者和景仰者繼續爭論他到底是個沒有政治原則的機會主義者還是一個擅長應付惡劣情境的大政治策略家。

不過另一方面，他是一位完全傳統的英國首相，他想要在全球舞台上顯身手。一個熟悉的模式不斷重演——一個又一個英國首相在就職之初都確信英國仍然站在世界事務的最前端，但他們的雄心逐漸被嚴峻的經濟現實和國際實力對比的改變所壓縮。所以首相的責任變成是把英國的影響力最大化和說服選民相信他們的首相仍然受到國內同儕的尊重。在這一點上，威爾遜並不例外。當選前他幻想自己會在電視攝影鏡頭的全面注視下在白宮草坪向美國總統低聲面授機宜。英國雖然已經放棄自己的帝國，但沒有放棄自己的全球利益。威爾遜在入主唐寧街十號之後不久就宣稱，英國的疆界從歐洲一直延伸到遙遠的喜馬拉雅山脈。[3]

他很快就明白，想要在白宮照相是要付出代價。反覆出現的英鎊危機將會突顯英國對海外鞭長莫及的侷限性。威爾遜的國防大臣希斯對現實的評估沒有任何感情用事。他知道要維持英國從中東延伸至東南亞的軍事基地，還有英國駐守在萊茵河的五萬五千人部隊，其費用乃是抵觸英國的龐大貿易赤字、有限的外匯及黃金儲備，以及無情的金融市場。新加坡、亞登、婆羅洲、巴林、香港和印度洋上的甘島的基地，都是英國難以為繼的負擔。對於威爾遜所說的「喜馬拉雅山疆界」，希斯認為那是一個「讓人難為情的鬧劇」。[4]這一點在一九六五年印度和巴基斯坦尋求莫斯科而不是倫敦調停印巴戰爭時表露無遺。

麥克米倫曾經希望鞏固英國在世界上的地位，但卻帶著失望的心情離開唐寧街。他曾經成功重建倫敦和華府的關係。他也可以從《部分禁止核試驗條約》在一九六三年秋天的簽訂獲得滿足感。這條約是一系列國際條約的第一份，讓美國和蘇聯的核子對峙變得有一定程度可預測性，而麥克米倫在促成這份條約上居功匪淺。然而參與歐洲卻是未竟之事。讓英國扮演羅馬人（美國）身邊的希臘人固然也許可以擴大英國的影響力，但他已經明白到光是和華府維持親密關係並不足夠。戴高樂投的否決票讓他尋求一種新的平衡的努力落空。艾奇遜對英國在後帝國時代的漂浮狀態的批評沒有獲得解決。

威爾遜在大選中把自己刻劃成為現代性的捍衛者，一個充滿活力和自學成功的領袖，將會把保守黨十三年的沾沾自喜一掃而空。入主唐寧街的時候，他承諾會帶來一個「新英國」——這口號湊巧跟布萊爾在一九九七年帶領工黨重新執政時所使用的一樣，當時英國經歷了保守黨十八年的統治。一九六三年秋天在史卡博羅舉行的工黨年會上，威爾遜宣布他正在計畫：「推行規模史無前例但不會引起失業的自動化，匯聚所有『階級』的才智讓各階級都能有競爭力和繁榮，大大擴大國家資助的研究，採用一個全新的教育概念，以及跟科學和社會主義結盟。」[5]這個國家的經濟財富和政治力量將會在技術發明的「白熱」中得到重塑。科學將會為繁榮而服務。

雖然誇大其詞，但這番熱烈擁抱未來的言論迎合了全國國民的心緒。麥克米倫是在一九六三年十月辭職，因為他一直未能完全從戴高樂的否決票的打擊下復原。戴高樂說「不」之後發生了普羅富莫事件——一則有關性愛、間諜和統治階級胡作非為的醜聞。事主是陸軍大臣普羅富莫，他和克莉絲汀．基勒有染，而後者又和一名蘇聯海軍武官有染。普羅富莫看來沒有把國家機密交給蘇聯武官，但他因為在下議院沒有對自己的婚外情吐實，被迫辭職。換作其他情況，英國首相大概會對這件醜聞處之泰然，但保守黨已經執政太久。一九六三年十月，因為懷疑身體亮起紅燈（後來證實是假警報），心灰意冷的麥克米倫決定辭職下台。不思找一個有活力的年輕繼承人，保守黨相中了荷姆——這位政治家明顯搞不懂選民為什麼要丟棄戰後單調的順服心態，改為擁抱「搖擺六〇年代」的刺耳現代性。

威爾遜的錯覺並不僅止於他以為自己在華府心目中地位高聳。他是在一九六二年工黨大會中站起來為蓋茨克「一千年的歷史」之說鼓掌的人之一，同樣曾經反對麥克米倫申請入歐之舉。他認為英國還沒有盡情利用自己強大的科技根柢，且比起經濟更有活力的歐洲鄰國，英國也花費太多的預算在維持軍力上。工黨的「國家經濟計畫」和白廳新設立的「經濟事務部」將會把國家干預和最新科技導向經濟回春。用威爾遜的話來說：「我們生活在噴射客機的時代，卻受制於一種愛德華時代的心態。」[6]

屬於工黨右派的蓋茨克在一九六三年一月突然去世後，威爾遜以共黨左派旗手的身分贏得黨魁地位。他的支持者不曾分享麥克米倫要讓英國成為美國和歐洲共同市場之間的橋梁的願景。他們同時不信任華府和布魯塞爾。他們認為英國的影響力應該著床在從大英帝國脫胎而成的大英國協中——大英國協是一個多民族的新聯盟，成員兼含世界上較富有和較貧窮的國家。威爾遜警告說，加入歐洲「有忘記世界上五分之四的人口的風險，這些人關注的是怎樣從殖民地地位轉為自治政府」。[7] 新的世界應該反映他們的熱望和憧憬。工黨左派的目光注視著紐約的聯合國，後者在提倡核子裁軍運動上表現傑出，也激烈反對美國在南越的軍事介入。所以工黨在一九六四年大選的宣言中揚言拋棄麥克米倫在拿騷達成的核子協議。它宣稱北極星飛彈「將不會是獨立的和屬於英國的，也不會有嚇阻作用。擁有它同時不能讓盟友和潛在的敵人動容」。[8] 一個工黨政府頂多能接受美國人答應歐洲的多邊核子武力計畫。工黨的宣言表示，英國將會從「有七億人口的大英國協」取得力量和威望，「她是透過歷史和共同利益和我們連結在一起」。然而即使是彈奏左派的音調，威爾遜繼續指望華府作為他渴望的影響力的來源。

威爾遜是嫻熟的政治玩家。他最在意的是黨內的裂痕，以及敵人有可能聯合力量來對付他。作為首相，他並不打算被社會主義理想綁手綁腳。所以如果他用得著一個生硬的政治轉彎來團結黨內，他會不惜一切為之。很快地有一件事情變得明顯：領導大英國協的重要性比不上在西方聯盟中據有一個核心地位。紐斯達曾經寫信給詹森，預言威爾遜將讓工黨左派的反核運動鼓吹者失望。他說：「權力會孕育出現實主義態度，但需要一段妊娠期。」[9]布魯斯同樣深信英國將會乖乖聽話，因為不管威爾遜有多麼強硬，只有「在我們缺乏同樣份量的機智和決心的情況下，他才可以不用理會我們更強大的地位而獲得好處」。[10]

看重大英國協不過是責任性的政治包袱。威爾遜抱著普通人的觀點，認為英國想要保持國家威望，需要和美國總統保持緊密關係。他在一九六四年十二月告訴下議院（當時他剛第一次造訪過白宮）：「我們承擔不起丟棄我們的世界性角色。」[11]這位英國首相從不置疑自己的個人地位。《衛報》在大選前幾個月主辦一場私人晚宴，來賓之一是東尼．班恩。他在日記中寫道，當時威爾遜向晚宴主人誇耀，他將可以比任何前任首相與華府建立起更親密的關係。他相信「他能夠隨時打電話給美國總統和在有必要的時候飛去見他，不必像平常那樣需要一大堆準備功夫」。[12]對威爾遜就像對麥克米倫一樣，「特殊關係」的魅力在於它反映權力。在第一次訪問華府的前夕，威爾遜悄悄丟棄了他揚言重新談判拿騷協議的承諾。

英國在一九六〇年代早期從帝國的位置撤出讓幾個大洲的地圖需要重繪，但總的而言，這種巨大的權力轉移在國內並沒有引起多大情緒。二十年前，當戰爭仍然蹂躪著歐洲時，邱吉爾曾經宣稱英國撤出帝國的時刻應該永久延後。但歷史是站在羅斯福那邊。到了威爾遜入主唐寧街之時，受到英國統治但生活在其海岸線之外的人口已少於二千萬。當印度和巴基斯坦在一九四七年取得獨立之後，大英帝國的解體以無人能預測的速度展開。邱吉爾在一九五一年重返唐寧街之後曾成功暫停去殖民化的過程，但在蘇伊士運河危機後，民族自決的要求已經停不下來。一九六〇年二月，麥克米倫前往開普敦執行「臨終聖禮」，在演講中給了英國的非洲殖民地更大的獨立動力：「變革之風正吹過這個大洲，而無論我們喜歡與否，民族意識的增長都是一個政治事實。」[13]他又補充說，現在攸關重要的是，這些新獨立的國家將會選哪一邊站。她們會留在西方陣營嗎，還是她們會改投蘇聯勢力圈？麥克米倫見解正確，但有些保守黨右派的人繼續把大英國協視為英國勢力的附庸。

帝國的餘燼仍然在一些地方發著微光。一九六六年，後來將成為英國頂尖外交官的約翰．克爾加入了外交部。在他當阿拉伯科科長的第一年，他從倫敦見證了英國在波斯灣安排的最後一次政變：「當時我們驅逐阿布達比的邦長，把他弄上一輛『路華』再弄上一架飛機，把他送到沙烏地阿拉伯，然後很客氣地看守著他。」稍後，一家美國石油公司的人找上他，問道：「他們是不是可以在卡達鑽洞探勘石油。我說：『當然不可以。』」[14]

然而，剛開始緩慢和有條理的撤退到了一九六〇年代演變為近似雪崩。一處又一處的殖民地排著隊等候以完全獨立國家的身分加入聯合國。聯合國在一九四五年剛成立時有五十一個成員國，到了一九六五年，馬拉威、馬爾他和贊比亞的加入讓成員國的總數增加至一百一十七個。總的來說，在一九五七至六四年間，有二十個新國家脫離大英帝國獨立。奈及利亞、坦桑尼亞、獅子山、肯亞、烏干達、賽普勒斯、馬來西亞、千里達和托巴哥率先從大英帝國一員變成大英國協一員。很快就有分布全球各地的幾十個較小的屬地加入她們的行列，包括馬爾地夫、新加坡、馬爾他、模里西斯、塞席爾、東加、百慕達、格瑞納達、所羅門群島和巴布亞新幾內亞等。接著是由中東和波斯灣的被保護國和領地組成的非正式帝國的解體。卡達、阿拉伯聯合大公國、巴林和葉門全都宣布獨立。歷史學家塞爾夫估計，在一九四五至七五年的三十年間，帝國的人口從七億降至不足五百萬，[15]其中四百萬是香港人。其餘分散在一些小地區，例如福克蘭群島、亞森松島、皮特肯群島和垂斯坦昆哈。

世界地圖的全面重繪基本上沒有受到英國國內選民的注意。國會裡對這方面的辯論主要是有關去殖民化對貿易的衝擊，有時也會關注肯亞和羅德西亞之類地區的白人居民權利。麥克米倫被保守黨右派——從前的「蘇伊士集團」——指控以丟人的急速步伐推動去殖民化。首都圈也有一些嘀咕，擔心二流公學年輕一代的前途（他們本來是受訓要作為帝國遙遠地區的管理人員）。權力的轉移並不是處處順利——肯亞的毛毛起義和殖民當局的激烈反應讓東非的殖民管理紀錄留下了一片汙漬。在東南亞，大半個一九五〇年代都是在對付馬來亞的共產黨叛亂。一九六四年，威爾遜被迫派遣數以萬計的部隊去防衛新獨立的馬來西亞，以對抗印尼蘇卡諾總統獨裁政權的領土野心。

南非白人政權的種族隔離政策，還有歷屆英國政府對普利托利亞不夠嚴厲的制裁，成為了大英國協內部一個化膿的傷口。要直到一九八〇年代末期白人接受多數決原則，事情才解決。一九六五年，伊恩．史密斯為了保持羅德西亞白人的權力，單邊宣布獨立，大大增加了英國和其他非洲國家的緊張關係。威爾遜順從大英國協的要求，對羅德西亞實施武器禁運，但卻沒有像很多新獨立的非洲國家所要求的那樣，進行軍事干預。羅德西亞耗去西敏和白廳的大量政治與外交精力，直到一九七九年《蘭開斯特府協議》為多數決原則鋪平道路為止。

賽普勒斯因為希臘民族主義者的激烈起義和希臘社群與土耳其社群的分裂而不斷湧現危機。也沒有人猜得到英國保留福克蘭群島的決定是埋下了一個定時炸彈，最終導致阿根廷在一九八二年的入侵。英國為了把迪亞哥加西亞島的空軍基地租借給美國，將查哥斯群島*的居民強遷至模里西斯，要等到半世紀之後英國法庭才會還這些居民公道。這個時期的內閣會議紀錄顯示，大臣們為了兼顧民族主義者要求立即獨立的不耐煩心態和英國的撤退實務，犯了許多錯誤。很多人內心深處忘記不了的是艾德禮政府在一九四七年匆匆撤出印度次大陸的決定所導致的印巴流血衝突。

然而這些前殖民地向自治政府的重大轉變極少得到大部分英國人的認真注意。保守黨議

*迪亞哥加西亞島是查哥斯群島的主島。

員中的懷舊者為動員輿論＊而使出吃奶之力。在遙遠地方爆發的戰鬥好不容易才登上報紙的頭版。一旦開了頭，去殖民化就停不下來。如果說大英帝國的瓦解有比較受人注意的時候，那就是因大量加勒比海人、印度人和巴基斯坦人湧入英國填補公共服務和紡織廠空缺而引起爭論的時候。一九五八年的諾丁丘種族暴亂中，一群群的年輕白人暴民起而攻擊剛來自西印度群島的家庭。極右的團體，例如莫斯里的「聯盟運動」和「白人防衛聯盟」煽風點火，製造種族仇恨。一九六二年，麥克米倫政府制定政策，限制大英國協的移入人數。埃諾奇·鮑威爾這時開始排練「血河」演講†，這讓他在六年後因為公然煽動種族歧視而被踢出保守黨。在反對黨方面，工黨雖然譴責所有對大英國協的移民人數限制，不過，一旦上台執政，它又進一步收緊移民人數。儘管如此，大英帝國基本上都是在一種有尊嚴的情況下解體，有鑑於獨立的匆忙，要在一個從來不知選舉為何物的地方建立民主制度和在新的國界內避免部落及族群衝突絕非易事。在這方面，英國是可以自認為還做得不錯。

英國再也負擔不起維持帝國的費用。在二次大戰以前，英國對帝國貿易和資本流動的控制讓她成為富有的淨債權國。保險、金融、航運和服務業使商業貿易順利進行，賺到的錢讓她在彌補長期的貿易赤字之後還綽綽有餘。英鎊是各自治領和帝國內部中央銀行和私人投資者持有的儲備貨幣。在一九四五年，全世界約有一半的貿易仍然用英鎊進行。然而大戰耗去了英國的所有海外資產，讓她成為淨負債國。一九五〇年代期間，英國變得依賴來自國際貨幣基金貸款，以及美國聯準會和其他央行聯合推出的貨幣組合。從保險等所賺到的「看不見的」收入不再能夠抵消不斷擴大的貿易赤字。而在英國掙扎求生的過程中，美國欣欣向榮。由於歐洲生產力停擺，美國占去全球產出量的四成到五成。工業生產線的巨大規模讓美國擁有打不敗的競爭優勢。她在技術上一直領先。

然而不管是左派還是右派，英國的政界有同樣的誤解，以為大英國協可以作為大英帝國的替代品，為英國平添國力與威望。他們認為新獨立的國家將會心懷感激，願意在全球事務的會議上放大英國的聲音。這種安排將會由建立已久的帝國貿易模式和英鎊作為儲備貨幣的地位得到鞏固。這是英國最後一個帝國錯覺。很明顯的是，獨立將會鼓勵新國家重新評估自己的利益和作出自己的抉擇。既然已經是自治政府，她們為什麼要服從倫敦的指示？印度和大部分的大英國協國家排隊附和聯合國對英法出兵蘇伊士運河的譴責，這一點理應讓英國的政壇明白這個道理。作為對這種決裂的正式化，印度第一屆總理尼赫魯在一九六一年參與建立了一個不結盟國家組織。儘管如此，一小群懷舊者仍然幻想情況很快會有變化，到時大英國協將會對前宗主國輸誠效忠。這種聲音的迴響到了二〇一六年還聽得見，當時脫歐派標榜大英國協是一個「全球性英國」的基礎，認為英國可藉著大英國協的支持重獲在歐盟失去的威勢。

＊指動員輿論減低去殖民化的步伐。

†「血河」演說是鮑威爾在一九六八年四月二十日發表的演說，內容是批評英國的大英國協的移民政策和反歧視立法。

威爾遜在一九六四年十二月第一次造訪白宮的時機很不好。當時政府繼承了一場經濟危機，但威爾遜排除以貶值英鎊作為對應手段，認為那是一種示弱的表現。唯一的替代方案是一籃子政策，包括暫時開徵入口稅、調高利率和增稅。美國感受到這種政策的迴響，詹森擔心美元可能會受到壓制。他也因為威爾遜改變了對原子合作的立場而惱怒。不過事實證明，英美雙方領袖的會談要比雙方官員所預期的要和睦。威爾遜急於取悅詹森，而詹森也採取官員中親英派的建議，儘量小心避免引起公開決裂。換成邱吉爾，一定會拿「特殊關係」大作文章，但作為一個得過劍橋大學獎學金的哈特斯菲爾德鎮男孩，威爾遜十足聰明，知道訴諸情感意象將不會對一個粗線條的德州佬起作用。威爾遜以表示願意妥協取而代之，軟化選前否定甘迺迪建立多國歐洲核子艦隊計畫的態度，又提供美國人想要的，承諾英國將會保留她在蘇伊士運河以東的軍事基地以便美國可以專心在越南對付共產主義。在白宮為威爾遜而舉行的晚宴上，他用來形容英美關係的形容詞是「緊密」而不是「特殊」。

詹森在白宮的幕僚認定英國雖然經濟疲弱，但仍然是個有用的盟友。紐斯達指出，英國首相到達華府是「帶著英美關係的回憶和他對自己的私人關係的期待，這種期待與很多美國官員所以為的相當不同」。[16] 英國仍然必須接受自己是一個小弟的地位。所以英美領袖的這次會面「更多是一件差事而不是決定政策的重大行為」。儘管如此，他力勸詹森體諒威爾遜的親美立場在自己黨內遭遇很大反對。一個從世界撤退的英國對華府不會有用。十年前，艾森豪的白宮曾催促唐寧街解散大英帝國剩下的部分，現在，隨著她在越戰陷得更深，美國需要英國防範共產主義在亞洲其他地方作亂。

高峰會上有一、兩個尖銳話題。詹森對於威爾遜增加公共服務和社會福利開支的決定提出異議，指出此舉會讓金融市場不安，讓美元捲入英鎊的投機買賣中。他清楚表明，英鎊所受的壓力不應該成為英國進一步削減國防開支的藉口，因為那會增加美國在歐洲的負擔。然後莫名其妙地，詹森痛斥麥克米倫政府同意把一批有名的利蘭車廠紅色雙層巴士賣給古巴的決定，說這交易違反了美國對古巴的貿易禁運命令。但英國此舉很難說得上是對美國的一個安全威脅。另一方面，詹森也費事感謝威爾遜，英國幫忙營救被剛果叛軍挾持的美國和比利時人質。

這些當然都是小議題。讓詹森夜不能寐的外交政策議題是越南——這件醞釀中的悲劇將會消耗他身為總統的能量，在世界各地激起反美的火焰和動搖美利堅共和國的基礎。越南將會讓英美關係陷入嚴重緊張。雖然威爾遜將會繼續自視為美國總統的得力顧問和兩大強權的中間人，他的拒絕出兵越南將確保了「特殊關係」不會超過禮貌性互動的程度。

據威爾遜傳記作者齊格勒的記載，詹森等到只剩下他和威爾遜在白宮玫瑰園獨處，才提出越南的話題。[17]一年前，「皇家高地軍團」的「黑衛士兵團」的風笛隊參加了甘迺迪的出殯大典。當甘迺迪的靈柩車隊從白宮開往華府的聖瑪竇主教座堂時，風笛隊吹奏了〈棕髮少女〉和〈蘇格蘭的徽章〉。大概是因為記起這件事，詹森問威爾遜可不可以派一個營的「黑衛士」前往越南，協助美軍。據威爾遜後來指出，他當時沒有作出任何承諾。不過這只是此後三年很多次類似談話的第一次。詹森的要求英國出兵和威爾遜的拒絕愈來愈被認為是英美關係出現芥蒂的原因。他們有關這方面的談話總是以惱怒的休戰收場。在威爾遜看來，越南讓他面對的問題幾乎就像蘇伊士運河之於艾登——英國的經濟疲弱讓她幾乎無法自由地在國際舞台上走出自己的路。

就像幾位前任一樣，威爾遜在首相任內飽受英鎊危機的糾纏。華府扮演國際貨幣基金組織和各大中央銀行救援行動的守門人角色。英國變成經常仰賴這些救援行動。每逢白宮點頭，國際貨幣基金組織和各大中央銀行就會給英國輸血，拉高英鎊。不過，美國在蘇伊士運河危機時表示過。她一樣可以關閉國際援助的大門。威爾遜每次拒絕詹森的軍事支援要求時都會被提醒。

對大部分事情都有商量餘地的威爾遜在這件事情上堅定不移。「為什麼不由你來管馬來西亞由我來管越南呢！」當詹森說出自己的想法時，通往倫敦的電話線憤怒地霹啪作響。當時是一九六五年二月，是他們第一次在白宮碰面後兩個月。[18] 隨著越共升高對美軍的攻擊（當時美軍名義上仍然只是越南軍隊的「顧問」），威爾遜唯恐詹森即將下令軍事行動大升級。他不理會手下官員的勸告，決定去一趟華府，親自提醒詹森不要對越南捲入更深。這將會讓世人看見大政治家威爾遜低聲對美國總統面授機宜。不讓人意外地，白宮拒絕了這個建議。他最多只被允許在深夜和美國總統通上一通電話。根據白宮的電話談話紀錄，詹森不想要威爾遜飛到美國。一次造訪改變不了他的決定。威爾遜該決定的是他準備站在哪一邊。詹森提醒他美國曾經派兵幫助英國在馬來西亞敉平印尼支持的作亂。他不認為「兩人拖著燕尾服的燕尾在大西洋走來走去」會有什麼所得。如果他向美國報章宣布，他「將會前往倫敦設法阻止英國在馬來西亞所做的事」，威爾遜會開心嗎？[19]

詹森過不久就會派出數以萬計的戰鬥部隊幫助南越作戰。威爾遜擔心的事發生了——英國民眾的反戰抗議不斷升高，工黨內部和內閣不滿首相拒絕譴責華府的聲音也愈來愈大。威爾遜告訴布魯斯，他唯恐英美關係會發生一場可比擬蘇伊士運河危機時的嚴重決裂。結果兩國權宜妥協：威爾遜繼續為華府提供政治和外交支持，但也偶而表示讚許反戰運動。詹森催他提供軍事協助。這位美國總統不準備聽取任何拒絕和他分攤風險的人的忠告。當他的顧問——主要是邦迪和波爾——指出威爾遜面臨一些現實的政治難題時，詹森指責他們「對英國懷有危險的同情」。

威爾遜十年前就下定決心，當時法國在奠邊府兵敗受辱，失去了對印度支那的控制。「我們絕不可以參加或以任何方式鼓勵由美國領導在亞洲進行的反共產主義十字軍行動。」[20]在那一次，邱吉爾非常難得的迅速拒絕了杜魯門請求英國協助的要求。現在反越戰的聲音遠超出工黨之外。在威爾遜的很多同黨人看來，越戰本質上是一場殖民戰爭。這位首相採取了一種左右討好的笨拙政策。他將會繼續支持由美國撐腰的西貢政權，但不會付出更多。隨著美國愈陷愈深，詹森不斷要求他出兵，表示一支象徵性的部隊便足夠。威爾遜總是拒絕。表面上的理由是，作為結束法國在印度支那戰爭的一九五四年《日內瓦協定》的共同簽約國之一，英國不可以成為新衝突的一方。但事實上，派出英國部隊將會形同政治自殺。威爾遜拒絕去譴責美國介入越戰這件事本來就讓工黨的國會議員大為不滿，所以即使只是派出小量英國部隊，一樣很可能會讓他失去黨的信任。不管動機為何，他的拒絕出兵十之八九可算是他最重要的外交決策。這個決策的代價是再也不能獲得詹森百分之百的信任，不過這對威爾遜來說是值得的。

這並不是說威爾遜的兩面討好政策總是順利。一九六六年夏天，威爾遜政府因為公開反對美國把轟炸擴大到河內和海防而引起詹森勃然大怒。一九六七年初，他重拾起麥克米倫致力扮演過的角色，主動擔任華府和莫斯科的中間人。英國甚至給這個行動取了一個代號「向日葵」。二月，威爾遜告訴國會，他和蘇聯總理柯錫金在倫敦舉行的會談中制定了一個終止戰鬥的計畫。他想要詹森把越南的「春節」停火延長。華府沒有理會。美國現在已經有五十萬部隊投入戰爭，也不相信河內政權會認真參與和談。美國國務院在寄給世界各國美國大使的通函上說：「威爾遜的祕密計畫不過是把聯合國的一些主意回收再利用。」[21]越南變成了一個跨大西洋的傷口，只能減輕而無法治癒。英國記者赫倫在歡送美國國務卿魯斯克離開國務院的派對上和他的談話可以讓人一窺美國人對威爾遜的決定有多麼不是滋味。當時魯斯克說：「我們要的只是一個團的『黑衛士』，但你們連這個都不肯，所以別指望我們會再次救你們。有人侵略蘇塞克斯＊的話不關我們鳥事。」[22]

華府的憤怒並沒有驅散白廳官員的疑心，儘管在白宮看來是不足夠的，但威爾遜對越戰的政治支持被視為出於他和詹森的一個祕密協定：美國會以支持英鎊作為回報。威爾遜對捍衛英鎊的執著有時幾近癡迷。國防大臣希斯日後指出，威爾遜「對英鎊的聖潔看得是那麼的絕對，以至於只允許內閣討論過這個議題一次（在一九六六年七月十九日）。然後他又禁止讓會議紀錄流傳開來，甚至不讓參加過會議的內閣大臣們閱覽。此後，他不准內閣討論匯率，甚至不准內閣的經濟事務委員會討論。」[23]然而守住匯率需要得到華府的幫助，至少是需要得到華府保證會在英鎊受到投機性賣壓時給予幫助。以支持美國的越南政策作為交換條件不太讓人意外。

威爾遜顯然需要幫助。如果說不出兵越南是他最明智的決定之一，那麼鐵了心不讓英鎊貶值便是他最糟糕的決定之一。由於英國外匯收入和海外任務所需的美元支出形成巨大落差，對英鎊的投機性攻擊成了家常便飯。貨幣的疲弱說明了英國的經濟表現不如她的歐洲鄰居、全球地位的難以為繼和經濟上的依賴美國。在一九六四年的大選之後，威爾遜本來可以尋求打破這個循環。但他抗拒這樣做，唯恐英鎊的即時貶值會破壞他現代化英國經濟的大計。艾德禮曾經於一九四九年讓英鎊貶值，結果在翌年的大選中慘敗。然而，威爾遜的立場讓他陷入困擾艾登和麥克米倫的「時停時進」經濟循環中。只要英國的海外駐軍支出一天多於她的貿易收入和她的黃金及外匯儲備，一場危機就總是蓄勢待發。

英國的問題不是循環性的而是體制性的。國家經濟表現——她的生產力、勞資關係和創新——如果沒有較大的改進並因此讓外匯收入有所提升，英鎊就會始終脆弱。威爾遜是可以大談英國在全球一等國家的地位、她在維護全球和平上的角色和她在大英國協中的核心作用，然而這些主張只有在政府付得起海外駐軍的費用時才實際。其所帶來的結果是國家的自我形象和國

---

*位於英格蘭東南部，當地華人以廣東話譯作修適士。

內經濟能力的根本落差。

華府在玩兩面手法。歷任美國政府都斷定美元將會取代英鎊成為國際儲備貨幣，但他們又準備好在符合美國外交政策利益的情況下，策劃一系列的國際救援行動支撐英鎊。當「布列敦森林體制」在一九四六年開始實施固定但可調整的匯率之後，一英鎊被定在兌四．〇三美元的價格。一九四九年九月，這個匯率跌落至二．八美元。合理的經濟政策卻是政治毒藥。在大眾的心目中，英鎊貶值成為了國家衰弱的反映。

威爾遜總是否認他和詹森有私下默契的謠言。然而即便兩人沒有口頭約定，美國對英鎊的支持和威爾遜為華府越南政策的背書已經密不可分地交織在一起。就在詹森於一九六五年夏天派數以萬計的部隊前往越南之時，英鎊在國際外匯市場面臨新一波的賣壓。威爾遜政府需要美元來恢復市場的信心，但詹森卻希望盟國拿出支持他的越南政策的證明。六月，他寫信給威爾遜，要求這位英國首相「以最殷切的態度考慮增加對美國的協助，向世人發出一個清楚訊息，又特別是對河內發出一個清楚訊息，表明在抵抗在越南發生的侵略上和尋求和平解決方案上，和美國團結一致」。[24]詹森的幕僚——以國安顧問邦迪為首——認為交易應該明碼實價。邦迪告訴取代奧姆斯比－戈爾成為駐美大使的狄恩，必須有「交換條件」。總統要求的不過是兩個排的兵力，甚至只是一間軍醫院——重點在於象徵意義。在致總統的一封短柬中，他說得很白：「既然沒有英國旗飄揚在越南，又眼見英國即將同時削減駐蘇伊士運河以東和駐德國的部隊，我們沒有理由去拯救英鎊……在英鎊要見真章的時刻，英國派到越南的一個兵團將會值十億美元。」[25]

詹森否定這個建議，認為把兩件事情掛鉤得那麼直接會太過危險。不過他卻在一九六五年九月制定了拯救英鎊的條件。根據這條件，威爾遜必須保證削減公共支出和國防預算將不會削弱英國在蘇伊士運河以東的軍事投入。十年前，美國急於看見英國從帝國撤出，現在，隨著她在越南愈陷愈深，華府擔心英國離開新加坡和馬來西亞將會留下一個真空，讓蘇聯馬上就可以填補。即便英國不加入在越南對抗共產主義，那麼美國至少可以指望英國繼續在東南亞捍衛西方的利益。威爾遜同意了。當國防大臣希斯在一九六六年春天宣布另一輪的軍事預算削減時，地中海和中東的基地首當其衝。

見真章的時刻在一九六七年十一月十八日來到，當時威爾遜輸掉了他和金融市場的戰爭。先前的蘇伊士運河危機已敲醒了英國的一些帝國錯覺。一九六七年的英鎊貶值逼她將其國際野心和其歐洲地理位置對齊。十八個月前，威爾遜曾經賭一把，提前大選，結果賭贏，國會領先席位從寥寥無幾擴大為安穩的九十八席。但政治上的勝利對經濟於事無補。宏大的現代化計畫已陷於停擺，而英鎊危機和削減支出的循環變得愈來愈頻繁。美國在一九六五年秋天主導了對英國的一輪紓困，一九六六年夏天再主導了另一輪。然後才一年後，烏雲又再罩頂，當時蘇伊士運河因以阿「六日戰爭」被封閉，英國眼看即將無法輸入石油。

市場的信心進一步被惡化的勞資衝突打擊。到了十月，英格蘭銀行為支撐英鎊而大量拋售美元儲備。不得已之下，威爾遜讓英鎊貶值百分之一四，從兌二・八美元貶至兌二・四美元。

威爾遜強作鎮定，上電視向選民保證，英鎊在金融市場的貶值「不代表你們口袋、荷包或銀行裡的英鎊已經縮水」。商業領袖們發起一場運動，把愛國精神灌輸給國民。鑲有英國國旗的領章——寫著「我支持英國」——在全國的工廠和辦公室發放。《金融時報》稱這個運動是「本來黯淡的經濟和工業前景中的一座燈塔」。事實上，它只是給英國的恥辱披上一件最薄的斗篷。在想破頭尋找可削減的開支時，內閣甚至一度考慮退出和法國聯合研發「協和式」超音速客機的計畫——這計畫從幾年前開始，是威爾遜追求科技跳躍的最耀眼象徵。後來因為了解到政府需要付出巨額賠償，退出研發計畫的事才作罷，讓一件關乎國家威望的工程得以保存。

英國仍然是個能夠把軍隊投送到歐洲之外的全球性強權這種矯稱的最後面紗已經被撕爛。英國要從蘇伊士運河以東撤出的說法已經甚囂塵上好些年。一個在一九六六年草擬的臨時計畫把撤退日期延後至一九七〇年代。不過，面對另一輪削減公共開支的必要，威爾遜已經沒有其他選項，關閉蘇伊士運河以東所有海軍和陸軍基地勢在必行。除了拋棄了防禦馬來西亞和新加坡的責任之外，此舉也意味著放棄英國在波斯灣的非正式帝國。亞丁——此處晚至一九六二年仍然有一支常備駐軍——業已落入起事的民族主義者手中。英國最終將會承認歷任首相一直決心避免承認的事實：英國只是一個歐洲強國。

撤退在一九六八年一月最終議定，當時內閣大臣在唐寧街擠作一團好幾天，面對英鎊貶值無可避免的後果。外頭的大笨鐘因為襲擊倫敦的暴風雪停止轉動，屋內氣氛一片低迷。內閣在十一天內開了八次會。教育、健康和福利的經費被大肆削減，因為財政部企圖再一次把資源從消費者支出轉移給出口。政府將會在三年內撤出蘇伊士運河以東的所有駐軍。到了一九七一年三月，大約三萬五千名軍人和一萬兩千名家屬將會被運送回國。

早前由國防大臣希斯草擬的計畫本來打算把大部分部隊留駐到一九七〇年代中葉。美國對提早了的時間表提出抗議。威爾遜告訴內閣，當新加坡總理李光耀得知英國的撤退計畫時暴跳如雷。詹森更加火大，因為英國除了撤軍還取消了購買五十架美國F－111型先進戰鬥機的四億英鎊訂單——這些飛機本來是準備部署在遠東和波斯灣的皇家空軍基地。他警告說，這兩項措施加在一起，將標誌著英國不理會她對國際安全的責任。英國這樣做就是違背了她和美國的默契——美國救援英鎊的行動是為了換取英國分攤全球安全負擔的意願。外相喬治．布朗指出魯斯克和他談話時也有類似說法。他建議延後從蘇伊士運河以東撤軍的日期，以便儘可能保留對盟國的善意。他告訴內閣：「即便我們不再是一個世界強權，我們還應該繼續緊握世界利益，留待需要的朋友和盟友去捍衛。」當有關的辯論移到下議院之後，前大臣桑茲代表了作為反對黨的保守黨說話：「首相憑什麼認為他有權甚至不給各位一個機會事先討論可能牽涉的嚴重後果，就不可逆轉地放棄了英國在世界的角色？」新任財相詹金斯——卡拉漢調任內政大臣——以這類辯論少見的坦誠加以回應：

> 我們宣布的改變不過是承認——有人會說是遲來的承認——歷史的基本流向。我們不

再是一個超級強權，而且這樣子已經好一段時間了。我們設法去扮演一個超出我們經濟力量的角色。自此而下……我們在世界事務的角色必須是由經濟力量支撐而不是遭經濟衰弱動搖。[27]

《新政治家》認為這種對地緣政治現實的公開承認「就重要性來說相當於艾德禮先生允許印度獨立和保守黨政府撤出英屬非洲」。至於威爾遜就貶值將不會影響選民口袋裡的英鎊所作的保證，只是騙人的謊言。英鎊降價會推高進口貨的價格，助長國內通貨膨脹和對生活水準帶來壓力。選民將會承受其代價。英鎊貶值後進行的海外裁軍說出了一個不可迴避的真相——戰後英國在國際舞台的份量和國內的經濟表現息息相關。受到勞資衝突和生產力無法大幅提高的困擾，英國的經濟落在了她的歐洲同儕之後。從蘇伊士運河以東撤退是衰退經濟力量和帝國大夢的持續緊張關係的最新痛苦表達。

儘管倍感恥辱，撤退也帶來了鬆一口氣的奇怪感覺。為了保持英國的全球大國地位一直讓政府的資源捉襟見肘，現在軍隊可以重新聚焦在歐洲的防務上。內閣大臣沃克指出英鎊貶值危機清楚呈現決定，這個決定「本來已經潛意識作出，但作為整體的內閣和首相卻一直拒絕承認」。[28] 對威爾遜而言，這是他和現實的第二次會合。

不久之後，曾經在戴高樂否決英國入歐申請時取笑過麥克米倫的威爾遜作出了大轉彎。還是一九六三年一月的時候，威爾遜曾奚落麥克米倫說：「戴高樂的否決讓英國赤條條地在寒冷中發抖。」又說入歐的企圖帶來了「國恥」。所以威爾遜上任時是帶著滿滿的自信，相信英國可以自外於「歐洲煤鋼共同體」和《羅馬條約》，然而經濟方面的現實卻對他打臉。英國的產出以每年百分之三的體面數字成長，只不過法國和義大利的成長率卻是百分之五．五，德國更是百分之六。這種差異具有披露性。蒙格瑞奇在為《文匯》所寫的一篇文章中消沉地指出：「每次我從國外回到英國，這個國家看來都比我離開時多破敗一點點，街道多邋遢一點點，鐵路車廂和餐廳多骯髒一點點，報紙的裝腔作勢社論多空洞一點點，政客的自負言論多愚蠢一點點。」[29]

一度，戴高樂自己看似會把英國救出困境。在一九六三年否決過英國入歐之後，他又把怒氣轉向布魯塞爾的歐洲共同體機構。這位將軍和其他五個創始國對於歐洲共同體預算的意見相左。對法國來說，共同市場如果不能對法國的農業有慷慨補助的話，其存在是沒有意義的。戴高樂也想要拖慢機構建立和政治整合的步伐。他基本上是把歐洲整合理解為一個政府間的方案——一個「諸國歐羅巴」——而不是開創元勳們所設想的超國家或波昂所設想的聯邦政體。諷刺的是法國對歐洲共同體的這種看法更接近英國而較不接近較聯邦主義的德國。然而英國的執政者從沒試過——法國也因此不去試——把這種有志一同帶向一個協議過的方向。一九六五年，戴高樂發現歐洲共同體的結構帶有一種邁向更深整合的制度機制，符合了莫內等開創元勳的意圖。為此，法國總統有一陣子以缺席布魯塞爾的會議來表達他的不快，耽擱了不少歐洲共同體的工作。有些人認為歐洲共同體將會就此垮掉，讓英國省去要不要加入的兩難困境。不過戴高樂的憤怒後來平復了。

威爾遜不是一個信念堅定的人。他的目的是讓整個黨團結一致。他斷定如果說服得了黨內左派，加入歐洲共同體將會給英國經濟打一劑極為需要的強心針。歐洲畢竟不是一個設計來偷走英國主權的資本家俱樂部。一九六六年七月的英鎊危機——政府為此被迫進行了另一輪的削減開支——讓這個決定成為定局。有愈來愈多的白廳資深官員相信英國承受不了更久的被邊緣化。他們的領袖奧尼爾被邀請草擬一份文件供大臣們在契喀斯討論。內閣意見分歧，但強烈親歐的喬治·布朗的出任外相讓天秤向歐洲傾斜。十月，奧尼爾向內閣鋪陳那個彆扭的事實：

過去二十年來，這個國家都在漂浮。整體來說，在我們的國際地位和權力上來說，這都是一段衰落時期……我們不知道我們正在往何處去，開始對自己失去信心。我們現在大概已經到了一個可以接受新目標和作出新承諾的時期，這新目標可以讓作為整體的國家獲得一個凝聚自己的憧憬和能量的焦點。[30]

奧尼爾也許可以補充說，如果歐洲共同體的成員資格可以提供國家統合的挑戰，它同樣可能為威爾遜政府提供目標。

麥克米倫花了超過一年的時間去說服內閣和國會議員支持他，才開始正式申請入歐。威爾遜起初假裝他也是一樣的沒有預設底線，宣布他將會在一九六六年底訪問歐洲各首都，研究英國應該用什麼條件入歐。此行——白廳稱為「探測」——只是裝裝樣子。麥克米倫從一開始就打定主意，威爾遜這回的第二次申請入歐也是一樣。

這個遊戲在一九六七年年初幾個月展開，當時威爾遜帶著布朗遊歐洲。他曾經在下議院說：「我是玩真的。」布朗是堅定的親歐派，不過就像雨果．楊格所描述的那樣，他作為談判者的能力常常因為他對杯中物的喜愛受到影響：「他的行為常常讓人尷尬。就像在國內那樣，他經常喝醉。」[31]不過即便對法國來說，他也是一個動機可以信賴的英國人。威爾遜本人則毫不害臊地經常利用法國人對美國人的偏見。還是一九六二年的時候，倫敦和巴黎曾經達成協議，共同研發超音速的「協和式」客機。五年之後，威爾遜提出了一個以歐洲共同體為基礎、由英法領導的「新科技共同體」的願景。一九六七年一月在史特拉斯堡向歐洲高峰會演講時，他表示自己從來不懷疑英國的命運和她的歐陸鄰居是綁在一起：

因為如果十九世紀——民族主義的年代——是由偉大民族國家的英勇行為所照亮，那麼，歷史將會記載，二十世紀乃是人們有願景從那些民族國家中，從歐洲民族主義的衝突導致的兩次大戰的廢墟中，創造一個奠基於冷靜頭腦和火熱心腸的新統一體的年代。

這是一種拉下臉的英勇表現，但卻沒有用。威爾遜在一九六七年五月在下議院宣布英國第二次申請加入歐洲共同體。十一月二十七日，當英國政府剛走出英鎊貶值的創傷時，戴高樂投下了他的第二次否決票。他說英國仍然準備選擇美國而不是歐洲，而且歐洲共同體不準備接受一個——這是最讓英國受傷的——揹著大量外債和沒有能力穩定自己貨幣的國家。

這位將軍不無見地。華府是一個權力和威望的源頭，而在後蘇伊士運河危機時期，英美「特殊關係」是英國仍然可以自稱是全球性國家之所賴。拿騷核子協議見證著英美關係獨一無二的性質。作為國際貨幣基金組織的守門人，美國也是英國陷入金融危機時求助的第一個借貸者。反觀歐洲——至少是以共同市場形式出現的歐洲——構成了一個不受歡迎的挑戰：它表明邱吉爾所認定的，英國比鄰國高一等的地位已經消失。不過就像艾奇遜指出的。到了一九六〇年代中葉，英國的親美遠歐策略已經疲態畢露。自外於歐洲對英國並無好處。她設法透過創立「歐洲自由貿易協會」來動搖歐洲共同體之舉也不成功。歐洲已經成為了英國相對經濟衰落的一面鏡子。隨著德國和法國強勁向前邁進，英國落在了後頭。她被邊緣化了。

第六章　失去的機會

從一開始，英國的執政者就把歐洲一體看成是一個最好會自動消失的議題。隨著法國人所說的「打造歐洲」加快步伐，英國始終希望這件大業會擱淺。那樣英國就不用作出痛苦選擇——要麼是拋棄大國偽裝加入歐洲共同體，要麼是被排除在外。這種不安全感和優越感之間的衝突在接下來幾十年塑造了倫敦對歐洲的見解。邱吉爾絕不可能從他在大戰期間站立的神壇上下來，特別是不會從他與羅斯福和史達林舉行三強高峰會議時的高度上下來。他對歐洲共同體開創元勳的回應是高高在上：要建造一個「歐羅巴合眾國」就讓別人建去，英國不會參與。艾登因為不能抗拒帝國夢的吸引力，缺席墨西拿。麥克米倫慢慢看出英國入歐的急迫性，但仍然不願意冒失去美國總統左右手地位的風險。對機會主義者威爾遜來說，比一切都更重要的是維持工黨的團結。

希斯在一九七〇年六月入主唐寧街十號後改變了一切。某個意義下這是一個革命性時刻。它打破了——砸碎了——猶豫和支吾的模子。這是一九四五年以來第一次有個英國首相是以把國家的目光從美國扭向歐洲為己任。要把雄心轉化為現實需要異乎尋常的政治決心。希斯是在戰後其中一段最動盪的歷史時期上任。他的政府面臨愈來愈激進的工會史無前例的挑戰。在北愛爾蘭，一開始只是天主教社群爭取民權的示威活動演變為北愛爾蘭共和軍*對英國發起的血腥戰爭。炸彈和槍擊奪去數以百計的性命，而這種暴力還蔓延到了英國本土。國外的事件——美國決定拋棄以黃金為本的戰後國際貨幣體系和油價在第一次以阿戰爭之後的增加三倍——讓英國政府穩定經濟的努力徒勞無功。帝國已經瓦解了，但羅德西亞的白人至上主義政府讓大英國協始終存在一個膿包。馬爾他和賽普勒斯獨立後發生的動盪讓英國首相需要應付的很多麻煩事又多一宗。

這些騷動逼希斯作出好幾個大轉彎。他放棄他一向主張的自由市場經濟政策，改為不害臊地熱烈擁抱干預主義。這讓他的一些同黨人把他視為是沒有原則的現實主義者。但在對歐洲的態度上，這位首相卻是不動如山。他知道英國的正確身分是一個歐洲大國。他不害怕幾個前任所苦心經營的英美交情會變淡。用他自己的話來說，光「坐在美國總統的肩膀上」是什麼也不會得到。[1]按照傳統，新任的英國首相都會趕去華盛頓親吻美國總統的戒指，但希斯對尼克森的白宮沒有這種企望。反而是尼克森先造訪英國。兩人的第一次見面是大選勝選的四個月後，希斯在鄉村別墅契喀斯接待尼克森，討論的議題蓄意安排得較少，結論平平無奇。兩個月後，兩人在華府進行較實質的會談。再一次，會談過程彬彬有禮，但缺乏熱度。希斯對美國不是天生有敵意，只不過他看不出來他有什麼理由或目的需要卑躬屈膝。美國將必須適應一個事實：英國打算在歐洲取得領導地位。

階級讓希斯有別於過去的保守黨領袖。他的前任都是出身貴族，至少是有土地的鄉紳。希斯是文法學校的學生，一個木匠的兒子。他在肯特海岸長大，那裡在晴天可以看見法國，所以個人經驗、性情氣質和信念全都把他推向歐洲的方向。二十年前，身為新選出的國會議員，他曾經投票贊成英國參與舒曼計畫。一九六二年，他在英國第一次流產的入歐申請中充當麥克米倫的主要談判代表。沒有人比他對歐洲更虔信。他對戴高樂的否決票的反應毫無懸念，英國必須繼續去推歐洲的門，直到門打開為止：「我們就地理、傳統、歷史、文化和文明上來說都是歐洲的一部分。」[2]他體認得到——這種體認在國會議員中相對較稀少——德法和解具有泯滅國界的重要作用。英國對於要不要參加共同市場的辯論主要是著眼在經濟的利弊、主權的喪失和被排除的後果。但希斯卻掌握到整件事情的感情內蘊。一九三〇年代在牛津讀書的時候，他曾經廣泛遊歷德國，又在一九三七年參加過其中一次希特勒的紐倫堡大會。這經驗堅定了他對張伯倫姑息納粹的政策的激烈反對。西班牙內戰期間，到巴塞隆納的一遊讓他對佛朗哥轟炸平民有第一手的認識。諾曼第登陸之後，他以砲兵軍官的身分前進柏林，路上的所見所聞在他心中留下了烙印。他熱烈期盼歐洲永遠保持和平。他告訴BBC電視記者科克雷爾：「我在德國看見各個城市幾乎盡毀，當時就深信我們這一代必須在歐洲創造統一，好讓歷史不會重演。」[3]他也不會對使用歐洲聯邦主義者的措詞感到難為情。他在戴高樂否決英國入歐後寫給

＊為實現愛爾蘭與北愛爾蘭統一的組織。

比利時首相史巴克的信上強調，他矢志打造「真正的歐洲統一」。就像他的傳記作者坎貝爾指出的，他的這種說法不是感情用事。歐洲一體關係到的是頭腦冷靜的地緣政治思考而不是對聯邦主義的抽象觀念的信仰。[4] 威爾遜曾經從美國總統的反射光芒中尋求國際威望，希斯卻認為英國只有成為了歐洲領導性大國之一才可能在全球舞台發揮影響力。

他在歐洲其他首都的資歷——作為麥克米倫談判代表的角色和自一九六五年成為反對黨領袖之後所建立的人脈——在英國第三次申請入歐時發揮了作用。一樣重要的是戴高樂在一九六九年四月離開了愛麗榭宮（這是因為他未能贏得一場改革法國憲法的全國公投）。他的繼任人龐畢度對英國入歐的動機有所疑慮，清楚表明除非共同體透過「共同農業政策」充分敲定對農民補貼的條件（當然是有利法國的條件），否則英國不可能被接受。但他的懷疑不像他的前任那樣是深入骨髓的。與戴高樂不同，龐畢度和英國沒有舊帳要算。他知道西德和其他創始成員國已經等得不耐煩。英國不是唯一申請入歐的國家，丹麥、挪威和愛爾蘭都已經提出了申請。西德總理布蘭特受到希斯的成功遊說，答應幫助說服法國放行。不過，在每一個要緊關頭讓事情可以有所推進的，都是希斯的個人信念。

決定性時刻出現在一九七一年五月和龐畢度在巴黎舉行的一個高峰會。兩位領袖在愛麗榭宮見面。對於麥克米倫未能說服戴高樂，希斯比任何人都更感到遺憾，因此希斯為這次會面做了徹底的準備功夫。每一種可能質疑都已預先想過，每一個回答都經過反覆彩排。他的官員聲稱他掌握了布魯塞爾會談的每一個細節。兩國領袖的會晤持續了兩天共十二小時。不抱一絲僥倖心理，英方下足本錢。龐畢度被邀請至離愛麗榭宮不遠的英國大使官邸吃香喝辣。巴黎清楚知道歐洲共同體之於英國只是一種手段。成員身分被視為提升英國威望的有用配件，而她的承諾在大環境改變之後可以丟棄。龐畢度想看見更深的承諾。他在高峰會前告訴一個BBC特派員：「事情的關鍵是歐洲的概念或觀念，而我們要斷定英國的概念是否是歐洲的。那將會是我和希斯先生見面的目的。」希斯給了龐畢度想要的答案。為了顯示自己獨立於戴高樂，龐畢度選擇了愛麗榭宮典雅的「宴會廳」舉行聯合記者會，宣布英國的入歐申請現在得到法國的祝福。任誰都不會忘記戴高樂一九六三年就是在「宴會廳」投下他的第一次否決票。

儘管如此，龐畢度點頭之後在布魯塞爾進行的詳細談判給了英國有益的教訓，這是未來英國政府老是遺忘又被迫多次重新學習的。歐洲共同體是一個講法律的機構。它的權柄和合法性都是扎根在它的規則而非人民。這個法律體系——布魯塞爾的語言稱之為「共同體既定法」——是各成員國的無數妥協和利益交換的結果，她們要透過匯聚主權來促進共同利益。就像希斯的談判團隊領袖奧尼爾所說的：「幾乎所有我想得到的共同體的政策或規定或法令都是成員之間利益衝突的結果，體現著一種利益之間的妥協。」[5] 這話的意涵是清晰的——英國必須接受這一套由別人制定的規則。任何改寫「既定法」以遷就一個新成員國的意圖都會瓦解這些歷史上的妥協，導致創始成員國提出新的要求。所以這些規定必須被視為是不可侵犯。接受它們是英國為姍姍來遲所必須付出的代價。

後來為外交部撰寫談判史的奧尼爾明白這個道理。當提到英國的要求時，他小心翼翼地不去跨過紅線。還是可能出現給英國預留的妥協（例如給從大英國協國家輸入乳製品和糖制定減少衝擊的過渡期），但基本準則將一仍創始成員國的原設計。讓英國可以繼續購買紐西蘭羊肉和加勒比海蔗糖的談判將持續很多天而英國對歐洲共同體預算的分攤額度也會花上好幾個月磋商。但到頭來，英國總是因為缺席墨西拿而吃虧，因此她將為法國農民的利益而對共同體總部布魯塞爾的預算作出沉重的淨貢獻，也被迫開放魚藏豐富的海岸水域供鄰近國家的漁船隊捕撈。這埋下了未來衝突的種子，英國為求加入歐洲共同體而把一些問題暫置一邊。主要談判代表奧尼爾對此幾乎直言不諱：「真正重要的是加入歐洲共同體，恢復我們在歐洲事務中的核心地位。這種地位自一九五八年便喪失了。」[6]

希斯有把握入歐的所得會大於所失。他在協議於一九七一年七月敲定之後宣稱：「二十五年來我們都在尋找一些讓我們再次振奮起來的東西。現在有了……我們有機會再次偉大。」與論在英國第一次申請入歐之後就反反覆覆，到一九七〇年代初期出現了普遍懷疑的態度。不過在英國首相看來，國家有了改變的心緒。同一天，王夫菲利普親王在向商界領袖講話時以無可比擬的坦白道出了英國面臨的挑戰：英國必須開始自食其力。「事實上，我們已經快速抵達一個入不敷出的景況。簡單來說，作為一個國家，我們正在變窮。」

國會在一九七一年十月對入歐的條件辯論了整整六天。結束時，下議院以三五六票比二四四票贊成加入。這個大比數看來確保了希斯答應過的，他會在得到國人的全心全意支持下才奮勇向前。辯論中有一九六位議員發言。上議院的比數是四五一票比五八票。經過二十年在歐洲整合的門外蹉跎之後，這個議題在很多人看來已經永遠解決。但威爾遜讓事情不是這個樣子。他在首相任內曾經轉彎，改為支持入歐，然而在一九七〇年輸掉大選後又再次改變立場。這跟重新評估英國的利益或考慮到大環境已經轉變無關。自從戴高樂第二次投出否決票之後，工黨內部的反對入歐派便轉占了上風。威爾遜幾乎不加掩飾地跟著轉向。他宣稱工黨不是原則上反對入歐而是對希斯談判得到的條件感到不滿。因為保守黨在國會裡只有三十席的優勢，但又面臨黨內三十六席或更多的反入歐者的杯葛，最後希斯僅靠著工黨議員的倒戈才贏得下議院的投票。

這種現象預示了歐洲問題對英國國內政治平衡的挑戰：後來在一九七五年和二〇一六年的脫歐公投對此都有明白顯示。英國「贏者全拿」的選舉制度本來保證了重大投票的結果是由簡單的左－右軸線決定。然而，遇到歐洲問題時，意見的不同卻沒有和傳統的政黨路線對齊。歐洲不是一種左對右的辯論。相反的，裂痕出現在各個政黨本身。保守黨包含一大批「舉國一致」的務實主義者，對他們來說，入歐主要是為了在一個權力局勢已經改變了的世界中保護英國的地位。但除了他們以外，保守黨還有一批人數較少但高聲量的英國民族主義者，他們不能接受把國家主權讓渡給布魯塞爾的超國家機構。下議院的工黨議員也是分為兩派，一派以詹金斯、威廉斯和羅傑斯等中間派人物為代表，他們擁抱社會民主主義傳統，認為英國是歐洲主流的一部分；另一派是社會主義左派，他們認為歐洲共同體會威脅他們理想中的公有制和國家指導經濟。

在一九七〇年代初期，透過發表反對大英國協移民的「血河」演說，埃諾奇．鮑威爾成了英國特殊主義聲量最大和最知名的捍衛者。離開保守黨以後，他加入了阿爾斯特統一黨。但還有一些人——不在鎂光燈下的保守黨議員——對主權的關心是早於埃諾奇．鮑威爾的仇外民粹主義。東赫特福德郡議員沃克－史密斯（後來的布羅克斯伯恩勳爵）便曾揮舞主權的大旗，反對麥克米倫的入歐申請。這些批評者擔心在那些政府決定要把權力轉讓給布魯塞爾的領域，歐洲共同體的法律會凌駕於英國的法律之上。這些論證是二〇一六年「脫歐派」發起的「奪回控制權」運動的先聲。沃克－史密斯對統治集團「菁英」的攻擊將會在四十五年之後被重提和突顯出來。在一九七一年的辯論中，他在下議院指出，議員們被要求說明：

> 入歐並不會犧牲基本主權。當然，這端視何謂「基本」而定：大概，如果只有行政的事宜是重要，如果國會議員被看見而沒有聽見，如果他們默許而沒有決定，基本就不是基本；大概，如果一個人相信——用流行話語來說——「菁英主義」，基本就不是基本。對這個詞的定義，我受惠於七月九日的《金融時報》中同樣討論共同市場這個主題的文章：「菁英主義意謂由金字塔頂端極少的一撮人所作出的決定。」

他繼續說，這種新菁英主義是「法國舊獨裁的翻版」。[7] 只要用「德國」一詞代替「法國」，那麼沃克－史密斯就可以跟強生和戈夫在二〇一六年的公投運動中同台發聲。下議院的冗長辯論證明了後來「疑歐派」的一個說法不實：他們說入歐的政治後果從來沒有被仔細考慮過，說英國是被哄騙得相信加入歐洲共同體不過是加入一個貿易集團。更精確地說，當日有關主權的辯論在重要性上被認為是次於另一些辯論，特別是怎樣恢復英國的經濟表現和怎樣恢復她保障自己國家利益的能力。

反對入歐的理據常常是帶有懷舊情懷。有些人主張大英國協足以作為大英帝國的替代品，可讓英國與擁有一個影響力的網絡和分布全球各地的前哨點。至於大英國協國家在獨立後採取的外交政策——通常是和英國相左——被略過未提。另一群人是大西洋主義者，他們力陳英美的緊密關係要比英歐的連結重要。還有一些人是所謂的「英語圈」的鼓吹者，他們呼籲所有說英語的民族——英國人、美國人、澳洲人、紐西蘭人和加拿大人——結成一個全球性聯盟。上述五個國家的分享情報機制（「五眼聯盟」）被認為是「英語圈」的一個榜樣。

工黨有自己的主權主義者。例如卡拉漢便是一個發自本能的大西洋主義者，他高聲警告法語在歐洲共同體日常事務的優先地位會威脅「喬叟、莎士比亞和密爾頓」的語言。卡拉漢後來和歐洲達成和解，把歐洲看成為防範英國流於過度依賴華府的預防措施。自命為左派捍衛者的托尼·本恩則走了相反的道路。在一九六〇年代早期還是以安東尼·韋奇伍德·本恩自稱的時候，他呼籲英國應該和歐陸締結更緊密的關係，否則將會被鄰居的經濟和科技進步拋在後頭。十年後改為以托尼·本恩自稱的他改為揮舞主權的大旗。

這意味著在當時和隨後幾十年，傳統以政黨為基礎的西敏政治規則並不適用在歐洲的問題。一個執政黨就算只有些許勝出的席位，一般都可以保證英國首相的議案能獲得下議院的支持。然而，在缺乏夠多的多數議席去擺平黨內的頑固少數派的時候，同一個首相卻永遠沒有把握就歐洲問題作出的投票會是什麼結果。在一九七一年，希斯能夠獲得多一一二票贊成入歐，只是因為他聽了黨鞭*們的勸，宣布採取「開放」投票。這轉過來又讓工黨副領袖詹金斯可以率領一批黨員背叛威爾遜。有約六十九個工黨議員支持入歐，另有二十人投棄權票，人數比反抗首相的三十九個保守黨議員要多。後續的必要立法過程顯示出另一個弔詭。點算所有政黨，以「傾向」親歐的議員居多，然而這卻無法保證這個多數在每一次投票都可以被動員。在支持過一九七一年十月的入歐原則之後，在立法的細節上願意再次拂逆他們領袖的工黨議員卻少了許多，這讓希斯常常是低空掠過。然而讓事情更複雜的第三個因素——這個因素在二〇一六年之後將製造出大麻煩——在於議會的堅定支持入歐並不總是代表國民的情緒。國會和選民在一九七五年的公投意見一致，然而在二〇一六年，投票贊成脫歐的微弱多數要否定的不只是卡麥隆的政府，還是西敏的親歐派議員的跨黨派多數。這是議會民主和公投民主的一次危險衝撞。

照理說，華府本來應全力支持希斯的爭取入歐。從一開始，美國的政策就鼓勵歐洲整合，又在這過程中推英國一把。這種戰略考量的理由很直接：一個統一的歐洲在對抗蘇聯一事上將會是一個更加可靠的搭檔，這也可以約束德國民族主義，不讓其復活（美國的政策制定者經常為此擔心）。這種政策仍然是尼克森政府的表面立場，但美國已經習慣了和英國保持一種徑自不同的關係。英國首相急於討好華府，但如果英國人強調英美「特殊關係」是為了自抬身價，這種堅持卻可以提供白宮有用的槓桿。所以華府對於希斯調整英國外交政策順序的做法感到不悅。奉命主導跨大西洋關係的國務卿季辛吉日後抱怨說：希斯「對我們的冷淡完全有違『特殊關係』的精神」。[8]

這部分是反應希斯盤算過後的立場調整。戴高樂曾經指控英國是華府安插在歐洲共同體的特洛伊木馬，而這種指控後來並沒有完全被驅散。當戴高樂以英國對美國的低聲下氣來作為阻擋英國入歐的充分理由時，希斯並沒有完全不同意。他也明白只要這種懷疑存在一天，英國就很難在現在的共同體九國（除多了英國外還多了丹麥和愛爾蘭）中居領導地位。所以當尼克森提供希斯一條打給橢圓形辦公室的電話熱線時，這位英國首相雖然是接受了，卻很少使用。換成是麥克米倫或者威爾遜，一定會把這樣一種親密連結大肆宣傳，作為自己國際地位的證明。希斯告訴季辛吉，他並不希冀受到高於德法領袖的對待。

尼克森被越南的泥沼所困，自一九七三年起又被水門醜聞纏身，所以對英國沒有表現出多少興趣。因為是出生在西岸，這位總統對於跨大西洋聯盟不太有熱忱。他把這方面的外交事務交給季辛吉去處理。季辛吉雖然自稱親歐，但不總是對歐洲盟友盡告知義務。華府在一九七一

---

*黨鞭的職責是在立法機關中維護本黨黨紀。促使黨員遵循本黨政綱投票，而不是根據其個人意志或選民意願而投票。

年單方面決定丟棄布列敦森林體制之舉大有把戰後經濟秩序整個摧毀之虞，但在下這個決定之前並沒有徵詢歐洲領袖們。美國準備要對中國遞出橄欖枝之舉——這一點對西方與蘇聯的關係有重大的戰略意涵——也是把盟邦蒙在鼓裡。對此希斯就像其他歐洲政府一樣恨得牙癢癢。當季辛吉建議把一九七三年定為「歐洲年」的時候[9]，希斯刻意表現得很冷淡。他告訴季辛吉，歐洲人不會敢於宣布某一年為「美國年」，以此擺出高華府一等的姿態。龐畢度的還擊要更尖刻——他說對歐洲人來說每一年都是「歐洲年」。

希斯也決定在英美達成任何協議之前先與歐洲的夥伴協調彼此的外交政策立場。他在一九七三年七月寫給美國總統的信上說，歐洲共同體中較小的國家不滿英國、西德和法國可以優先知道美國的想法，在未來，「九國」將會協調他們對美國政策建議的反應：「法國一直在利用我們的弱點阻隔訊息。九國外長現在決定了他們將會交換與美國對談的資訊，並設法步調一致地作出回應。」[10]在季辛吉聽來，希斯的這種態度不像是原來的「特殊關係」。

到了一九七三年夏天，季辛吉的不快已經大得足以讓他下令進行外交報復，以提醒希斯在英美關係中誰大誰小。從此以後，英美根據戰時《布魯沙協定》所進行的高度敏感性情報交換被加上限制。國防部長施萊辛格對英美的核子合作提出了相似訊息——他暫停了有關升級英國「北極星」核子系統的會談。英國的核子阻嚇理論要求擁有可以摧毀莫斯科的武器，這種能力受到蘇聯新的反彈道飛彈防禦系統的威脅，但希斯升級「北極星」飛彈的計畫——代號「薩瓦蘭」——有賴美國的協助。一九七三年九月，希斯寫信給尼克森，保證歐洲並不企圖「拉幫結派」反對華府。所以，英國決定要在想法上和歐洲靠近並不抵觸她和美國的緊密聯盟。但是美國總統必須明白「歐洲正在努力達成一種新的身分和發展出有自己見地的觀點」。[11]

美國政府的策略讓白廳的官員感到不安，但如果季辛吉認為它們可以讓希斯變乖，他便要失望了。當以阿戰爭在一九七三年十月開戰時，希斯就像大多數歐洲同儕那樣傾向於支持阿拉伯人。反觀尼克森卻高聲為以色列人撐腰。大部分政府的主要擔憂是石油供應。讓白宮震驚的是英國同意不讓美國的飛機取道歐洲空域來給以色列軍隊進行補給。季辛吉指出這是「美國領袖的一個新經驗：一個英國首相制定對美政策時不是根據情感聯繫而是根據對利益的冷靜計算」。[12]希斯還打破其他禁忌。除了「薩瓦蘭」計畫，他也提出了和法國發展新一代核武的可能性。他又熱心支持恢復建立一個新的歐洲防衛共同體的建議。在華府眼中，這個計畫有損北約組織在防衛歐陸上的角色。希斯此舉引起季辛吉的不滿，稱他是在搞一個「良性版本的戴高樂計畫」。在國內，希斯也決定不理會那些希望政府步步為營的人，甚至在簽署《羅馬條約》之前就打臉黨內的主權主義者，同意歐洲共同體在下一個十年推行貨幣聯盟和單一歐洲貨幣的計畫。一九七三年十一月，愈來愈沮喪的季辛吉警告英國大使克羅默勳爵，英美的特殊關係「正在崩潰中」。最終，這關係被縫補了起來。英美兩位領袖都面臨了國內更迫切的問題——尼克森是面臨水門案，希斯是面臨礦工開戰的威脅＊。先倒的將會是希斯。

＊一九七三年因為以阿戰爭油價提高，英國煤炭緊缺，但政府不願提高礦工工資，引發全國礦工大罷工。

一九六〇年代是一則讓人失望的故事——英國未能盡情發揮自己的工業和技術實力，也未能把自己的全球抱負和經濟現實對齊。倫敦把自己放在「搖擺六〇年代」的核心。英國的搖滾樂征服了美國。這個國家在藝術和設計上領先國際。但驅動經濟的工業——鋼鐵業、造船業、汽車業和航太業——停滯不前。生產力不振，僱主和工會的關係看似處於恆常衝突狀態。先前，威爾遜曾設法修復勞資關係，卻以失敗告終，最後在一九七〇年的大選中一敗塗地。希斯所繼承的是國家衰落的前景。一度，加入歐洲共同體看似是個可以打破循環的方法。當時還是年輕外交官的漢內後來指出：「那看來是個愉快和有自信的早晨。剛開始九個月，一切順順利利。然後就發生了贖罪日戰爭*、油價的上升三倍和希斯政府的緩慢垮台。」[13]接下來幾年，英國名副其實是墜入了黑暗中，因為政府在和工會作戰的同時，油價又在一九七三年的以阿戰爭之後飆升。在北愛爾蘭，天主教徒少數社群反對統一主義新教徒歧視的民權運動演變成為近似內戰，貝爾法斯特和德里†街頭一再流血。愛爾蘭共和軍的炸彈攻勢把暴力輸入到英國本土。面對一場國家礦工的罷工，政府下令工業一星期只可開工三日，以便節省煤藏。為了減少石油消耗，高速公路限速每小時五十英里（約八十公里）。電視只播放到每晚十點半。選民被要求刷牙時不開燈，以節省寶貴的能源。在極右派的邊緣，前軍官和情報人員商量一些異想天開的計畫，打算在文人政府垮台時接管國家。

一九七四年二月，希斯宣布提前大選。威爾遜重返唐寧街，首先是當一個少數派政府的領袖，然後在十月的另一次大選之後變成擁有微弱多數席位的政府，不過一樣未能驅散陰霾。原先，希斯在大選時主打「誰治理英國」的議題。選民雖然拋棄希斯，但對威爾遜並沒有表現出多大熱忱。史學家貝克特對當時的氛圍有精微刻畫：

一九七四年三月四日晚上，威爾遜以首相身分重返唐寧街。他從他的公務車下車，等待在寒冷氣候中的人群發出喝采聲和噓聲……威爾遜緩慢地，幾乎是步履沉重地走向幾碼外的正門，肩膀鬆垂，背對著群眾。在台階上，他轉身揮手，樣子有點木然，看不出喜色。他展露一個最淺的微笑。[14]

在歐洲大陸，英國選民只回答了一半的那個問題被重構成：有人在治理英國嗎？

威爾遜把歐洲放在他的選戰核心。一九六六年，他曾力主加入歐洲共同體，以此作為英國和她歐陸鄰居漫長合作歷史的重新接續。英軍在一九六七年英鎊貶值後撤出蘇伊士運河以東確認了英國從一個全球大國回歸一個歐洲大國的身分。不過，在一九七〇年大選選輸以後，這位工黨領袖改變了他的政治計算。他的行事原則是在疑歐派左翼議員中不斷增加的情況下保持工

＊前述一九七三年的以阿戰爭，也是第四次中東戰爭。這次戰爭促使以色列與阿拉伯國家對話，開啟雙方和平的進程。但卻也讓阿拉伯國家對西方國家的仇恨增強。

†貝爾法斯特和德里分別為北愛爾蘭第一和第二大城市。

黨的團結。反對入歐者在保守黨是一個人數眾多的少數派，但仍然是少數派。在工黨議員中，脫歐派和留歐派的人數大致一樣，而在黨內的活躍分子中，大多數贊成脫歐。

威爾遜在競選時承諾舉行一場脫歐公投是為了彌合這分裂。這主意首先是由左派的本恩和其他人推動，但詹金斯和其他親歐派激烈反對。威爾遜起初表達嚴重疑慮，卡拉漢則神準地預言，一場公投將會是「整個黨有朝一日必須要爬上的一艘橡皮救生艇。」[15]威爾遜把投票日定在一九七五年春天，承諾在交由人民決定這個議題以前，先重新談判入歐條件。就像希斯一樣，他很快發現其他成員國不願意為了英國的利益放棄歐洲共同體規則所體現的那些費心達成的政治妥協。少許的調整雖然不是不可能，但歐洲共同體的根本大法不能有所動搖。當談判在一九七四年底展開時，就像英國駐布魯塞爾大使帕利瑟告訴雨果．楊格的那樣：「我很快就明白整個談判的目的是讓英國留下來和談出一些可以讓英國人覺得是政治上足夠的東西。真正獲得什麼不是那麼重要，真正重要的是給人一種印象——不管我們得到什麼，那都是相當足夠。」[16]如果說留在歐洲共同體是威爾遜的一個目的，那他的另一個目的就是透過公投把政府和黨都團結在一起。他小心翼翼不透露自己的想法，不過他必然明白入歐兩年後退出除了是經濟災難還會帶來政治災難。英國的麻煩已經顯示出她不只是相對衰落，還是絕對衰落。如果這個國家恢復單打獨鬥，會落得什麼下場？

由保守黨主權主義者和工黨右翼分子一個聯盟所推動的「不留歐」運動讓埃諾奇．鮑威爾和未來的工黨領袖富特聯手一道。這個運動宣稱，歐洲共同體「計畫分階段把英國、法國、德國和其他國家融為一個單一國家。那些想要讓英國留在共同市場的人是失敗主義者，他們看不見我們的國家有獨立的未來」。[17]這個運動中的左翼人物除了富特和本恩，還有索爾和芭芭拉．卡素爾，右翼人士則有阿爾斯特統一黨的皮斯禮和保守黨的克拉克及埃諾奇．鮑威爾。再過十年左右，新一代的保守黨疑歐派將會主張，當年的公投是要求選民決定留在共同市場與否，不是要求他們決定英國是否參與更大的政治事業。到了一九八〇年代晚期，這些熱忱之士將會集結在柴契爾夫人的著名「布魯日演講」舉起的旗幟四周。然而，他們忽略了她在一九七五年公投中的貢獻。當時她剛被選出，取代希斯擔任反對黨領袖。她是留歐派領袖之一，親歐洲色彩極為鮮明。再者，她強調英國留歐的目的遠超過尋求經濟利益。為了得到和平與安全才是英國留在歐洲的最高理由。

威爾遜於一九七五年三月在都柏林一個高峰會上達成的協議並沒有根本上改變英國在歐洲共同體的成員條件，但它卻符合了帕利瑟所說的，可以讓人產生政府已經做得足夠的印象。但英國對歐洲共同體預算分攤額度的計算方式的改變，可以說是對原來的不公平體系的修正。最後，新的規則並沒有帶來重大不同。又因為從紐西蘭輸入羊肉和從加勒比海輸入蔗糖的限制獲得調整，威爾遜乃可以說他照顧了大英國協和英國消費者的利益。輿論願意被政府牽著鼻子走。英國仍然生活在油價震撼的陰影中。通貨膨脹飆至百分之二〇以上，失業率不斷攀升。愛爾蘭共和軍在北愛爾蘭發動的鬥爭更讓這個國家的不安全感增加。

內閣以十六票對七票支持新的協議。為了保持黨的團結，威爾遜打破集體責任的成規，准許大臣們和國會議員在公投時自由投票，結果內閣有六個大臣參加了「不留歐」運動。有多於一半的工黨議員自視為反對共同市場派，不過威爾遜卻透過保守黨議員的壓倒性支持，在投票時贏得多數，商界和媒體近乎一致地支持留歐。梅鐸的《太陽報》固然會在大約十年之後領導右翼媒體攻擊布魯塞爾，但它在一九七五年談論公投的社論中只是說：「我們現在全都是歐洲人了。」[18]當時還沒有被梅鐸買下的《泰晤士報》一樣是毫不含糊：「由於英國的國家衰落在戰後變得充分明顯，所以除了以歐洲作為基礎，沒有其他理性的替代選項可以讓英國重新發展。」[19]

這個國家完全不敢心存僥倖。「三天週」＊帶來的混亂在選民心中記憶猶新。雖然威爾遜極少自己站出來說話，但是留歐運動團結了所有主要政黨的領導階層。就連英國教會都簽名表示支持，每個主教都為留歐派背書。雨果·楊格形容：「所有英國有頭有臉的人都站隊在同一邊。」所以選民斷定留在歐洲是安全選項。最終的投票結果是百分之六七比百分之三三。[20]

「再見大英帝國」是一九七五年四月《華爾街雜誌》的大字標題，當時離公投只剩幾星期。在對英國狀況的一個毫不留情報導中，這份大有影響力的美國報紙力勸世界各地的投資人賣掉英鎊資產。很多人已經正在這樣做。受困於貿易赤字和預算赤字，英國業已被有些人稱為「歐洲病夫」。如果在其他大環境下，布列敦森林制的解體也許本來讓英國有機會走出英鎊反覆發生危機的陰影。就像艾德禮和威爾遜發現的，這個戰後的半固定匯率體系強化了貶值和政治失敗之間的聯繫。推高英鎊需要進行反覆的財政緊縮。在尼克森宣布拋棄布列敦森林體制之後，希斯政府在所謂的「蛇形」貨幣機制†中讓英鎊和其他歐洲貨幣掛鉤。但這個短命的實驗以貶值告終。然後財政部決定引入自由浮動匯率來讓貨幣投機者失去固定目標，相信這可以讓老式的英鎊危機走入歷史。但這只是經濟理論，一九七六年晚夏和秋天爆發的金融危機讓英國政府蒙受了戰後以來前所未有的羞辱。英國破產了。若想要國際貨幣基金組織出手相救，英國便得完全聽話。

烏雲在一九七六年初聚攏。一方面要設法維持工黨的團結，一方面要面對升高的經濟危機和工會不安，威爾遜筋疲力竭，終於宣布辭去首相職位。金融市場本來害怕他會被右派的富特取代，但最後溫和的卡拉漢成功上壘。黨內的另一個大頭希利執掌財政部。有一陣子，市場穩定了下來。但經濟的結構性疲弱不會憑空消失。通膨率飆至超過百分之十五，升高的物價推升了要求加薪的聲浪。公共支出走在了稅收前面，增加了政府的借貸，而貿易赤字也不斷擴大。到了六月，希利就《每日快報》所稱的「英國歷史上的最大透支」進行談判，要從其他中央銀行借五十三億美元備用信貸來幫助英格蘭銀行穩定英鎊。這筆錢預定在年底歸還。

＊政府曾為了節煤下令工業一星期只可開工三日，所以當時的週被稱為「三天週」。

† 一九七二年歐洲共同體成員國和其他歐洲國家共同實行的匯率制度。參加制度的各國貨幣保持固定匯率，對外採用自由浮動匯率。此制度讓歐洲度過布列敦森林制瓦解危機。

危機發生在九月。那天，他本來是要到香港參加一個大英國協的財長會議，但最遠只去到希思洛機場的VIP出境休息室。由英格蘭銀行行長李察遜和一小批財政部官員陪同，他原計畫去完香港再到馬尼拉參加國際貨幣基金組織的年會。但一通電話打到了他在財政部的私人辦公室，讓他的這些計畫全部泡湯。希利本擬利用馬尼拉的會議向國際貨幣基金組織尋求三十九億美元的貸款，用以支撐英鎊。但他慢了一步。英鎊的價位正在向一點六美元跌落。他馬上返回財政部。

白廳在接下來幾個月的混亂是二次大戰以來所未見的。國際貨幣基金組織在包括美國在內其他股東的壓力下，對反覆給英國紓困已經厭煩，這一次要求這個國家在公共財政上作出根本改革，才願意提供貸款，讓她可以償還向各中央銀行的貸款。隨之而來的是兩個月充滿火藥味的談判：一是與國際貨幣基金組織就新貸款的條件展開的談判，二是內閣裡的談判。卡拉漢面臨來自左派大臣們的壓力，他們要放棄和國際貨幣基金組織的商談，改為採取一種緊縮經濟，以入口控制和資本控制來對付貿易赤字。卡拉漢夾在貨幣組織管理經理維特芬的強硬路線和本恩及索爾等內閣同僚之間，後者要求政府對國際資本主義甩上大門。不只一次，卡拉漢想要直接向美國總統福特和德國總理施密特尋求通融，放寬貸款的條件。盟國已經失去耐性，英國已經無路可走。福特和施密特都堅定站在國際貨幣基金組織的後面，贊成它要求英國削減開支和增加稅收。美國財政部和美國聯準會採取一樣強硬的立場。這讓大西洋主義者卡拉漢發現，所謂的英美「特殊關係」不過爾爾。白廳陷於癱瘓。一九七四年加入外交部的里基茨回憶說：起初，

「我們感覺美國是我們的頭號夥伴，我們和她的關係比和任何其他國家都親。」然而，來自國際貨幣基金會組織的危機「是一記當頭棒喝，就像是明白了自己立場的弱點和邱吉爾措詞的差異之後倒抽一口氣的那些時刻」。[21]

危機以英國幾乎不曾有過的羞辱結束。十二月初的時候，內閣幾乎每日開會。希利後來寫道：卡拉漢的計謀是「讓同僚們談到啞口無言為止」。向國際貨幣組織貸款的替代方案一個接著一個被討論，又一個接著一個被丟棄。本恩的「替代性經濟策略」——國家直接指導產業、設定進口限額和管制資本流出——被絕大部分同僚認為完全不切實際。雖然維特芬後來刪去原來要求中最嚴厲的部分，但卡拉漢最終願意簽署以換取貸款的意向書仍然明明白白顯示英國是作出了一次卑屈的投降。兩年內削減三十億英鎊開支的要求讓英國每一種公眾服務都受到影響。當財相在十二月十六日披露協議的內容之後，《太陽報》在當天以大字標題尖叫道：「英國之恥。」《每日郵報》起而呼應：「膽小鬼。」財相希利在下議院披露貸款條件的細節之後，辱罵聲來得又多又快。兩個月前，卡拉漢為戰後成了經濟學正統的凱因斯需求管理理論唸了祭文。他告訴一個憤怒的工黨會議，政府一直是活在借來的時間、觀念和金錢上：「我們曾經以為我們可以透過減稅和增加政府支出走出衰退和增加就業，但我現在坦白告訴你們，那樣的選項不再存在。」[22]他的現實主義並沒有讓打擊減輕。英國事實上是把管理本國經濟的主權讓渡給了在華府辦公室裡的國際貨幣基金組織官僚。以前從沒有一個先進工業國家要這麼低聲下氣。送到國際貨幣基金組織的十二頁信件規定了內閣大臣們在每個重要經濟領域的決策幅度。大臣們再一次發現，權力和英鎊是不可分的。

英國的煩惱在世界各國的首都沒有被忽視。美國外交官塞茨——他七〇年代在美國駐英大使館任職，後來會回去擔任大使——對時代的氛圍觀察入微。他日後在回憶錄裡說：「這個國家雙手抱頭，怨恨自己的命運一度那麼輝煌而現在卻那麼不堪。英國那時是一個羞愧的國家。」[23]不過，要等到一九七〇年代之末，才有一個英國外交官為這個國家寫出可靠的成績單。

亨德森爵士是一個老派的外交官。高個子、溫文爾雅和擁有一種不修邊幅的優雅，他有著一個外交部高官的自然威嚴。舉行波茨坦會議的時候，他還是一個低階官員，但到了一九七九年三月，他已到了屆退之齡。當了四年駐法大使的他當時正準備寫卸任電文。他想像，這將會是他對他在國外代表了三十多年的國家的最後建言。寫電文的時候，他幾乎藏不住他的憤怒。按照傳統，離任大使的電文措詞華麗而感情坦率，聚焦在駐在國的強項和弱點。但亨德森卻把望遠鏡倒過來，為他代表的國家提供局外人的觀點。他承認，他所說的話「也許已經超出了一個大使的一般責任範圍」。發出日期是一九七九年三月三十一日，收件人是外務大臣，這電文有一個老實得不得了的標題：「英國的衰落：原因與結果」。[24]

卡拉漢在一九七六年算是不走運。受惠於北海石油對稅收的挹注，英國經濟在和國際貨幣基金組織的協議墨漬未乾便已經開始復甦。不過，英國的問題比收支不平衡還要深重，而且誠如卡拉漢後來指出的，歷史潮流已經轉變為對工黨不利。勞資衝突所帶來的滿街垃圾曾經導致希斯政府垮台，而同樣的事也再次在一個怨氣沖天的冬天讓卡拉漢的政府垮台。寫於將會在一九七九年五月將卡拉漢拉下台的大選之前，亨德森在電文中直言不諱。他一開始說，在過去一代，「我們的外交政策導致了我們的經濟衰落，後者又反過來動搖了我們的外交。」亨德森認為，這不只證明了國內經濟表現和國際影響力是連動的，而且證明了英國的統治階級不願意充分承認戰後的英國只是一個歐洲大國而不是全球大國。與美蘇兩大超級強國相比，英國的相對衰落是無可避免的。不過如果又和德法相比，則顯示英國的衰落並不只是相對的衰落，還是絕對的衰落。德法加強了合作，反觀英國卻為了爭取歐洲共同體的退還金*而在布魯塞爾稱窮。情形本來有可能是別的樣子：「每個西歐國家的政府在大戰一結束後都準備好以我們馬首是瞻。有好些年，我們的威望和影響力都是最高的，本來可以按照我們希望的樣子形塑歐洲。」然而英國沒有這樣做，反而被歷史困住。

亨德森的十六頁電文密布著顯示英國落後的統計數字。以其中一項數據來說，英國的人均收入在三百年來第一次低於法國。「我們和德法幾乎不屬於同一個經濟量級。」雪上加霜的是，「我們不以為恥地說自己是歐洲較不富裕的國家之一。」在一九五四年，法國的國民產出落後英國百分之二十二，到一九七七年改為領先百分之三十四。德國的數字更是驚人，英國的產出一度比德國高百分之九，現在卻落後百分之六十一。和這些冰冷數字並陳的是一件讓人羞愧的事情：「你只需要到今日的西歐走走，就可以明白英國相對於鄰居來說變得有多窮和多不

*英國認為自己向歐洲共同體繳交的「會費」太高，要求減少一部分，是為「退還金」。

統有一大部分都明顯寒酸得讓人難過。」光彩。這種寒酸表現在我們的城鎮、我們的機場、我們的醫院和地方便利設施。我們的鐵路系

亨德森繼續說，經濟的這種疲弱讓英國在世界上的地位有所降低。英國已經失去了她在中東的霸主地位。她已經失去了左右前殖民地事務的意志和權威。就算是她和美國的特殊關係，都受到了挑戰。一個特別讓人痛苦的諷刺是，巴黎獲得了華府更多的關注：「事實上，法國近二十年來都在推行一種明目張膽的反美政策，但她對美國的重要性卻比起初期大得多，而這是因為她有經濟實力的緣故。」幾百年來，英國在歐洲都是扮演鉸鏈的角色，務求確保歐陸的權力均衡，但她現在「必須要面對一個事實，那就是，英國幾百年來第一次不能把政策放在防止任何一個國家稱霸歐洲上面，而這是因為我們力弱，做不到這個」。

英國的失敗之處還不只是在經濟管理。在亨德森看來，英國的連帶政治原罪是不願意在一九四五年之後掌握重繪歐陸地緣政治地圖的主導權。歐洲共同體的成功是對英國孤立政策的當頭棒喝。「因為我們完好無缺地挺過了戰爭，所以並不充分了解歐洲人尋求統一的動機或力道。我們低估了歐陸國家的復甦力量，不曉得一個共同市場可以給予她們的工業發展一記極大的強心針。」英國的政策制定者低估了德法關係的改變，又高估了大英國協對英國的重要性。即使在一九七三年改變主意加入了歐洲共同市場之後，「我們在歐洲共同體的一貫態度讓我們看來像唱反調的成員，也因此帶來了一些無可避免的後果。」

這封電文在一九七九年抵達倫敦，當時街上的垃圾仍然因為罷工而堆得老高。眼見大選無

可避免，工黨的外相歐文看得出來亨德森的意見有可能對政府造成傷害。所以電文只在極少數人之間流傳，儘管亨德森的同僚相信他希望他的萬言書可以企及外交部所在的查理國王街外的更廣大讀者。不過電文後來洩露了出去，並在大選結束不久刊登在《經濟學人》，而當時柴契爾夫人已經入主唐寧街。退休的事還要再等一等，亨德森發現自己被召回外交部，被新任的外相卡靈頓派駐華府，擔任大使。他在任期內將會看見英國的國際地位開始恢復（不只是因為福克蘭戰爭之故），不過他呼籲英國全心全意參與歐洲的建議將會被新首相充耳不聞。柴契爾夫人一心一意爭取退還金，要從布魯塞爾「把我們的錢要回來」，此舉將會讓歐洲共同體儼然分為「他們和我們」兩個部分。

第七章　冷戰戰士

柴契爾夫人入住唐寧街十號時，腋下夾著一幅邱吉爾的肖像畫。以後，這位大戰時期的英國領袖將會在大臣們聚集在前廳等開會時俯視著他們，彷彿是說：英國必須重新振作起來，讓自己再次受到尊重。在國內，柴契爾夫人有一些對抗社會主義者和工會的仗要打。國外也有敵人要修理。邱吉爾曾經奮戰納粹，柴契爾夫人現在要和共產主義戰鬥。沒有自疑的包袱，這位「娘子」是透過敵人來定義自己。在她心中，國內政策和外交政策是不可分地連鎖在一起。柴契爾夫人最親密的外交政策顧問查爾斯・鮑威爾指出：「她的外交政策的宗旨是強化英國。……在福克蘭群島打擊加爾提里、在國內修理工會、贏得冷戰和剷除英國的社會主義——這些全都是為了強化英國。」[1]

在擔任希斯政府的閣員和在一九七五年的公投期間擔任保守黨領袖的時候，柴契爾夫人都顯示自己重視英國在歐洲共同體的角色。但打敗蘇聯得靠與美國合作，而在雷根身上（他很快就會取代卡特），她將會找到一個世界舞台上的緊密拍檔。一九七〇年代是美蘇關係的緩和時期。有關歐洲安全和合作的《赫爾辛基協議》標誌著西方與莫斯科一個不穩定的和解。美國和蘇聯也已經開始建立一個條約架構去限制核武競賽，讓相互毀滅保證的威脅減退。當柴契爾夫人回望這段歲月時，她看到的是一個撤退的十年。在她看來，美國在越戰之後已經失去了對共產主義的警覺性，哪怕莫斯科的代理人已經推進到了中美洲和南非洲。作為一個發自本能的大西洋主義者，柴契爾夫人把兩件事情放在她的外交政策的優先位置：一是使已經老舊的「北極星」飛彈現代化，二是鼓勵北約組織把新型的中程核子飛彈部署在歐洲。

邱吉爾和麥克米倫都花了很多外交功夫去讓英國成為兩大超級強國之間的和事佬。他們都不斷建議美蘇舉行高峰會議，以化解緊張的核對峙。這部分是為了維持英國的大國地位，部分是因為真的害怕核子衝突。一九五〇年代晚期和一九六〇年代早期的柏林危機時期，麥克米倫起了節制美國的不耐煩的作用。稍後，他又對促成一九六三年《部分禁止核試驗條約》居功不少。反觀柴契爾夫人則認定自己扮演完全不同的角色。在查爾斯．鮑威爾的描述裡，她「沒有野心讓英國扮演美蘇之間任何一種的獨立角色」。相反的，英國將會透過當個忠實的朋友擴大自己的影響力：「我們必須扮演美國盟友的角色，那將會讓我們的國力大大增加。」[2]

柴契爾夫人是個不害臊的冷戰戰士，主張採取強硬立場，認為歐洲對蘇聯的態度是一種姑息政策，認為美國的舉動是在放棄核子優勢。她對共產主義的敵意根深柢固。她日後將會指出，大戰結束時，她是牛津大學的保守黨學生活躍分子，對於邱吉爾在雅爾達會議與羅斯福和史達林達成協議感到不安，因為這協議把歐洲二分為西方勢力範圍和蘇聯勢力範圍。[3]後來，邱吉爾在一九四六年發表了著名的「鐵幕演說」之後，她寬心了不少。在她看來，邱吉爾是已經認知到英美在捍衛自由和民主上肩負著特殊責任。日後她將會把這個聯盟擴大至包含加拿大、澳洲和紐西蘭這三個大英國協國家，認為「說英語的諸民族」在世界上起著一種獨一無二的作用。歐洲只有次等的優先性。在她的心目中，反共和親美是一而二、二而一的事情。

三年前在宣示她作為反對黨領袖的政策的一次演講中，她說俄羅斯「是由一批有耐心和有遠見的人所獨裁統治，他們迅速便讓他們國家成為世界上最強的海軍和軍事強權。」[4]傾向於「統治世界」，蘇聯「很快便獲得了成為有史以來最強大帝國的手段」。反觀西方卻變軟弱了：「他們把槍砲放在牛油前面，而我們則把一切放在槍砲前面。」這個演講引起了一些轟動，導致蘇聯駐倫敦大使提出正式抗議。蘇聯軍事報紙《紅星報》把柴契爾夫人稱為「鐵娘子」。這是一個她熱烈歡迎的綽號。

柴契爾夫人的信念本來也許只會讓華府一笑置之。卡特總統前不久才簽署了和莫斯科達成的核武限制條約，而有關北約部署中程核子飛彈的討論在歐洲激起一波又一波抗議示威。柴契爾夫人和卡特的關係只是和睦，談不上親密。她對卡特對待莫斯科的態度的偶爾評論更像是勸誡而不是支持。她在一九七九年十月寫給卡特的一封信中說：「對古巴和蘇聯在加勒比海的意圖我也有和你同樣的擔心。這種危險在發展中世界要更廣泛。讓蘇聯明白你在這件事情上的決心很重要。」[5]在這方面，她是受到卡特最近一些聲明的「鼓勵」。

不過，時局的變化站在了柴契爾夫人的一邊。蘇聯政權在一九七九年夏天對一些異議知識分子的拘捕顯然是違反《赫爾辛基協議》，而其在十二月入侵阿富汗的行動讓緩和政策的支持者感到心寒。到了一九七九年底，柴契爾夫人已經達成了她的第一個目標。當時北約組織批准在歐洲部署短程的巡弋飛彈和「潘興二型」中程核子飛彈，以制衡莫斯科新一代的SS－20飛彈。這個決定非常不受歡迎。西德社會民主黨的總理施密特是最先呼籲部署飛彈的人之一，但卻受到選民的強烈反彈。荷蘭和比利時政府也得面對類似的抗議。在英國，美國飛彈的部署導致「格林罕普通婦女和平營」的出現，在整個一九八〇年代，女性抗議者會週期性地封鎖放置核武器的伯克郡皇家空軍基地。歐洲大陸各處一樣有出現反對核武競賽加速化的示威活動。柴契爾夫人不為所動。在她看來，新的飛彈只是重新恢復核子武力的平衡和重申美國防衛歐洲的決心。

柴契爾夫人也成功將英國的核子阻嚇力量加以現代化。在一九八〇年，她同意卡特政府所說的，「北極星」飛彈應該以新型的「三叉戟一型」取代。英國將會持續生產自己的核彈頭和建造攜帶美國飛彈的潛艦。不過，在一九八一年，新就任的雷根政府決定加快發展更新型的「三叉戟二型」飛彈。一年後，雖然有些閣員態度保留，柴契爾夫人仍然催促雷根為英國提供新的飛彈系統。她後來表示飛彈的售價尚算合理，但讓她不快的是美方堅持要在協定中寫明英國會致力增加常規國防武力。華府不相信英國的核子武力構成了防衛西方的一個重要貢獻，堅持英國不能拿「三叉戟」飛彈為藉口削減她對北約組織的軍備貢獻。雷根還在另一個議題上施壓。美國想要進一步擴大她在印度洋迪亞哥加西亞島的軍事基地——這個基地已成為了美國在中東的行動樞軸，而卡特也是從這裡發起營救伊朗境內美國人質的失敗行動。最後英國服從，除了購買「三叉戟」飛彈以外，又為英國境內的各個美國基地添購新的防空系統。

柴契爾夫人做這些事情的理由相當直接。除了維護國家威望（如果英國放棄了核武又要怎樣繼續扮演領導性的國際角色？），「三叉戟」飛彈還是一種保障。因為如果東西方的對峙升高，蘇聯人也許會認為美國會不願冒全球性核子衝突的危險而發動戰略性核子武力來防衛英國。但就像柴契爾夫人在回憶錄裡所說的，蘇聯人「絕不會懷疑英國的保守黨政府會這樣做」。在公開的場合，柴契爾夫人沒有提美國對英國使用核武所施加的限制。當甘迺迪在一九六二年和麥克米倫在拿騷敲定「北極星」飛彈協議時，堅持英國要把這種飛彈撥交給北約組織，只有在「最高國家利益」受到危及時方可單獨動用。柴契爾夫人想要刪除或淡化這條件，以便強化英國自稱擁有獨立的核嚇阻力量之說。華府拒絕所請。

雷根是柴契爾夫人所能希望遇到最惺惺相惜的美國總統。她在當反對黨領袖時曾見過雷根兩次，由此斷定他和自己在意識形態上志同道合。他富有魅力、不矯揉造作，對市場經濟就像她一樣採取不過問的態度，而且也是和共產主義不共戴天。這種仰慕是相互性的。雷根在她勝選之後接受電台訪問時說（當時他正在爭取被提名為共和黨的總統候選人）：「對於英國選出的新首相，我沒有比現在更高興的了。」[6]就像柴契爾夫人那樣，他是個懷舊者。「如果有誰可以提醒我們，英國在二次大戰那些危險歲月中有多麼偉大（當時英國人民孤單和無懼地在不列顛戰役中作戰），那一定是業已被英國媒體暱稱為『瑪姬』的首相。」

拋棄了謙遜，柴契爾夫人在回憶錄裡說，雷根在一九八〇年十一月的勝選「是美國事務的一道分水嶺，其重要性猶如我在一九七九年五月的勝選之於英國事務」。[7]別人都是談怎樣圍堵蘇聯，雷根的計畫卻是「打贏冷戰」。接下來八年，英美兩國領袖將有不少意見相左的時刻（包括對於核武在維持世界和平上的作用），也有些時候柴契爾夫人會對雷根大而化之的世界觀和對細節的漫不經心動怒。有時，她會高估英國在華府的影響力，又有一或兩次，她顯示出有趣的膽怯。不過，對柴契爾夫人來說，最重要的是雙方志同道合。儘管如此，雙方關係的不平等仍然清楚見於她積極尋求成為雷根在白宮接見的第一個外國領袖。一如她的前後任首相，英國的外交官幫她達成了心願。在白宮受到的熱烈接待讓她陶陶然。她說，西方面對很多危險，「但我相信形勢已經轉為對我們有利。發展中世界正認識到蘇聯的野心和蘇聯生活的實質面貌……美國有了新的領導層，這帶給了自由世界所有人希望。」[8]

柴契爾夫人的熱烈推許並不是普遍現象。在許多英國和歐洲的政壇人士看來，雷根只是個好萊塢牛仔，是靠著神祕莫測的美國選舉制度才會成為世界上最有權勢的男人。他的自編箴言成為了笑柄。到了首相任內後期，柴契爾夫人同樣會批評他對複雜的觀念興趣缺缺。不過在他執政頭幾年，雷根代表著一個弔詭——這個弔詭在一九八二年秋天由奧利弗．萊特清楚道出。奧利弗．萊特是繼亨德森之後的駐美大使，他在寫給外務大臣皮姆一份電文中提出了這個困惑：

我們明顯有了一個奇怪的總統。該怎麼說呢？他很難投入任何當代政治主題的嚴肅討論，可同時又給這些政治的性質帶來了徹底的改變。他吸引了一支聰明、勤奮和有信念的男女組成的隊伍，他們把他的簡單信仰轉化為政策、綱領和行動。另外，雖然外表看起來不像，但他是一個你最好不要掉以輕心的人。[9]

那年夏天，雷根在凡爾賽宮舉行的七國集團高峰會上與歐洲領袖們就制裁俄羅斯的問題發生了衝突。就像奧利弗．萊特指出的：「有一個說法在華府靜悄悄地流傳開來，那就是，在凡賽爾宮讓雷根真正火大的是施密特明明白白顯示，他認為雷根所說的話不值一聽。」

福克蘭群島戰爭讓柴契爾夫人一戰成名。一九八二年春天，她的政府明顯搖搖晃晃。經濟陷入衰退，失業人數達到三百萬，公共開支的削減和高估的英鎊匯率導致英國很多傳統產業破產。就在這個時候，阿根廷的軍政府決定要奪取福克蘭群島。那是位於南大西洋的一小撮島嶼，是大英帝國寥寥無幾的殘存屬地之一。直到阿根廷部隊在一九八二年四月初占領福克蘭群島首府史丹利港以前，大眾難以得知英國還擁有這個她在兩百多年前宣布主權的群島。人口少於兩千人，福克蘭群島連同南喬治亞與南桑威奇群島由一位英國總督治理，還有寥寥可數的皇家海軍作為象徵性的防禦軍力。除了養綿羊之外，兩個群島的議會有一大部分收入是來自販售郵票。現在，這個小聚落需要英國派出一支遠征軍繞過半個世界加以營救。到了夏天，米字旗將會再次在史丹利港飄揚。柴契爾夫人的勝利將會改變英國在世人中眼中的形象。對那些看得更仔細的人來說，這場仗也突顯出英國的全球鞭長的極限和她對美利堅的依賴。

自從馬爾維納斯群島（阿根廷人對福克蘭群島的稱呼）被從前西班牙帝國切割出來和在一八四〇年成為一處皇家殖民地之後，阿根廷就會週期性地挑戰英國的主權。英國的權利主張並不完全站得住腳，但阿根廷也是一樣。在入侵前的二十年，英阿雙方進行了各種不同的努力，想要找出解決辦法。外交部一度建議採取一種「售後回租」的方法，也就是把主權轉移給阿根廷，但管理權繼續留在英國的手裡。但這個建議無疾而終。內閣閣員和外交官們在一九八二年頭幾個月所忽略了的是加爾提里將軍的軍事政權對福克蘭群島動作多多。加爾提里是一系列軍事獨裁者的最新一位，他在一九八一年十二月奪取了總統之位後，幾乎馬上就把收復福克蘭群島作為主要目標。在公開場合，英國政府堅決如昔，誓言要維護島民想要繼續留在英國的權利。這些島民在西敏有一群聲音洪亮的議員作為靠山。但政府既不準備投資以振興福克蘭群島的凋敝經濟，也不準備加強防衛。歷史學家費德曼寫道：「在外交部看來，英國從拉丁美洲整體得到的利益要多於從兩千個島民所得到的。」[10]

在布宜諾斯艾利斯看來，倫敦方面的反應似乎表示對福克蘭群島漠不關心。入侵的一年前，國防大臣諾特宣布了一系列大肆削減政府軍事開支計畫的最新一個。購買「三叉戟二型」飛彈系統——預估的費用是七十五億英鎊而不是如「三叉戟一型」那樣是五十億——增加了財政壓力。預算被砍得最多的是海軍：計畫建造的驅逐艦和巡防艦被削減三分之一，大約是四十艘。此舉表示英國將會把緊縮的軍事力量集中在防衛歐洲和扮演好她在北約的角色。其中一艘本來打算除役的船艦「堅忍號」（專門在南大西洋水域巡航的破冰船）為福克蘭群島提供保護。雖然英國政府承諾防禦福克蘭群島，但諾特卻裁減了必要的資源。

阿根廷人入侵的時間點一半是經過計畫，一半是巧合。一群廢金屬商人在一九八二年三月揮舞著阿根廷國旗登陸南喬治亞群島，這事在倫敦引起了緩慢的反應。沒有除役的「堅忍號」將會被再次派到南方。有人建議把核子潛艇也派到南大西洋去。加爾提里——他的海軍已經出海——決定要在英國有任何這些舉動前先發制人。四月二日，阿根廷軍隊入侵福克蘭群島和南喬治群島。一直負責和阿根廷談判的外務大臣卡靈頓辭職以示負責。諾特獲得慰留，又當了六個月的國防大臣。柴契爾夫人準備開戰。

派一支英國艦隊從英國南岸開往一萬兩千八百公里外的南大西洋作戰這種想法有點時代錯亂，近乎超現實。但柴契爾夫人的決定也自有其不得已的苦衷。就像環境大臣夏舜霆在討論福克蘭危機的緊急內閣會議上所說的，如果內閣決定不出兵，那麼所有人在幾日之內都得走路。[11]在國會難得召開的一場星期六會議上確定要開戰——阿根廷人的入侵被認為是一種不可容忍的恥辱。柴契爾夫人不讓自己有妥協的餘地：

福克蘭群島的人民就像英國的人民那樣，是一群島民……他們人數雖少，卻有權利生活在和平中，有權選擇自己的生活方式和決定對誰效忠。他們的生活方式是英國的生活方式，他們效忠的對像是皇室。基於英國人民的願望和女王陛下政府的責任，我們有必要盡一切努力維護他們的權利。這將會是我們的希望和努力所在，而我相信，那也是下議院每位議員的決心。[12]

反對黨工黨由富特領導。他是一個支持單邊核裁軍的左派老兵，但可不想為加爾提里辯護：

福克蘭群島沒有任何殖民依賴或諸如此類的問題。事情是關於一群想要和這個國家連結而他們一輩子的生活也是以這種連結為基礎的人民。我們有道德責任、政治責任和所有其他種類的責任確保這種連結得以維持。[13]

福克斯是呼籲以談判代替戰爭的寥寥可數工黨議員之一：

我的直覺反應是動武。我們的國家受到了羞辱，但我們必須確定武力的使用不會讓成千上萬的人死亡。我贊成最堅定的外交行動和制裁阿根廷的措施。我贊成要求美國和我們所有盟友聯合起來對付阿根廷。然而我反對有許許多多人要求訴諸的軍事行動，因為我害怕降臨在我國人民和福克蘭群島人民的後果。[14]

這種憂慮在幾星期後擴散開來，當時一艘英國潛艦在英國政府劃定的海上禁區之外擊沉阿根廷巡洋艦「貝爾格拉諾號」，導致三百二十人喪生。然而反對出兵又會讓大多數人覺得是站在無情的軍事獨裁者一邊。幾天之內，遠征部隊——由航空母艦「競技神號」和「無敵號」率領，還包括被徵用的豪華郵輪「伊莉莎伯女王二號」和「坎培拉號」——便聚集了在樸茨茅斯和普利茅斯。

阿根廷的侵略受到聯合國安理會的譴責。法國總統密特朗是第一個為柴契爾夫人提供明確支持的外國領袖。西德的施密特也大力幫忙。雖然有些成員國有疑慮，但歐洲共同體被說服對布宜諾斯艾利斯實施制裁。密特朗提供的幫助特別重要。這位法國社會主義者和柴契爾夫人很難說得上是志趣相投，而法國又曾提供阿根廷「超級軍旗」戰鬥機——這款戰機配備了「飛魚」飛彈，對英國的船艦來說構成了最大的威脅。但巴黎把戰機和飛彈的敏感技術資訊靜悄悄交給倫敦，這對英國設計反制措施起了決定作用。

柴契爾夫人的白宮知己的反應要更讓人驚訝。入侵前夕，當阿根廷的意圖已經明顯之後，雷根應柴契爾夫人之請打電話給加爾提里，但後者拒絕下台。當阿根廷占領了福克蘭群島之後，雷根迅速譴責侵略，但他的政府沒有無條件支持柴契爾夫人以武力重奪群島的計畫。就像她的前任那樣，柴契爾夫人很快就明白美國人對於英美「特殊關係」並不會感情用事，特別是在這關係和她自己的國家利益發生衝突的時候。在目前的情況中，華府是把中美洲和拉丁美洲視為冷戰的一個重大戰場。加爾提里是一個重要的盟友。華府不想為了保護雷根所謂的「一片小不點大的冰冷土地」而站到一個舊時「殖民強權」那一邊。雷根對柴契爾夫人說了很多中聽的話，但他的國務院——由海格領導——採取一種較中立的姿態。華府是有為英國提供個別軍事協助（她位於亞森松島的基地是前往南大西洋的重要中繼站，也是英國「火神式」轟炸機的基地），英國的指揮官也依賴美國的監視能力來得知阿根廷軍隊的動向。不過雷根拒絕表現出柴契爾夫人想要的全心全意公開支持。

美國國防部長溫伯格竭盡所能規避這種猶豫。因為不滿雷根政府把一個北約盟友和阿根廷獨裁政權等量齊觀，他自作主張為英國提供支持。在雷根政府內，他是珍妮．柯克派屈克的重要制衡者。珍妮．柯克派屈克是美國駐聯合國代表，為人強勢，是個不感情用事的新保守主義者，常常站在阿根廷那邊。在一封發往倫敦的電文中，英國大使亨德森拋棄外交上的拐彎抹角，直接形容珍妮．柯克派屈克「與其說是法西斯主義者不如說是個蠢材」。[15]他繼續說，她看來是「美國最可靠的烏龍球員：不圓滑，經常判斷錯誤，無能，令人質疑學術專業」。溫伯格因著他對英國的堅定支持，後來獲得英國女王授予榮譽騎士勳章。

美國的態度沒有讓柴契爾夫人猶豫。阿根廷用武力奪取英國領土這種事必須要予以懲罰。這個原則不僅適用於福克蘭群島。除非英國先奪回對群島的控制權，否則不會和阿根廷有任何談判。在內閣裡，代替卡靈頓成為了外務大臣的皮姆有時會採取一條較和解的路線。就像柴契爾夫人告訴企圖進行穿梭外交*的海格的那樣，在她心目中，這事情「基本上是有關民主和獨裁的對抗」。[16]

四月底，也就是入侵的四星期之後，海格的努力調停失敗讓美國政府終於選邊站。英國已經重新奪回南喬治亞群島。不過就算雷根怪罪阿根廷要為外交斡旋的失敗負責和宣布美國準備好為英國遠征軍提供武器裝備，私下他仍繼續對柴契爾夫人施壓，要她談判。他們的交談常常不太愉快。在一通不融洽的電話中，柴契爾夫人提醒雷根「他不會希望他的人民生活在軍政府所支持的政權底下」。在另一通電話中，她又說她很有把握，「如果阿拉斯加被入侵」，雷根會做一樣的事。[17]

英國在六月中的軍事勝利扭轉了大眾對英國和柴契爾夫人的看法。阿根廷的入侵本來是場羞辱，是英國外交失利和國力縮減的見證。遠征軍的勝利絕不是必然的。海軍損失了好幾艘艦艇，航空母艦只提供了有限度的空中支援。阿根廷只要有多幾枚「飛魚」飛彈擊中目標，英軍就不可能登陸。等到首府史丹利港投降的時候，已經有兩百五十五名英軍和六百四十九名阿軍喪失生命。這個勝利不是沒有爭議的。「貝爾格拉諾號」在海上禁區以外水域被擊沉一事特別引起爭論。英國本來是可以透過經濟制裁和脅迫式外交的結合取得和平的結果。地區內大多數政府都支持阿根廷對福克蘭群島的主權聲稱。當下議院開會慶祝勝利時，極左派工黨議員弗蘭內里大唱反調：「對聯合國主導下的福克蘭群島終極主權的討論，首相有可能敞開心胸嗎？在

＊指發生衝突或爭端的兩國，由第三方外交官進行調解。這個詞彙出自一九七三年贖罪日戰爭期間季辛格為了促成以色列軍隊撤軍，頻繁往返各國首都進行協商。

一九八二年的今日，竟然還有國家擁有離國境一萬兩千八百公里遠的領土，不是一種嚴重的時代錯亂嗎？」[18] 對此，柴契爾夫人不予理會，然而她的政府在出兵前其實有過這種討論。

柴契爾夫人轉運了，她在一九八三年的勝選便是贏在南大西洋。在重新奪得史丹利港幾星期之後，她不帶任何謙遜的偽裝，這樣說出她自己對這場戰爭的意義的看法：「我們不再是一個倒退中的國家。我們有了新建立的自信。這種自信生於國內的經濟戰爭，又在一萬兩千八百公里外得到測試和證明。」[19] 就連俄國人都刮目相看。那時是外交部蘇聯科年輕科長的希恩瓦爾德後來回憶莫斯科的反應時說：「他們對我們做這事的決心和軍隊的表現表示敬意。我記得我和我們認為是倫敦『格別烏』*頭子的那個人有過一番談話，他說他國內的人對我們的勝利非常尊敬。」[20] 在超過十五年前一份出版於一九六六年的國防白皮書裡，威爾遜政府斷言英國再也沒有能力在沒有陸基空中掩護和盟國的支持下對一個老練的敵人進行一場遠征戰爭。不考慮美國遲來的協助的話，福克蘭群島戰爭看來推翻了這個預言。然而諷刺的是，柴契爾夫人很快就將要操刀削減國防預算，讓遠征福克蘭群島的壯舉不可能再重演。到她卸任之時，英國已經不得不承認，她此後唯一能打的仗是與美國並肩作戰的仗。

福克蘭群島衝突鞏固了柴契爾夫人是個信念堅定的政治家的名聲。然而即便是鐵娘子，信念仍然有時而窮。在首相任內前半期，在外交政策上她有兩次遭遇嚴酷的權力現實和自己偏好及本能的躊躇。就像福克蘭群島那樣，這兩件事情都和英國的殖民主義歷史有關。在這兩件事情上，我們的首相都是略作掙扎便向現實低頭。

羅德西亞自伊恩・史密斯的白人少數政府在一九六五年十一月單方面宣布獨立之後，便成為了英國一個膿瘡†。威爾遜政府考慮過出兵，但最後作罷。經過失敗的外交干涉之後（威爾遜和史密斯先是一九六六年在「老虎號」上會過面，兩年後又在「無畏號」上會面），歷屆英國政府都是依賴經濟制裁和國際譴責，試圖強迫羅德西亞白人政府接受多數決原則。最近期，由卡拉漢的外相歐文領導的一項獲得美國支持的和平倡議受到了索爾茲伯里‡的否定。面對由穆加比◎和恩科莫※的「辛巴威非洲民族聯盟－愛國陣線」所發起的游擊戰的白熱化，史密斯制定了一個新的政治解決方案，一方面接受多數決原則，另一方面維持白人少數的特權地位。一入主唐寧街之後，柴契爾的本能反應是承認一九七九年春天當選的穆佐雷瓦§的政府。私底

＊蘇聯特務組織GPU，後改名為國家安全委員會（KGB）。

†辛巴威前身為羅德西亞，於十九世紀末成為英國殖民地，一九六五年南羅德西亞白人總理伊恩・史密斯宣布獨立，但未獲得國際承認。此外，境內黑人游擊隊也試圖推翻這個白人政府。一九七八至一九七九年成立辛巴威羅德西亞臨時政府，一九八〇年辛巴威共和國正式獨立建國。

‡羅德西亞首府，此處代指其政府。

◎穆加比（一九二四至二〇一九）是辛巴威（原羅德西亞）獨立抗爭時期的領袖，後擔任辛巴威第二任總統。

※恩科莫（一九一七至一九九九）是辛巴威獨立抗爭時期的領袖，後擔任辛巴威副總統。

§一九七八年，白人政府與辛巴威非洲民族聯盟等黑人勢力簽約，推派穆佐雷瓦（一九二五至二〇一〇）擔任辛巴威羅德西亞臨時政府首相。

下她認為「愛國陣線」是恐怖分子的代表，不足為法。不過承認穆佐雷瓦將會讓英國陷於孤立，因為美國、歐洲各國和大英國協主要國家全都宣布穆佐雷瓦的當選為非法。柴契爾夫人發現她很難掩飾自己對白人屯墾者的同情。然而，因為面對在大英國協內陷於孤立的可能性，她容許自己的頭腦勝過感情，在一九七九年七月這樣告訴下議院：「在這個當口，我們應該表明我們全心支持羅德西亞採取真正的黑人多數決。我們相信，一如英國曾經允許獨立的其他國家那樣，羅德西亞是可能同時兼顧對白人社群權利的合理保護和黑人的多數統治。」[21]到她在一九七九年八月前往尚比亞的路沙卡參加大英國協政府首腦會議時，外相卡靈頓已經說服了她，英國政府應該提出自己的憲政解決方案。在柴契爾夫人的抗議下，包括「愛國陣線」在內的羅德西亞各黨派被說服，於九月在倫敦的蘭開斯特府會談，協商一份協議。

在三個月後即一九七九年十二月達成的協議是卡靈頓的功勞。根據該協議，羅德西亞的主權會短暫交還給英國，然後英國給予這個被重新命名為辛巴威的國家獨立，新國家將會是由黑人多數統治。柴契爾夫人的貢獻是抑制自己的反對意見。就像她的正式傳記的作者摩爾將會指出的，她始終都是同情辛巴威的白人少數。她丈夫丹尼斯在此地區內有親族和生意上的人脈，「對黑人政權的政治和經濟無能深信不疑，又基於族裔和運動，對南非洲的白人有一種自然的同情。」[22]一位資深外交官日後將會指出，在英國首相心目中，南非洲的白人同屬於說英語民族的「大家庭」。該官員又補充說，她傾向於掩蓋布爾戰爭*所流的血。[23]一旦蘭開斯特府的協議達成，她愉快地接收原應屬於卡靈頓的功勞。她日後寫道：「政治和軍事的現實都太明顯是站在游擊隊領袖的一邊。」但摩爾指出：「羅德西亞的解決方案從不讓她覺得愉快。」

香港為這位首相的信念帶來了更嚴峻的考驗。因為這殖民地到一九九七年租借期滿，柴契爾夫人在一九八二年前往北京討論交還香港的事宜，她在行前認定她可以為殖民地的移交設定條件。香港畢竟是一則極成功的故事，讓英國超過一世紀的統治添上華彩。英國是有法律責任把新界歸還中國（新界占全香港面積九成），但因為香港島根據條約是割讓給英國，所以中國想要收回需要英國政府的同意。而且不管法律條文怎樣寫，香港不是明顯會從繼續受英國的統治受益嗎？柴契爾夫人深信英國對香港居民負有責任。從一開始，她的立場就有刺眼的不一致之處。例如雖然假定英國對這殖民地的居民有責任，她卻不打算為他們提供全面性的英國護照。另外，在她的對比中，中國共產黨的威權統治和英國對香港的監管之間的差異掩蓋了一個事實：香港沒有多少民主可言。

柴契爾夫人在一九八二年九月和中國領導人鄧小平見面時提出的說法是，一旦雙方達成英國繼續監管香港的協議，就可以討論交還主權的事情。但鄧小平的反應很強硬。他說中國既要

＊英國在十九世紀末至二十世紀初和南非布爾人有過兩次戰爭。布爾人是南非的白人移民後代混合成的族群，他們在南非內陸建立共和國。後來在英國擴張殖民地過程中，與英國作戰最後遭到併吞。此戰爭期間有兩萬多布爾平民死於集中營。

收回主權，也要收回治權：主權與治權是不可分。雙方不歡而散，唯一的協議是聯合公報裡將不提主權二字。去到香港之後，柴契爾夫人保證會維持香港居民的權利。不過當她回到倫敦，她被告知若是北京到了租約期滿堅持收回香港，她將無法保有這片殖民地。

接下來幾個月有兩組談判在進行。第一組是外相侯艾和手下官員致力於說服首相面對現實。侯艾是在一九八三年大選之後從財政部調到外交部，他具有柴契爾夫人所沒有的特質：謹慎、深思熟慮和了解拍桌子並不是一律成功的談判策略。柴契爾夫人必須認知到，除了接收完全的主權和治權以外，中國不會接受其他選項。第二組談判是倫敦和北京之間的談判，聚焦在保障英國可以通過同意而順暢的交接過程從香港抽身。結果是一份可以符合雙方最大期望的協議。《中英聯合聲明》在一九八四年十二月由柴契爾夫人和鄧小平簽署，其中強調「一國兩制」的觀念。香港將歸還中國統治，但香港居民的民主自由獲得至少五十年的保證。這宗討價還價留下了很多懸而未決的議題，讓梅傑在近十年後不得不出手解決，但它已經讓中國足夠有面子，也顯示出柴契爾夫人採取了一條務實路線。

第三件大英帝國遺留下來的麻煩事是柴契爾夫人很不願意去碰觸的。到了一九八〇年代，實行種族隔離的南非已經變成了一個被排斥的國家。她從十多年前便已經脫離了大英國協（是在被驅逐前先自行退出），自此受到國際社會愈來愈大的孤立。不過柴契爾夫人卻不知疲倦地阻止大英國協和歐洲共同體對南非政權施加制裁。表面上，她的理由是保持互動是施壓的最佳途徑，但事實上，她的立場一方面是出於同情白人定居者，另一方面是認為南非可以作為對抗蘇聯共產主義推進的一座碉堡。她認為「非洲國民大會」是對白人政權發動戰爭的恐怖分子的偽裝。根據從一九八六年起擔任外交部常務次長的奧利弗．萊特爵士記述，在柴契爾夫人看來，南非問題的解決方法是回到一九一〇年之前的南非，也就是一個和四周黑人國家區隔開來的白人小國家。當奧利弗．萊特表示抗議時，被這樣強烈申斥：「難道你不關心我們的戰略利益嗎？」[24]柴契爾夫人在這個問題上的倔強弄得大英國協差點瓦解，弄得侯艾差點辭職。最後她被迫接受對南非的擴大制裁。「非洲國民大會」領袖曼德拉在坐牢二十七年後的獲釋和南非政權最後被轉移給黑人都讓柴契爾夫人騎虎難下。

英國政府官員就像政治人物一樣珍視華府的厚待，哪怕資深的外交官員到了一九八〇年代已開始經擔心英美「特殊關係」一語標示著英國有求於人。兩國在國防機構、核子機構和情報機構之間巨大和複雜的關係網絡已經創造出一個無可比擬的信賴基礎，以致大多時候英國都是「最先看見」華府有什麼盤算的國家。與這種關係最近似的是法國和西德在一九六三年透過《愛麗榭條約》建立的政治和官僚系統合作架構。對英國財政部來說，與華府的密切聯繫在英鎊發生危機時事關重大，因為通向國際貨幣基金組織的途徑要通過美國財政部。外交部因為和國務院關係密切，喜歡自視為美國政策制定的參與者。祕密情報局和中央情報局之間的情報，還有政府通信總部和美國國家安全局之間的情報，都是雙向交流。後來領導祕密情報局的斯卡萊特爵士指出：兩個間諜機構之間的關係是「國力的一大來源。它不只是人們所以為的，只是一種平起平坐的夥伴關係……它來自經年累月的合作和由此而產生的信賴。」[25]英國的上將、將軍和副元帥也常常可以打入美軍的指揮中心。但所有這一切都是有代價的——如果英國想要得到厚待，就應該表現出忠誠。在覺得有需要的時候，美國人也是完全可以不理會英國人的感受而我行我素。

當雷根通知柴契爾夫人他決定入侵格瑞那達的時候，他已經派出了陸戰隊。這個小小的加勒比海島嶼仍然是大英國協的一員，奉女王為國家元首，還保留著一個英國總督。一九八三年十月，畢曉普的政府——理論上是馬克思主義政府但在實務上要務實得多——在一次軍事政變中被共產主義的強硬派推翻。新政權因為和蘇聯有所聯繫，引起華府的警覺，當時白宮正實施一種阻止古巴發揮影響力的政策。有些加勒比海小國呼籲美國干預。柴契爾夫人認為把格瑞那達視為威脅是誇大其詞。古巴當然認為格瑞那達是她派兵到安哥拉和衣索匹亞參加東西方代理人戰爭的有用中繼站，但英國官員不相信蘇聯有直接介入。他們願意再觀察看看。然而從華府傳來的消息卻是說，美國應一些加勒比海國家政府之請，決定推翻格瑞那達軍事政權。

在經過一系列雞飛狗跳的內閣會議之後，柴契爾夫人給白宮發去一封不再拐彎抹角的電文，指出入侵格瑞那達將會被視為對一個獨立小國家的事務的無理干涉。此舉也會讓美國在歐洲部署巡弋飛彈和潘興飛彈的計畫複雜化。電文又說首相對白宮的出兵計畫「深感困擾」。不久之後，兩位領袖通了一通電話。雷根答應考慮她的反對意見，但又承認要把行動喊停為時已晚。一天前，侯艾告訴下議院，政府不知道有任何入侵計畫的存在。現在，用柴契爾夫人的話來說：「他（侯艾）和我將得解釋一個大英國協的成員是怎麼會被我們最緊密的盟友入侵。」雷根知道她生氣，所以說：「如果我在妳那邊，我進屋前會先把帽子扔進門裡。＊」[26]

據侯艾私人辦公室官員里基茨爵士回憶，美國海軍陸戰隊一登陸之後就用直升機把英國總督送到航空母艦。「在艦上，他簽署了一份批准他們進入（格瑞那達）的信件，信上寫的是更早的日期。」[27]

柴契爾夫人接受雷根的半吊子道歉，斷定不值得為這事情翻臉。她將飽受英國是美國的貴賓狗的指控。同一個指控會在三年後再次出現，當時美國轟炸機從英國起飛，對利比亞的卡達菲政權進行轟炸。這次攻擊是為了報復利比亞支持巴勒斯坦一些組織對平民發起恐怖活動，也是因為美國和利比亞在地中海的一些小衝突。法國拒絕美國人用他們的空域，所以雷根就打電話給柴契爾夫人，請求批准使用駐紮在英國的F－111戰機。柴契爾夫人的反應是呼籲雷根謹慎——她不只是擔心國內會發生抗議，也是害怕生活在利比亞的五千英國公民和在黎巴嫩被綁架的英國人質會受到報復。英國外交官提出警告，說攻擊利比亞將會在中東引發連鎖的暴力反應。經過一天的考慮之後，柴契爾夫人決定給予雷根支持。英國大眾的反應是強烈不滿，反對黨甚至暗示柴契爾夫人的行為像是雷根的寵物犬。後來她指出，她擔心的是拒絕的後果：「不

＊相傳西部開拓時期有些久未回家的丈夫回到家時會先把帽子扔進門內以看看自己是否受歡迎：若帽子被扔回門外便是不歡迎。

管對我是什麼代價，不支持美國對英國的代價都是不可想像的。」[28]有趣的是，據她自己認為，經過這一次之後，英美的「特殊關係」變得前所未有的穩固。

白廳的很多官員認為，英國事事順從美國得到的好處相加足以彌補偶爾的尷尬。後來成為祕密情報局局長的外交官索爾斯指出，英美的交情「真的非常密切，對英國有著有巨大價值……跟美國軍方、美國核武力、美國特種部隊和情報機構的關係……大大提高了英國的地位。」[29]這種交流不是單向的，一旦美國政府作出了什麼決定，「第一個去的地方就會是倫敦。然後他們會提出另一輪的論證。我想美國人的基本想法是，如果他們說服不了倫敦，就說服不了歐洲的任何人。」

偶而柴契爾夫人也會立場堅定。一九八二年，英國的布朗工程公司被捲入美國政府對提供蘇聯石油和天然氣設備的歐洲公司的制裁。這次制裁是瞄準一條會把西伯利亞天然氣輸入西歐的管道。柴契爾夫人加入其他歐洲國家領袖的行列，譴責美國對歐洲公司的政策。華府在抗議之下退縮了。她也不理會華府，追隨歐洲共同體採取一種較親巴勒斯坦人的立場，以促進以巴之間的和平。然而不管有多少例外，雷根和柴契爾關係密切常常看來坐實了英國的政策是被華府牽著鼻子走的說法。柴契爾的反射動作預示了布萊爾在伊拉克戰爭中對小布希政府的支持。布萊爾會說，讓英國與華府親近乃是他的「責任所在」。

在一個議題上（很多人說這是最重要的議題）雷根在英國受到了誤解。這位美國總統譴責蘇聯是「邪惡帝國」，大肆增加美國的國防開支。他又發起「戰略防衛倡議」（俗稱「星戰計畫」），要在太空建立防護罩抵抗蘇聯的核子飛彈。他還把巡弋飛彈和潘興飛彈部署在歐洲，以制衡蘇聯SS－20飛彈的威脅。這一切都讓雷根成為了歐洲愈來愈高漲反核運動的靶子。

然而，英美兩國領袖雖然都決心要打敗共產主義，二人卻有很深的分歧。儘管雷根致力於讓美國的龐大核武庫存更現代化，但他仍然把銷毀這些武器視作長期目標。表面上，他是一個不在乎相互保證毀滅（MAD）*風險的總統，但私底下他卻非常害怕爆發核子大戰。蘇聯認為雷根的「星戰計畫」是要讓美國可以在保護盾的保護之下對蘇聯首先發起核攻擊。然而，在雷根自己看來，「星戰計畫」卻是一個讓世界的核子武器無用武之地和最終被廢除的方法。這種態度讓他和柴契爾夫人大相逕庭。這種分歧並沒有立刻顯現，但根據查爾斯·鮑威爾所述，兩人「慢慢形成了完全不同的觀點」。雷根在當上總統時並不反核，但後來卻「深信核武器是十惡不赦」。[30]

但對柴契爾夫人來說，核武器提供了西方對抗蘇聯共產主義的基本保障。它們是對全球和平的保證而非威脅。受蘇聯威脅最大的是歐洲，它的常規武力在數量上不敵蘇聯，所以美國如果放棄核子武力的話，英國將會被完全解除武裝。想要嚇阻蘇聯唯一方法是讓它知道，它和歐洲的每階段衝突升級都會招來北約組織的反制，最終導致核子戰。這就是她力主在歐洲部署

*一種「同歸於盡」性質的軍事戰略思想，指如果有一方全面使用核子武器則雙方都會被毀滅，故而又被稱為「恐怖平衡」。其縮寫MAD有瘋狂的意思。

短程和長程飛彈來對抗莫斯科的ＳＳ－20的理由。這也解釋了為什麼當雷根宣布他的「星戰計畫」時，柴契爾夫人的態度會極其冷淡。兩人在幕後有過激烈爭論。

到了一九八三年秋天，侯艾在一群資深外交官的協助和慫恿下，向柴契爾夫人施壓，要求她對莫斯科採取一種較為彈性的態度。不管雙方有多少不可改變的分歧，西方都是得要和蘇聯做生意，採取一種互動策略並不要求英國拋棄防衛。蘇聯領袖布里茲涅夫和安德洛波夫的相繼離世，還有契爾年科的年老體衰，都標誌著蘇聯保守派的凋零。西方領袖至少應該試探一下莫斯科新一代領導人的意向。一九八三年九月，在契喀斯聽取過一群蘇聯研究專家的意見之後，柴契爾夫人表示了願意轉換政策的意願。這又讓她決定參加安德洛波夫和契爾年科相隔兩年的兩次喪禮。這同時也為她首相任內最不可能卻又熱烈無比的邂逅鋪平道路。一九八四年十二月，也就是契爾年科在翌年三月去世的幾個月前，柴契爾夫人在契喀斯招待將會繼承契爾年科職位的人。事後她對著電視攝影鏡頭宣布：「我喜歡戈巴契夫先生。我們可以一起做些生意＊。」在漫長但放鬆的會談中，這兩位領袖毫無交集，不過柴契爾夫人欣賞戈巴契夫的坦誠，也欣賞他願意參與辯論。在一、兩名官員看來，她對戈巴契夫的態度近乎迷戀。這是她第一次遇到一個有獨立思考能力的共產黨領袖。她很快就告訴雷根她的這個發現。

柴契爾夫人會有這種心態，也是受到祕密情報局得自俄國雙面間諜戈爾季耶夫斯基的情報的影響。戈爾季耶夫斯基是「格別烏」的高階軍官，假裝外交官身分派駐在倫敦的蘇聯大使館。他自一九七〇年代中葉起為祕密情報局提供高級情報。一九八三年，他有關克里姆林宮最高層的想法的報告讓他的上線感到震驚。他的簡報為柴契爾夫人提供了一個她以前沒有考慮過的洞察：西方反共產主義宣傳的不斷增加也許會被莫斯科認為是別有用心。西方固然對蘇聯的擴張主義深懷恐懼，但共產黨的領導階層自己卻也是深懷恐懼。雖然在西方領袖們看來美國會對蘇聯集團發動先制攻擊乃是天方夜譚，但莫斯科方面卻不是這樣看。戈爾季耶夫斯基指出，莫斯科的這種擔心已經到了危險的程度。例如，當北約組織在一九八三年秋天舉行代號為「優秀射手」的常規演習時，有些蘇聯領導人相信那是一次真實攻擊的前奏。於是蘇聯全員警戒。所以世界一度陷於核子戰爭的邊緣，直到克里姆林宮作出重新評估才轉危為安。一九八四年二月參加完安德洛波夫的喪禮後，柴契爾夫人在莫斯科一個記者招待會上曾暗示這種風險的存在。她說她的態度是與時共進。「我對西方的基本自由一直抱有強烈信仰，而我在私底下和公開場合都向所有東方人清楚表示過，我在任何時間和任何地方都會捍衛這種自由。但我們必須避免因誤解而產生的恐怖危險。」[31]

雖然感覺她可以和戈巴契夫一起做些生意（這種想法在他大權在握後得到加強），她仍然強烈懷疑有多少改變能夠實現。在一九八五年春天參加過契爾年科葬禮之後所寫的備忘錄中，她指出她在飛往莫斯科途中仔細讀過戈巴契夫最近的一些聲明，而這些聲明「全都印證了上一個十二月我在契喀斯得到的印象，那就是，即便他希望作出改變，也不知道要怎樣做，因為嚴

＊指可以一起做些事情。

格的共產主義體制是他唯一認識的體制。」[32]

她很快就被提醒，核子生意*是由美國人來做。在這一點上，她的看法和美國總統嚴重相左。「星戰計畫」仍然在研發階段，不保證一定行得通，但它卻代表著對她的頭號目標——保有一定的核嚇阻力量——的重大挑戰。她愈來愈懷疑年邁的雷根是不是有足夠的思考能力可以掌握這個問題的複雜性。然而雷根方面卻始終相信「星戰計畫」會導致核武的裁減，最終帶來所有核武的廢除。他告訴柴契爾夫人，他將會把「星戰計畫」的科技分享給蘇聯。讓事情更複雜化的是，很多其他歐洲人（特別是德國人）同意戈巴契夫所說的，「星戰計畫」是達成進一步軍備管控協議的障礙。

在契喀斯和戈巴契夫會談期間，柴契爾夫人透露了她對「星戰計畫」的疑慮，形容這個計畫是幼稚的。一星期後，她前往大衛營和雷根見面，一方面報告她和戈巴契夫的會談經過，另一方面對「星戰計畫」提出反對意見。英方的會議紀錄顯示，她告訴雷根，戈巴契夫「是個不尋常的俄國人，比一般俄國人較不拘謹，更有魅力，不排斥討論和辯論，也不受準備好的稿本束縛」。會議紀錄又顯示，她曾向戈巴契夫指出：

> 莫斯科想要離間英國和美國是無謂的，這種計謀永遠不會成功。英國是自由國家構成的西方聯盟的一部分，蘇聯應該拋棄任何把歐洲或大不列顛和美國切割的幻想。她還告訴戈巴契夫，她和總統在走到他們現在的位置之前，已經彼此認識了很久。想離間

美國和歐洲根本就是「行不通」。[33]

現在，柴契爾夫人被華府視為一個無畏的盟友，予以熱烈的歡迎。她和雷根的好交情讓其他歐洲國家領袖感到吃味。然而，她同樣開始高估自己的影響力。她告訴雷根，她支持研發「星戰計畫」，但對後果感到擔心。她說，既有的核阻嚇結構對幫助西方維持和平一直表現優越，廢除核武將會讓美國的歐洲盟友頓失依恃。一份白宮的會議紀錄列出了她的反對意見：

核子武器不但有功於防止核子戰爭，還帶給了歐洲四十年空前未有的和平。她繼續說，廢除能同時防止了核子戰爭和傳統戰爭的阻嚇系統將會是不智的。而且，如果我們到達了廢除所有核武器的階段，傳統的、生物的或化學的戰爭將會更有可能發生。希特勒贏得了火箭的競賽†，美國贏得了核子彈的競賽。科技的競逐將會繼續下去。各式各樣的誘餌、干擾系統和科技發展（例如讓飛彈發射階段縮短的科技）會上場。所有這些進步都會讓危機管理變得愈來愈困難。[34]

＊這裡的「生意」是呼應柴契爾夫人所說的，她和戈巴契夫「可以一起做些生意」。

†一九四四年六月德軍V－2火箭成功進入外太空，成為人類史上第一個飛到太空的人造物。

根據柴契爾夫人顧問查爾斯．鮑威爾的形容，雷根帶著「明顯強烈的態度」堅持己見。「星戰計畫」將會是一種防禦系統，成功的話將會帶來核武器的取消。美國會把這種技術分享給所有國家。會議結束後的聯合公報模糊了雙方的差異。兩位領袖同意西方不應該削減核阻嚇力量，這樣的措詞讓人猜測不到雙方發生了嚴重的分歧。雷根並沒有改變心意。就像他幾個月後再次告訴柴契爾夫人的那樣，他想要「廢棄一種奠基於對人口進行核摧毀的策略」。[35]這種道德顧慮讓柴契爾夫人感到擔心。它太容易會跟英國國內那些呼籲核子裁軍的聲音（包括反對黨工黨的聲音）相互呼應。

一九八五年秋天，雷根和戈巴契夫在日內瓦舉行他們的第一次高峰會，會後沒有重大聲明。不過這次會面成為了重啟減少或廢除中程核子飛彈的談判的序幕，也成為了兩位領袖經常直接接觸的前奏。按照戈巴契夫資深顧問切爾尼亞耶夫的形容，發生改變的是雙方都體認到彼此都不樂見發生核子戰爭。兩位領袖通信的主題是把核武器庫存削減到一個合理充足程度的需要。

一年後，美蘇兩國領袖在冰島首都雷克雅維克會面，差點就達成了一個大量裁減核武的歷史性協議。會談在最後一刻破局。這是因為戈巴契夫不能接受雷根所認為的，「星戰計畫」是一條通向廢除核武的途徑而不是讓美國刀槍不入的方法。雷根在會談中一度表示，他願意把核武削減為「零」。他建議雙方五年內削減一半戰略武器，剩下的在十年內廢除。但是因為拒絕接受戈巴契夫終止「星戰計畫」的要求，他怒而取消原議。這次談判突顯出柴契爾夫人和雷根之間的裂痕。查爾斯・鮑威爾指出：「當她聽說了雷克雅維克的談判經過，幾乎心臟病發。」[36]

對這位英國首相來說，美蘇高峰會的失敗乃是天可憐見。它也以前所未有的方式突顯出英國對美國核子政策的完全依賴。法國有自己的核子武力。英國的「極星」飛彈和「三叉戟」飛彈是依賴美國提供，但美國現在卻考慮廢除所有核武器。在公開場合，柴契爾夫人設法隱藏她對本來也許會達成的協議的恐懼。私底下，她用了全部精力去說服雷根，那樣做將會讓歐洲失去屏障。也許還會讓英國的選民相信工黨呼籲的全面性裁軍是正確。幸而，雷克雅維克時刻有驚無險地過去了。一年後，華府和莫斯科達成協議，把所有短程和中程飛彈從歐洲移走，但戰略武器的「歸零選項」此後沒有再被提出來過。這時雷根的總統任期已屆黃昏，而他的威信也受到一件事情的削弱——他的政府被發現偷偷賣軍火給伊朗以募款資助在尼加拉瓜的反共產主義活動。而柴契爾夫人也不知不覺中從她和雷根的關係得到的光環裡逐漸褪色。讓她頗為惱怒的是，雷根的繼承人布希一改前任的作風，對英國首相的態度不再親密。華府的注意力現在更多是放在波昂和巴黎。柴契爾夫人愈是擔心雷根的核武立場，就愈是被戈巴契夫改革蘇聯的努力所吸引。這兩位世界領袖在柴契爾夫人首相任內都有突出地位——她最需要的夥伴是雷根，但最讓她神往的領袖是戈巴契夫。

當第一架英國製造的VC－10在一九六〇年代初期飛上雲霄時，這種新的客機處於航空技術的尖端。苗條和窄體，VC－10打破了商用飛機橫越大西洋的最快紀錄。它代表了最先進的技術工程，用威爾遜的話來說，證明了英國正擁抱「技術的最高點。二十五年之後，這款飛機不再是現代性的象徵。早已不作商務用途，剩下的少量VC－10屬於皇家空軍所有。它們大部分都已改裝為空中加油機，還有一小撮用來搭載重量級乘客。噪音大和航程有限，它們並不是來回往返全球各地的最舒適方式。但柴契爾夫人有自己的想法。雖然有時會因為下屬的勸說而搭乘較大的飛機出訪，但這位首相偏好乘坐VC－10。她在機上的私人空間舒適，而且更重要的是機組員是由皇家空軍擔任。波音七四七巨無霸客機固然更大、更有效率且更豪華，但VC－10因為內裝簡樸和有穿軍服的服務員，所以更能代表英國。

一九八九年九月短暫造訪過日本之後，柴契爾夫人返回英國。按計畫，飛機中途會在莫斯科停留。這款她最喜愛的客機上的乘客除了首相本人，還有首相官邸人員、政府通信總部兩名軍官和十幾個隨行記者。VC－10的航程非常有限，甚至無法從東京一口氣飛到莫斯科。所以英國首相一行人必須在冰封的西伯利亞一處蘇聯空軍基地等待飛機重新加滿油。飛機將會在俄羅斯首都再次加油，而那裡安排了兩國領袖的一次會面。

柴契爾夫人和戈巴契夫已經建立了匪淺的交情。兩年前，柴契爾夫人在造訪莫斯科和喬治亞的四天行程中獲得了明星級的接待。她為此行做了十足的準備，到達莫斯科時帶著英國奢侈時裝公司雅格獅丹設計的一衣櫃全身行頭。戈巴契夫翌年回訪倫敦時應邀和女王喝茶。柴契爾夫人欣賞這位蘇聯領袖的國內改革計畫和追求對西方愈來愈開放的政策。這兩種政策彌合了英蘇兩位領袖的意識形態鴻溝。在柴契爾夫人看來，戈巴契夫重塑蘇聯體制的決心類似她自己搞的經濟和社會革命。她對雷根的智力愈來愈懷疑，對戈巴契夫的看重卻是與日俱增。她看見了一個改革決心和自己不相上下的領袖。到了一九八八年，她已經有了充分信心，乃至於可以宣稱：「我們已不再處於一場冷戰裡。」與蘇聯領導人的靠近給了她一種她大為受用的國際地位。反過來說，戈巴契夫也看出他和柴契爾夫人的關係可以讓莫斯科得利。三年前，在向黨中央報告他和英國首相的最近談話時，戈巴契夫指出柴契爾夫人認為雷根已經日漸老去、法國總統密特朗因為被迫和總理席哈克領導的右派政府聯合而受到削弱，而德國總理科爾也有自己的麻煩。「這讓她有機會脫穎而出。」透過和莫斯科打交道，「她可以如願地提高自己的威望。」[37]包括科爾在內，其他領袖將會從她得到這個訊息：「那些不和我們發展關係的人將會在國內失去聲勢。」不過在核子裁軍一事上，她的立場「卻是像偏執狂似的偏好核子武器。我只能替她感到可惜。我告訴她，她的立場與全世界的觀點相違背。美國和蘇聯已經開始了一個裁軍的過程。我們力推一段核武器試驗暫停期，英國卻什麼也不做。」

柴契爾夫人抵達莫斯科是有一大堆事情要談。民主的精靈已經跑出了瓶子，蘇聯在東歐和中歐扶植的政權現在都落入了圍困之中。匈牙利已經對西方打開邊界，而在數以萬計逃到其他國家的華沙公約人民中，東德人占很大比例。借一個柴契爾夫人喜歡的說法來說，柏林圍牆還能禁錮東德人民多久？就像她的外相赫德指出的：「東德人在一個由俄國軍力撐腰的共產主義系統裡被執為囚犯。」[38]現在，這個系統正在瓦解，所以鐵娘子理應感到無比歡快。

事情卻不然。事實上，正在發生著的諸多事件叫她恐懼。十年來，她都以挺起西方的脊梁為己任，但隨著蘇聯帝國的瓦解，她失去了方向感。她開始思考這件事隱含的後果，特別是思考它會給德國帶來的影響。冷戰、歐洲一體化和東、西德的分裂曾經讓歐洲政治中最棘手的議題退出視線之外。在戰後幾十年，德國重新統一的前景頂多是個偶然被談起的話題。然而，現在隨著東德人透過匈牙利湧向西邊，以及前蘇聯衛星國家紛紛爭取民主和獨立，「德國問題」再次回到了歐洲政治的核心。

在性情氣質和視野上，聯邦德國都是英國的自然盟友。除了也是秉持大西洋主義的世界觀，聯邦德國就像英國一樣偏好講規則的國際秩序和自由而開放的市場。當然，英國並不分享波昂打造一個聯邦式歐洲的野心，也常常嫉妒德法聯盟，但德國駐布魯塞爾的代表成為想要尋找盟友重塑歐洲政治的英國官員的第一站。英國的大臣們從來不拋棄一個想法：只要使出精明的外交手段，是有可能讓波昂政府和它的法國盟友不同調。反過來說，西德也是把英國看成制衡法國的重要力量。然而兩德如果統一，一切就會生變，讓德國有可能再一次成為歐洲大陸的霸主。柴契爾夫人的反應除了是受到外交盤算和戰略盤算的驅策，也是受到情感所囿。德國人可以信得過嗎？他們真的改變了嗎？一個統一的德國，加上她在東歐和中歐新獲自由的國家中間重建經濟腹地，將會改寫權力的對比。讓她惶惶不可終日的問題是聯邦德國戰後在政治文化、地緣政治和領土節制上所作的改變會不會延續到統一的德國去。她對此備感懷疑。德國人的國民性太根深柢固了。

柴契爾夫人還有額外的擔心。她唯恐發生在東歐和中歐的事件會讓戈巴契夫的改革計畫失敗。他固然有勇氣不理會蘇聯的政治教條、無懼勢力強大的敵人和按照自己的信念行事，但德國的統一將會讓那些總是反對改革開放的蘇聯高層有了大作文章的機會。

英蘇兩位領袖在一九八九年九月的會面是冷戰時期最不尋常的一次高峰會。鐵娘子和「邪惡帝國」的領導人會上一致同意反對德國統一。本來柴契爾夫人一輩子都在主張，西方的民主和自由也是屬於從大西洋到烏拉山脈的所有歐洲人民，但現在眼見目標在望，她卻準備好對自己的原則作出異乎尋常的妥協。現實政治的考量要高於對自由的侃侃而談，不感情用事的利益盤算要高於信念。英方對兩位領袖的談話所做的紀錄顯示，柴契爾夫人擔心兩德統一太過匆促：「戈巴契夫先生說他能夠明白首相擔心些什麼。蘇聯對這個問題有非常好的理解，所以她大可放心。他們並不比英國更樂見德國的重新統一。這個話題被提出來很有用處，可以讓他和首相了解彼此對這個敏感問題的想法。」[39]俄方的會談紀錄——由戈巴契夫的顧問切爾尼亞耶夫所寫——是一個透露更多的摘要，它指出柴契爾夫人對即將要談的話題是那麼敏感，乃至一度叫執筆人停止記錄。[40]切爾尼亞耶夫在會議結束後馬上補記被略過的部分。

柴契爾夫人所說的話顯示她沒跟上歷史的前進步伐。根據切爾尼亞耶夫的會談紀錄，她說：「英國和西歐不樂見德國統一。寫在北約組織公報上的話也許不一樣，但可以不去管它。我們不樂見德國統一。那會導致戰後邊界的改變，而我們不允許這種事發生，因為這種發展將會動搖整個國際局勢的穩定，對我們的安全帶來威脅。」過去四十年來，西方都竭盡所能去挑戰蘇聯衛星國家的共產主義政權的合法性，現在柴契爾夫人卻承諾改弦易轍。當然，像波蘭和匈牙利之類的國家必須被允許作出自己的民主選擇，但就像柴契爾夫人所說的：「我們並不樂見東歐的不穩定或華沙公約的解體……我們喜歡看見那些過程嚴格維持在各國內。我們將不會插手，刺激東歐的去共產主義化。我可以告訴你，這也是美國總統的立場。」

這是一種真正異乎尋常的方針。不過一年前，柴契爾夫人才對歐洲執委會主席迪羅打造一個聯邦式歐洲的計畫砲聲隆隆。她說，布魯塞爾必須停止向內注視：「我們絕不可以忘了在鐵幕的東邊，那些一度充分享有歐洲文化、自由和身分的人民被斬斷根柢。我們必須總是把華沙、布拉格和布達佩斯視為大歐洲的城市。」[41]但現在，革命卻變為一種反動。隨著鐵幕出現裂痕，她向蘇聯帝國的領導人保證她將不會刺激東歐國家進行去共產主義化。查爾斯．鮑威爾在正式的會談記錄中略去大部分這一類談話，但這些內容卻在政府內廣泛流傳。不過一份單獨的筆記（僅限白廳極少數的人過目）卻呼應了切爾尼亞耶夫的記述。在飛回倫敦途中，柴契爾夫人要同行的記者陪她喝一杯香檳。我是這些飛行旅程的常客，記憶中她就只邀記者喝過這麼一次。她心情大好，滔滔不絕讚美戈巴契夫，但沒提會談中的隱密部分。柏林圍牆在她回國幾星期後就倒下。

柴契爾夫人不是唯一擔心的人。美蘇對峙帶給了國際系統某種程度的穩定性。共產主義的威脅在很多方面團結了西方，讓一些棘手的歷史問題被擱置一旁。外交部常任次官派翠克．萊

上　波茨坦三巨頭：邱吉爾、杜魯門和羅斯福。

下　洋基人回來了。艾德禮在馬咸皇家空軍基地會見 B-29 超級堡壘轟炸機的組員，時為一九四九年十月。不久之後這種轟炸機就會裝配核子彈。

左頁上　說不的人。一九五六年十一月在特拉法加廣場舉行的一場反出兵蘇伊士運河的示威遊行。

右頁　北約組織的推手貝文和未來歐盟的首席設計者舒曼在布魯塞爾會面，時為一九五〇年十二月。

最後一搏。艾登在納瑟爾沒收伊士運河之後對全國發表演說，時為一九五六年八月。

左　艾森豪受到麥克米倫的皇家式接待。這位美國總統坐在敞篷的勞斯萊斯裡通過倫敦，時為一九六二年十二月。

下　「不行。」——戴高樂在朗布耶當著麥克米倫的臉甩上歐洲的門。攝於一九六二年十二月。

麥克米倫和甘迺迪在拿騷達成一項看似不可能達成的核子協議。攝於一九六二年十二月。

英國首相威爾遜拒絕出兵越南，甚至連「一個排的風笛手」都不願意提供給詹森總統。一九六五年攝於華府。

左　你口袋裡的英鎊不會貶值？正是因為英鎊貶值，威爾遜不得不決定讓英軍撤出蘇伊士以東的基地。

下　一個真正的歐洲人。希斯在一九七一年五月說服法國總理龐畢度點頭讓英國加入歐洲共同市場。

右　另一場英鎊危機正在逼近。英國首相卡拉漢和他的財相希利，攝於一九七六年七月。

據報導，密特朗這樣形容柴契爾夫人：有著「卡利古拉的眼睛和瑪莉蓮·夢露的嘴巴」。圖為兩人在一九八一年十一月的會面。

左　兩位冷戰戰士——柴契爾夫人和雷根——一九八二年六月在華府合影。

右　夠了。在當了十一年首相之後，柴契爾夫人最終在一九九〇年十一月離開唐寧街。

在北愛爾蘭締造和平。布萊爾和愛爾蘭總理埃亨一九九九年六月於貝爾法斯特合影。

為伊拉克戰爭準備。布萊爾和小布希攝於後者在德州克勞福德的牧場，時為二〇〇二年四月。

輸家。英國通過脫歐意味著卡麥隆得捲鋪蓋走人。他在二〇一六年六月脫歐公投翌日宣布辭職。

英國獨立黨領袖和脫歐鼓吹者法拉吉笑到了最後。卡麥隆形容他的支持者為「瘋子、怪胎和大部分是不聲張的種族主義者」。

民粹主義哥倆好：強生和川普。攝於二〇一九年在沃特福德舉行的北約峰會。

特爵士在日記裡提到，首相的「恐德症」愈來愈嚴重。柴契爾夫人明顯「害怕看見德國聯邦議會高唱『德意志高於一切』的畫面，形容這畫面像是『一把匕首插入我的心臟』。」[42]

法國總統密特朗和柴契爾夫人是同一代的歐洲人，他對統一後的德國變得強大的前景也是有著發自肺腑的恐懼。當他十二月在史特拉斯堡的歐洲高峰會和柴契爾夫人會面時，鼓勵雙方締結新的英法協議以遏制德國的勢力。柴契爾夫人指出，科爾看來忘記了「德國的分裂是德國發起一場戰爭的結果」。[43]密特朗談到了德國推進的威脅，擔心一九三〇年代的事情會歷史重演。根據外交部官員漢內的記載，柴契爾夫人在會議結束後回到英國代表團的休息室時表示：「真棒，他（密特朗）同意了。我們將會制止這齣德國鬧劇。」漢內和其他人建議她謹慎行事：「首相，別相信他一個字……到了緊要關頭，法國會和德國人站在同一邊。」法國總統事實上是個不可靠的盟友，他太過精明以致到最後不願意違背歷史潮流。柴契爾夫人很快就發現自己被孤立起來。不管有多少疑慮，密特朗斷定兩德統一是勢不可擋。解決方法是用歐洲來控制德國。法國將會利用科爾渴望統一的心理作為籌碼，要求創建迪羅所提議的單一歐洲貨幣。對柴契爾夫人來說更為要命的是，她發現自己在這件事情上和華府唱反調。雷根已經去職，布希政府決定要跟著歷史潮流走。一旦布希心意已決，柴契爾夫人就再沒戲唱。

她沒有馬上放棄。根據赫德的解釋，她「並沒有認真相信科爾總理是一個新的希特勒，或者一個統一的德國將會是穿著軍靴的第四帝國。但她強調兩德統一將會為歐洲帶來不平衡，因為那會讓一個業已是歐洲領導性經濟力量的國家增加一千五百萬有紀律的撒克遜人和普魯士人。」除此以外，「沒有事情可以消除她對德國過往的鮮明回憶。她不相信德國會讓自己臣服於一個歐洲整合的進程。」[44]一九九〇年三月，一群學者被找到契喀斯，為德國問題提供歷史觀點。查爾斯·鮑威爾執筆的會談紀錄清楚顯示柴契爾夫人有多麼憂慮，但與會的學者卻持較樂觀的觀點。根據歷史學家阿什所述，所有歷史學家一面倒的認為，必須對聯邦德國予以信賴和支持，因為過去四十多年的歷史證明了她是能夠在自由中統一德國。」[45]然而在波昂眼中，這個座談會的舉行反映了柴契爾夫人的敵意。三個月後，柴契爾夫人一個愛將畢德利在接受《明鏡雜誌》訪問時表示，單一貨幣計畫「是一個德國的騙局，是設計來接管整個歐洲。」他說他不是在任何情況下都反對交出主權，但「在這件事情上卻不得不反對。因為那樣做的話你倒不如把歐洲給了希特勒」。[46]這番話引起軒然大波，畢德利被迫辭職，但真正的傷害在於華府和歐洲廣泛認為，畢德利只是道出了英國首相的心聲。

當時是外交部中階官員的沃爾德格雷夫後來指出，柴契爾政府企圖阻礙德國統一之舉是「英國外交史上最讓人遺憾的時刻之一」。英國駐波昂大使馬拉比給倫敦發出了多如雪片的電報，強調兩德統一的勢頭是無法阻擋。但柴契爾夫人的外交政策已經脫離了政府機器。她認為自己不需要忠告——她的本能和偏見一直讓她事事順利。在她首相任內，外交政策出自唐寧街十號已經成為了一種慣例。不管是在歐洲共同體領袖的聚會還是由七大工業國集團舉行的「火爐邊閒談」，全球高峰會讓她和外國同儕有密切和固定的接觸。她深深地懷疑，外交部關心的更多是盟國的意見而不是英國的國家利益。外交工作就性質來說總是涉及一些妥協，但柴契爾夫人卻總是想贏。這一次，她為此付出了重大代價。她和科爾的關係完全破裂。

兩德統一無可避免會改變歐洲共同體內的權力分布。然而柴契爾夫人拒絕承認德國在戰後的轉化——擁護民主制度、採取一種幾近和平主義的國防方針和參與歐洲及跨大西洋的聯盟——標誌著一個永久的轉變。當柴契爾夫人看見一個德國化的歐洲，其他人看見的是一個歐洲化德國出現的可能。她這種固執的直接後果是讓她在美國的政策決策中被晾到一邊。布希總統和他的國務卿貝克以大政治家的氣魄把德國導向統一之路，而這也是戈巴契夫和大部分西方領袖所接受。華府的注意力從倫敦轉向了波昂，然後再轉向柏林。柴契爾夫人把英美「特殊關係」看作是一條籠絡美國勢力的途徑。但在冷戰結束時，她失敗了。鐵幕的揭開減少了英國在美國決策者眼中的份量。沒有了共產主義的威脅，忠實軍事盟友的角色失色不少。作為獨一的超級強權，美國會欣賞英國的支持，卻不需要這種支持。柴契爾夫人對於英國全球性影響力的自信一直很有魅力。英國在一九七〇年代曾經意氣消沉，但在一九八〇年代陪同鐵娘子出訪世界各地的記者卻不記得曾經有另一個首相是那麼引外國人注目——在莫斯科的紅場是如此，在東京登上子彈列車時是如此，在白宮會見雷根時也是如此。不過這種魔法已然黯淡。共產主義的崩潰一直是她所想望的，但當這種崩潰發生，她的事業也走向終結。

第八章 到布魯日之路

在一九七九年五月上台時，柴契爾夫人以親歐派自居。她也是一個壓倒性親歐的政黨的領袖，而她的國家最近才以三分之二對三分之一的票數在公投中決定留在歐洲共同體。歷史、語言和文化等因素本來可以確保英國永遠不會與歐洲大陸墜入愛河，但英國的親歐派會認為這個問題已經塵埃落定是可以被原諒的。然而，希斯簽署《羅馬條約》之後的七年內，在油價增加三倍所引起的國際經濟動盪、威爾遜在一九七五年舉辦的「脫歐或留歐」公投，以及讓威爾遜繼承人卡拉漢焦頭爛額的勞資衝突等事件下，讓簽約的重要性遭漠視。三年前繼承威爾遜首相職位的卡拉漢很快發現，一九七五年的公投並沒有能夠彌合工黨內部的分歧。黨內的極左派仍然認為歐洲共同體是一個對付勞工階級的資本家陰謀，所以拒絕接受公投的結果。工黨外相歐文制定了一個防衛性的後公投歐洲策略，更多是致力於拆解黨內的異議而不是建立與法國和德國的聯盟。熱情的親歐派詹金斯被派到布魯塞爾擔任歐洲執委會主席，但他代表的是倫敦同僚中間的一個孤獨聲音。歐洲共同體的開創元勳業已懷疑英國的動機。當英國支持歐洲共同體納入葡萄牙、西班牙和希臘時，巴黎和柏林懷疑這是在企圖動搖德法加強既有成員國的整合的努力。他們擔心「深化」會被「闊化」所取代。

柴契爾夫人的保守黨在下議院擁有安全的多數席位，本來有機會可以讓英國的聲音被聽見。很久之後，她將暗示，她會支持加強對歐洲的參與主要是基於經濟考慮，是為了成為一個崛起中的共同市場的一部分。證據並不支持這種歷史竄改。恰恰相反的是，柴契爾夫人在一開始有著促使麥克米倫申請入歐，以及與希斯一九七三年帶領國家進入歐洲共同體同一種頭腦的冷靜觀點。當時她在威爾遜舉辦的公投中呼籲選民投票贊成留歐，這是她在一當選保守黨黨魁之後就清楚表明的立場。她在一九七五年四月告訴下議院：「入歐的最高理由是和平與安全的政治理由。」[1]安全繫於「我們在貿易、工作和其他社會事務上緊密合作。我們以那種方式愈是緊密合作，從我們孩子的未來的觀點來看，我們的安全就愈有保障。」歐洲不能代替國家，但「只有通力合作，我們才能達成我們企求達成的更大目標」。

柴契爾夫人繼續說，參與歐洲對維持英國在世界舞台上的地位悠關重要，因為「作為一個有五千五百萬人口的國家，我們是有一些聲量，但不足夠」。傳統上，英國一直是一個更大群體的一部分，但大英國協很多國家現在都有了自己的貿易偏好。「攸關重要的是當市場關上的時候，我們能夠在別的地方打開同等規模或更大規模的市場。」為避免有人不夠理解，她又補充說：「歐洲共同體為我們打開自從戰後便關上了的窗。它已然是世界上一股強大和主要的影響力。」[2]英國現在固然是一個歐洲大國而不是世界性大國，但透過留在歐洲共同體，她保留了一個可促進和防衛她的全球利益的平台。這就是推動麥克米倫和威爾遜當初申請入歐的理由。歐洲共同體成員國身分擴大了英國的影響力。

四十年後，自命為柴契爾夫人繼承人的保守黨脫歐派將會尋求把這個論證顛倒過來。他們將會說，只有當英國擺脫歐洲，堅持走一條獨自的道路，方能恢復一個全球性角色。歐洲被重新定義為一個「零和遊戲」。鐵娘子本人當然會對脫歐派所謂的「全球性英國」嗤之以鼻，視為一個空洞的命題。但到了二〇一六年脫歐公投的時候，英國的民族主義已經置尋常的政治真理於不顧。

不過那些迎接柴契爾夫人入主首相官邸的官員很快就明白，她對歐洲共同體的親附是出於冷靜盤算而不是情感。希斯曾經準備好想像英國是一個聯邦歐洲的一部分，但他的繼承人卻是大西洋主義者。其他歐洲國家領袖對歐洲的觀念懷有感情，但據查爾斯・鮑威爾所述，柴契爾夫人「認為德國人和法國人的動機和我們並不相同。他們作為鄰居必然會彼此靠近……但我們卻是美國的重要夥伴」。[3]歐洲固然重要，但最重要的卻是對抗蘇聯共產主義——為此，英國需要在大西洋彼岸有一個鐵桿朋友。不管歐洲人攜手合作做些什麼，他們都絕不被允許動搖北約組織。

沒有人在那個夏天預料得到等在前頭的暴風雨。在柴契爾夫人看來，在接下來的十年，歐洲將會是一個衝突和矛盾聚集和碰撞的地方。和其他歐洲國家領袖經常舉行的高峰會既顯示出她堅決的一面，也顯示出她好鬥的一面。歐洲將拋出她擔任首相期間帶來最奇怪和終極來說最致命的悖論。因為熱心於打造一個單一市場，她把英國向歐洲整合之路帶到了比她任何前任都遠的境地，然而在這樣做的同時，她又為英國的最終脫歐鋪好了道路。

英國在歐洲共同體的地位本來應該和德法一樣，同為制定歐洲共同體基本戰略方向的三大國家之一。雖然她跟巴黎和柏林的關係總是會受到德法強烈夥伴關係的挑戰，但不管德國或法國都有很好理由要跟倫敦保持強健關係。英國和法國自古以來便亦敵亦友，而過去一世紀遇到重大事情時總是會站在一起。法國把歐洲共同體視為一個多國俱樂部——一個「諸國歐羅巴」（*Europe des patries*）——而不是像德國、比利時和荷蘭那樣視之為一個超國家的實體，這讓她的觀點近於倫敦而非波昂。如果說法國有什麼讓柴契爾夫人惱怒的話，那就是法國政治家成功地用「打造歐洲」的堂皇詞令來包裝他們對國家利益一心一意的追求。德國的大西洋主義和她對自由開放市場的偏好讓她把英國看成對抗法國的擋箭牌，而這種感覺是相互的。法國在一九六六年決定離開北約的軍事指揮結構讓波昂不安，也見證了法國對大部分美國事物的不信任。希臘、西班牙和葡萄牙將會很快加入歐洲共同體。它的成員國愈多，它對決策的制定就愈不容易，除非是由較有權勢的成員國首先制定一個清楚方向。因此希斯和卡拉漢曾考慮成立一個非正式的理事會。

除了柴契爾夫人個人的冷漠以外，有兩件事情加在一起阻止了這樣一輛三頭馬車的創立。一是英國的憤懣。一九七〇年代的經濟和產業動盪讓英國就人均所得來說成為了歐洲共同體最窮的成員國之一，然而她對布魯塞爾的財政預算的貢獻卻僅次於德國。這是英國遲遲才加入歐洲俱樂部的代價。共同市場的設計是出於法國和德國。前者堅持入口關稅和國內津貼的精密系統需要符合法國農民的利益，後者則堅持德國的新興產業要能夠輕易進入鄰國的市場。雪上加霜的是，當英國的入歐顯得是勢在必行，法國政府加速推動歐洲共同體的新財政系統，使其趕在英國入歐前落實。

結果是英國得要分攤歐洲共同體相當高比例的預算，而她自己不大的農業部門沒能得到多少回饋。她加入的是一個其他成員都曾為自身利益而左右過成立規則的俱樂部。威爾遜在一九七五年公投之前試圖重新談判入歐條件時，已經認識到這個問題的存在，但在談判中卻無法扭轉既有的扭曲。到了一九七九年，減低英國「會費」的一些過渡性安排告終。在倫敦看來，顯然需要找出一條削減年費的公式和處理這個問題的長遠規劃。不令人驚訝，其他成員國並不急著為了英國利益而提高自己的預算分攤比例或減少自己農民所獲得的津貼。

第二個阻止互動更緊密的障礙是政治文化和性情氣質。在下議院，政治是一種戰鬥。反觀歐洲共同體的做事方式卻是追求共識，哪怕有時候需要在幕後比腕力。歐洲煤鋼共同體和共同市場都是決心要終結戰爭的產物。布魯塞爾的機構——執委會、部長理事會和議會——的設計都是以促進妥協為宗旨。在德國，這種文化被寫入了第一部戰後的聯邦憲法，其目的是確保權力的分散。在其他地方，比例代表制鼓勵了議會內的聯盟建立。反觀在英國，贏者全拿的選舉制促進了政治立場的敵對。

文化的衝突被新首相的性格和她的歐洲同僚對她的反應相互增強。柴契爾夫人是一個專門樹敵的領袖。她相信，英國政壇幾十年來的模糊妥協、拒絕作出艱難決定，是各種問題的核心所在。必須有人無視後果，起而為正確的政策而戰。內閣閣員很快就發現，柴契爾夫人主持會議時喜歡提出她偏好的結論，然後等著別人附和。其他歐洲國家領導人也很快發現，每逢受到孤立，柴契爾夫人的反應就是奮起戰鬥。畢竟英國的特殊主義最好是表現在單打獨鬥的時候。還有別的國家有本領讓敦克爾克這樣不名譽的撤退轉變成歷史上的輝煌勝利嗎？

關於預算分攤的比例首先發難於一九七九年十二月都柏林舉行的一次歐洲共同體領袖會議。柴契爾夫人是半年前第一次在史特拉斯堡參加歐洲共同體的高峰會，經驗並不愉快。她是九個領袖中的唯一女性。法國總統季斯卡沒有把她放在眼裡。根據外交官漢內回憶，季斯卡對柴契爾夫人的態度是「哎，小女孩，妳並不知道事情是怎樣運作的。」施密特也是高高在上，不過「沒有季斯卡那麼惡劣」。[4]這場在都柏林開打的戰爭延續至此後每半年一次的高峰會，直到一個解決方案最終在一九八四年夏天在楓丹白露達成。協議就其本身看是公平的，英國每年會收到其支付款項的三分之二作為退還金，這樣的安排會維持至下一回對收入和支出的檢討。談判過程所造成的連帶傷害相當巨大。外交部官員史蒂芬·沃爾形容，這談判是「歐盟所打過最長、最曠日持久和最激烈的一場仗」。[5]英國本來受到威脅，再鬧的話就要廢除她在討論關係「重大國家利益」的話題時所擁有的一票否決權（這權利即所謂的「盧森堡妥協」）。其他領袖也幾乎要繞過英國的作梗，在歐洲共同體的傳統框架之外達成各種協議。柴契爾夫人從不停止要求「把我們的錢還回來」。一個危險的模式就此形成——不管英國怎樣吵怎樣鬧，她都不被容許妨礙歐洲共同體的運作。就像沃爾所觀察到的：「這次談判讓歐洲共同市場出現前所未有的分裂，破壞了柴契爾夫人和其他領袖的關係，導致他們認定英國是『壞歐洲人』。」漢內的評語要較寬大：「在我曾與之工作過的英國首相中，沒有人能像她一樣取得那麼好的協議結果。」[6]

柴契爾夫人有時看似故意樹敵。她這次攤牌大受她媒體支持者的讚賞。對德法的不假辭色可以讓報導的報紙增加銷路，對梅鐸控制的報紙尤其如此。擁有《太陽報》、《新聞世界》、《泰晤士報》、《星期日泰晤士報》和「天空電視台」，梅鐸是唐寧街的常客。反歐的布萊克——他在一九八六年買下了「電訊媒體集團」——也是一樣。戰士角色和柴契爾夫人的自我形象相符。但在布魯塞爾，她的作風引起不快，代價是失去信賴。《泰晤士報》在一九八二年的時候還是走親歐洲路線（梅鐸是一年前買下這報紙），當時它說：「我們不是壞歐洲人——除非是我們選擇以這種方式表現自己。」

柴契爾夫人的很多內閣閣員也是持一樣的看法。先後擔任財相和外相的侯艾賣力減弱她的好鬥。侯艾不是狂熱歐洲聯邦主義者，但深知歐盟成員國身分在戰略上的重要性，也明白歐盟的宗旨是創造經濟機會和安全保障，讓所有成員國都獲益。外交部最優秀和聰明的外交官都忙著拆解英國首相扔出的手榴彈，儘管他們本來可以建立戰略聯盟去促進英國的利益。隨著年月過去，柴契爾夫人發現自己在歐洲高峰會愈來愈孤單。她愈來愈少被找去參加正式會場旁的非正式意見交換。錯不總是在她，因為歐盟高峰會的自我也是有夠巨大。不過她看似對自己說：我為什麼應該努力爭取呢？

在柴契爾夫人首相任期的頭兩年，法國總統季斯卡是被用「居高臨下」一詞來形容的法國政治人物之一。作家雨果曾經說過，威靈頓在滑鐵盧打敗拿破崙代表了「平庸對天才的一個完全的、絕對的、令人目眩的、確定的和最高的勝利」。季斯卡對政治實務顯示出類似的高高在上的藐視。孤高而自大，他是一個只會管「宏偉設計」的人。預算分攤比例之爭在他看來應該是在樓梯底下解決的爭論之一。據報導，他曾經說過柴契爾夫人讓他想起他小時候的保姆。她和接替季斯卡總統職位的社會主義者密特朗的關係有一點點相互著迷的味道。密特朗一度說過，柴契爾夫人有著「卡利古拉*的眼睛和瑪莉蓮·夢露的嘴巴」。[7]柴契爾夫人後來則寫道，她認為密特朗是個「自覺的法國知識分子，對外交政策入迷，厭煩細節，可能看不起經濟學」。[8]她喜歡他，也欣賞他在英國出兵福克蘭群島之後提供的大力支持——這支持讓雷根的猶豫顯得丟臉。不過英法兩位領袖對歐洲的看法絕不會志同道合，因為不管法國多有決心要保持國家傳統，歐洲共同體都是她發揮歐洲領導權和牽制德國的地方。在法國政治菁英的心目中，歐洲愈強大意味著法國愈強大。

經過一段時間之後，柴契爾夫人和西德的施密特建立了一些親密關係。施密特是名社會民主黨人，但在她看來，他也明智地有著對市場友好本能和反共產主義本能。她佩服施密特支持在歐洲部署短程和中程核子飛彈的決心。然而根據查爾斯·鮑威爾的說法，施密特沒有空理會柴契爾夫人對預算分攤比例的抱怨，不予理睬。至於密特朗則是「刻意做其他事，利用他在歐洲高峰會的空檔寫明信片給孫子女」。[9]

一九八二年，外表不出眾但政治能力可能受低估的科爾取代施密特成為德國總理，他和柴契爾夫人頂多保持一種禮貌關係。照理說事情本應是別的樣子。科爾就像柴契爾夫人一樣，是個堅定的大西洋主義者。德國儘管重視歐洲共同體，認為它是德國與過去決裂的表達和保證，但科爾也明白歐陸的安全有賴美國駐軍作為對抗蘇聯共產主義的碉堡。但是，他和柴契爾夫人缺乏化學反應。根據查爾斯．鮑威爾所述：「他引起了她對德國的所有恐懼。我想那是因為他的舉止。他說話盛氣凌人，讓人有種被一名德國人威嚇的感覺。」[10] 柴契爾夫人後來常常後悔對科爾態度欠佳，但「這種態度可以一路追溯到一種她從未清楚說出來的懼怕——懼怕德國有朝一日會重新崛起，按他在俾斯麥、德皇和希特勒統治下的方式行事」。

兩人從他們的大西洋主義得出各自不同的結論。在柴契爾夫人看來，歐洲至關重要的是避免做出任何會鼓勵美國削減駐軍的行動。反觀科爾卻沒有這種矛盾。他的使命是建立湯瑪斯．曼所說的歐洲化的德國，好讓其他國家不用害怕歐洲被德國化。在他看來，說服美國維持她對歐洲安全承諾的最佳方法是證明歐洲會在對抗共產主義的戰鬥中起作用。

在柴契爾夫人四年預算之戰結束後所作的非正式剖析中，有些最聰明的白廳官員認為那是強迫英國的夥伴——特別是法國——稍稍讓步的方式。其他領袖會道貌岸然拒絕討論布魯塞爾預算分攤比例問題，其實是為了捍衛本國的利益。英國的高付費符合她的夥伴們的利益，讓

＊古羅馬皇帝，是名充滿激情的暴君。

他們的占比可以封頂。柴契爾夫人堅持歐洲共同體「還錢」，這件事突出了觀點上的一個根本分歧。她的要求「公道」——付給歐洲共同體多少錢就應該有多少受益——有違團結一致的觀念，讓歐洲共同體的預算分攤變成一個零和遊戲。

當柴契爾夫人為爭取「退還款」而戰時，其他歐洲國家領袖正在商討法國常常稱之為「打造歐洲」的計畫。十年前，歐洲共同體六國的領袖曾經簽署一個把歐洲共同體轉型為歐盟的計畫。其中一個雄心壯志是創立單一歐洲貨幣。這計畫在英國正式加入歐洲共同體前三個月被通過，但希斯在一九七二年秋天的巴黎高峰會上同意讓英國加入計畫。隨著這個觀念重新浮現，歐洲需要一個更清晰的政治身分。柴契爾夫人卻步了。這些歐洲人呼籲創建一個「政治聯盟」是什麼意思？為什麼明明還有著許多貿易障礙，他們卻想要創立一個經濟和貨幣的聯盟？她認為他們只是搬出一套空洞詞令，對此不以為然。為什麼他們不聚焦在追求務實的進步，例如創立一個財貨和勞務的「真正共同市場」，反而堅持——就像他們一九八三年六月在斯圖加特高峰會上所做的那樣——發布一個「新的歐盟肅穆宣言」？英國的實用主義和歐陸願景的衝突自「歐洲煤鋼共同體」創立以來便已經存在，不過柴契爾夫人的疑慮現在面臨了巴黎、羅馬和波昂的進逼，他們呼籲把歐洲的一體化提高到另一程度。在她看來，這些目標超前她對歐洲共同體的觀念太多，也超前保守黨願意讓出的國家主權太多。她在布魯塞爾變得愈是有戰鬥性，她黨內的疑歐派就愈預期她會捍衛英國的主權。

一九八四年六月，預算協議在楓丹白露宮敲定，這時，歐陸的「遠視」和英國的「散光」

之間的緊張性看似不是無解。英國希望完成單一市場的計畫，一大原因是她的商業會比大部分國家從歐陸開放服務業市場獲益更多。她的大臣和手下官員逼她在歐洲高峰會上表現得更有建設性，所以她答應，她的歐洲政策不是只會事事唱反調。就像她後來在回憶錄裡所說的，在預算分攤的事擺平以後，她準備好用一種「表面支持歐洲共同體原則」的語言來包裝她對歐洲的觀念。在楓丹白露高峰會之後不久發出的一份文件〈歐洲：未來〉中，英國政府呼籲創建一個真正的單一市場。這項工作包括了統一歐洲共同體各國的產業標準、移除非關稅的貿易障礙和促進服務業專業資格的互相承認。為了避開英國只透過經濟角度看待歐洲的批評，柴契爾夫人也提出一些計畫來擴大歐洲的政治合作，以增加歐洲共同體在國際舞台的份量。擴大在安全事務上的合作將有助於強化北約聯盟中的歐方支柱。侯艾在一九八三年底也曾制定過類似的計畫，但現在隨著預算分攤爭論的塵埃落定和柴契爾夫人願意為這一類計畫背書，英國有一刻看起來已經準備好——不管有多小心謹慎——變得「更加歐洲」。

漢內是預算分攤談判團隊的核心成員，他認為解決預算紛爭是增進雙方關係所不可或缺：「我們不可能獲得讓人滿意的關係，除非是我們能解決預算分攤的問題。」錯失了的機會在楓丹白露之後來到。「我們從來不明白德法之所以能夠建立良好關係，是因為他們確實彼此讓步。我們從來沒有作出任何讓步。我們只是說：『你們必須同意我們所說的。』」[11]

各方在成立單一市場後合流。柴契爾夫人想要建立一個真正的自由貿易區。在一九八五年一月被任命為歐洲執委會主席的前法國財長迪羅則把單一市場看成一個平台，認為可以靠著這個平台推動更大的經濟和政治一體化。雖然不是柴契爾夫人心目中的執委會主席首選，她認為他是歐洲「較明智」的社會主義者之一。內閣大臣科克菲爾德——一個有相當貿易專業知識的技術官僚——被派去布魯塞爾，好在歐陸的夢想裡加入一些英國實用主義的成分。但建立共同市場的協議只會暫時遮蔽雙方的根本分歧。歐洲的未來在柴契爾夫人心目中本質上是政府間的。成員國之間會更加緊密合作，拆除跨邊界貿易和投資的障礙，與此同時不會把更多權力轉移給布魯塞爾。反觀迪羅則分享莫內建構歐洲機構和匯聚國家主權的願景。除了得到密特朗和科爾的支持，他還可以仰賴義大利人的熱忱。

後來，當保守黨議員讓自己置身於脫歐運動的前列時，他們將會把矛頭對準隨著單一市場而來的許多新規則和法規。他們說歐洲執委會和部長理事會是藉著單一市場的架構來奪取各國政府的權力。迪羅利用部長理事會的多數表決制讓布魯塞爾的統治深入各國。有些例子可以支持這種說法。歐洲共同體機構就像所有官僚機構一樣，想要積累權力。不過脫歐派有所不知或假裝不知的是，如果各國未能建立一致的標準和規範，自由化的單一市場將是不可能存在。部長理事會的多數表決制是唯一可以讓單一國家否決無效的方法，從而讓各國無法扭曲單一市場來保護本國的受寵產業。一個疑歐派絕不會承認的弔詭就是，柴契爾夫人需要迪羅。自由化只有在法規大量增加的情況下才可能存在。

柴契爾夫人想要用既有的條約來限制改變，但這種企圖被幾件事情擊敗：迪羅的精力、科爾和密特朗的雄心，以及義大利政府追求歐洲更大一體化以穩定其國內政治的需求。一九八五年，義大利總理克拉克西聚集了大多數的歐洲共同體成員國召開一個政府間會議，商討邁向一個更緊密歐洲的下一步驟。柴契爾夫人在一九八五年六月的米蘭高峰會的投票中敗陣，又在十二月盧森堡的第二次聚會中被包抄。她在一九八六年二月簽署的《單一歐洲法》訂定了在一九九二年十二月創立全面性單一市場的目標。它也恢復了經濟聯盟和貨幣聯盟的雄心，制定了外交政策合作的框架，又落實人員的自由移動作為經濟一體化的支柱之一。這些條文有些只是詞令，但這份新的條約標誌著歐洲共同體的未來方向，也預示了將要來臨的爭端。科爾告訴國會，各國領袖朝著更密切的整合「邁出了決定性一步」。最主要的是，這高峰會把一些國家的宏大雄心和英國錙銖必較的漸進主義的鴻溝突顯了出來。柴契爾夫人後來表示，她太低估了勢頭。她憤憤地說，迪羅一躍而成為了「牌局的主要玩家」。[12]

約翰・克爾指出：從在外交部流傳開來的首相演講稿的最新草稿看來，「我們進行的傷害管制行動看來正在邁向成功。」[13]克爾是白廳最明亮的未來之星之一，掌管歐洲科，精通白廳的政治。他所處的單位很多時間都是在澆熄唐寧街點起的火。在現在的個案，他的目的是趕在出事前拿走首相官邸的打火機。三個月前，迪羅被任命領導各國中央銀行行長組成的委員會，籌劃發行單一歐洲貨幣事宜。柴契爾夫人計劃在演講中尖銳對比她切合實際的歐洲主義和那些以為宏大願景就可以帶來「歐羅巴合眾國」的春秋大夢。

演講的第一篇草稿是由查爾斯・鮑威爾執筆，文中他對聯邦主義者火力全開，又毫無必要地補充說，在解散帝國的工作上，英國做得比法國和西班牙好。查爾斯・鮑威爾是大約五年前從外交部被調到首相官邸，但他後來卻把這借調的工作視為近乎志業，忠於首相要多於原部會。他佩服柴契爾夫人的勇氣和信念，對她的喜好有一種神奇的預感。演講稿的措詞隨著一次又一次的改寫而軟化。正如克爾指出的，演講稿的大部分內容雖然維持柴契爾夫人對任何帶有一點聯邦意味的東西堅定不移的反對，但已經沒有超出其他領袖預期的範圍之外。演講的調子傾向戴高樂主義多於反歐洲：

> 我的第一條指導原則是這樣：獨立的主權國家之間的意願和積極合作是建立一個成功的歐洲共同體的最佳途徑。設法打壓國家和把權力集中在歐洲集團的中心將會有高度的損害性，會破壞我們設法達成的目標。當法國是法國，西班牙是西班牙，英國是英國，各維持其習俗、傳統和身分時，歐洲會是最強大。設法把她們塞入某種千篇一律的歐洲身分中是愚蠢的。[14]

戴高樂幾乎不可能對這篇演講稿有怨言。只不過克爾放心得太早了。首相官邸後來又給演講稿加上兩句額外的話。首相新聞祕書厄姆把它們透露給媒體。它們相當於激烈批評迪羅建造一個超國家的野心。兩星期前，迪羅在布萊頓的工會聯盟年會上發表演說，讚揚了「社會歐洲」＊的角色，觸怒了柴契爾夫人。現在她出言駁斥：「我們成功把英國的國界廢除不是為了想要看見它們在一個歐洲的層次復立，不是為了想要看見一個歐洲超國家從布魯塞爾發揮新的宰制。」

日後，很多人將會把布魯日演講視為是柴契爾夫人對歐洲轉過身的起點。但她說的話明顯不是這樣：「英國不能夢想在歐洲共同體的邊緣享受某種舒適孤立的存在。我們的命運在歐洲，在作為歐洲共同體的一部分。」[15]她沒有決定要脫離歐洲共同體，她只是找到了一個需要去打敗的新敵人。不過她也許沒有想到，她的演講會強化黨內的疑歐主義，也會讓右翼媒體把他們對歐洲共同體的批評升級為一場聖戰。柴契爾夫人在打破英國印刷工會權力時和梅鐸是盟友，現在他們可以一起對抗歐洲的「國家主義」了。《太陽報》的頭條標題制定了戰號：「去你的，迪羅。」[16]克爾日後會指出，麻煩在於她已經從其他歐洲共同體成員國贏得了每一個可能的讓步，胃口被養得極大。「你們這些男人！你們好弱！」她在其中一次高峰會上曾經對手下的官員咆哮說。[17]這種指責除了針對她的顧問們，也是針對荷蘭首相魯貝士之類的盟友。同樣是柴契爾夫人，擺平了英法之間一個持續了一個多世紀的爭執。她同意密特朗所說的，兩個政府應該在他們的國家之間建立一個實體連結。英法海底隧道就在她發表布魯日演講的同一年動工。歐洲已經成為了她的新戰場。

＊指以社會政策聯合在一起的歐洲共同體。

「我不會讓比利時人來決定英鎊的價格！」柴契爾夫人這個怒氣沖沖的宣稱讓一九八九年西敏的一個私人茶會的來賓吃了一驚。[18]茶會由西敏的政治記者主辦（他們被集體稱為「遊說團」），本來是快樂的事，不過氣氛卻突然因為一件事而急轉直下。一個記者冒失地向首相指出，她也許很快就會向財相勞森的要求讓步，答應加入「歐洲匯率機制」，讓英鎊的匯率和歐洲其他國家貨幣掛鉤。鐵娘子對這個說法明顯不悅。她高聲說勞森是錯的，奉勸媒體應該少理會財政部的簡報。難道他們不知道政府無法透過固定英鎊的匯率來「擺平」外匯市場嗎？她為什麼單單會挑出「比利時人」來罵並不太清楚，不過她放出的信息毫不含糊——她叫媒體「少理會財政部」是提醒他們，根據憲法，英國首相擁有「第一財政大臣」的頭銜。柴契爾夫人不打算屈從於財相的決定，哪怕是勞森那樣強勢的財相。英國永遠不會參與迪羅用單一貨幣來取代國別貨幣的宏大計畫。柴契爾夫人已賣掉了不少國有資產。英鎊是英國與生俱來的權利。自一九四五年以來，她的每一個前任都力抗——只有偶爾成功——英鎊貶值的壓力。拉抬英鎊的需要一直都是經濟的阻礙。然而對柴契爾夫人來說，貨幣仍然是國家主權的重大象徵。

不錯，她是無須像前任那樣承受投機者對英鎊的攻擊。到了她入主唐寧街的時候，北海已開始開採石油和天然氣。這方面的收入不斷增加，讓英國擺脫了困擾戰後政府的其他收支危機。卡拉漢很快就會忿忿不平地指出，英國的經濟和財政狀況在他和國際貨幣基金組織在一九七六年一簽署協議之後就開始好轉。到了一九八〇年代早期，從北海源源流入的「油元」已經結束了經常帳和公共借貸危機。如果說柴契爾政府有遇到麻煩的話，那就是在她執政初期英鎊升得太快太多。這位英國首相對市場友好的經濟政策、強烈削減公共開支和借貸，以及大力打擊工會，皆讓英鎊重新得到國際投資人的青睞。不過到了一九八〇年代中葉，英鎊被美元價格大幅度擺盪所引起的貨幣危機糾纏。財政部曾嘗試用貨幣供給目標來引導經濟，但以失敗告終。隨著經濟火熱（這是受惠於勞森的減稅），財政部希望有穩定的英鎊可以作為政策的基石。勞森鼓勵柴契爾夫人支持英鎊加入「歐洲匯率機制」，這機制為歐洲各國貨幣提供固定但可定期調整的匯率。當這個系統在一九七八年建立時，卡拉漢政府曾答應追求匯率的穩定，但拒絕固定英鎊的匯率。柴契爾夫人在野時曾嘲笑卡拉漢太過膽小，但執政之後卻把這個問題擱在一邊。

粗糙的貨幣主義指導了一九八〇年代初期的英國經濟政策，而作為這種主義的早期使徒，勞森曾經目睹控制貨幣供給和壓抑通貨膨脹之間關係的崩垮。英鎊價格的急升讓出口商品失去競爭力，導致一大片製造業市場讓給了外國競爭對手。但到了一九八〇年代下半葉，勞森還碰到了另一個麻煩。因為急於顯示自己是個有改革決心的財相，他在推出去監管的政策之外還推出財政擴張，這導致了消費者貸款和支出的急增，很快就帶來了經濟衰退。他把穩定經濟列為優先要務。他斷定，他的武器庫中最後一項武器就是讓英鎊的價格盯住德國馬克。「歐洲匯率機制」容許一定的彈性，英鎊可以在彼此同意的限度內升值和貶值。又如果經濟大環境有所改變，政府也可以尋求其他成員國同意調整匯率。

對勞森來說至關重要的是把英鎊的命運連結於堅強的馬克以恢復政府反通膨政策的信譽。

但在柴契爾夫人看來，這一步跨太大了。她認為「歐洲匯率機制」是邁向迪羅所籌劃的單一貨幣的一步。事實上，勞森企圖讓英鎊的價值跟馬克、法朗、里拉和其他貨幣掛鉤完全無關單一貨幣計畫。他對迪羅的藍圖就像英國首相一樣滿懷敵意。然而他的經濟政策急需一個可靠的架構。他也不打算讓他的計畫被首相阻撓。

勞森和柴契爾夫人針對英鎊交鋒了兩年，期間勞森設法讓英鎊緊盯著德國馬克，哪怕他的女老闆禁止他正式加入「歐洲匯率機制」。在這位財相的指令下，每逢英鎊眼見就要超出財政部設定的價位，英格蘭銀行就會出手干預。雖然柴契爾夫人沒有被正式告知這項政策，但她幾乎不可能對勞森的自作主張不知不覺。與此同時，密特朗和科爾繼續推行他們的單一歐洲貨幣計畫。隨著他們開始把商品和勞務的單一市場變為現實，英國的夥伴們對一個貨幣聯盟將會讓歐洲成為一個經濟超級強國表達了新的信心。勞森是個習慣自行其是的政治家，他和柴契爾夫人的衝突既是有關「歐洲匯率機制」，也是有關他的自我。他徵得侯艾的支持。這位外相也暗自擔心，唯恐柴契爾夫人事事和布魯塞爾唱反調將會讓英國自外於歐洲主流。一九八九年夏天，歐洲高峰會在馬德里舉行的前夕，這兩位大臣到唐寧街十號向首相呈遞一份最後通牒：如果她堅不軟化她對「歐洲匯率機制」的觀點，他們將會辭職。柴契爾夫人被迫作出戰略性撤退。日後她將會稱此事為造反。[19]

沒有大臣比侯艾和勞森處於柴契爾夫人的計畫中更核心的位置。在她第一屆首相任內擔任財相，侯艾發起了後來成為柴契爾主義正字標記的經濟自由化。他無懼政治反彈，推行一種強硬的反通膨節約措施，不理會失業人數高達聞所未聞的三百萬。舉止溫和、深思和發自本能地忠誠，他在外相任內努力節制英國首相較為破壞性的本能（特別是在她和布魯塞爾交戰期間），又勸導她對蘇聯採取較不對抗性的態度。他在這兩方面都取得顯著的成功，但從不讓自己成為對首相權威的威脅。隨著年月的過去，他發現柴契爾夫人對他的謹慎明智建言的回報，是從輕蔑到訓斥不等。這些斥責——侯艾都是默默接受——並不只是發生在兩人私下會面時。大臣們和白廳官員對首相習慣在內閣同僚面前羞辱侯艾感到極端不自在。當時她手下一個高級官員形容：「她是個惡霸——毫無掩飾的惡霸。」[20]柴契爾夫人日後將會說侯艾太過靦腆，更糟糕的是他受到了外交部的挾持——在她看來，外交部是個熱心於取悅外國政府多於本國政府的部會。

但她也擔心他在搞陰謀，對她不利。隨著時光流轉，她對待同僚的粗魯方式讓她在唐寧街愈來愈孤單。隨孤立而來的是疑神疑鬼。她認為侯艾也許會想要推翻她。勞森為民營化和去監管化政策——它們標誌著跟所謂「巴茨凱爾」戰後共識*的決裂——提供了思想份量與政治熱情。他的自信心不亞於任何內閣成員，一點都沒有侯艾的懦怯。柴契爾夫人日後在回憶錄裡說他「深知自己的長處」。[21]她對他沒有什麼好抱怨的，透過出售老舊的國有企業和自由化金融

＊指戰後英國政黨支持的社會經濟模式，此共識鼓勵國有化、強大的工會、嚴格的監管、高稅收與廣泛的社會福利。

市場，勞森實現了她對一種「人民資本主義」*的承諾。

侯艾逐漸厭倦了收拾柴契爾夫人在歐洲共同體留下的爛攤子。一九八七年大選的勝選讓柴契爾夫人更深信自己既不可少又所向無敵。她的獨裁風格讓國防大臣夏舜霆在一九八六年憤而辭職。他是內閣的「巨獸」之一，也是未來首相的矚目人選，一向對英國的參與歐洲充滿熱情。他在首相愈來愈敵視布魯塞爾的時刻回復後排議員身分預告了保守黨的黨內分裂。柴契爾夫人愈來愈覺得自己不需要內閣閣員的建言。先後擔任過內政大臣和外務大臣的赫德保持禮貌地說：「她的勝利慣壞了她的判斷力。她愈來愈聽不進去除掌聲之外的任何聲音。在她身上，讓我們所有人為暫緩說出心裡話而設的煞車皮磨到危險地薄。」[22]

因此，內閣閣員愈來愈不願意冒險挑戰她的意見，免得引發她的怒氣。唐寧街漸漸變得像宮廷，而這種印象又因為柴契爾夫人愛用帝王自稱「we」來稱自己而加強。只有她親密圈子裡的人，如查爾斯·鮑威爾、新聞祕書厄姆和一、兩個政治幕僚，膽敢偶而提出相反的建議。其他人很少冒這種險。一九八八年期間，政府立法要用統一費率的人頭稅來取代地方政府財產稅，勞森站出來反對，指出此舉是一種政治「瘋狂」。他的大部分同僚都看得出來，用一種公爵和清道夫交一樣多的稅來取代一種跟財產價值關聯的稅項是一種政治自殺，但他們選擇把勇氣留著來為自己部會的計畫奮戰。人頭稅推出之後，民眾走上街頭，倫敦發生暴亂，其他地方也拒絕繳交。這些憤怒抗議對柴契爾夫人的下台起了重要作用。她拒絕傾聽，堅持有說服群眾的工作需要做，鐵了心把新稅法繼續推下去。

馬德里最後通牒之後不久，她就解除侯艾的外務大臣職位作為報復。他被委以上議院議長和副首相的榮譽閒職，晾到一邊。為了制衡勞森，她把她的前經濟顧問華特斯爵士召回唐寧街十號。華特斯清楚表明政府不打算被「歐洲匯率機制」蠱惑。一九八九年秋天，勞森辭職抗議華特斯的攪局。政治聲譽這回事變幻不定。勞森兩年前才被譽為政府的指導性思想力量。

柴契爾夫人的經濟革命在世界各地受到模仿，但它在國內卻走入了死胡同。隨著成長停滯和通膨飆升，勞森的遺產讓人聯想起戰後幾十年一種讓人熟悉的模式：通貨膨脹隨著經濟成長接踵而來。這讓柴契爾夫人在政治上被削弱，但她仍然拒絕節制自己的本能。她日後會指出，她和其他歐洲國家領袖的衝突是兩種彼此競爭的願景的衝突——她自己的願景是一個由自由企業組成的開放歐洲，其他人的願景是一個聯邦主義、經濟管制主義和官僚化的歐洲。其中也有個人因素存在。克爾指出：「事實上真正要緊的事情是她和科爾不對盤。她不喜歡他，他也不喜歡她。」[23] 一九九〇年秋天，她的挫折感炸開了。在向下議院報告羅馬一次高峰會的結論時，她奚落了迪羅建立一個歐洲超國家的野心。她是怎樣回答這位歐洲執委會主席的？「不行，不行，不行！」她這樣告訴議員們。[24] 侯艾心碎了。

很多年前，工黨內閣大臣希斯曾經把侯艾的議會表現比作「受到一隻死綿羊的猛烈攻

---

*在二十世紀中流行於美國的概念，指人民透過股票交易持有大量公司的股權，如此彷彿人民控制公司，人民也是資本家。

擊」。然而在一九九〇年十一月作出簡短的辭職演說時，他的演說卻是下議院歷來最有殺傷力的演說之一。「首相看待歐洲的態度正在讓我們國家的未來面臨愈來愈大的危險。她讓我們的影響力最小化，讓我們再次被摒諸門外的機會最大化。」接著他描述了首相是怎樣對待自己的大臣們：「情形就像開局打者被派到擊球線去，看著第一批球投過來的時候，他們才發現他們的球棒在比賽以前就被隊長折斷了。」[25]寥寥數語道出了從保守黨後排議員到內閣閣員的憤怒和不滿。

柴契爾夫人在政府內陷於孤立，對外又因為人頭稅和黯淡經濟前景而為人民所不滿。保守黨下手不容情。與她可能會讓黨輸掉第四次大選的疑慮相比，她曾為黨贏得過三次大選的功勞不值一提。夏舜霆挑戰她的黨魁地位，而柴契爾夫人在第一輪投票中要差一點才贏得決定性勝利。她一個一個召見內閣大臣，他們大部分都斷言她會在第二輪投票輸掉。所以在當了唐寧街十一年的主人之後，她接受自己必須下台的事實。梅傑和赫德參加了黨魁的角逐，前者把夏舜霆打敗。辭職那一天，柴契爾夫人向下議院報告了她參加「歐洲安全和合作會議」的經過：這會議上國際領袖雲集，標誌著冷戰的正式過去。所以，鐵娘子至少可以以打敗蘇聯共產主義居功。她的報告表演精采（她一度宣稱「我很享受這個報告」），但她的大臣們擠在下議院前排座位，瞪著自己的腳看。《每日快報》的頭條這樣問道：「他們幹了什麼？」

答案將會在接下來幾十年揭曉。保守黨疑歐派的主導情緒仍然同時是優越感和不安全感。第一種感覺扎根於英國的「島國故事」的特殊主義，英國被認為可以在世界上獨闢蹊徑而毋須和鄰居拉交情。第二種感情根植於害怕：布魯塞爾固然是一個陰謀，設計來顛覆英國的自由和窒息英國的野心，但英國又承擔不起被拋下的代價。在柴契爾夫人作為歐洲參與的堅定支持者出發時，便已經關注著這兩種感情。隨著她的辭職，保守黨內戰的第一聲致命槍聲響起，在超過四分之一個世紀後，英國把自己趕出歐洲。柴契爾主義和疑歐主義匯流在了一起。她的支持者將永遠不會原諒她被趕下台。

第九章　王八蛋們

一九九一年十二月的一個寒冷凌晨，英國記者在荷蘭小鎮馬斯垂克無聊地等待，預期會有壞消息。歐洲領袖的高峰會一直持續到深夜。他們是要談定一紙新的《歐盟條約》的條件，大家預期梅傑要不是會被孤立，就是會被他的歐洲夥伴們懾服，乖乖聽話。然而當一個睡眼惺忪的首相官邸官員最後出現在媒體中心時，他的態度洋洋得意。對梅傑來說，這次談判是一次勝利。新條約——核心是德國和法國在冷戰之後的重大政治協議——鋪平了通向單一歐洲貨幣的道路和把歐洲共同體的職權擴大至涵蓋政治和安全事務。梅傑自己稱條約為英國的一次重大勝利。「我們沒有讓出什麼，也沒有損失什麼。」他說。經過幾個月的緊繃之後，談判以握手而不是相互指責作結。

那是某種勝利。不過，馬斯垂克高峰會將會證明是英國和歐陸關係的一個轉折點，是一個保守黨覺得自己被「歐洲」折磨的開始。《馬斯垂克條約》規定分三階段推進歐元，務求在十年後以歐元完全取代德國馬克、法國法郎、義大利里拉和其他歐洲國家貨幣。它創造了兩根歐洲各國政府合作的新支柱：一根是在外交和安全事務上，一根是在司法和內政事務上。它也賦予布魯塞爾職權去制定適用於整個歐洲共同體的社會標準和勞動標準——所以英國議員稱歐洲共同體為「社會歐洲」。為標誌它的職權擴大到經濟之外，歐洲共同體重新正式更名為歐洲聯盟。協議也把歐洲公民的概念法典化，令其有別於由各個國家賦予的國民身分。以上的計畫無一獲得梅傑的保守黨政府的熱心支持。正好相反，英國反對單一貨幣和擴大社會標準，對歐洲在外交、防衛和司法事務上的更大角色充其量半溫不熱。梅傑所號稱的勝利基本上是一種消極的勝利，是指英國成功迴避了參與歐陸國家的計畫。

在其官員興奮的視角看來，這位英國首相化腐朽為神奇。在唐寧街看來，這次勝利是英國特殊主義的一個勝利。歐洲共同體其他國家都決心對邁向一體化作出新的躍進。單一貨幣是法國同意德國統一的要價，更大的政治合作是德國同意讓歐元取代馬克的喊價。英國獲得了足夠多「選擇退出」的選項和制度性保護，讓她可以占盡好處。她可以袖手旁觀而不犧牲她在布魯塞爾的地位和聲音。對梅傑來說，協議最關鍵的條款是讓英國可以不用參加歐元（可等到單一貨幣正式推出後再考慮是否加入），以及讓英國永遠不用接受「歐洲社會憲章」的規範。《馬斯垂克條約》將新的歐洲策略正式化，允許英國不參加她認為有損國家主權的計畫卻又保證她維持影響力。據英國外交官達洛克回憶，當時英國人感覺自己找到和歐洲共同體相互關係的新架構。「我們覺得我們在新的歐洲地貌上建立了一種英國特殊主義的模型，感覺我們能夠兩者兼得。」[1]

這種策略受到保守黨政治的驅動。柴契爾夫人對於單一歐洲貨幣的執拗敵意是她下台的主要原因之一。不過，支持她的疑歐派保守黨議員自此重新集結在她的軍旗底下。因為預料自己日後會在黨內遇到的麻煩，梅傑前往馬斯垂克之前曾經和黨內的疑歐派——包括就業大臣霍華德之類的閣員——就他可以在高峰會上答應多少要求進行過艱難的談判。梅傑相信他在馬斯垂克的面面俱到將會讓他的批評者噤聲。

柴契爾夫人因被趕下台而忿忿不平，又不滿梅傑對歐洲較正面的態度，她並不想讓繼任者好過。出任首相三個月後，即一九九一年三月，梅傑尋求美國總統的支持。兩人在百慕達會面，而布希極想知道梅傑黨內談判的進展。梅傑承認談判一塌糊塗。他告訴布希，柴契爾夫人反對他親近德國人。貨幣聯盟是個大問題。法國人想要把德國綁在歐洲，而科爾想要顯示德國是一個好歐洲人。梅傑認為他贏不了。雖然在馬斯垂克，他看來像是成功完成了高難度的任務。

梅傑的外交事務經驗很淺。他在一九八九年當過三個月的外務大臣，然後柴契爾夫人就把他調為財政大臣。當他在一九九〇年十一月取代她的位子後，走馬燈般發生的事件讓他沒有時間學習外交事務。不到兩個月，他就帶領國家進入了戰爭。一支四萬五千人左右的部隊在沙烏地阿拉伯集結，支持美國領導的聯軍，準備要把海珊的伊拉克陸軍驅逐出科威特。海珊是在一九九〇年八月奪取科威特這個波斯灣小國，自此之後不理會聯合國安理會要他撤兵的要求。柴契爾夫人是其中一個激勵布希聯合國際力量趕走海珊的人。她在八月底一通著名的電話中告訴美國總統：「沒時間左搖右擺了，喬治。」當時包括國務卿貝克在內的很多布希政府要員都明顯對使用武力感到猶豫。

白宮和唐寧街之間的辯論延續到了十一月初。當時貝克去了倫敦一趟。他告訴柴契爾夫人，布希決定要取得聯合國的另一個授權作為軍事行動肯定的背書。據貝克向布希的報告，柴契爾夫人對布希的設想「極為存疑」。她警告說，為海珊設下最後期限將會增加盟軍受到化學武器攻擊的風險，而且一個新的聯合國決議一定會有很多但書，讓盟軍的「行動自由受到限縮」。十多年後，這兩個角色將會調轉過來。在第二次波灣戰爭爆發之前，布萊爾敦促小布希取得聯合國的首肯。後來，小布希因為未能取得這種首肯，讓第二次波斯灣戰爭是否依法有據成為了熱烈辯論的問題。但在一九九〇年的時候，老布希卻不理會柴契爾夫人的不耐煩，耐心等到了聯合國的第二個決議，讓他的戰爭獲得了二〇〇三年戰爭所缺乏的合法性。

梅傑和布希的關係要更加融洽，因為他們都是對決策採取謹慎態度的政治家。第一次波灣戰爭的成功是以華府努力組織盡可能大的國際同盟為基礎。到了戰爭在一九九一年一月開打的時候，有超過三十五個國家支持聯盟。除沙烏地阿拉伯以外，派出軍隊的還包括法國、敘利亞、巴基斯坦、埃及、澳洲和加拿大這麼大相徑庭的國家。最重要的是，軍事行動在伊拉克部隊一被驅逐出科威特後就叫停。老布希決定抗拒用武力改變政權的誘惑。小布希在二〇〇三年推翻海珊之後在伊拉克引入的混亂見證了他父親的智慧。緊接在一九九一年的戰爭之後，梅傑取得了一個重大的外交成功。話說海珊被聯軍打敗之後，把矛頭對準伊拉克的少數族群庫德族人。他不分青紅皂白攻擊庫德族人的畫面很快就在世界各地的電視新聞成為頭條。四月，梅傑在盧森堡舉行的歐洲共同體高峰會提出一個計畫，要動用西方的空中武力為伊拉克境內的庫德族人創立一些「禁航區」。在得到其他歐洲國家支持之後，他把這個想法帶給華府。雖然自詡為歐洲和美國之間橋梁，但英國通常是自視為華府在布魯塞爾的發言人，這次卻是例外。從外交部調任梅傑私人祕書的史蒂芬・沃爾後來指出：「有關庫德族的倡議是極少數英國首相充當從歐洲通向美國的橋梁的例子之一。」[2]

不過大多數時候，跨大西洋橋梁都是以另一個方向行進。當梅傑在一九九〇年十二月在大衛營和布希見面時，這位新任英國首相賣力向總統保證，英國反對德法所提出的，讓歐洲共同體在防禦事務上負更大權責的建議。美國認為這種發展會侵蝕北約組織，所以不樂見。梅傑表示他已經提出了一些替代建議，限制歐洲和「西歐聯盟」*更密切的合作。根據白宮的會議紀錄，梅傑表示：「我不喜歡歐洲共同體扮演防衛的角色。歐洲共同體裡因為有例如奧地利之類的中立國而讓這種角色顯得不恰當……我們並不共享某些人想要給予歐洲共同體防禦角色的宏大野心。」三個月後，當英美兩國領袖在百慕達慶祝波灣戰爭的勝利時，梅傑表示他就像布希一樣擔心英國無法阻擋德法的倡議。最大的問題在於法國。密特朗鐵了心要推防禦合作方案，而科爾抗拒不了這位法國總統。

有愈來愈多保守黨議員為柴契爾夫人對歐陸上外國人的桀驁不遜歡呼鼓掌。她在他們眼中

* 「西歐聯盟」是西歐各國以一九四八年《布魯塞爾條約》為基礎而成立的軍事暨防衛性組織。

成為了烈士。這時的梅鐸如果有什麼改變的話，那就是對所有歐洲的東西更加敵視。出生加拿大的「電訊媒體集團」老闆布萊克鼓勵柴契爾夫人指控逼她下台的大臣和議員。所以，把她趕下台的親歐派議員的勝利是短暫的。柴契爾夫人的死對頭夏舜霆是保守黨內最熱中看見英國參與歐洲決策的人之一。作為白手起家的富商，他在一九八六年威斯特蘭事件期間的辭職是一次為歐洲所作的力爭。當時他想要把軍用直升機訂單交給一家歐洲聯合集團，以此保護英國的高科技國防能力，對抗美國國防工業巨人，但柴契爾夫人卻把訂單交給美國人。這場爭執標誌著她最終將會倒下的理由。

夏舜霆把歐洲看作——柴契爾夫人一度也是這樣看——重建英國經濟實力的拍檔。柴契爾夫人認為自己是國家回春的推手。歐洲的統合主義是她對英國固有產業的「讓市場自行其是」方針的敵人。柴契爾夫人從不是一般意義下的保守黨人，意即她不是那種會去在乎傳統和歷史悠久的制度，並重視公民參與和社會小單位*的政治家。她的各種衝動——不管是粉碎工會、私有化大批國有資產、對倫敦金融城的去監管化或捍衛個人高於社會的觀念——都是一個專門樹敵的政治家的衝動。隨著時光流轉，歐洲變成了她的頭號敵人。被柴契爾主義吸引的新一代新兵把保守黨推向了同一個方向。隨著傳統主義的「鄉村保守黨人」退休，他們的議席愈來愈多是由揮舞柴契爾夫人意識形態軍旗的人接替。

鐵娘子錯看了他的繼承人。梅傑的內閣同僚日後將會忿忿地表示，他是「不著痕跡地崛起」，每跨出一步都小心避免被貼上意識形態的標籤，不讓自己樹敵。「他可以是任何你想要的人。」另一個大位角逐者的競選總幹事在選戰進行得如火如荼時這樣說。[3]梅傑一點也不手軟。前外交官史蒂芬・沃爾在講述歷屆英國政府的歐洲之爭時指出，梅傑是用一把「短劍」把敵人擺平的。[4]不管多擅長流露通情達理和常識，梅傑吃過不少苦頭。父親是音樂廳表演者而他又是在倫敦南區的布里克斯頓長大，他對不知民間疾苦的同僚嗤之以鼻。他有一次這樣奚落勞森：「他不知道星期四便把錢用光是什麼感覺。」[5]

他對歐洲的態度基本上是功利性。他既不是歐洲夢的擁抱者，也不是疑歐派。柴契爾夫人在欽點他為繼承人的時候，誤以為他是疑歐派。他會選擇夏舜霆作為副手、重新任命親歐派赫德作為外務大臣和選擇「舉國一致」領導者彭定康作為保守黨主席，皆顯示出他至少希望修復英國和歐洲之間被柴契爾夫人炸斷的橋梁。

他在一九九一年四月的演說中指出，他的目的是讓英國「居於歐洲的核心」。和德國總理科爾的關係相當容易修復。梅傑並不像他的前任一樣對德國勢力有著發自內心的恐懼，那種恐懼令人保持清醒。至於和歐洲更廣泛的關係，梅傑的觀點是以現實主義為基礎。就像他在一場為馬斯垂克談判彩排的辯論中對下議院所說的：「事實上我們只有三種對待歐洲共同體的方式。一是離開，這樣的話我們無疑還是可以生存，但我們的影響力和繁榮將會衰退。其次是不情願地留在其中，但那樣的話它就會是由其他人領導。又或者我們可以在其中扮演一個領導角

＊小單位（little platoons）指家庭、教會、地方社群等。

色，而這才是正確的政策。」[6]柴契爾夫人是因為意識形態的理由反對歐洲單一貨幣，但根據沃爾的說法，梅傑的觀點則是基於現實政治考量：「梅傑看出來某種形式的歐元是無可避免，所以如果英國的夥伴們鐵了心要繼續前進，他不準備打一場贏不了的仗。」[7]

英國的改變並沒有化解波昂或巴黎的疑心。不過她倒是讓科爾和密特朗願意妥協，遷就梅傑所面臨的政治難題。為了安撫黨內的反對派，梅傑讓德法同意，外交和防禦的合作應該由一根新的「政府間」支柱而不是由布魯塞爾的超政府機構主持。各國政府對決議保留一票否決權。同一種安排也出現在打擊跨國犯罪和恐怖主義愈來愈多的合作上。說話中聽也進一步讓英國被豁免於「歐洲社會憲章」之外。接下來的年月，在一九九〇年代認為歐洲共同體力推外交與國防合作會動搖英美聯盟的擔心被證明是沒有根據的。「西歐聯盟」靜靜地解體，而《馬斯垂克條約》中的「支柱性結構」也在後來的條約中被丟棄。布萊爾將會成功說服美國，歐洲更緊密的防禦合作將是會強化而非弱化北約組織。然而梅傑掩蓋了一種持續性的緊張。當英國選擇退出歐洲最雄心勃勃的計畫時，她很難宣稱自己是正在領導歐洲走入後冷戰的世界。梅傑很快就會發現，談判《馬斯垂克條約》要比想辦法讓它在下議院獲得通過容易得多。

《馬斯垂克條約》簽訂的四個月後，梅傑在大選獲勝。這推翻了選前民調所預測的，選民在保守黨執政了十三年之後已經準備好換人做做看。民調會這樣預測，是因為當時國家仍沒有擺脫勞森的經濟繁榮的宿醉，而且大多數評估都認為工黨領袖金諾克已經做得夠多，足以擺脫該黨在一九八〇年代初期向左轉之後的後遺症。除了採取一種較為中間路線的經濟立場以外，金諾克也拋棄了單邊核子裁軍的政策，以及把工黨重塑為一個親歐洲的政黨。歐洲執委會主席迪羅所追求的社會計畫——那是柴契爾夫人布魯日演講的怒氣的來源——改變了歐洲在很多左派人士眼中的形象。歐洲共同體一度被視為一個資本家的俱樂部，但迪羅把它重新包裝為社會規範（social standards）的捍衛者。然而選民對工黨的經濟政策仍然有疑慮，而到了大選的時候，他們認為梅傑對柴契爾夫人政策的改變已經足夠。

梅傑的勝利是甜中帶苦的。柴契爾夫人是以一百零二席的多數贏得一九八七年的大選，梅傑則只獲得二十一席多數。這表示，只需要少數國會議員即足以脅持政府。被升格到上議院的柴契爾女男爵對大部分歐洲的東西愈來愈有敵意。如果一帆風順，梅傑本來可以維持他在馬斯垂克的精妙平衡姿態，但所有事情加起來對他不利。一九九二年六月，丹麥人民在公投中反對批准《馬斯垂克條約》，這讓條約的未來成為了懸念，因為條約需要十二個國家的每一個都批准才能夠成立。然後疑歐派主張英國應該繼丹麥之後拒絕批准條約。接著，才過了三個月，梅傑政府遭金融風暴重創。

市場把一九九二年九月十六日命名為「黑色星期三」。事實上，就是在這一天，梅傑輸掉了他在近五年後即一九九七年舉行的大選。對英鎊排山倒海的國際投機賣壓幾小時內就讓英格蘭銀行破產，讓貨幣投機者索羅斯賺了十億美元，也讓政府作為能幹經濟守護者的信譽蕩然無存。英鎊的貶值和英國的被迫離開「歐洲匯率機制」將會被證明是保守黨就歐洲問題所打的內戰的轉捩點。梅傑在貨幣市場的敗北讓保守黨對歐盟的反感更加牢固，是為導致脫歐造反的開端。隨著保守黨造反派動員反對《馬斯垂克條約》，政府的未能保持英鎊與馬克的掛鉤標示出了布萊爾在五年後勝選的路徑。另外，這也跟卡麥隆答應讓公投決定英國是否留在歐盟的承諾有直接的關係。果實由強生、戈夫和他們的脫歐派在二〇一六年收割。

柴契爾夫人在一九九〇年秋天答應讓英國加入「歐洲匯率機制」，當時離她下台只有幾星期。因為失去勞森而傷了元氣，加上人頭稅和黯淡經濟前景讓她不得人心，她勉強接受當時的財相梅傑所說的，在經過勞森的大通膨之後，財政部穩定經濟的努力已經用盡所有可能的選項。經濟正在邁向衰退，通膨率接近一成。財政部在一九八〇年代初期奉行的粗糙貨幣主義業已被丟進了經濟思想的垃圾桶。如果政府想要恢復信譽，需要一個可靠的基石來穩定經濟，對抗通膨風暴。把英鎊的價格盯緊德國馬克，將可重建金融市場的信心。英鎊將會在一英鎊兌二點九五馬克的固定匯率的上下微微浮動。加入「歐洲匯率機制」的最初衝擊是讓人高興的，此時通膨開始減速，利率開始下降。但接著事情出了差錯。兩德統一所產生的壓力翻轉了德國的政策優先順序。獨立的德國聯邦銀行被迫專注於阻遏因為西德吸收了東德而引起的通膨壓力。在英國，經濟衰退和不斷增加的失業率也取代通膨成為了主要的挑戰。所以當對德國來說相對高的利率是正確的政策選項時，英國的合理做法卻是削減借貸成本。到了一九九二年夏天，這種緊張關係表現為英鎊在「歐洲匯率機制」內的貶值壓力。

因為唐寧街十號需要重新裝潢，梅傑曾經短暫搬到白廳的海軍部大樓居住。自從唐寧街十號的花園挨過愛爾蘭共和軍迫擊砲砲擊之後，首相官邸的安全已經經過升級。然而，海軍部大樓這臨時住處卻缺乏首相通常隨手可得的通訊設備，如通訊社的新聞螢幕、市場資料和安全電話線等等。因為缺乏即時的資訊，所以當首相召集閣員應付九月十六日颳起的英鎊風暴時，情形近乎有一點滑稽。內政大臣克拉克後來回憶說，他們無聊地在黑暗中等待，財政部和英格蘭銀行的官員匆匆往返海軍部大樓，一小群部長被派去找一台短波小收音機以便可以知道貨幣市場的即時變化。英格蘭銀行副行長喬治從針線街帶來了一台小的手機，可每分鐘顯示匯率的變化。財相拉蒙特在海軍部大樓和財政部之間往來奔波。

拉蒙特兩次宣布提高利率，企圖阻止英鎊的拋售，卻毫無用處。事實上，這場仗早在把閣員召集到海軍部大樓之前便已經輸掉。就像克拉克日後說的，他們聚集在海軍部大樓只是為了「把手放在血泊裡」，也就是說是為了自卡拉漢受辱於國際貨幣基金組織以來政府最大的經濟敗筆分擔責任。*8 到了下午當大家都同意賽局已經輸掉，英鎊不再可能盯緊馬克之後，英格蘭銀行已經耗盡錢財。幾個月來，它一直透過和其他中央銀行（特別是德國聯邦銀行）的祕密安排，拉抬英鎊的價格。單是九月的頭兩星期，英格蘭銀行企圖守住英鎊的價位，就花費了大約三百億美元的黃金和外匯儲備。當全部錢花完之後，英格蘭銀行的儲備金是自大戰結束以來

*莎劇《凱撒》描述，刺殺凱撒的元老院元老把手放在死者的血泊裡以示分擔責任。

的第一次淨虧損：高達一百四十億美元。用貶值了的英鎊買回美元與黃金需要花納稅人的錢：按照財政部的保守估計是三十億英鎊，按資深白廳官員的估計是五十億英鎊。但更重要的是政治後果。工黨為一九七六年國際貨幣基金組織危機所付出的代價是在一九七九年的大選敗選。「黑色星期三」粉碎了梅傑政府經濟能幹的聲譽，讓保守黨的疑歐派聲勢大振，最後也讓保守黨在一九九七年的大選重演了卡拉漢的工黨在一九七九年的慘敗。

就像艾德禮在一九四九年和威爾遜在一九六七年的那樣，失敗是驕傲導致的。讓英鎊盯住馬克在一九九〇年看似是一種明智的經濟政策。但有鑑於英德兩個經濟體後來的分道揚鑣，一英鎊兌二點九五馬克的價位在一九九二年便應該看得出來是維持不住。英國需要降低利率來把經濟拉出衰退，德國需要升高利率以支付統一的代價。解答應該是調整匯率，降低英鎊兌馬克的價格。梅傑的錯誤在於把貶值視為一種失敗。市場測試英國政府守住原有匯率的決心愈是有侵略性，他就愈是不動如山。「黑色星期三」幾天前，在對英國工業聯合會的蘇格蘭會員演講時，這位首相把英格蘭銀行和自己的聲譽押在了守住英鎊的價位上。他告訴一群實業家聽眾：

> 在我成年之後，我看見政府因為市場問題或者政治壓力被迫放棄對低通膨的高尚追求。當我把打英鎊帶入「歐洲匯率機制」時，我並沒有心存幻想。我當時說加入並不是一個容易的選擇。容易的選擇是貶值者的選項，是通膨的選項，而依我的判斷，那樣做將會在這一刻出賣了我們的未來，而我斬釘截鐵告訴各位，那並不是政府的政策。[9]

他取笑威爾遜在一九六七年所作的貶值，然後引用大經濟學家凱因斯的話說：「沒有比弄垮貨幣*更不著痕跡，更有效的方法來推翻既有的社會基礎。」「弄垮貨幣」這話讓他縈繞於心。

「黑色星期三」除了是一個經濟的失敗還是一個外交政策的失敗，清楚顯示出白廳——主要是財政部——和它的歐洲夥伴們極端缺乏正確的互動。受到壓力的貨幣不是只有英鎊，法郎一樣陷入麻煩，里拉則早已貶值。英鎊脫隊後進行了一些較大的調整。這應該帶給英國的大臣和官員們的教訓是，在邁向「黑色星期三」的幾個月前，英國應該和「歐洲匯率機制」其他成員國進行政策協調，至少是跟德國政府和德國聯邦銀行緊密合作。然而，英國政府卻是孤高冷傲。財相拉蒙特從來不是「歐洲匯率機制」的熱情擁護者。他也不曾努力在歐洲建立關係，而當危機發生時，他沒有做什麼去贏得朋友和盟友。如果說他有做什麼，那就是威嚇德國，特別是威嚇獨立的德國聯邦銀行行長施萊辛格削減利率，希望這樣可以減輕英鎊的壓力。這種做法完全適得其反。德國聯邦銀行並不接受德國政治人物的指令，更遑論接受一個外國政府的指令。財政部和英格蘭銀行的高階官員同樣不願意和他們的歐洲大陸同儕打交道。和歐洲人建立深厚交情的想法和財政部「我們最懂」的本能心態背道而馳。市場最終在「黑色星期三」對英鎊發起猛攻，是斯萊辛格在接受報紙訪問時說了不利英鎊價格的話所觸發。我們並不清楚他有

*這裡的「弄垮貨幣」指把貨幣貶值。

沒有在英鎊受到猛攻之後感到驚訝。

很快地，保守黨的疑歐派就把英鎊的貶值視為一個解放時刻而非受辱時刻。他們認為這件事證明了企圖固定匯率的危險。英鎊大跌後所發生的經濟反轉被認為這證明了英國應該減低和歐盟的掛鉤，避免對單一貨幣有任何參與。事實上，「黑色星期三」標誌著英鎊在戰後滑落的可悲歷史的另一章。每次的貶值都沒有改善英國經濟的競爭力。德國的優越經濟表現是建立在堅強的幣值上。當新的聯邦德國建立時，一英鎊兌換大約十二馬克，但到了二〇一八年，一英鎊只值兩馬克。這一點並沒有讓敵視歐洲的人感到困擾。他們繼續把英鎊視為是國家的象徵。他們只認為「黑色星期三」顯示出英國加入建議中的單一貨幣有多危險。「拯救英鎊」變成了疑歐派的戰鬥口號。

梅傑叫他們為「王八蛋們」。那是一九九三年七月的事，當時他正身處爭取《馬斯垂克條約》通過的漫長戰鬥過程之中，也才剛剛挺過下議院的一次不信任投票。他在唐寧街接受「獨立電視新聞」政治主編布朗森的專訪。攝影鏡頭已經關掉，但錄音帶仍然在跑。出於憤怒和挫折，他在和布朗森的閒談中爆出「王八蛋們」幾個字。他說的「王八蛋們」是指那些和保守黨議員造反分子勾結，並力圖阻擋《馬斯垂克條約》通過的內閣閣員。他沒有指名道姓，但政治記者們毫無困難知道他們是誰。梅傑在西敏寺和記者的私人談話中已經砲轟過霍華德、萊利和波蒂略。[10] 梅傑和布朗森的談話被等著進行另一個訪談的ＢＢＣ技術人員錄下，透露出疑歐派的毒藥已經感染了政府高層。當布朗森問他為什麼不開除不忠的閣員時，梅傑回答說他在議會已經因為數量很小的多數議席綁手綁腳，「不想有多三個王八蛋在下議院搞事。詹森的名言是怎樣說的？」美國總統詹森曾經決定不開除聯邦調查局局長胡佛，理由是「讓他留在帳篷裡面向外尿尿八成勝過讓他站在外頭向裡面尿尿」。梅傑深知柴契爾夫人在煽動叛亂一事扮演了重要的角色。「王八蛋們」是在緬懷一個從不存在的黃金時代。

那場不信任投票是開始於一年多前一連串議會戰爭的最終場。在一年多前的一九九二年五月，有二十二名保守黨議員反對《馬斯垂克條約》。立法程序在丹麥公投不通過之後叫停，但又在丹麥第二次公投把決定易轉之後恢復。反對黨工黨現在由約翰·史密斯領導，他喜歡條約的內容，但梅傑談判得到的各種選擇退出事項，讓工黨可以有政治藉口在投票時採取一種投機態度·如果要在維持親歐洲的一貫態度和透過否決《馬斯垂克條約》而整垮政府之間作選擇，史密夫會選擇後者。反對黨和愈來愈多的保守黨造反分子勾結起來（後者是受到柴契爾夫人的公然鼓勵和內閣的「王八蛋們」較不公然的煽動），反覆地在立法通過《馬斯垂克條約》的過程中伏擊政府。一度有三十名保守黨議員加入了造反的行列，另有十名棄權。政府是靠願意拂逆黨意的反對黨議員的支持才維持多數支持。一九九三年七月，造反分子打敗了政府。挽救失敗的方法只有透過舉行不信任投票重提議案，如果他輸掉不信任投票，就會被迫舉行大選，到時保守黨肯定會敗選。政府的民望因為「黑色星期三」已嚴重受損，而一些補選的失敗也讓他本來就寥寥無幾的多數議席更見減少。

《馬斯垂克條約》在法國公投中驚險過關以後，創造歐洲單一貨幣的進程開始啟動，而英國照例選擇退出。梅傑贏了不信任投票，但卻沒什麼好慶祝的。《馬斯垂克條約》引起的戰爭已經強化了保守黨內的反歐意見。現在，柴契爾夫人成為了被稱為「布魯日集團」的疑歐派的掌門人。「布魯日集團」這個名字是源於她在一九八八年的演講。對她的很多支持者來說，對失位領袖的忠誠和敵視歐洲融合成為了一個使命：贏得對黨的控制權。被開除的財相拉蒙特奚落梅傑「在位但沒有當權」。[11] 波蒂略是「王八蛋們」中最有野心的一個，毫不知恥地角逐黨魁的位子。疑歐派成為了一個黨內之黨。他們有些人寧願看見英國從歐洲抽身多於看見保守黨繼續執政。如凱什、伊恩·史密斯和詹金斯等後排議員找到路徑進入電視攝影棚，為反歐運動搖旗吶喊。沒多久，他們就會從敵視歐盟的某一條約改為要求英國完全退出歐盟。

在西方的樂觀主義者看來，冷戰的結束和蘇聯的大體和平的解體創造了一個空前未有的機會。共產主義的失敗不只是資本主義西方的市場經濟的一個勝利，還是自由派民主的一個勝利。美國政治科學家福山用一本暢銷書捕捉住時代的這種心情。他的《歷史的終結》預言西方的價值觀將會橫掃世界。美國將會扮演一個良性的霸權，在受規則支配的國際體系中保障安全。歐洲共同體將會——至少許多政治家是這樣看——成為一股「規範性」力量，先是把它的後民族主義民主的模型和跨邊界合作的模型輸出到剛脫離前蘇聯帝國的東歐和東歐國家，再輸出到歐洲共同體的中東和非洲鄰國。以最粗略的筆觸繪畫，這個美麗新世界將會把兩次大戰終結的十九世紀國際關係權力均衡模型和二元性的冷戰對抗拋在身後。

這種樂觀不無道理。蘇聯的垮台打破了聯合國安理會的冷戰僵局，讓三個西方常任理事國——美國、英國和法國——的提案不再一律被莫斯科否決。中國按照鄧小平擘劃的道路，開始將自己整合於國際經濟。前共產國家紛紛排隊等候加入歐盟。老布希在第一次波斯灣戰爭時願意締結同盟和接受聯合國授權，讓人有了更多樂觀的理由。蘇聯之死讓美國成為了唯一的超級強國——是法國外相休伯特・韋德林描述中的「超級強權」（hyperpuissance）——不過眾人預期她會用她的力量來加強多邊主義體系。

然而事實證明，即便福山的書上了暢銷書排行榜，布希所宣示的國際新秩序乃是千瘡百孔。斯洛維尼亞和克羅埃西亞在一九九一年脫離南斯拉夫預告了一系列以民族主義、種族清洗和無情攻擊平民為特徵的野蠻巴爾幹戰爭。米洛塞維奇的塞爾維亞政權是很多這些殺戮的發動者，它在阻止信奉伊斯蘭教的波士尼亞與赫塞哥維納獨立時尤為凶殘。但這都是一些沒有無辜者的衝突，參與各方都曾經施暴，最後共奪走十三萬條人命。美國和歐洲提出了一連串的外交倡議與和平計畫，但要直到凶狠的種族清洗——包括波士尼亞的塞爾維亞人一九九五年在斯雷布尼查對八千多名波士尼亞穆斯林發起屠殺——激怒了西方的輿論之後才決定出手干預。

英國派出維和部隊參與聯合國軍隊，不太認真地試圖將戰鬥雙方分隔開並透過談判尋求政治解決方案。皇家空軍加入了北約對塞爾維亞軍隊的零星轟炸，因為它們威脅到聯合國部隊。兩個英國前外相卡靈頓和歐文被先後任命為聯合國調停人，但英國的政策從頭到尾都傾向於謹慎。外相赫德一直不願意認真面對米洛塞維奇從前南斯拉夫聯邦廢墟中創造出一個更大的塞爾維亞的努力，這努力包括分掉克羅埃西亞和波士尼亞的一些土地和吞併科索沃。雖然米洛塞維奇確實違反國際法、被控種族滅絕，以及他過去以種族為由對社區進行大屠殺所引發的令人毛骨悚然的迴聲，但英國政府認定巴爾幹半島只對本身具有有限的戰略利益。有時，英國也會和法國（另一個派出最多維和部隊的國家）進行一定程度的外交和軍事合作，但英國政府總是避免採取會危及英國維和部隊安全的行動，以及避免英國被更深地捲入多邊內戰。

英國的謹慎對梅傑政府與白宮新主人柯林頓的冷淡關係毫無裨益。梅傑本來希望布希可以連任，而他對共和黨的支持也沒有逃過柯林頓法眼。在一九九二年選舉打敗布希之後不久，柯林頓得到風聲，得知保守黨中央辦公室在美國大選期間曾幫助共和黨挖他二十多年前在牛津大學當「羅德獎學金」研究生時的事情。保守黨想要找出柯林頓曾經參加反越戰示威的證據，而內政部則追查柯林頓是否曾為了逃避越南兵役而申請入籍英國。不知道有這等事情的梅傑得知後寫信向柯林頓道歉。[12]一九九三年二月，也就是美國總統就職一個月後，他照慣例應邀造訪白宮。兩位領袖相處和睦，但柯林頓的團隊並不隱瞞，在後冷戰的歐洲事務上，美國將會更看重德國，也會一定程度地看重法國。

不過後來雙方的關係卻因為一事而緊張起來。當時，梅傑與愛爾蘭總理雷諾茲同時試圖勸誘共和派一方停火而在北愛爾蘭展開和平談判。一九九三年底，柯林頓在美國國會愛爾蘭裔議員的壓力下，解除了長久以來對禁止新芬黨領袖亞當斯入境美國的禁令。柯林頓發給亞當斯簽證的決定是置國務院和美國駐英大使塞茲的意見於不顧，也有違美國對恐怖組織的一貫政策。[13]在英國政府對新芬黨施以最大壓力要其放下武器的這節骨眼，柯林頓的舉動被認為是一種政治博弈。英政府的憤怒在外交政策顧問林恩寫給柯林頓國家安全顧問雷克的短柬上表露無遺。林恩表示，亞當斯領導的運動「不只曾謀殺數以千計的國人同胞，還殺死一名皇室成員、一名內閣大臣的妻子、兩名柴契爾夫人的親密顧問、好幾名議員和兩名英國大使，還有購物中心的小孩子」。[14]柯林頓則聲稱，他透過發簽證給亞當斯，是為了促使他停火。翌年，他成為了第一個造訪北愛爾蘭的美國總統，後來也在布萊爾的和平努力中扮演突出角色。不過在梅傑政府眼中，柯林頓的動機更多是國內政治的考量而不是真正為英國－愛爾蘭和平進程著想。

巴爾幹半島是更深的跨大西洋裂痕的來源。當時負責處理這衝突的英國官員達洛克形容這事件是「歐洲的一大失敗」。後來成為國家安全會議主席和駐美大使的他繼而指出，各方面在這事情上都有責任：「我們和法國都派出了軍隊，但根據授權的規定，我們最後變成了塞爾維亞在波士尼亞進行種族清洗時的人肉盾牌。」[15]美國人「為之大怒」。柯林頓拒絕派出美國地面部隊，但想要對波士尼亞解除聯合國在一開始實施的武器禁運，並發動轟炸，阻止塞爾維亞人的推進。梅傑反對這種赫德形容為只會產生出「一個齊頭的殺戮戰場」的政策。達洛克接著說：「我想這是我們和美國人有史以來最艱難的互動。他們指控我們基本上是為種族清洗提供政治掩護。我們說：『你們從一萬公尺高空說這種話當然容易。為什麼你們不派出一些地面部隊呢？』」資深美國外交家郝爾布魯克奉柯林頓之命發起新的外交倡議和試圖修補美英關係。

但要直到北約組織在一九九五年夏天因為斯雷布尼查屠殺而發動大規模空襲，米洛塞維奇才被迫坐上談判桌。一九九五年十一月在郝爾布魯克指示下簽訂的《岱頓協定》讓衝突落幕。不過跨大西洋關係的修補將要等到布萊爾一九九七年當選首相之後。

梅傑和歐洲的關係並沒有好太多。他在馬斯垂克的勝利和在下議院的多數席位的萎縮最後讓他形同被自己的黨所禁錮。除了想要反轉英歐整合進程的疑歐派死硬分子之外，還有愈來愈多的保守黨議員決定要反對任何把國家主權轉移給布魯塞爾傾向的東西。到柴契爾夫人的貝爾格拉維亞區公寓致敬的議員不絕如縷，他們都被鼓勵在每一次政府向歐洲讓步時鼓譟。梅傑發現自己在歐盟的會議上身處邊緣位置。社會主義者密特朗被中間偏右派總統席哈克取代，讓巴黎和倫敦的關係有所好轉，不過自從蘇伊士運河事件以後，英法便是朝不同的方向前進。在德國，科爾最初對梅傑的寄予厚望最終以失望收場。

在一九九五年中葉，梅傑試圖突圍。他辭去黨魁職務，又邀對手挑戰他，藉此拉抬他的首相威望。疑歐派的韋桓德撿起戰帖。梅傑靠著三分之二議員的支持勝選，但這並不足以恢復他的權威。國防大臣波蒂略本來也打算加入角逐，但在最後一刻猶豫起來。不過他的野心並沒有減低，也沒有掩飾。他和其他黨魁覬覦者等著梅傑在預定一九九七年舉行的大選落敗。在那之前，疏遠歐洲之舉首先是變成了鬧劇，然後變成了恥辱。一九九六年，英國爆發狂牛病，世界各國政府都禁止英國牛肉和牛肉製品的輸入。歐盟也是一樣。保守黨的疑歐派在梅鐸和布萊克的報紙的加油打氣下，把歐盟的禁令視為一種宣戰。但一樣禁止英國牛肉進口的美國卻沒有受到這種指控。六神無主的梅傑在布魯塞爾採取一種不合作的政策，指示大臣和官員在禁令解除以前阻礙歐盟通過新的倡議和法規。這種政策的荒謬性幾乎在宣布的同時便已經昭然若揭。沒多久，英國駐布魯塞爾大使就發現自己否決了一些當初是由英政府自己倡議的措施。這種政策在歐盟提供的一個台階之後停止：歐盟承諾一切禁令都是嚴格「以科學為基礎」。英國在歐盟的地位從來沒有掉得那麼低。她的夥伴們正在為未來而籌劃。芬蘭、瑞典和奧地利的即將加入歐盟需要變更條約。除此以外，各國政府也在草擬一幅最終批准前共產主義國家（包括波蘭、匈牙利和捷克）加入歐盟的路徑圖。把這些國家納入是同時得到柴契爾夫人和梅傑的支持。

對英國的夥伴們來說，歐盟的擴大意味著新的條約條款的出現，同時也是一個機會修改和強化在馬斯垂克所作出的決定。但梅傑沒有操作的空間。史蒂芬・沃爾當時是安排來談判條約修改的委員會的高級英國代表。每星期他都會收到倫敦的指示，教他採取何種立場。他後來指出，其實外交部發給他許多指示都可以歸結為一句話：「就說『不行』。」[16]幾乎沒有什麼條文的改變是英國政府可指望會得到黨內大多數議員的支持。

黨內疑歐派議員普遍預期布萊爾的工黨會在大選中勝出，但不以此為意。梅傑在西敏寺處處受制，在布魯塞爾沒有一寸談判空間。他的憤怒和挫折發洩在他和記者們有關內閣閣員造反的私人談話中。「王八蛋們」現在看來是表達他的憤怒一個溫和的詞語。保守黨的歷史和傳統長久以來都看重權力多於意識形態。現在，一個人數相當多的派系已經準備好將權力拱手讓給布萊爾而不是壓抑他們對歐盟的憎恨。

第十章 回到沙漠

當齊爾考特爵士領導的調查小組對第二次波斯灣戰爭作出官方判決並因此為布萊爾寫下政治訃文的時候，後者已經離任首相近十年。這個伊拉克戰爭調查報告發表於二〇一六年夏天，並沒有因為事隔久遠而少一些殺傷力。布萊爾是工黨最成功的領袖，共贏得連續三次大選。十年執政期間，他改寫了中間偏左政治的規則，把他的黨帶入了長久以來為保守黨所占有的政治地盤。就像柴契爾夫人一樣，他是少數不向政治風向低頭，而是決心改變風向的領袖之一。儘管如此，他也是把國家帶入伊拉克戰爭的英國首相。

齊爾考特的報告有十二冊，共二千六百萬字，其中披露了英國在二〇〇三年參與美國推翻海珊政權的軍事冒險時的政治蠻幹、情報及外交的系統失靈和軍事誤判的每一個細節。[1]罪魁禍首是誰？是一個權大勢大的首相，他自以為是，深信英國必須和華府保持密切關係；是一個太熱中討好老闆和與中情局保持密切關係的祕密情報局；是一個充滿瑕疵的法律過程，以及一個沒能力和不願意為推翻海珊的後果預作打算的政府。在齊爾考特的報告之前，從沒有一個國家的政治和外交政策機構受過這樣鉅細靡遺的驗屍式檢視。調查小組的結論是伊拉克戰爭是一場可打可不打的戰爭。海珊對英國國家安全沒有直接的威脅。齊爾考特主張，這場戰爭是一種彌賽亞式領導方式*的產物，也是唐寧街的「沙發式」決策風格†有以致之——這種風格讓首相在下決定時可以繞過內閣政府的傳統束縛。海珊被打敗之後，對伊拉克的占領幾乎處處出錯。

作為前高級官員，齊爾考特的措辭避免誇張和謾罵。那些指控「布騙子」（Bliar）‡是刻意把國家騙入一場不合法戰爭的人（很多他的同黨人「讀了齊爾考特的報告之後感到失望。然而沒有惡毒言詞反而加強調查小組結論的嚴厲性。海珊擁有大規模殺傷武器之說固然不是英國首相和他的唐寧街小圈子捏造，但布萊爾也沒有坦承英國只受到些許威脅。他太熱中要為小布希總統的計畫站隊，過份願意誇大他從情報機構得來的證據，太肯定自己有能力可以爭取到聯合國對入侵的明確同意，也對戰後的計畫安排過於漫不經心。政府的法律意見充其量是被美化過的。布萊爾斷定打伊拉克——用他偏愛的話來說——是「正確的事」。這位首相的錯在於過度自信滿滿，在於過度自以為是正義的一方，在於把年輕的男女派上戰場以前少了一個國家領袖應有的謹慎。

布萊爾從來沒有收回他認為世界沒有了海珊會更好的見解。不過就像艾登的功過是由遠征蘇伊士運河的災難決定，布萊爾在歷史上的地位也將會是由這場沙漠中的戰爭左右。齊爾考特指出，布萊爾本來可以等到聯合國武器檢查員對大規模殺傷性武器的搜查獲得結論後再作打算。齊爾考特的報告可能還補充說，如果他有這樣做，西方的分裂就可以避免。在一九五六年，艾森豪政府曾經警告艾登不要在沒有聯合國的支持下投入戰爭，艾登沒有理會，所以陷入了國際譴責的風暴中。在二〇〇三年角色互換，這一次是布萊爾敦促小布希取得聯合國安理會的授權。就像一九五六年時候的艾登那樣，小布希急不可耐。最後布萊爾發現自己成為了美國災難性沙漠戰爭的同謀者。

當布萊爾在一九九七年五月就任時，海珊還不是引人注目的大角色。布萊爾是外交事務的新手。雖然沒有上過外交政策和外交的課，他卻天生具有這方面的能力。生於二次大戰結束之時，布萊爾屬於新一代的領袖，不像他的前任有那麼沉重的包袱要扛。大英帝國對他來說虛幻不實。當麥克米倫發表「改變之風」演講預告帝國殘存部分的解體時，布萊爾才六歲。基於性情氣質和政治計算，他把自己塑造為邁向未來的領袖。他在一九九七年大選的口號是「新工黨」。新英國沒有供老人家傷感懷舊的空間。

如果說他在擔任反對黨領袖時有就世界大事說過什麼的話（他的競選主軸是內政），那都是完全傳統的，就像一個高階外交官後來所形容的那樣，是「樣板的東西」。[2]他在一九九五

---

* 指一位領袖的影響力主要基於他傳達的信念，給予人一種救世主的印象，有能力解決眼前危機。
† 指決策是出自與親信的商討。
‡ 指布萊爾，這是把他的名字 Blair 改拼為 Bliar。

年一次演講中說，英國的兩大夥伴關係是歐盟和跨太平洋關係：「我們需要利用它們來最大化影響力，以促進和保護我們在世界各地的利益。但要行之有效，我們必須在兩種夥伴關係中充分參與。」[3]外交部對此點頭以示嘉許。從麥克米倫第一次申請加入共同市場開始，這種政策就是英國外交官的常識。麥克米倫跟美國保持緊密的防衛和安全合作，以及跟歐洲進行政治和經濟整合，乃是經過重重盤算的結果。但這對布萊爾來說只是理所當然。這位新首相給傳統公式加入的是野心。外交事務勾引著他的自我。就像麥克米倫說過的：「在國內，你總是必須當個政客。當你在國外，你幾乎感覺自己是個大政治家。」

當選幾星期後，布萊爾就前往香港參加慶祝移交的儀式。在這之前五年，港督彭定康因為在香港深耕民主，和中國爭執不休。布萊爾對中國主席江澤民堅稱香港的移交標誌著中國一百五十年國恥的結束感到困惑。他的一個幕僚日後回憶說：「布萊爾完全不知道江澤民在說什麼，對英國在中國做過什麼事毫無頭緒。」[4]儘管如此，布萊爾在大選中的大勝讓他在其他歐洲國家領袖中間有了一種跟他的年紀和經驗不成比例的地位。在一九九七年，科爾已經接近總理生涯的尾聲。中間偏右的法國總統席哈克在左派贏得了國會的控制權之後被迫和社會主義總理喬斯班分享權力。布萊爾和英國代表了時代精神。讓這位英國首相高興的是，《時代》雜誌一篇相關報導的標題作「夠酷的不列顛尼亞」。梅傑經常要向其他歐洲國家領袖為自己在下議院帶不動自己的黨而道歉，反觀布萊爾對自己的黨的控制卻是近乎絕對。就像他的大部分前任一樣，他有時會抱怨在布魯塞爾開會到三更半夜是苦差事。不過，他身上的表演欲卻享受那裡的鎂光燈。他熱中建立人際關係，不管對方是右派還是左派。西班牙首相阿茲納、葡萄牙總理古特瑞斯和瑞典首相佩爾松都是他施展媚功的對象。讓他的內閣同僚沮喪的是，他是最先恭喜義大利民粹主義媒體大亨貝魯斯柯尼當選總理的領袖之一。

英國對他的才智來說是一個太小的舞台。他告訴唐寧街的訪客，參加高峰會議讓他得到罕有的自由。在國內的政策選擇都要經過談判（這讓人想到他和財相戈登・布朗的緊張關係），然後任何決定又要面對白廳官僚的嚴厲檢視。在布魯塞爾跟其他歐洲國家領袖開會或者在遙遠的渡假勝地跟八國集團其他首腦會面，他都一無約束。布萊爾也受惠於大環境，梅傑首相任內最後兩年對任何擔心英國威望的人來說都是一段悲慘時期——他要想盡辦法讓一個因歐洲問題而愈來愈分裂的保守黨保持團結，政府的影響力落入了邊緣。而他和柯林頓的關係充其量是緊繃的。布萊爾則只需要微笑就可以贏得掌聲。

如果說有什麼事情是布萊爾有十足把握的話，那就是他不會被人晾在一邊。他一直是柯林頓政治中間路線品牌的熱切附和者。民主黨在一九九二年和一九九六年都是靠著政治中間立場而勝選，而工黨的選戰策略——承諾推行嚴格的經濟計畫和進步的社會政策——是大大借用了「新民主黨」＊的方法。贏得選舉是唯一重要的事。之前沒有一位工黨領袖曾經做滿兩屆首相，但布萊爾卻決定推翻這個黯淡的紀錄。一個記者問柯林頓他對這位新任首相有沒有任何忠

＊這是借布萊爾把工黨稱為「新工黨」而把柯林頓的民主黨稱為「新民主黨」。

告時，布萊爾插嘴說：「他做了一件很對的事，那就是勝選連任。我希望我能夠效法。」[5]

但要怎樣才能勝選呢？柯林頓是同一代政治家中最有天份的一個，擁有催眠人心的魅力和天生的溝通才能。不管他和誰說話，不管對方是選民、記者或是外國外交官，都會感覺自己獲得他的全神關注。然後等幾分鐘後他掉頭而去時，他們又會認為這只是因為他有責任在身。除了能帶給人暖意以外，柯林頓還有銳利的睿智和永不滿足的求知欲。他大啖歷史、政治、科學和哲學的作品。布萊爾在經過一段時間之後也幾乎像柯林頓一樣反應敏捷和聰明。他也知道跟造訪唐寧街的客人說些什麼最能夠讓他們受用。然而在知識廣博上，他從未能與柯林頓相提並論。

如果說工黨的勝選有為外交政策的架構帶來轉變的話，那麼轉變的衝動最初是來自外務大臣庫克。庫克不是個布萊爾派。來自工黨的「軟左派」，他從來不是「新工黨」現代化主義者的尖兵。極端聰慧但本能上是個獨行俠，他不受和首相親近者的信任。外交部的官僚對他不願意遵守部內的成規感到惱怒，例如他不認為一定要由外務大臣來接見下伏塔*的新任大使。不過庫克發出了一個改變方向的信號。他在一九九七年大選的那幾個星期揭櫫了一系列國際主義原則，要重新校定英國外交政策的羅盤。他給外交部的世界觀加入一個「倫理的」面向，招致外交建制中自封為「現實主義者」的人嗤之以鼻。這些人認為任何政府都不能選擇只跟哪些國家打交道，而在塑造外交政策時，經濟考量也常常會和信念考量發生碰撞。賣武器給世界最不討人喜愛的政權和與富有的獨裁政府保持密切關係無可避免會招來虛偽的指責。但庫克認定英國應該當世界上一股善的力量的看法卻符合了布萊爾膨脹了的本能。伊拉克戰爭將會讓兩人突然分道揚鑣，不過他們都相信英國在制定外交政策時必須有是非對錯觀念。

布萊爾的出發點是英國應該在地緣政治賽局中當一個認真參與者。起初，這種野心可能很生嫩。查爾斯．鮑威爾曾是柴契爾夫人的主要外交政策顧問，後來又成為她內部圈子裡最重要的人物。他弟弟喬納森．鮑威爾——首相官邸幕僚長——也將會對布萊爾扮演類似角色。喬納森．鮑威爾憶述了一個彆扭的起點。當選不久後，布萊爾就前往美國丹佛參加他的第一次八國集團領袖會議，這一次的主辦人是他的死黨柯林頓。喬納森和新聞祕書阿拉斯泰爾．坎貝爾都在隨行之列。布萊爾曾經示意，他希望英國能夠在這些聚會讓人留下印象：「我們坐在草地上曬太陽，東尼（布萊爾）突然沒頭沒腦地對我和阿拉斯泰爾說：『英國應該要更大一些。』我們笑癱了。」當時，布萊爾「對外交政策一無所知。他對外交政策不感興趣，那不是他的菜。就像所有首相一樣，他對這件事情需要學習。」[6] 布萊爾也明白外交和國內政治的關係。選民喜歡他們的領袖在國外受到尊敬。希恩瓦爾德在成為布萊爾的外交政策顧問之前是駐歐盟大使，他回憶布萊爾「對歐洲在文化上是真的感到自如……歐洲高峰會有時會讓他像任何人一樣感覺無聊乏味，但他還是會積極投入，知道看起來像是歐盟領導層的一分子會讓他從國內獲利。」[7]

沒多久，「變大」就被一個更細緻的分析取代。英國不應該尋求恢復一九五〇年代的大國

＊下伏塔：指位於西非伏塔河下游的國家，例如迦納。

地位，但卻可以成為一個說話受到世界各國尊重的國家。布萊爾入主唐寧街的時候才四十三歲，沒有揹負英國打贏二次大戰的包袱。這讓他有了一點前任所沒有的優勢。他有時會因為對歷史不夠了解而鬧笑話，但對歷史無知也讓他可以逃出懷舊症的網羅。他指出，英國的新角色是作為國際盟友的「關鍵」。她可以同時是美國的緊密盟友又是歐洲牌局的主要參與者。一九九九年十一月，他在倫敦市政廳的演講中說：「我們已經克服了對帝國的眷戀，克服了撤退症候群，我們現在有了一個新角色——不是往回望和設法重新把我們締造為一九〇〇年代突出的超級強權或假裝我們是輔助羅馬人的希臘人。」[8]相反的，英國應該「利用我們歷史的力量，把我們的未來不是打造為一個超級強權而是打造為一個樞軸強國，打造為盟國中間和國際政治的關鍵，有能力形塑世界及其未來。」為了取得這種角色，英國「必須拋棄不聲張的孤立主義和那種認為國家只有孤高冷傲才是『獨立』的過時觀點。」這是一條放逐蘇伊士妖魔的公式。

各國領袖衡量彼此的標準除了國力還有國內聲望。大選時的壓倒性勝利讓布萊爾獲得巨大優勢。法國總統席哈克因為被迫和社會主義總理喬斯班「共棲」而跛足前行。科爾曾經是歐洲政壇的巨人，帶領德國走向統一，但他的權威正在式微，到一九九八年將會被社會民主黨人施若德取代。柯林頓的總統任期將屆滿又身陷莫妮卡·陸文斯基的桃色醜聞中。這讓布萊爾成為「未來」的代表。他在下議院擁有的一百七十九席多數議席——比柴契爾夫人權力巔峰時期擁有的還多——更加保證了他將會活躍一段不短時期。這又表示他可以讓時間來形塑他的世界觀。

那些和布萊爾共事的人說他在即位前對歐洲沒有深入思考。就像他大部分同輩人一樣，布萊爾把英國在歐盟的地位視為理所當然。他生長在一個沒有邊界的大洲，中學畢業後在巴黎一間酒吧工作了一年，學會了還過得去的法語。在布萊爾看來，保守黨會陷入有關主權的意識形態之爭甚至為此不惜敗選，著實是個謎團。在他心目中，主權不是抽象觀念而是行動的能力。真正重要的是——就像任何俱樂部的會員一樣——英國是制定會規的會員之一。還是在野的時候，他曾經說：「歐洲不是一九七三年發生在我們身上的事情。我們是歐洲人。我們是由一波又一波從歐洲來到這些島嶼的定居者所構成，他們包括了塞爾特人、羅馬人、盎格魯－撒克遜人、維京人和諾曼人。」[9]這其中沒有任何浪漫主義成分。布萊爾並不夢想一個「歐羅巴合眾國」。事情就像他二〇〇〇年秋天在華沙演講時所說的，是關於集體力量。在歐洲擁有一個領導性角色是「在這個世界上擁有影響力、實力和權力不可或缺的一環。」而他對權力深感興趣。就像喬納森．鮑威爾所說的：「東尼（布萊爾）鐵了心設法成為歐洲的一個領袖。我們的目標從一開始就是要成為三巨頭之一，把我們插入德法關係之中。」[10]他有一段時間取得成功，但他和施若德的關係要勝於和席哈克。用喬納森．鮑威爾的話來說，席哈克「不樂見英國佬在德法關係中攪和」。

布萊爾在首相任期之初所說的故事很有說服性。英國已經漂浮到了影響力的邊緣。在陷入對歐洲一體化的癡迷反對之前，柴契爾夫人曾經在世界舞台上盡情揮灑。後來，她因為被趕下台所生起的熾烈恨意，還有保守黨疑歐洲派的激烈反對，讓梅傑成為了自己政黨因歐洲所產生的分裂的囚徒。透過建立一條跨過海峽的橋梁和修補英美關係，布萊爾將可望恢復英國的影響力。歐洲已經準備好傾聽。在一九九七年六月到阿姆斯特丹參加他的第一個正式歐洲領袖高峰會時，他受到熱烈歡迎。英國的夥伴們已經習慣了聽她說「不」——柴契爾夫人說「不」是因為她認為歐洲有一堆危險的聯邦主義者，梅傑說「不」是因為他無法逃離他所謂的「王八蛋們」的陰影。現在，歐洲各國領袖看見的英國首相卻是一個準備說「好」的人。布萊爾沒有讓他們失望。他丟棄了梅傑對一紙新的歐盟條約的反對。然後他向自己政黨的工會支持者點點頭，表示英國現在要放棄選擇退出《馬斯垂克條約》的社會條款。四年後，歐盟各國在簽定《阿姆斯特丹條約》之後簽定了《尼斯條約》。英國就像其他政府一樣，有自己的要求和紅線，但她不再準備攪局。就像一個曾經為柴契爾夫人和梅傑在壕塹裡作戰的資深外交官所說的那樣，歐洲「不再是敵人了」。[11]

弔詭之處在於，即使保守黨人抱怨英國受到布魯塞爾的霸凌，歐盟的性質卻正在往英國希望的方向轉。單一市場限制了法國人的經濟管制主義本能，而一個德國、英國和北歐國家之間的聯盟也把法國往一種更開放的貿易政策的方向推。外交官又兼情報首長的索爾斯指出，歐盟的基本政治動力已經和歐洲基本上是一種德法事物的時代有所不同。歐盟已經變成了一張「三腳櫈……在防禦和外交的議題上，倫敦－巴黎就干預和介入的意願來說是關鍵軸線。在未來歐洲整合和整體歐洲的計畫來說，巴黎和柏林是關鍵的驅動者。在競爭和開放市場上，倫敦和柏林攜手合作。」[12]英國和德國也攜手一道支持大西洋主義。

早前，布萊爾曾表示他有意強化英法的各種關係。讓兩個國家密切合作的動力是無可抗拒的。兩者都曾經擁有帝國，兩者都在二次大戰的權力洗牌之後淪為二流國家。她們都放眼在歐洲之外的利益。英國駐法大使威斯馬科說：「就是這樣。相同大小，相同歷史，都要面對一個後帝國的世界，都咬牙堅持，兩者都擁有像樣的武裝力量和安理會常任理事席位，但兩者都是帶著懷舊症緬懷舊日，對未來充滿不確定感。非常相似：競爭了一千年。」[13]不過相互猜疑常常會凌駕共同利益。威斯馬科回憶他在大使任內曾參加一個巴黎的晚宴，在座有十幾個最優秀和最閃亮的法國菁英分子。話說大家談話談到一半，宴會主人（一個由高階官員轉任的工業界領袖）突然問他：「說說看，大使先生，英國人為什麼這樣恨我們？」

新當選的布萊爾想要挑戰這一類假設。巴黎政府長久以來都在鼓吹一種和北約組織並行但獨立於北約組織的歐盟防禦能力。美國對此猜忌甚深，柴契爾夫人政府和梅傑政府也是如此。法國在一九六〇年代期間曾經退出北約組織，這讓美國更加懷疑任何歐洲軍事倡議。英國的觀點反映這種擔心：她認為獨立的歐洲防衛能力會動搖北約組織。所以法國想讓歐盟堂而皇之稱為「共同外交與安全政策」的宗旨落實的努力成空。一九九八年，布萊爾打破這個僵局，不再反對設立任何新的軍事組織。他前去法國的聖馬洛和席哈克總統舉行雙邊高峰會議，這一次撤銷了英國對建立一支六萬多人的歐洲快速反應部隊的反對。面對手下官員提醒他華府可能會有的反應時，這位首相回應說：「我會去搞定柯林頓。」[14]布萊爾想要讓席哈克相信英國政府的政策確實有了實質改變，所以難得一次把歐洲放在美國前面。沒多久，白宮和五國大廈的反對聲音如預期的抵達唐寧街，但它們並不足以破壞英國首相和美國總統的緊密關係。

一九九九年，他被認為有促進歐洲統一之功而獲頒查理曼獎。他是繼邱吉爾、希斯和詹金斯之後獲得這個獎項的英國人，在受獎演說中一片樂觀：「我有一個大膽的目標……那就是在接下來幾年，英國決心一次終結她對歐洲的矛盾態度。我想終結不確定性，終結信任的缺乏，終結恐歐症。」[15]但政府第二號人物採取一種較清醒的態度。當布萊爾在國外尋找機會時，財相布朗投入於改革英國經濟和社會的計畫。英國首相享受國際鎂光燈，布朗則致力於把經濟的成功結合於財富與機會更公平的分配。兩個人以搭檔的身分贏得大選。但在布萊爾任職首相十年的大多數時間，他和布朗的關係可說是敵手。布朗深信工黨黨魁之位本應是屬於他，是布萊爾在約翰·史密斯一九九四年突然逝世之後把這個位置「偷走」。根據布朗的說法，兩人約定共同治理政府而布萊爾會在擔任完一任首相之後讓位。但在布萊爾的回憶中，情形卻是另一回事。在他第一任任期內，兩人有著粗略的分工——布萊爾縱橫國際舞台，布朗潛心國內政策。不過在單一貨幣的問題上，兩人卻發生了衝突。

在二十世紀最後幾十年，歐盟有三個大計畫正在進行。英國大力支持其中兩個，包括在一九八〇年代創立單一歐洲市場和在一九九〇年代決定把中歐的新民主國家納入歐盟。雖然柴契爾夫人後來說她是被騙了，但她當時是為了捍衛單一市場。梅傑和後來的布萊爾都堅定贊成擴大歐盟，把波蘭、捷克斯洛伐克、匈牙利和波羅的海等國家納入。

不過歐盟的第三個計畫——用歐元來取代各國貨幣——卻讓英國各個政黨內部和整個國家都陷入了分裂。柴契爾夫人執拗地反對創立單一貨幣是她下台的一大原因。梅傑透過為英國談判取得「選擇退出」選項，勉強縫補裂痕。現在輪到新的工黨政府決定是不是要執行「選擇退出」選項。布萊爾的觀點是由政治所形塑——如果英國想要繼續當歐洲主要的牌局參與者，就非得參與單一貨幣不可。布朗則是基於經濟理由反對，但也是因為他想要破壞首相的宏大計畫。從這位財相的觀點看，布萊爾的首相任期只是在為其彩排。

面對布朗堅持不休的反對和疑歐派報章的澆冷水，布萊爾在第一任首相任內推遲決定是否加入歐元，因此錯過了單一貨幣在二〇〇〇年推出的時機。他在二〇〇一年大選的再次大勝讓他有機會把英鎊換成一種很快就會在十幾個歐洲國家流通的貨幣。但布朗還是說不。過去嘗試固定住英鎊匯率的往事並不是愉快經驗，布朗不想讓他預期中的首相職位被加入歐元的不可逆轉決定所綁架。布萊爾不敢造次，他知道與布朗決裂一定會招致右傾報章大張撻伐。結果是一個稀里糊塗的妥協——布萊爾表示英國等到經濟條件許可就會參加，而英國經濟條件是否許可則會根據財相及其經濟顧問博爾斯設計的五項經濟測試為基礎。但博爾斯是單一貨幣的長期反對者。測試注定是永遠無法通過。

先前布萊爾贏得一九九七年的大選是依靠一個承諾：他的黨將會丟棄老式國家社會主義的過時信念。踏上唐寧街首相官邸的前台階時，他回憶起他是奉「新工黨」的名義競選。現在，他將會以「新工黨」的身分治理國家。他也對支持保守黨的報紙老闆作出同一個承諾。他從上台第一天就去巴結他們，又特別是巴結澳洲出生的反歐美國人梅鐸。布萊爾因此贏得了梅鐸各份報章的背書。另一方面，梅鐸獲得了隨時造訪首相官邸的特權。布萊爾害怕他的影響力和怒氣。不管他在歷次大選累積了多少政治資本，他總是不願去對抗梅鐸的眾多偏見。

詹金斯是工黨三十年前轉向支持歐洲主義的主要策劃人之一，也是一九八一年黨分裂的領導者，率領一批工黨黨員成立社會民主黨。他後來成為了布萊爾的正式顧問，但很快就因為布萊爾不願意冒政治風險而愈來愈失望。他和其他批評者將會指出，這位首相會把他最親歐的演講留在國外（亞琛、根特和華沙）發表大概並非偶然。梅鐸很快就成為了唐寧街十號的常客，而被邀請不時和首相閒談的記者開始注意到，布萊爾會見什麼人說什麼話。他向《金融時報》的專欄作家保證決心加入歐元，對《太陽報》的記者則說他沒有有計畫放棄英鎊。[16]

布萊爾看不出來歐洲有什麼理由妨礙英美的堅強緊密關係。他從來不質疑常識所主張的，黏緊美國可以讓英國得到在世界其他地方使力的槓桿。英美雖然不時態度分歧，但兩國的基本價值觀和利益是一致的。跟美國總統相處愉快是英國首相工作要求的一部分。布萊爾首相任內的「聯合情報委員會」主席斯卡萊特指出，他的老闆把英美關係看成為擴大英國影響力的工具：「東尼．布萊爾的態度是如果美國站在你這一邊，你就無事不成。」[17]

白宮裡有柯林頓這個朋友當然是有幫助。布萊爾第一次去華府是在一九九三年一月，也就是柯林頓就職的當月。他當時資歷還太淺，沒有機會應邀到橢圓形辦公室作客。不過他盡情吸收柯林頓團隊的勝選策略。他把將阿肯色州州長送入白宮的政治中間主義選戰策略——他稱之為「三角測量」——奉為自己重新塑造的「新工黨」的榜樣。他必須再等兩年，在取代約翰．

史密斯成為工黨黨魁之後才獲得柯林頓接見。兩人在倫敦攝政公園的美國大使官邸見面，當時柯林頓正在訪問英國。用手下一名幹部的話來形容，布萊爾一見到美國總統馬上像「見到大明星一樣觸電」。[18]

再三年後的一九九八年二月，他以首相的身分重訪華府，這一次柯林頓給足他面子。白宮以十九響禮砲向他致敬，然後是星光熠熠的國宴，來賓名單會讓人想起甘迺迪政府極盛時期的國宴。宴會上，史提夫·汪達和哈里遜·福特爭搶鏡頭，芭芭拉·史翠珊和史提夫·史匹堡互別苗頭。布萊爾感恩回報。因為招待他的主人身陷白宮實習生莫妮卡·陸文斯基的桃色醜聞，布萊爾難免會在他和柯林頓的聯合記者會上被問及對這事情的看法。他本來可以閃躲，表示自己不會對美國內政加以評論，但他沒有迴避，反而說作為英國首相：「我和柯林頓總統共事了約九個月。我發現他是一個我完全可以信賴的人，一個我可以自豪地不只稱之為同事還稱之為朋友的人。」[19]柯林頓欠了他人情。兩人相處愉快。他們都是新一代的政治家，都亟欲在保守派宰制了那麼久之後用中間偏左的路線重塑政治。不久後，美國總統和英國首相就會到全國各地演講，用以宣傳他們的「第三條路」進步政治路線。柯林頓是師父，布萊爾是徒弟。他們的推銷對象是美國中產階級和英國中產階級。很快，德國總理施若德、巴西總統卡多索和義大利總理普羅迪就會加入他們的陣營，一起宣講新社會民主的福音。

布萊爾的軍事經驗很淺。在蘇格蘭唸書時，他曾經按規定入讀軍校一段時間。但一等到機會，他就脫去迷彩服，改為加入學校的社區服務計畫。[20]現在，當了首相之後，他很高興有機會「突襲」眾人的預期。雖然沒有多少軍事經驗，但他決心要洗刷工黨不擅長國防的名聲。「新工黨」號稱是一個愛國的政黨，而這意味著它追求強大國防。出於國防參謀長加斯李將軍的要求，布萊爾的頭一批決策之一是宣布對防禦政策進行戰略檢討。冷戰的結束和公共財政危機讓梅傑政府大砍國防預算。沒有一個兵種不挨刀，所有本用來在歐戰中對付蘇聯的戰術核子武器都被削減。

布萊爾的同僚本來以為他打算進一步削減國防預算。這是誤解了英國首相和低估了加斯李。曾任特種兵指揮官的加斯李在大選以前就巴結布萊爾。兩人在克拉里奇飯店一起吃早餐時，他指出如果英國想要在世界上有影響力，就需要擁有能夠戰鬥的武裝部隊。保守黨對軍費的削減太過頭。布萊爾喜歡軍人，一度說他們是實幹者。他下令進行的軍事檢討保證了接下來幾年的國防預算充足無虞。

布萊爾將會把軍隊視為一位盟友。加斯李正好符合好萊塢的上層階級英國軍官形象——雖然有顯赫軍事資歷，一口英語一樣字正腔圓。他曾經在精銳部隊「空降特勤團」服役，打過一些最血腥的戰役。最重要的是，他了解政治，並和首相建立了一種輕鬆自如的關係。布萊爾挑選羅賓遜作為國防大臣。羅是熱烈的大西洋主義者，對國防和安全的強調可以直追貝文，日後將會成為北約組織的祕書長。工黨的第一次國防檢討讓人可以一窺布萊爾的意向：英國的戰略野心是「成為世界上一股善的力量」。

當柯林頓要求他派遣英國空軍和美軍在中東並肩作戰時，布萊爾毫不猶豫。靶子是海珊的伊拉克。自從第一次波灣戰爭結束後，海珊就和負責拆解他建立大規模殺傷性武器計畫的聯合國檢查人員玩貓捉老鼠的遊戲。到了一九九七年，維持聯合國在「沙漠風暴」後的決議的責任主要落在地區內的美英部隊身上。布萊爾在擔任首相初期就警覺到海珊的潛在威脅，又把他的憂慮告訴自由民主黨領袖阿什當，後者是唐寧街十號的常客。阿什當在一九九七年十一月的日記裡提到這件事。布萊爾告訴他：「我讀了一些這方面的報告，事情真的非常嚇人。他（海珊）已經幾乎擁有一些恐怖至極的大規模殺傷性武器。」[21]同一個月，布萊爾利用在倫敦市長官邸一次外交政策演講，對海珊直接發出警告。他說，西方想要一個外交解決辦法，但「海珊不應該把這一點視為示弱的表現……他之前已有過這種致命的誤判」。

一九九八年二月，柯林頓和布萊爾討論過是否轟炸伊拉克的軍事基地以執行聯合國的決議。同年稍後，聯合國主要武器檢查官報告說解除武裝的過程遇到瓶頸。布萊爾派出英國戰機加入美國領導的一系列對伊拉克軍事設施的空襲。在他授權這項行動時人在首相官邸的加斯李日後回憶說，當時首相的情緒異常冷靜。[22]唐寧街的官員後來承認，加入柯林頓的轟炸行動確實有某種程度的「讓人作嘔之處」，因為美國新聞界普遍猜測柯林頓此舉是要分散民眾對陸文斯基醜聞的注意力。布萊爾看來不以為意。這對他來說其實是緊要關頭。它也預示了歐洲人在二〇〇三年時就入侵伊拉克發生的爭執。這次的空襲缺乏聯合國授權。一般認為，即便安理會達成決議，一樣會被俄國或法國或兩者同時否決。華府和倫敦力主，海珊對先前聯合國決議的不服從即已構成轟炸的充分理由。這次空襲引起法國的強烈譴責，指英國是破壞了兩週前才簽署的《聖馬洛宣言》的精神。這次行動也證實了法國所懷疑的，英國將會繼續把美國放在歐洲前頭。布萊爾理直氣壯。在為自己的行為辯護時（這辯護預示了他在二〇〇三年加入小布希發動的入侵伊拉克戰爭），他指出如果任由海珊藐視聯合國而不受懲罰，將會讓整個多邊安全秩序失去威信。

對布萊爾的世界觀最有形塑力的事件是米洛塞維奇把阿爾巴尼亞人趕出科索沃的野蠻行動。當前南斯拉夫在一九九〇年代初期解體和陷入內戰時，全世界袖手旁觀。英國保守黨政府特別不願意介入米洛塞維奇的塞爾維亞和波士尼亞穆斯林之間的血腥衝突。最後，在波士尼亞的塞爾維亞人於一九九五年七月在斯雷布尼查屠殺了超過八千名波士尼亞穆斯林之後（死的大部分是年輕男子和男孩），米洛塞維奇被美國制服。由美國擔保的《岱頓協定》把不安穩的和平帶入了地區內。不過，到了一九九八年，米洛塞維奇恢復對占科索沃大多數的穆斯林人口進行鎮壓，在設法敉平科索沃獨立戰士時不理會西方恢復干預的警告。布萊爾高聲譴責這新一輪的種族清洗。柯林頓的國務卿阿布萊特和英國國防大臣庫克銜命領導新一輪的外交斡旋，呼籲停火。米洛塞維奇沒有理會他們。

在用以逼塞爾維亞人就範的空襲行動開始時，北約組織有五百架飛機可供使用。就像華府和歐洲其他國家政府那樣，倫敦方面相信米洛塞維奇捱不了多久猛攻。西方國家並沒有派出地面部隊的意願。柯林頓面臨國會強烈反對美國介入一場對國家利益影響有限的戰爭。他一開始就把話挑明：「我不打算派我們的部隊進入科索沃打仗。」布萊爾希望讓這個選項保留。兩人都低估了米洛塞維奇的韌性和他在地面上製造既成事實的決心。如果他能夠趕走穆斯林族群的人口，科索沃將會不可逆轉地作為塞爾維亞的一部分。到了夏天初期，北約飛機已經摧毀了塞爾維亞境內的所有目標，但卻有超過四十萬科索沃阿爾巴尼亞人被趕出家園，快速變成一場人道危機。由北約協調的轟炸行動常常亂七八糟，因為盟國之間對於什麼才是恰當的目標有所爭論。美國人開始挑選自己的目標而不跟英國人或其他人商量。當空襲擴大到貝爾格萊德的時候，中國大使館被一枚失控的美國飛彈擊中。根據加斯李形容，盟軍的炸彈「只是把大的彈坑炸得更大，把小的瓦礫炸得更小」。[23]

布萊爾的反應顯示出一種將會成為他後來外交決策的正字標記：自信滿滿。他不只一次把米洛塞維奇的種族清洗和納粹大屠殺相提並論。他在一篇報紙文章中寫道：「是時候由我們這一代來思考我們父母輩對希特勒邪惡政權的戰鬥。」[24]他拒絕對塞爾維亞政權作出任何退讓：「沒有妥協，沒有敷衍，沒有草率的協議。」深信英國是站在正義的一方，布萊爾讓自己沐浴在國際鎂光燈之中。他和太太雪麗．布斯一起飛到巴爾幹半島，接受難民營中難民的掌聲。造訪保加利亞首都蘇菲亞時，他把自己的立場和格萊斯頓在十九世紀發起的「中洛錫安宣傳」*

*一八七八至八〇年，自由黨領袖格萊斯頓曾以四次演講抨擊政府的，演講重點為英國外交政策，提出受法律管制、保護弱者的國際社會，訴諸對集體人類的情感與關懷。

相提並論：「今日我們遇到了格萊斯頓在超過一百二十年前遇到過的同類問題。一個國家或民族有權把自己的意志加諸另一個國家或民族嗎？一種基於己群優越性的政策是否可能有正當性？」[25]

這些話的勢不兩立味道讓外交部的現實主義者們臉色發白。這不是因為他們不贊同他的思想感情，而是因為他們也知道這一類冠冕堂皇的原則性論述有可能會跟對國家利益的狹義解釋衝突。而在現在的情況下，布萊爾的「講壇外交」也不能得到他朋友柯林頓的歡心。美國總統鐵了心不出動地面部隊。布萊爾的說法是凡是為制止米洛塞維奇所必須做的都是西方所應該做。柯林頓認為這位英國首相是在譁眾取寵。白宮官員指責他們的唐寧街同僚不惜為了拉抬布萊爾的地位而犧牲柯林頓的地位。布萊爾的幕僚認為白宮吃味，但白宮的觀點卻相當不同。在一個層次上，雙方的差異只在於兩位領袖對於這場危機投注的時間多寡不同。對柯林頓，這件事只是他必須處理的一堆事的其中一件，但根據索爾斯的說法：「從一九九九年三月到七月，他（布萊爾）花了一半以上的時間處理科索沃戰爭。布萊爾顯示出政治精力、駕馭關係能力、溝通技巧和願意冒險心理的神奇結合。」[26]然而，美國卻是提供對付米洛塞維奇主要火力的國家。任何地面戰爭都會有死傷，而五角大廈的將軍們警告說，與久經戰爭鍛鍊的塞爾維亞軍隊在科索沃的崎嶇地形打仗將會造成大量死傷。最後，經過一再拖延，柯林頓終於同意布萊爾的要求，發表公開聲明暗示他考慮派出地面部隊。也因為這個聲明，米洛塞維奇在經過七十八日的轟炸之後屈服。事後柯林頓懷恨在心。他對布萊爾的敬重並不代表他願意看見自己被搶了風頭。

一投入之後，布萊爾就不停鼓吹西方有行動的責任。他熱中於把科索沃的衝突視為後冷戰國際秩序的一個判例。老布希總統曾經宣示一個新世界秩序的誕生，在這個新秩序中，各大國將會互相合作，維持一個以規則為基礎的國際體系。現在布萊爾以制定其中一些規則為己任。麥克米倫曾經為甘迺迪提供「宏大設計」，現在布萊爾要為世界提供一種新的主義。

「國際社群主義」在科索沃衝突仍然如火如荼之時出台。[27]它是一九九九年四月在對芝加哥經濟俱樂部的一場演說中提出，標誌著布萊爾首相生涯的轉捩點。演講的最初草稿由弗里德曼草擬，他是數一數二的英國歷史學家和戰爭研究專家。不過布萊爾宣稱演講稿的最後定本有他自己的手筆。諷刺的是，弗里德曼日後將會在齊爾考特爵士領導的調查小組任職，痛斥布萊爾在二〇〇三年的出兵伊拉克。「國際社群主義」的核心部分是呼籲改變國際事務的均衡，以便限制個別國家挑戰全球規則和規範的能力。傳統的國家主權觀念因此應該由一組更寬闊的標準來衡量。重拾「互相依賴」這個麥克米倫一度最喜愛的觀念，布萊爾力主獨裁統治者必須要為國內鎮壓的外溢效應負責。各國邊界現在已經變得比較鬆懈，所以一個國家的失序很容易會衝擊其他地方。當一個獨裁政權「產生出大量難民從而威脅到對四鄰國家的安全時，我們就可以恰當地稱它們為對國際和平與安全的威脅」。其他國家由此有了干涉的責任。世人曾經在非洲國家盧安達發生種族屠殺時袖手旁觀，在波士尼亞的行動也是慢吞吞，現在大國應該承認她們有責任阻止這一類屠殺。科索沃讓布萊爾相信，英國在國際問題的解決上扮演一個角色。這種信念是扎根在「歷史的終結」理論。世界正邁向普遍接受自由民主制度和開放的經濟系統。西方大國的角色是維持這種取向。這種後來被稱為「自由國際主義」的主張可望復興老布希未得實現的承諾——至少理論上是如此。

另一場戰爭——這一次是發生在西非國家獅子山——讓布萊爾的這個信念變得更堅定不移。獅子山是前英國殖民地，一直飽受內戰蹂躪。英國嘗試支持總統卡巴的政府，卻始終無法穩定該國家。到了二〇〇〇年夏天，一次聯合國的維和行動受到威脅，因為鄰國賴比瑞亞的軍閥泰勒支持一支叛軍向獅子山首都自由城推進。泰勒在五年內戰中脫穎而出，靠著恐怖手段統治賴比瑞亞，日後將會被國際法庭裁定犯了戰爭罪。布萊爾授權英國軍隊保護英國僑民和其他國家僑民撤出。這本來也許不過是另一個前英國殖民地的另一次政變，但外交部唯恐它會有更大後果。自由城的陷落將標誌著聯合國一系列維和行動的最新失敗，可能會對西非產生漣漪效應。這不正是布萊爾認為國際社群有責任恢復破碎國家穩定的時刻嗎？儘管如此，倫敦方面卻不熱中執行一項會危及英國人生命的行動。當巡邏的英國士兵遭叛軍俘虜後，保守黨人呼籲趕快撤退。布萊爾向加斯李請教，後者提供一個解救人質和穩定卡巴政府的方法。這方法要冒可觀傷亡的危險，但布萊爾決定賭一把。加斯李回憶說當時布萊爾「沒有皺一下眉頭」[28]，而特種部隊和傘兵的行動也取得成功，過程中只有一個英國士兵陣亡。叛軍被迫撤退。聯合國的任務很快可以恢復。這就是行動中的「國際社群主義」（至少看起來如此），任務的成功把布萊爾帶到了通向伊拉克巴斯拉的另一步。他日後記述：「有關獅子山的問題，有人說『那跟我們何干？』，但我卻肯定如果我們出面干預，把非洲國家從野蠻和獨裁中拯救出來，將會最有利於英國和歐洲在非洲的長期利益。」[29]

布萊爾人在布萊頓的飯店套房裡，正在對一篇演講稿作最後的修飾。當時是二〇〇一年的一個九月天，這位首相從倫敦來到布萊頓是要參加工會聯盟的年會。他不習慣在工會運動中和工黨的「哥兒們」公開打成一片，但剛剛從夏天的大選勝選，他決定要清楚表達爭取連任的意願。他的演講並沒有講成。套房裡的電視顯示有一架噴射客機撞進了世貿大樓的北塔，然後另一架飛機撞擊南塔。幾分鐘內，首相一行人折返倫敦。

小布希取代柯林頓成為白宮主人讓布萊爾感到緊張。很多工黨的資深人員都對新任美國總統心懷敵意，因為他在角逐白宮寶座時揚言要遂行美國單邊主義。在和柯林頓有過那麼輕鬆和緊密的關係之後，布萊爾要怎樣跟小布希這個共和黨人和前德州州長相處呢？「第三條路」方案本來是為了把保守派排除在全世界的權力圈之外，而「新工黨」也把籌碼押在了柯林頓的副總統戈爾身上。小布希的當選多少反映著布萊爾的失敗。兩人還有另一個明顯的分歧。在他唐寧街三年的任內，布萊爾已把自己塑造為西方干預主義的發言人，但小布希卻在競選過程中承諾卸除美國的海外負擔和取笑作為布萊爾「相互依賴觀」核心的多邊主義。二〇〇〇年十二月柯林頓到歐洲進行告別之旅時，布萊爾在契喀斯接待這位即將卸任的總統。當布萊爾問他自己應該怎樣對待他的繼任人時，柯林頓回答說：「當他的朋友吧。」又表示自己一家人不會以此為意。在布萊爾的心目中，這就是他的職責。不管他和小布希有多少個人和政治分歧，最重要的是保持聯盟關係。[30]

唐寧街並不是每個人都對英國首相搶當新任美國總統第一個接見的外國領袖一事感到熱中。當雪麗・布斯責備丈夫為朝聖之旅的每個細節作出彩排時，她是說出了異議分子們的心聲。當布萊爾的班底爭論應該送小布希什麼禮物時（最後的決定是一尊邱吉爾的半身像），雪麗・布斯建議送一支首相官邸專用的原子筆。作為人權律師，她對小布希德州州長任內的紀錄並無好感，他總是拒絕特赦被判死刑的犯人。當英美兩國領袖在二〇〇一年第二次會面時（這一次是在契喀斯），她清楚表明她強烈反對國家殺人。[31]其他人認為小布希的理直氣壯單邊主義是向自私自大的國族主義一次讓人擔心的轉向。這樣的領袖不可能被布萊爾的芝加哥演說打動，但布萊爾一心一意要爭取他的好感。

當兩位領袖二〇〇一年二月第一次在大衛營見面時，他們的肢體語言表現出他倆並非許久不見的朋友。但布萊爾在一開始會談時卻釋出讓人意想不到的善意。包括英國在內，大部分的歐洲政府都反對這位新總統要建立一個全國飛彈防禦系統的競選承諾——這方案讓人聯想起雷根的「星戰計畫」。他們都害怕美國這樣做會刺激莫斯科投入核子軍備競賽。外務大臣庫克為此和英國首相一起提出反對。但布萊爾想在第一次會面時放出一個信號，顯示他和小布希雖然政治背景不同，但仍然無礙於維持一種堅強的關係。為此，英國政府將會批准升級美國位於英國的基地的雷達系統。他所要求的只是美國把普丁納入協商，避免和莫斯科發生直接決裂。布萊爾在聖馬洛的時候固然是站在歐洲的一邊，但他不打算因為與美國新總統的失和去破壞了英國與華府的密切關係。作為回報，他取得了美國默許英法建立一支歐洲軍隊的計畫。

到了夏天，布萊爾在契喀斯招待小布希。獲得對方的公開恭維：「英國首相讓我欣賞的是，他願意在我們朝未來邁進時重新考慮。」但英國影響力的侷限性亦是顯而易見。小布希不理會布萊爾的建議，繼續執行兩個競選承諾：讓美國退出對抗氣候變遷的《京都議定書》和退出作為冷戰限核奠基石的反彈道飛彈條約。陪同布萊爾的官員在小布希身上看不出來他父親在柏林圍牆倒塌之後表現出來的穩定國際秩序的決心。老布希身邊圍繞著貝克和斯考克羅夫特等重視盟國的高級官員，小布希的左右手卻沒有這種擔當。美國準備好要自行其是。不管他多有魅力，布萊爾將會發現自己軟弱無力。

世貿大樓被摧毀和五角大廈受創後，小布希為確保安全馬上登上「空軍一號」。當布萊爾從唐寧街向世界講話之時，他仍然在空中。布萊爾宣稱英國會和華府「肩並肩」一起打敗那些必須為恐怖攻擊負責的人：「這不是一場關於美國和恐怖主義之間的戰爭，而是自由民主世界和恐怖主義之間的戰爭。所以，在這個悲劇時刻，在英國的我們和我們的美國朋友肩並肩站在一起，而且我們就像他們一樣，直到把這種邪惡驅逐出世界之前不會罷手。」他的幕僚日後將會說九一一事件是布萊爾一九九九年芝加哥演講的有力證明。阿富汗的「塔利班」為蓋達組織提供的避風港，使得美國遭遇遠遠大於一八一四年英國洗劫華府以來最大規模的攻擊。

從一開始就提供毫不含糊的支持，布萊爾自忖他將讓自己在華府的影響力最大化。他毫不擔心要參加由美國領導的摧毀伊斯蘭恐怖主義的行動。他擔心的是，一旦下了決定，小布希就會面臨得單方面行動的巨大壓力，不願意等待國際的背書。但一旦華府選擇「踏出系統之外」，世界就不再是由一個講規則的體系錨定。[32] 九月二十日，布萊爾在華府出任小布希九一一之後第一次國會演講的貴賓。他保證英國軍隊會在將要來臨的戰爭中和美國人一起在阿富汗打擊「塔利班」和蓋達組織。在他看來，不要急急忙忙報復才是小布希的明智之舉，因為這是一個應該廣結同盟以反對恐怖分子的時刻。因為知道美國總統身邊的新保守主義者業已呼籲小布希除了對付阿富汗以外還對付伊拉克的海珊，布萊爾想盡辦法勸小布希把焦點放在蓋達組織和「塔利班」。回到唐寧街之後，他深信自己的勸說已經奏效。事實將證明不是如此。

這個時候，布萊爾處在了他的國際威望的高點。就像喬納森·鮑威爾所說的：「我們忙著充當輔助羅馬人的希臘人，設法要建立一個同盟，扮演美國和歐洲之間的連結。」[33] 最初的跡象令人鼓舞。隨著美軍在阿富汗打敗「塔利班」，英國首相成為了國際上努力消滅伊斯蘭主義者威脅的最佳發言人。他在十月工黨大會的演講贏得親保守黨的《每日電訊報》的盛讚，譽之為布萊爾的「最美好時刻」。他又前往世界各地發表同一信息，力求廣結同盟。這是建立對抗威脅的新解決辦法的契機。他在工黨大會上說：萬花筒已經被搖晃，「顏色碎片已經散開。它們很快會形成新的圖案。在那之前，讓我們為我們四周的世界重新制定秩序。」

《經濟學人》在二〇〇二年一月宣稱：「不列顛已經失去了一個帝國，但最終找到了東尼·布萊爾。」這種模仿艾奇遜的提醒*的淘氣語氣並未減少該雜誌對布萊爾的景仰之情。

《經濟學人》雖然批評這位英國首相在世界各地的奔波讓他忽略了內政，但仍表示他可以對他在九一一事件之後的國際角色「引以為傲」。英國和美國一起打擊「塔利班」，又在為喀布爾建立一支國際安全部隊一事上打了頭陣。《經濟學人》繼續說：透過贏得小布希的信任，布萊爾「甚至也許暫時實現了英國的長久夢想，變成了美國和歐洲之間不可少的橋梁」。[34]當其他歐洲國家領袖——例如席哈克和施若德——忙於內政時，布萊爾顯示出一種「明星氣質」。不過這篇社論補充了一個小提醒：布萊爾把英國形容為一種「樞軸力量」之說有過譽英國影響力的風險。

英國首相的道德自信也讓白廳裡的一些外交政策老手感到不安。他在首相官邸的外交政策顧問曼寧是其中一個敦促他不要對美國總統承諾太多的人。不管小布希個人有多欣賞布萊爾，但總統的親密顧問們——副總統錢尼、國防部長倫斯斐和國防部副部長伍夫維茲對他卻是無感。布萊爾大談國際主義和道德責任。他希望把對伊斯蘭極端分子的報復和重新恢復以巴和平進程連結起來。但小布希的人馬卻是有其他優先事項。他們相信美國需要的是向世界來一次毫不含糊的軍事威力展示。甚至在阿富汗的蓋達組織還沒有被驅散以前，錢尼等人就已經在計劃對伊拉克動武。布萊爾很快就會被提醒英美「特殊關係」的基本守則：英國是可以指望美國會聽聽她的意見，但在涉及美國國家利益的事情上，決定總是出自華府。

＊艾奇遜的的原話是「不列顛已經失去了一個帝國，但還沒有找到自己新的角色。」

到了二〇〇三年，英國已經失去對事態的控制。資深外交官希恩瓦爾德回憶說：「大概除布萊爾本人以外，政府大部分人都對伊拉克的行動抱持高度程度的懷疑。我們一直相信我們搞得定聯合國，可以透過把國際社群聯合在一起，讓事情在英國和國際上是政治上可接受的。」問題是出在華府。「但我們的方法從來沒用。那只是一些膠布。美國歸根究柢並不真的需要我們。這一點在那關鍵時刻變得很清楚。我們被困在扛大量政治責任的小弟角色裡，從未能甩掉這些責任。」[35]

齊爾考特的調查詳細呈現了唐寧街和白宮在英國部隊於二〇〇三年春天駛進伊拉克以前有過的意見交換。從布萊爾和小布希的會議紀錄、他們的通信和電話交談逐字稿，所顯示的都是一個深信英國應該追隨最親密盟友的英國首相，以及一個欣賞英國支持但鐵了心要攻打薩達姆·海珊的美國總統。布萊爾在這個階段的目標反映出他害怕美國在九一一之後會放棄領導一個國際體系的角色，改為追求單邊展示自己的力量。英國政策的目標是對華府施加約束，堅持如果非用武力把海珊除掉不可，就應該先得到聯合國的支持。布萊爾在九一一攻擊之後一個月寫給小布希的信上說：「我毫不懷疑我們需要對付海珊，但如果我們現在就攻打伊拉克，我們將會失去阿拉伯世界和俄羅斯的信任，十之八九也會失去半個歐盟的信任。我也擔心此舉會為巴基斯坦帶來的衝擊。然而我深信我們晚一點一定可以設計出一種對付海珊的策略。」[36]

英美「特殊關係」的牽引力和一種深信不疑的自信一起作用。布萊爾曾經拯救過科索沃和把獅子山從混亂中搭救出來。在和記者的私人談話中，他將會表示捉拿海珊以懲罰他對聯合國的藐視是「該做的事」，但做這事時也必須是出之以「正確的方式」。但那些和小布希最親近的人卻對「正確的方式」不感興趣。先前，北約組織為回應九一一攻擊事件，在其歷史上第一次啟動了第五條款，即相互防衛保證。這等於是對美國人說：「我們全是站在你一邊。」伍夫維茲去到布魯塞爾的北約總部表示感謝，但沒有作出保證。用一個資深外交官的話說，他的信息是華府正在制定自己的計畫，所以「不要打電話給我們，我們也八成不會打給你們」。[37]

隨著戰鼓的聲音愈來愈響，布萊爾在二〇〇二年給小布希的一封信中保證：「什麼情況下我都會和你在一起。」[38]喬納森．鮑威爾和曼寧都勸首相不要作出這種無條件的承諾。他們勸得對。布萊爾的承諾後來被很多人認為證明了一件事：不管法律環境或外交環境如何，他都一定出兵。不管怎樣，它都標誌著他深陷在自己的角色中。他是支持推翻「塔利班」的國際聯盟的主要召集人。他曾經促成利比亞領導人卡達菲放棄研發核子武器的計畫。迄今為止，歐洲在支持小布希政府一事上多多少少保持團結一致。德國的施若德政府一反戰後的傳統，派兵參與阿富汗境內的聯軍。但就在布萊爾保證他對美國的支持時，歐洲已經開始緊繃起來。對英國的很多歐盟夥伴來說，穩定阿富汗是一回事，發動另一場戰爭卻太超過了。

伊拉克戰爭調查小組將會嚴厲批評布萊爾誇大了海珊的大規模殺傷性武器的庫存。齊爾考特報告的其中一個關鍵發現是，當英美在二〇〇三年三月發起戰爭時，兩國並未面臨即時的威脅。她們是能夠給聯合國武器檢查人員更多時間去把工作做好。但首相官邸卻沒有人懷疑有大量這樣的武器存在，情報機構也是深信不疑。根據一個資深唐寧街官員的說法，沒有人對這一點比祕密情報局局長迪羅夫更加篤信——他也是被齊爾考特批評的官員之一。如果說布萊爾曾經不太確定海珊在第一次波灣戰爭之前便有研發大規模殺傷性武器的計畫，那麼是迪羅夫向他保證這方面的情報是無可辯駁。[39]不過在當時沒有可供布萊爾猶豫的餘地。大規模殺傷性武器的存在是給予國際社群和英國出兵伊拉克的藉口。有十足的理由讓人要誇大這種武器的威脅。誇大和說謊又只是一線之隔。小布希和他周遭的人不理會這種分別。海珊是一個威脅，而現在，在九一一事件之後，世界的獨一超級強國不願意容忍這種藐視。

布萊爾完全不懷疑應該對付海珊，不過他有時又會希望光是國際壓力就可迫使海珊就範。他主要的關心是引導美國在國際社群的界線內行事。他最初也取得成功，因為小布希不理會錢尼的意見，同意把伊拉克的事情訴諸聯合國。二〇〇二年九月，聯合國安理會通過了一個決議，要求海珊遵照上一個聯合國決議那樣放棄大規模殺傷性武器，並再次派出武器檢查人員。不過這決議對於如果海珊不配合布利克斯博士領導的新武器檢查團會有什麼後果卻語焉不詳。美國假定那樣的話，原決議便已授權開戰。但俄羅斯和法國等國卻認為必須有另一個決議授權，方能開戰。俄羅斯總統普丁因為想在俄羅斯經歷過一九九〇年代的混亂衰退之後重建國家的影響力，堅決不讓美國擁有一張空白支票。雖然布萊爾呼籲華府節制，但他覺得自己有必要在國內為戰爭提供理據。二〇〇二年九月，他告訴工會聯盟大會，透過外交手段和武器檢查解除海珊武器的國際努力不應該成為一個永久無所作為的藉口。「對所有聯合國國家來說，挑戰在於聯合國必須是解決海珊的威脅的途徑，不能採取迴避態度。」

雖然唐寧街透過公布本來保密的情報來突顯海珊的大規模殺傷性武器的威脅，但輿論對出兵的前景卻半冷不熱。這些被公布的情報後來被稱為「狡猾的卷宗」，受到了齊爾考特報告的嚴厲批評。這不是因為它們是錯誤或捏造，而是它們把少少的證據延展到了最大限度。這些被說成是鐵證如山的證據事實上弱不禁風。伊拉克境內那個所謂「王牌」特工後來也被揭穿是冒牌貨。「聯合情報委員會」沒能夠正確地衡量用少量證據得出的結論。庫克在二〇〇一年的大選後從外務大臣改任下議院院長。他在布萊爾出兵科索沃和獅子山的時候曾全力相挺，但對於美國的出兵伊拉克卻認為是美國權力明目張膽的濫用。他除了質疑此舉的道德性，也質疑其合法性。當下議院要表決出兵伊拉克的提案時，庫克辭去內閣職位，在下議院發表了一通譴責布萊爾的雄辯演講。國際發展大臣商麗雅是另一個批評布萊爾的閣員。她起初投了贊成票，但在幾個月後伊拉克陷入混亂之後辭職。

布萊爾的自辯之詞是說他對小布希的每個承諾都是有條件性，例如英國只會在華府願意尋求聯合國為出兵背書的情況下支持美國。然而到了二〇〇三月年一月，他還是沒有能夠說服安理會作出授權動武的第二個決議。他沒有爭取到足夠的票數，爭取到的話也極可能會遭俄國和法國否決。如果他想要緊跟著小布希，那麼能夠找到的法律依據就是在第一個決議。他唯一能承認的出兵理由就是為了移除海珊的大規模殺傷性武器。那些在戰爭爆發前幾星期和他談過話的人都毫不懷疑他是用什麼戰略盤算。美國在聯盟裡以各種方式擔綱領導地位，而作為緊密盟友英國也必須扮演一個角色。[40]

再來還有他在芝加哥發表過的主義。他日後將會毫不害臊地吹噓，即使小布希沒有想過要除去海珊，他自己一樣會以此為己任。這位英國首相對自己的動機確定無疑，卻忽略了其他歐洲國家領袖愈來愈大的反戰聲音。有些領袖——特別是剛脫離前蘇聯帝國的新民主國家——確實是準備好幾乎毫不質疑地支持華府，但法國的立場卻也不孤單，而且她也正確地看出，小布希的計畫是單邊地張揚美國的優先性而不是拉抬聯合國的權威。席哈克對布萊爾拒絕考慮攻打伊拉克會對中東帶來的後果感到愈來愈挫折。日後會擔任國家安全顧問和駐美大使的達洛克當時在唐寧街工作，他指出席哈克對華府行動背後的粗疏思考方式感覺受到「思想上的冒犯」。英國既然和法國一樣曾經擁有殖民地，斷然可以理解這種感覺。席哈克正確預測美國出兵伊拉克的後果。他設法要對布萊爾說的是：「聽著，美國人不理解伊拉克。如果他們認為他們幹掉海珊之後就可以突然創造出一個西方式政府，他們就是腦袋有問題。」[41]席哈克精確地描述了美國攻擊伊拉克將會帶來的後果：「到時這個國家會分裂。什葉派會組成自己的民兵。遜尼派領袖不會接受在巴格達的任何一種什葉派政府，甚至不會接受聯合政府。整個國家將會分崩離析。任何在那裡的西方人都會自然成為靶子。」

更後來，在齊爾考特的報告發表了後，喬納森．鮑威爾回憶了邁向戰爭的經過。他指出，「無可避免」的念頭——即戰爭的進程在二〇〇二年布萊爾和小布希會面時便已確定不移——是一種事後諸葛的產物。[42]直到戰爭幾星期前，布萊爾的這位幕僚長仍然不確定英國部隊是否會加入美國對伊拉克的入侵。只有當聯合國安理會在第二個決議案談崩之後，布萊爾才做成決定。談到唐寧街的策略時，喬納森・鮑威爾指出：「我們準備要把他們（美國人）拉入一個國際聯盟當中。」那樣將會拖慢他們的腳步，讓他們謹慎從事。目標是防止美國人肆意妄為。發生了什麼事？計畫出了差錯。「我們得到了第一個聯合國決議案，但要再弄第二個的時候被卡住了。」這個錯誤是政治性的。「當我們選擇了設法說服美國人加入國際社群而不要單邊開幹之後，就很難在聯合國苗頭不對時跳船。」[43]當時希恩瓦爾德爵士是英國在布魯塞爾的長駐代表，他說：「我們被困在扛大量政治責任的小弟角色裡，從未能甩掉這些責任。」[44]

伊拉克戰爭的衝擊遠超過它在布萊爾聲譽上留下的汙點。伊拉克在暴力和混亂中的瓦解、什葉派和遜尼派之間的派系衝突，還有伊斯蘭國的興起，全都可以歸因於美英決定要摧毀海珊的復興黨政權卻沒有一個取代這政權的方案。後來發生在敘利亞、利比亞和葉門的內戰都顯示出伊拉克的衝突助長了英法在一次大戰之後所作的後帝國安排的瓦解。海珊政權和利比亞的卡達菲政權乏善可陳，但沒有較好的代替品可以填補他們被剷除後所留下的權力真空。就像五十年前遠征蘇伊士運河的失敗拆穿了英國的帝國錯覺，二〇〇九年三月從巴斯拉的撤軍也粉碎了英國還有力量從事大規模遠征的想法。

英國在伊拉克部署部隊，還有後來在阿富汗赫爾曼德省部署部隊，不能不說是勇氣可嘉。他們人數從來不足，也從來沒有得到足夠的資源。在經過冷戰後多輪的削減國防開支之後，政府賴以讓人覺得英國仍然維持全幅度軍力的，是擁有三叉戟核子飛彈、一支強大的海面艦隊、先進的戰鬥機和轟炸機、精密的電子情報監視和目標捕獲系統，以及能隨時部署的坦克旅。

面對預算的反覆削減卻又要擺出小型超級強權的姿態，意味著英國的很多軍事能力都是外強中乾。伊拉克和阿富汗讓她的軍力調動到了超過極限。雖然丟臉，但英國最終和伊拉克南部的民兵達成協議讓英軍可以平安撤退卻是英國軍事實力縮減的一個精確反映。

年輕英國士兵的棺材經常運抵牛津郡布萊茲諾頓皇家空軍基地對國民心靈造成極大衝擊。繼伊拉克的損失之後，在阿富汗戰爭中死傷的人數不斷上升，而這場戰爭本來被認為是一場「好」的戰爭。推翻海珊是美國單邊主義一次危險的展現，但那些在美國驅逐「塔利班」之後抵達阿富汗的部隊卻是帶著聯合國的授權。大約十八個國家參加了北約組織的「國際安全援助部隊」，其中英國在剛開始貢獻大約一千五百人。這時「塔利班」已經從他們的巴基斯坦避風港返回。理論上，「國際安全援助部隊」的任務是為新建立的阿富汗政府提供基本安全，但現在它變成了一個武裝建國實驗的工具。沒有人比英國的將軍們更踴躍於扮演一個大角色。他們判斷，穩定阿富汗南部赫爾曼德省的新任務將可以掃除在南伊拉克的失敗記憶。在一個軍事指揮官們擔心軍隊會被削減的時期，你只有使用他們或失去他們兩個選項。這次的部署是注定失敗。分散在各處的孤立碉堡裡，英軍面臨了要命的消耗戰。在這個任務於二〇一四年被拋棄前，超過四百五十人戰死。

伊拉克是一場可打可不打的戰爭，是在國家安全沒有受到即時或直接威脅的情形下開打。布萊爾打算用它來證明，怎樣才能讓世界對西方的自由民主來說是安全的。一百萬人參加了在倫敦舉行的反戰示威。他拼死拼活要贏得國會的支持，最後靠著一些保守黨議員的票數來壓制自己黨內的造反分子。隨著伊拉克在海珊政權倒台後陷入暴力和混亂，很多本來支持布萊爾決定的人加入了反戰行列。齊爾考特的報告指責美國沒有為戰爭結束後的事綢繆，也指責布萊爾政府沒有催促盟友制定這樣的計畫。打敗蘇聯所帶來的自信心變質為狂妄自大。美國是世界上獨大的超級強權。歐洲在發行了自己的貨幣之後看來比從前任何時候更有自信。聯合國以「保護責任」原則把西方自由價值觀法典化，宣示國際社群不會容忍獨裁者和暴君對國家進行政壓。但美國和英國放棄了道德高地。伊拉克的血腥內戰結束了西方認為民主可以靠著巡弋飛彈輸出的觀念。芝加哥主義*到此為止。

伊拉克戰爭挑戰了英國在蘇伊士運河危機之後兩大外交政策的一個基本假設。那就是英國認定她可以透過配合美國的政策加強她在歐洲的影響力，又可以靠著在歐洲的領導地位增加她在華府心目中的份量。然而這條傳奇性的跨大西洋橋梁卻在壓力下垮掉。因為堅決支持小布希，布萊爾失去了他在歐洲的最重要朋友。歐盟也因為伊拉克戰爭而分裂。華府得到許多東歐和中歐新成員國的支持，但法國的席哈克和德國的施若德誓死反對。法國揚言要和普丁的俄羅斯一道在聯合國行使否決權，這讓英國取得一個決議以合法化伊拉克戰爭的希望落空。齊爾考特的報告沒有明顯評論伊拉克戰爭在沒有第二個聯合國決議支持下的合法性，但它倒是指出，

*指前述一九九九年布萊爾在芝加哥發表的演說，強調「國際社群主義」，國際間各國互相影響，獨裁政權可能威脅鄰國安全，因此他國就有干涉的必要。

檢察總長的法律意見——起初是反對戰爭——後來是為了配合政治現實而作出修改。

英國與柏林和巴黎的關係大大受損。布萊爾的顧問曼寧指出：「我認為，直到最後，他仍然希望是在得到國際社群的支持下解除海珊的武裝。西方社群的分裂讓他很不是滋味，因為那會損害他在歐洲達成過的一切。」[45]海珊垮台的幾個星期後，他對法國的否決票仍然憤恨難平。他告訴唐寧街的訪客，席哈克總統是想要用伊拉克拉他下台。[46]這種話是嫉妒心理作祟。法國的反對意見有他不願意承認的道理存在。曼寧認為應該給武器檢查人員更多時間（至少可以等到二〇〇三年秋天），問題在於美國人。「我想我們應該等待，但小布希完全不準備等。」[47]白宮支持布萊爾爭取第二個聯合國決議，但從不認為那是開戰的必要條件。

少了伊拉克的衝突，布萊爾會不會認真考慮加入歐元也已經是個沒有多大意義的問題。很明顯地，伊拉克戰爭已經耗盡了他的政治威望。他是靠著反對黨保守黨的幫助，出兵的議案才在下議院過關。大約八十四個工黨議員投反對票，六十九人棄權。他已經不再是一個敢就英鎊的未來跟布朗和敵視一切歐洲事物的右翼報章衝突的首相。他在二〇〇五年的大選固然再次勝出，但這更多是反映他有著無可質疑的政治天份和保守黨黨魁霍華德——梅傑敗選後的第三任黨魁——的領導無方，不是選民對他還有多大熱忱。工黨在下議院的多數議席從二〇〇一年的一百六十七席暴跌為六十六席，總得票率百分之三五點二，是為歷來多數派政府的最低得票數。

兩年後，面對工黨議員愈來愈大的敵意，布萊爾最終辭職，讓位給等待大位等得不耐煩的布朗。他的歐洲雄心所留下的遺產寥寥無幾。就像柴契爾夫人在一九七九年就任的頭幾個月那樣，布萊爾在一九九七年的時候曾有機會讓英國和德法並為歐洲的領導性力量。和柴契爾夫人不同的是，他起初有設法去掌握這個機會。他大概比任何戰後的首相更加明白，靠近美國和靠近歐陸並不是只能二選一的事情。但就像他的歐洲事務顧問里德爾指出的那樣，當布萊爾後來寫回憶錄的時候，談歐洲的部分在全書七百頁的總篇幅中只占了十二頁。里德爾尖刻地說，這證明了「他並沒有多看重他的歐洲遺緒」。[48]

布萊爾對歐元的熱情被他和布朗的長期權力鬥爭耗盡。在他第一任任內，他是勇氣不夠，但到了第二任期，他對歐元的熱心是被他對伊拉克戰爭的熱心搶光。取代庫克成為外務大臣的斯特勞從不是熱烈的親歐派，他向首相施壓，要他答應如果歐盟推動一份新的憲政條約就舉行公投來決定接受與否。因為反對黨的幫忙，布萊爾得以參加《法國與荷蘭條約》，但不管怎樣，他的歐洲政策愈來愈受到梅鐸和布萊克所擁有反布魯塞爾立場的報章所支配。因為得不到唐寧街的指示，內閣大臣們重新把歐洲視為一個零和遊戲。有趣的是布萊爾和席哈克總統的個人關係反而改善了。兩人都在二〇〇七年夏天去職，達洛克回憶了他們在愛榭麗宮的道別會面。「席哈克總統非常熱情，一副過去了的事情就讓它過去的態度。他帶著布萊爾走過沐浴在秋光中的愛麗榭宮前庭，氣氛友好，畫面如同老照片一般。」[49]

伊拉克戰爭也給法國上了一課。布萊爾因為巴黎和柏林反對戰爭而被絆了一跤，但法國一樣未能組織起一條對抗華府的統一歐洲戰線。從華沙到馬德里的政府都支持小布希。在蘇伊士運河事件之後，法國人一直認為他們能夠在歐洲建立一種反制美國的統一力量，並以此自豪。伊拉克戰爭正是一個需要這種統一陣線的時刻。在法國看來，美國出兵伊拉克並不只是為了消滅一個真正的威脅，更多的是為了宣示美國的霸權，表示美國作為一個超級強權可以為所欲為，不理會國際規定。在這一點上，法國人不無道理。美國的狂妄在小布希發表於二〇〇二年的「國家安全戰略報告」中一覽無遺，其中宣稱美國有權對潛在敵人作出先制攻擊。二〇〇二年一月的國情咨文也有相同的強調。後來被稱為「邪惡軸心演講」，這演講挑出伊拉克、伊朗和北韓作為華府的眼中釘國家。事實證明，在推翻海珊之後的十年內，美國將會出現一波軍事退卻。但歐洲也是大輸家。布萊爾發現他不可能在他對美國的忠誠和對歐洲的忠誠之間保持平衡，法國則發現她不能以獨立的權力中心的身分把歐陸結合在一起。曾經敵對幾百年的英法關係在蘇伊士事件之後走了整整一圈。這兩個對手曾經變為朋友，然後又變回對手。

世界已經改變。英國仍然是主要民主國家組成的八國集團的成員之一，在二十國集團也有一席之位。安理會常任理事國席位讓她處於國際外交的核心，而大英國協讓她在發展中世界說話大有份量。在布朗的促使下，英國的援外支出達成了淨國民所得百分之零點七的聯合國標準，為西方發達民主國家立下了榜樣。然而隨著地緣政治賽局規則的改變，布萊爾的目光卻離開了更大的世界。海明威小說《旭日東升》中一個角色在被別人問到他是怎樣破產時回答說：「先是逐漸地然後是突然地。」在柏林圍牆倒塌二十年後，那些曾以為蘇聯共產主義的失敗標示著自由市場和民主的永遠勝利的政治家也許會說類似的話。布萊爾所沒有注意到的是，世界自一九九七年以後就發生了根本的變化。「自由干預主義」曾經以為經濟的全球化和西方的民主價值的推進是無可避免，由此帶來歷史的終結。伊拉克戰爭是對這個假設的一記當頭棒喝，但它不是唯一一記。全球金融危機粉碎了自由資本主義長存的幻覺和西方的全球威望。在普丁的統治下，俄羅斯脫胎成為一個矢志收復失地的強權，而迅速崛起的中國拒絕在西方設計的國際體系裡當利害關係人。世界正在目睹歷史的回歸＊。

要是賓拉登沒有摧毀世貿中心的話，布萊爾首相任內有一個功績也許會被大書特書。那樣的話，在世人的記憶中，他將不會是一個隨便派兵出征的執政者而是一個和平的締造者，曾把一場發生在英國附近的醜陋和頑固衝突帶向終結。他首相任內的第一次出訪不是去華府、柏林或巴黎，而是去了貝爾法斯特和北愛爾蘭。這個省份生活在暴力中近三十年。在一九六〇年代，先是占人口少數的天主教社群發起爭取民權的抗議活動，然後愛爾蘭共和軍又把抗議升級為對英國的戰爭。新教徒的準軍事組織用共和軍一樣野蠻的手法還擊。一九八四年，愛爾蘭共和軍在格蘭德大飯店舉行保守黨大會時進行炸彈攻擊，差點殺死柴契爾夫人。五個與會者（包括一名議員）喪生。幾年前，愛爾蘭共和軍在另一個議員尼夫（柴契爾夫人的親密顧問之一）走出下議院時將他殺死。一九九一年二月，迫擊砲砲彈就落在唐寧街首相辦公室的正後方。

＊這話是對應前述第九章提過的「歷史的終結」之說。

布萊爾在一九九七年勝選的一年前，愛爾蘭共和軍用炸彈攻擊了位於倫敦金絲雀碼頭的金融中心。為了維護北愛爾蘭安全，英國需要部署三萬部隊，但這個省份的人口才一百六十萬。

新教徒統一主義人口占大多數，調停他們和天主教徒民族主義社群的努力一直一事無成。一九七三年，希斯政府想要透過一紙權力分享協議結束暴力，但激進的統一主義者破壞協議，決心要守住自一九二一年愛爾蘭分治之後賦予他們的權力。柴契爾夫人在一九八五年壓抑自己的親統一主義者本能，和愛爾蘭簽署《英愛協議》，這是另一次讓民族主義者在北愛爾蘭事務上有發言權的嘗試。但戰爭——北愛爾蘭共和軍對英國政府發起的戰爭和新教徒準軍事組織對天主教徒社群發起的戰爭——繼續持續。

另一個工黨首相威爾遜為了回應統一主義者的不妥協，要手下官員想出把北愛爾蘭弄出聯合王國的方法。這個想法後來被丟棄，因為威爾遜被告知，英國一旦撤出，將會引發一場同時吞噬北愛爾蘭和愛爾蘭共和國的內戰。

英國是世界上主要民主政體中唯一有這種國內武裝鬥爭規模的國家。雖然歷任首相都堅稱這衝突純粹是國內事務，但他們都強烈意識到這件事讓英國在國外的聲譽蒙塵。曼寧在當布萊爾外交政策顧問前是駐美大使，他在回憶中指出，很多英國盟友都覺得英國像是在對北愛爾蘭進行軍事行動：「北愛爾蘭問題對我來說從頭到尾都是一個開放性創傷。你是不是相信這種看法非常不公平並不真的重要，要緊的是別人的觀感。」[50]

讓外人觀感更差的是一般普遍相信，北愛爾蘭衝突反映的是英國政府對天主教徒社群的漠不關心。美國人又特別抱持這種看法。在住著大量愛爾蘭裔僑民的美國東岸，北愛爾蘭現況廣泛地被認為是殖民壓迫時代的遺風。紐約和波士頓的愛爾蘭社群源源不斷為愛爾蘭共和軍政治組織新芬黨提供資金。有關共和派在未經審判下受拘禁，以及北愛爾蘭共和軍在獄中絕食抗議的畫面讓英國在該省的統治飽受批評。英國人認為美國人是在為一種恐怖主義運動提供道德支持，但美國人卻懷疑英政府和新教徒準軍事組織勾結。紐約、波士頓和華府多人對於英國持續統治北愛爾蘭提出非議。雷根和柴契爾夫人因為這個問題而彼此不愉快，柯林頓和梅傑也是如此。共和派領袖——最突出的是亞當斯和麥吉尼斯——都非常有名，但英國政府禁止媒體採訪他們。在美國首都服務時，希恩瓦爾德目睹了北愛爾蘭對英國名聲的衝擊：「如果你像我在一九八〇年代在華府一樣，是在世界任何地方代表英國，那北愛爾蘭在對聲譽的破壞上就像套在你脖子上的沉重負擔。」[51]布萊爾入主唐寧街時把英國想像為進步和民主的燈塔，但北愛爾蘭卻講述一則完全不同的故事。

和平談判的地基已經由梅傑鋪好。這位布萊爾的前任開啟了跟新芬黨和愛爾蘭共和軍溝通的管道，也開始跟雷諾茲和埃亨的愛爾蘭政府談判統一主義者和民族主義者談權力分享的可能性。梅傑為了讓愛爾蘭共和軍答應停火，冒了相當大的政治風險。在追蹤北愛爾蘭動態的情報機構看來，有兩件事情昭然若揭。首先是愛爾蘭共和軍不可能成功透過使用暴力將英國人趕出北愛爾蘭，而它的指揮官們也開始了解到這一點。第二點是，政府不可能擊倒一場被人口中大部分人視為是反擊不正義的起義。在美國參議員米切爾的協助下，梅傑為未來的政治談判設下範圍。因為發給一個知名新芬黨人美國簽證而引發爭執後，柯林頓加入了梅傑的和平努力。後來談判因為解除武裝的事談不攏而停擺。在大選勝選之後，布萊爾面臨的問題是他準備投入多少政治資本和個人精力去為恢復談判而努力。

一個政治解決方案得包括哪些基本要素從來都是清清楚楚——統一主義者和民族主義者在貝爾法斯特政府中共享權力，愛爾蘭擱置對北愛爾蘭的領土要求以換取在該省的事務上扮演角色，及各方同意北愛爾蘭未來的憲法地位由人民決定。他們可以決定留在英國，也可以選擇加入愛爾蘭。但如果說解決方法的輪廓是清清楚楚的話，那麼幾十年暴力下來所造成的許多障礙亦是清清楚楚。這包括怎樣安排談判順序和解除武裝，怎樣處理囚犯，怎樣對待曾犯下的重大罪行，以及最重要的是怎樣驅散兩個對立社群的不信任和恨意，讓他們可以在政府裡攜手工作。貝爾法斯特是一座用高牆和帶刺鐵絲網把統一主義者社群和民族主義者社群分隔開的城市。新教徒和天主教徒上不同的學校，民族主義者被完全排除在公部門（包括警察）之外。要怎樣讓統一主義者相信聯合王國是安全的？要怎樣讓民族主義者放心，英國國會會接受他們追求一個統一的愛爾蘭的合法性？

布萊爾把自信、耐性、政治勇氣和一種絕對的決心帶進談判中，務求取得一個解決辦法。當他第一次去到貝爾法斯特的時候（後來還會有很多次），他是帶著一種不偏袒的心態。工黨傳統上偏向民族主義者對一個統一愛爾蘭的爭取，但布萊爾向統一主義者保證，只要是大多數人的意願，北愛爾蘭將會繼續留在英國。只要共和派放棄恐怖主義，就會被納入政治和談過程。布萊爾在一九九七年夏天的時候還不確定自己會不會成功。他說：「如果你問我，共和派是否已經下定決心永遠放棄暴力，那答案八成是不會。」但如果把他們拉進談判，他們就可能會改變。布萊爾決心以這兩種方式的其中一種向美國和國際社群顯示，英國已經給了共和派一個機會，如果他們拒絕，就不能再怪「英國壓迫者」。他這一把賭贏了。一九九七年秋天，愛爾蘭共和軍宣布另一次停火和參加由米切爾主持的談判。當布萊爾跟亞當斯和麥吉尼斯同桌而坐時，他成為了一九二一年愛爾蘭分治以來第一個會見共和派領袖的英國首相。

在一九九八年四月十日達成的《耶穌受難日協議》（又稱《貝爾法斯特協議》）見證著北愛爾蘭踏出了歷史的陰霾。布萊爾居功不淺，但同樣有功的是對立兩造的許許多多人物。在幾個月前，愛爾蘭總理埃亨及溫和統一主義派領袖崔波與幾位愛爾蘭共和軍領袖協商，準備好以票箱取代子彈。米切爾扮演了一個樞紐性的調停角色。在談判的最後幾小時，柯林頓從遙遠的華府打了一些關鍵的電話給雙方。布萊爾的幕僚長喬納森·鮑威爾在幕後不斷在共和派、休謨領導的溫和民族主義派及崔波的統一主義派之間進行疏通。作為前外交官和布萊爾帶到唐寧街的團隊中最被信任的人之一，喬納森·鮑威爾提供了導管，讓布萊爾的政治精力和洞察力能夠連結於複雜的政治妥協機器。

幾星期內，《耶穌受難日協議》就贏得愛爾蘭邊界兩邊選民的壓倒性支持。雖然具有劃時代性，這協議不過是一個結論的開端。受到較強硬統一主義派——皮斯禮的民主統一黨——的反對及有異議的共和派的挑戰，條約內容充滿建設性的歧義。北愛爾蘭的歷史和敵意不可能單靠一個復活節的週末化解。接下來幾年，喬納森·鮑威爾從不會離開貝爾法斯特太遠。他日後回憶說，至關重要的是「讓所有人留在房間裡」。和平進程在二〇〇七年的最後成功讓一直鬧事的皮斯禮——他幾十年內都是主張新教徒統治的旗手——願意和愛爾蘭共和軍指揮官分享權力。喬納森·鮑威爾把這次的成功歸因於「永不讓談判停止」的策略。

第十一章 霧鎖海峽

他手下的官員將很快明白，這位新首相把人生視為一連串不費吹灰之力的勝利。出生於「股票經紀圈」（stockbroker belt）＊的一個富有家庭，卡麥隆自小過著養尊處優的上層中產階級生活，先後在伊頓公學和牛津大學畢業。在保守黨中央辦公室研究部工作過一陣子，也當過幾位保守黨大臣的助理，之後他進入私人機構擔任公關部門主管。他的這些職位都不是會在報紙求職欄看到的職缺，而是專為某個社會階層的年輕男女準備。類似地，當牛津郡威特尼那優渥又閒散的保守黨議員席位出缺時，卡麥隆看似是最理所當然的人選。四年後，見自己的黨連續三次大選失敗，他大膽爭取黨魁角色。三十九歲的他把自己包裝為一個「現代化主義者」，矢志要把保守黨帶入二十一世紀和挽回被布萊爾的「新工黨」吸引走的選民。在二〇一〇年五月當選首相之後，他的言談舉止就彷彿他的勝選是命中注定。不過，對西敏以外的世界和英國在該世界中的地位，卡麥隆知之甚少。

＊指倫敦周邊通勤的富裕地帶。

在首相官邸迎接他入主的官員被他的理所當然態度嚇了一跳。在被告知發射三叉戟飛彈的密碼時，他不當一回事。一個官員指出，他對他被賦予的各種新責任「毫無敬畏之意」。[1]他不是有著把國家導向新方向的宏大計畫的首相。他為什麼想當首相呢？一個電視節目主持人在大選前這樣問他。換成是別的保守黨領袖，一定會回答說自己的目的是改變國運，但卡麥隆沒有這種抱負。他回答說：「因為我認為我擅長當首相。」所以在某個意義下，他準備要去證明這一點。卡麥隆顯示自己對首相角色完全自如。一個官員指出：「權力就像一件昂貴西裝那樣適合他。」[2]他已經準備好開始冒險。大選沒有讓他在下議院取得多數議席。布朗本來打算和較小的反對黨結盟以保住首相之位，但卡麥隆對克萊格的自由民主黨許以大膽的承諾，答應建立一段為期五年的合作關係，讓保守黨得以執政。有件事很快變得明顯，卡麥隆雖然擅長當首相，卻不代表他擅長當個好首相。兩者的落差表現在他把國家的未來押注在一場公投上，最終讓英國失去方向和影響力。

如果說卡麥隆即位時有帶著什麼外交政策本能的話，那這些本能都是把他帶往裁軍的方向。在英國經歷過伊拉克和阿富汗的戰爭而國庫又被全球金融危機掏空之後，他的這種取向並不讓人意外。打造國家的宏大遠景已經失落在伊拉克巴斯拉和阿富汗赫爾曼德的沙漠塵埃裡。有一段時間，卡麥隆私底下對阿富汗戰爭表示懷疑，認為英國士兵在這場衝突中死得毫無意義。布萊爾的自由干預主義能夠打動中間偏左派的理想主義多於保守派的實用主義。然後當然還有奧斯本的因素。身為卡麥隆的老朋友和老盟友，奧斯本的角色是為首相提供治理策略。這策略從嚴厲的財政緊縮開始：新任財相認為這種緊縮是對付預算赤字必要的手段。財政赤字已超過國民所得的一成，是財政部認為的安全標準的兩到三倍。奧斯本清楚表明軍隊不能逃過削減的大刀。接下來幾年卡麥隆將會有一些打破自己規則的時刻，主要在他贊成用軍事干預劇除利比亞卡達菲政權和想要追隨美國攻擊敘利亞阿塞德政權的時候（後者受到議會的阻撓）。不過，就像他的對歐政策那樣，卡麥隆一開始有著別的野心。

布朗的三年首相生涯出乎他意料地變成了一個尷尬的過場。這位前財相等了十年才等到唐寧街十號的鑰匙。他相信，這是布萊爾早在一九九四年便承諾過，當時兩人在角逐因為約翰・史密斯之死而懸缺的黨魁職位。他說因為布萊爾答應只當一任便讓位給他，所以他在黨魁之爭中退讓，但布萊爾的記憶卻不相同。然而不管怎樣，到了二〇〇七年，也就是布萊爾擔任首相的第十年，伊拉克戰爭的後果對他來說已經太沉重。人民選他為領袖本來是要他團結國家，但到頭來他反而成為了分裂國家的人。在黨內的壓力下，他宣布辭職。

這讓布朗手忙腳亂，沒有帶著清晰的計畫匆促就任。難道說在他那些陰謀奪權的漫漫長夜，他從沒有想過當上首相之後要有什麼作為嗎？十年的財相生涯讓他對國內事務的挑戰有無與倫比的了解，然而在他入主唐寧街之後的頭幾個月，他明顯沒有宏大計畫。他還得要收拾前任留下來的戰爭殘局。除了從伊拉克不名譽地撤軍（最後的英國部隊是在二〇〇七年九月和巴斯拉的民兵達成祕密協議後撤出該城市），英國又有欠思慮地在阿富汗增兵。早前，英國答應在北約軍隊中扮演領導角色，負責打敗「塔利班」和建立初步的民主。如果有回顧英國在一八四二年第一次英阿戰爭時從喀布爾撤退的歷史，英國對這件事的態度也許會更謹慎。但伊拉克所陷入的混亂並沒有摧毀將軍們的樂觀。他們聲稱，只要有足夠的兵力和充分的財政支援，阿富汗就可以被塑造成為類似西方民主國家的政體。英國指揮官興高采烈地遊說政府答應讓他們的部隊執行肅清「塔利班」的任務。沒多久他們就發現自己常常被敵軍包圍在遙遠的前哨站，而這支敵軍因為以驅逐外國勢力為己任而士氣高昂。布朗和他的顧問知道這是一場打不贏的仗，至少不是憑著北約準備投資的資源而打得贏。但現在要來承認戰敗卻又太快了些。將軍們用軍力和裝備不足來推卸誤判的責任。挨罵最多的是布朗。

對於歐洲，布朗表現出一種勉強的參與。他明白英國需要歐盟的理由，但對作為歐盟決策核心的共識政治從來不覺自在。出於性情氣質，他所理解的政治是一種相互競爭的價值觀和意識形態之間的戰爭。他的政治風格和下議院很合，反觀內建於大部分歐洲國家議會半圓型格局的共識主義對他來說是陌生事物。在布萊爾首相任內，布朗每逢到布魯塞爾參加財政部長會議，都是抱著爭勝負的心態，想辦法推進英國的議案和阻礙歐洲同僚的倡議。他對他成功阻撓布萊爾加入單一貨幣感到極為自得——當歐元的未來因為全球金融風暴而蒙上陰影時更是如此。

布朗的外相文禮彬的目光要較遠大。身為一個堅定的多邊主義者，他把英國的角色視為志同道合民主國家之間的召集人。他急於修補因為伊拉克戰爭而被破壞的對歐關係。他的前任斯特勞已經往這個方向著力，和德法的同儕緊密合作，把伊朗拉進就她的核子研發計畫進行的國際談判。不過斯特勞從來不是親歐派而文禮彬卻發自本能地傾向於歐洲大陸。他不採取布萊爾的說法，不說英國是歐洲和美國之間的一條橋梁——因為就像德國總理施諾德一度對布萊爾說的那樣，人常常會過河拆橋。文禮彬認為，他在歐洲尋求的更密切投入將會把英國的影響力發揮到全世界。

布朗的名聲將會至少部分受到那些整垮世界金融系統的銀行家所拯救。當全球金融危機在二〇〇八年秋天因為美國投資銀行「雷曼兄弟」的倒閉而引爆時，這位英國首相是唯一深諳國際金融市場錯綜複雜性的西方領袖。十年來參加國際貨幣基金組織會議的經驗、與美國經濟機構的密切接觸和急於為自己的首相角色尋找一個目的性，這些因素加在一起，讓他在穩定世界經濟的國際努力中扮演了一個領導性角色。全球金融危機的真正和迫切危險在於，如果人對金融市場信心盡失，世界就會陷入深深的衰退，就像一九三〇年代曾發生過的那樣。各國政府的單獨行動（哪怕是像美國那麼強有力的政府的單獨行動）將不足以恢復眾人的信心。必須要有中國的共同出力，也必須要有印度、巴西和南非等其他新興經濟體的出力。需要的是各國通力合作，推出可以吸收掉部分壓力的財政政策，外加各國的中央銀行往全球市場注入足夠的金錢以防止螺旋式通貨緊縮的出現。布朗為他的首相生涯找到一個使命了。

二〇〇九年四月在倫敦舉行的二十國集團領袖高峰會讓布朗的朋友有理由說他形同是挽救了全球的金融系統。會前在各大工業國和新興國家領袖之間折衝樽俎的工作非常熱烈。會議本身沒有掩蓋對於哪些政府應該借貸更多，來刺激世界經濟的跨大西洋分歧。儘管如此，這次高峰會仍然是多邊主義一次經典的演練，顯示出大家認識到只有各國政府一致行動才可能穩定開放的國際金融系統。不考慮這點，各國將會回到在一九三〇年代讓世界陷入嚴重衰退的以鄰為壑保護主義。

倫敦高峰會的象徵意義發揮了作用。各國政府承諾將會向全球經濟注入一兆美元。會議的成功舉行，還有會議前折衝樽俎所建立的一定程度共識，對於恢復信心貢獻甚大。一位資深外交官指出：「光是讓所有這些人同意坐在一處開會便足以振奮人心。」布朗本來打算任內以內政為焦點。但如果說他留下了什麼，那會是在國際事務方面。在一年後大選敗選之後，布朗本來也許會獲得補償。有些國際貨幣界的有力人物提名他為候選人，接任國際貨幣基金組織總裁一職。但小氣的卡麥隆拒絕為布朗提供政府的背書，於是該職位落在了法國的克莉絲蒂娜·拉加德身上。

卡麥隆以麥克米倫為榜樣。在野的時候，他下議院辦公室的辦公桌上有一幅這位伊頓公學老學長的畫像。這種自比讓卡麥隆顯得是有貴族色彩但又有社會良知的「舉國一致」保守黨人。事實上兩人的相似之處微乎其微。麥克米倫的社會自由主義是根植於他在一九二〇年代經濟大蕭條對窮人的衝擊的觀察。到他最終登上大位之時，他已經花了幾十年學習國內和國際事務。作為第一次世界大戰的老兵，他在第二次世界大戰期間是一位突出的顧問，跟艾森豪和戴高樂有緊密的合作。他在好幾個部會工作過，包括擔任財相。這種經驗讓他尖銳意識到英國在世界上地位的滑落，以及英國在蘇伊士運河事件之後亟需建立海外盟友。但對卡麥隆來說，外交政策是一種陌生事物。

他當選好幾個月後，一位資深的首相官邸顧問提供了一些有披露性的洞察。這位官員指出，卡麥隆工作非常賣力，下決定的時候也很有自信。他接受奧斯本的意見，又和執政聯盟拍檔克萊格建立了良好的工作關係。他有「速讀能力」，很容易跟得上官員簡報時的論證和易於下決定。但他卻沒有太多知識探索精神，換言之是為人「膚淺」。[3]他對這個世界有什麼看法？根據那位顧問的說法，在英國首相心目中，「世界就是你度假的地方」。這番話具有毀滅性，會讓人聯想起電視諷刺劇《部長大人》的一幕。在當時，這種說法看似不公平，但可悲的是時間將會證明它大有先見之明。

卡麥隆把內政的主導權下放給財相奧斯本。奧斯本是個智囊，是董事長卡麥隆手下的總經理。他也是政治策士，仔細研究了布萊爾是怎樣轉化工黨的命運。在和克萊格締結五年執政聯盟以保證擁有下議院的穩定多數議席時，卡麥隆顯示出他願意冒政治風險，然而和自由民主黨人談定協議條件的人是奧斯本。全球金融危機帶給英國的後果是債台高築，每年的公共借貸提高到國民所得的一成以上。「我們都在一條船上。」奧斯本談到他設計來讓英國走出經濟深淵的緊縮計畫時這樣說。他的目的是把執政聯盟形塑為一種本質上溫和的合作，而削減公共開支和增加稅收是發自悲傷而非憤怒。卡麥隆保留了布朗雄心勃勃的援外發展目標金額，以減低眾人對保守黨沒有愛心的批評。不過在其餘部分，他接受奧斯本的意見，同意必須對英國的海外投入進行裁減。武裝部隊在布萊爾的任內位居前鋒和中央位置，是他的「自由干涉主義」的重要工具，但現在，他們被兩場戰爭弄得灰頭土臉和筋疲力竭，必須為爭取自己的預算而奮戰。

沒有固定世界觀的卡麥隆在上任後帶來了一個制度上的創新。布萊爾所謂的「沙發政府」在各種對伊拉克戰爭的調查中招來嚴厲批評，論者謂不應該讓非正式的決策過程取代嚴謹仔細的決策。卡麥隆的對策是讓白廳主管外交、防衛、情報和國內安全事宜的部會在同一個屋簷下開會。由首相主持，這個新的「國家安全委員會」是遵循美國的模式，把不同部會的大臣和官員集合在一起。由前外務大臣里基茨爵士成立（他也是白廳最精明的外交官之一），「國家安全委員會」是一個明智的改革，因為它讓政府裡處理國內伊斯蘭教恐怖主義的不同部門和那些直接在中東打擊蓋達組織和其他聖戰組織的部門聯合在一起。但一個委員會不等於一項政策，而且卡麥隆顯示他沒有多少興趣深入探討問題。一個官員回憶了「國家安全委員會」一次討論中英關係的早期會議。會中有好幾份報告談到政府可以怎樣和一個同時有商業重要性又構成嚴重戰略威脅的崛起強國打交道。但首相興趣缺缺，只討論了他是不是應該不惜觸怒中國而接見達賴喇嘛的問題。他的結論是應該，所以就安排了會面。北京以凍結雙方高層接觸十八個月作為報復，中國政策自此交給了奧斯本。這位財相決定把商業機會放在戰略風險前面。不到兩年，隨著奧斯本宣布英國將會成為中國在西方的「最好朋友」，卡麥隆向北京放低身段。

卡麥隆第一場有關外交政策的演說是辯護性的。隨著政府專注於削減赤字和卡麥隆率領大型代表團到國外兜售生意，國內和國外的政策制定者都開始認為英國轉向了「戰略收縮」。

卡麥隆在他每年一次的倫敦市長官邸演講的頭一場中堅稱，透過削減赤字，恢復國家的經濟健康除了是一種國內事務，還可以增加英國在世界事務中的說話份量：「就我在擔任首相頭六個月之所見，英國站在了所有重大討論的中心。我們產出觀念，因為經驗豐富而被人討教，又因為有能力解決問題而受到尊敬。所以我拒絕接受衰落的說法。」英國並沒有「帶著歉意地走下世界舞台。」他對英美關係和英歐關係的提法也是完全的落入窠臼——他說他將會培養和美國深邃而親密的關係，也會「強壯而積極地」參與歐盟。他的目標是推行一種不感情用事的國際主義政策，避免軍事冒險主義。這種政策「將會更商業化，因為它讓英國再次在世界上自食其力；它也更戰略性，因為它專注於應付對我們國家安全的新威脅」。[4]不過卡麥隆發現在實踐上要做到這個並不容易。在他的早期倡議中，其中一項是重啟和俄羅斯的普丁的關係，這關係因為俄國政府在倫敦謀殺流亡的利特維年科而嚴重受損：這位前情報軍官於二〇〇六年被殺，死因是放射性物質釙－二一〇中毒。卡麥隆主導了一次英俄關係的暫時解凍，但普丁在二〇一四年的入侵烏克蘭讓事情打住。

卡麥隆撤出阿富汗的決定同時符合了大眾情緒和經濟環境。此舉獲得白廳外交和防衛部門的廣泛（但非一致）的支持。英國已經厭倦了戰爭。「塔利班」的策略——大量使用只摧毀不了最重型裝甲車的簡易爆炸裝置——讓英軍的死傷人數不斷增加。英國打這場仗變成是迫不得已。就像在攻打伊拉克時那樣，英國發現自己在阿富汗的衝突中是個無權出主意的小弟。一切都是華府說了算。在二〇〇八年競選總統時，歐巴馬曾經承諾把部隊接回家，但就任以後他被將軍們說服，答應暫時增兵，好把「塔利班」壓制住。不過他為此做了不少辯解，而在下令增兵的同時又規定了一個撤軍的最後日期。兵員人數會在直接目標達成後再次削減。這位總統聽說，「塔利班」曾誇口如果美國人擁有軍事優勢，那阿富汗人便擁有時間。「塔利班」判斷，用不了多久，美國輿論就會轉而反對戰爭。他們沒有看錯。到了二〇一四年，美國人和盟友已經敲定了一條策略。他們將會宣布勝利，打道回府，讓阿富汗政府為自己的未來戰鬥。協助她的只有少量的西方顧問和訓練人員。

就像卡麥隆責成英國從世界上撤退一樣敏感，政府開支檢討報告的信息是毫不含糊。財政緊縮政策將會取代自信滿滿的全球主義。外交部預算的被嚴重削減預告了外交足跡縮小。隨著外相威廉·海格在一些小型的新興經濟體（例如巴拉圭）開設新的微型大使館，外交部在歐洲的大型外交單位被掏空。全世界的大使被告知，他們的優先要務是為英國的商業提供在地的銷售隊伍。本來習慣於扮演更大角色的外交官——他們更擅長形塑國際關係的輪廓——被賦予了改善英國貿易餘額的每年業績目標。

一份戰略防禦檢討也指向同一方向。參加「國家安全委員會」的大臣們的報告顯示政府有兩個沒有交集的關切。一個是針對國家面對的形形色色新威脅——從聖戰組織席捲整個中東和非洲各地，到俄國、中國、伊朗和北韓對英國政府和敏感產業進行的駭人網路攻擊。二是要求外交部和國防部對大幅削減預算作出貢獻。國家安全顧問里基茨回憶說，政府一直「掩飾衰落的事實……直到二〇一〇年，威廉·海格還說：『我們不打算搞任何戰略收縮之類的胡說八道。』二〇一〇年的回顧應該會呈現出沒有戰略收縮正在進行，但到了當時，情形已相當難以為繼。」[5]

到最後，國防預算在議會的整個任期內被削減大約百分之十五。為了門面，卡麥隆堅持保留最被珍視的英國國際地位象徵：用三百億英鎊更新「三叉戟」飛彈系統和建造四艘航空母艦（這兩項計畫都是由布朗政府所啟動）。表面上此舉是為了顯示英國對全球安全的承諾，但仔細檢視會發現情形是另一回事。更新「三叉戟」飛彈是以縮減艦隊的規模來換取，而建造航空母艦的計畫將會讓艦載的F-35戰機數量減少。情況相似的是，反恐、反網路攻擊和情報經費的增加都是以其他部門的預算削減來支付。皇家空軍失去了戰鬥機，海軍失去了船艦，陸軍失去了士兵。作為一個海權國家，英國以雄霸四海自豪，但「獵迷」反潛巡邏機研發計畫的廢止讓它沒有任何飛機可以從事重要的海上偵察活動。獵鷹式戰鬥機已經退休。海軍失去了僅存的航母「皇家方舟號」，而艦隊只剩下十九艘船艦，是為拿破崙戰爭時代以來最小規模。瘦身後的軍隊最多能派出三萬人員參與任何海外行動，比起二〇〇三年伊拉克戰爭能動員四萬五千人失色不少。軍方首長的抱怨聲得到華府半公開的不滿表示呼應。「小型超級強權」的偽裝露餡了。

執政者很少會因為前後不一而受到譴責，卡麥隆在被稱為「阿拉伯之春」的民主運動開始以後就是這個樣子。二〇一一年一月，反對突尼西亞不受歡迎的政權的憤怒抗議活動在阿拉伯世界各地點燃了起義。開羅解放廣場的大型示威活動讓埃及獨裁統治者穆巴拉克就像突尼西亞的阿里一樣倒台。利比亞獨裁者卡達菲同樣發現自己的絕對權威受到國家東部的民眾起義威脅。西方國家看到了把一個本來強硬抗拒拋棄極權主義習慣的地區轉化為民主的機會。卡麥隆最初的態度是謹慎。二月，他率領一個英國國防工業領袖的代表團前往波斯灣，向當地的獨裁者銷售武器。因為適逢突尼西亞、埃及和利比亞的人民走上街頭，這個被外交官們稱為「**搏版面**」的銷售團的生意當然不會好。就在卡達菲的軍隊向利比亞的東部城市班加西推進，想要鎮壓叛亂時，曾經看不起「自由干涉主義」的卡麥隆突然一反常態。是什麼原因導致他這種態度大轉彎一直以來都不太清楚。電視新聞交替播放他與阿拉伯獨裁者會面的畫面和群眾為爭取自由而示威的畫面顯然讓他吃了一驚。唐寧街有些人認為他的決定是受到一九九〇年代發生在前南斯拉夫的戰爭影響：卡達菲的殘忍鎮壓會讓人不舒服地聯想起塞爾維亞領袖的屠殺行為。卡麥隆當時是保守黨的顧問，而保守黨反對對屠殺波士尼亞穆斯林的行為進行強硬國際干涉。

卡麥隆並不孤單。幾個月前他和法國總統薩科奇簽署了一紙雙邊條約，要升級兩國開始於一九九八年《聖馬洛宣言》的防衛合作。法國就像英國一樣，想盡辦法維持對外軍事能力，所以很自然會想找人分攤防衛負擔。撿起一個由布朗開了頭的談判，卡麥隆簽署了一項安排，讓英法兩國可以合作部署由航空母艦率領的海軍特遣隊。聯合演習將會讓他們能夠派出一支英法遠征軍。最敏感的是，這條約確立了一項核彈頭測試的計畫——這是巴黎和倫敦自一九六〇年代早期英國決定買「北極星」飛彈而分道揚鑣之後第一次顯示出有意分享核子機密。

卡麥隆和薩科奇的熱忱並未出現在歐巴馬身上。在他看來，發生在利比亞的事和美國的國家利益關係不大。既然承諾要從中東撤回部隊，歐巴馬不傾向於派出更多部隊。白宮也對於一件事感到惱怒——卡麥隆才剛宣布要大肆削減英國的軍事開支，現在卻想要把美國拉入新的衝突。歐巴馬手下一名官員在回應軍事干預的呼籲時說：「如果你們歐洲人想要在利比亞揮舞你們的軍刀，就得為自己的刀刃付錢。」[6]卡麥隆的很多顧問也對出兵的事表示了疑慮。出兵的第一個目的當然是要防止班加西的市民被屠殺，但然後呢？陸軍參謀總長理查斯將軍和祕密情報局局長索爾斯對利比亞都有第一手的認識，而兩人都對沒有明確目標的干預行動表示懷疑。出兵的目的是要幫助叛軍在內戰中占上風還是想用武力改變政權？又還是只是保護班加西？一項聯合國安理會決議主張以保護班加西為目的（俄國拒絕支持更進一步的決議），但英美的戰機一旦轟炸卡達菲的軍隊，任務的偏離就會是無可避免。卡麥隆想要變更政權，但又沒有為後續制定計畫。

對薩科奇來說，歐巴馬的立場促成他的行動，因為這是一個擺脫依賴美國的機會。歐洲將會顯示出它能夠單獨行動。這是蘇伊士運河事件以後每一個法國領袖的夢想。然而事情卻沒有這麼簡單。不管法國或英國都不準備派出地面部隊，而轟炸又需要美國提供偵察、鎖定目標和情報上的幫助。經過談判後，英法和白宮達成妥協——美國會在轟炸的頭一星期提供積極支持，然後行動的指揮權和控制權就得移交北約組織。用歐巴馬的話來說，華府會在背後領導。這是一句他將後悔說過的話。他本來的意思是美國不總是打頭陣，有時也會扮演支援盟友的角色。然而他的這句話卻被當成了撤退和示弱的表示。

開打順利的戰爭往往以慘淡收場。伊拉克戰爭就是這個樣子。在英法轟炸利比亞的第一個星期，卡達菲的向東推進就被阻止了。他的很多軍隊遭到摧毀。但叛軍的力量不夠強，無法一口氣給政權施以致命的打擊。為此英法被拖下了水，向叛軍提供武器、情報和訓練。要過了再六個月，反卡達菲的軍隊才占領了的黎波里。遭俘虜的卡達菲草草被殺。薩科奇和卡麥隆飛到班加西，接受群眾的喝采。有人問：「接下來怎麼辦？」沒有答案。卡麥隆採取行動之前沒有想過這問題。法國和英國都不準備負起維持和平的責任。脫離帝國獨立後的利比亞是一個七拼八湊的國家，卡達菲一直以絕對獨裁者的身分統治國家。她缺乏一個現代國家的機構和結構。沒多久，她就陷入了一場部落戰爭性質的內戰。到了那時，卡麥隆和薩科奇已經轉移了注意力。

敘利亞是另一則讓人憂愁的故事。二〇一三年八月，她的領袖阿塞德被指使用化學武器對付試圖推翻政府的叛軍。如果獲得證實，他就是越過了歐巴馬所畫下的紅線。這位美國總統一直不願意直接干涉阿塞德對國內起義的野蠻鎮壓。地區內有太多國家——伊朗、伊拉克、土耳其和沙烏地阿拉伯是其中幾個——對這衝突感興趣。美國原來專心對付自封「伊斯蘭國」的聖戰士，但阿塞德違反國際法使用化學武器已經太超過了。就在聯合國設法查核報告的真實性時，歐巴馬準備對敘利亞軍事設施進行轟炸。薩科奇渴望參加行動，所以法國戰機進入戒備狀態。卡麥隆也想要參與，但白廳的官員態度謹慎。這部分是因為華府對轟炸的規模和時間點的說法前後不一。國民情緒也轉而反對軍事干預，哪怕阿塞德是犯了讓人髮指的罪行。卡麥隆知道他需要國會議員的同意，所以下議院在夏天休會期間重新召開。

下議院對任何軍事行動的反對標誌著卡麥隆和外交活躍主義的調情就此告終。二八五票對二七二票的投票結果除了是對卡麥隆的一個政治羞辱以外，也對英國在國際舞台上扮演領導角色的意願提出問號。阿富汗戰爭和伊拉克戰爭都動搖了國家的自信，削弱了對其他國家的衝突進行武裝干預的公眾支持。在二〇一〇年工黨敗選後接替布朗黨魁職位的文禮彬拒絕讓他的黨為卡麥隆背書。有些人認為這是文禮彬一種公開懺悔的表示，是企圖讓自己和「布萊爾的戰爭」劃清界線。幾十名保守黨議員不理會黨鞭的指示投下反對票。卡麥隆在投票後表示，清楚的是，「英國議會反映了英國人民的觀點，不想看見英國有任何軍事行動。我收到這個訊息，而政府會照辦。」[7]威廉・海格無法接受這個挫敗。據一位資深外交官所述，這件事讓威廉・海格「元氣大傷」。兩年後，他辭去外相職務，又宣布打算在下屆大選前卸下議員職務。

九個月之後，二〇一四年三月，俄國坦克越過烏克蘭邊界以確保莫斯科對克里米亞的兼併。俄羅斯的特種兵和非常規部隊進入烏東。俄國的入侵推翻了戰後歐洲秩序的基礎，這個基礎就是假定歐陸國家的國界不再會因為武力而被更改。這侵略也是一次對一九九四年《布達佩斯備忘錄》明目張膽的侵犯。該協議保障新獨立的烏克蘭的領土完整與安全，以交換她答應廢除所有核武器。俄羅斯是條約的三個擔保國之一，另外兩個是美國和英國。美國和歐盟以制裁回應俄羅斯的侵略。

就像對利比亞的情形一樣，歐巴馬清楚表明雖然美國會予以支持，但歐洲人應該自己尋求解決辦法。英國外交官起初在設計一籃子歐洲制裁政策時扮演主導角色，但接著卡麥隆就退出前台，把折衝樽俎的工作留給德國的梅克爾和法國的歐蘭德。外交部官員不記得上一次英國從這麼重大的事件中缺席是什麼時候。卡麥隆看來已經對國際舞台失去了興趣。在二〇一四年和二〇一五年之間，有一段時間他會望向遠方，想像英國也許可以充當中國在西方的最好朋友。但這是一種危險的裝腔作勢而不是嚴肅的外交政策。

卡麥隆和歐巴馬的關係和睦但冷淡。二〇〇九年，布朗贏得了他和其他歐洲國家領袖的競爭，成為了新任美國總統在橢圓形辦公室接見的第一人。兩人密切合作回應全球金融危機。布朗因為在倫敦主辦二十國集團高峰會而廣獲掌聲。但白廳感覺歐巴馬對英國的態度有點冷淡。身為美國第一位黑人總統，歐巴馬並不抱持發自本能的大西洋主義。他的顧問指出，這位總統想要知道歐洲對全球安全有哪些貢獻。他到英國的國事訪問讓他和女王建立了親善關係，但一般來說，他對美國和英國的連結並不是十分看重。小布希任內放在橢圓形辦公室的邱吉爾半身像被靜悄悄移走。現在美國外交政策最迫切需要應對的，是中東的戰爭和中國的崛起對亞洲的衝擊。和女王的私誼並不妨礙歐巴馬對美國國家利益作出最不感情用事的評估。

卡麥隆接受英國國防和外交系統的假設，相信英美關係對於英國的國家安全是不可或缺。對這種英美「特殊關係」的統治集團觀點在卡麥隆勝選前幾個月，以祕密文件的方式在白廳流傳。文件作者以一個不時被政治人物困擾的資深官員疲憊語氣說，人生其中一個「殘酷的真理」就是政府必須不時去測量大西洋上的天氣。所以，在大選之後進行戰略防衛檢討時不妨做做這件事。但所謂的「不妨」是指在一切都說清楚的前提下。「那應該是一種傳統的政策檢討，會分析各種可能代替選項，但到頭來還是擁抱現狀。我們在內省中也應該私底下做非常類似的事。」[8]這番話猶如是出自《部長大人》其中一集的劇本。政策檢討是好事，只要什麼都不改變就行。

在麥克米倫修補英美關係的五十年後，這關係的基本特點並未改變。英國是關係中的淨收益人。對美國總統來說，英國是個重要的盟國，但最終來說並非不可少的。英美同盟對唐寧街主人的利害關係要大得多。即使在柏林圍牆倒塌以後，歐洲仍然要靠美國的安全保護傘蔭庇。美國在歐洲的駐軍——具體體現在北約組織——是對抗一個堅定自信的俄羅斯的不可或缺保證。她是歐洲凝聚力的擔保人。華府為歐洲提供有關恐怖主義的關鍵情報，也填補了歐洲在防衛上的科技缺口。對英國，她甚至提供了戰略核子阻嚇力量。邱吉爾說過：「沒有一個人對情婦的喜怒有像我對羅斯福總統那樣仔細地研究。」六、七十年以後，同樣的話也適用於形容英國外交系統對華府的密切注意。親近是一種權力。英美連結讓英國外交官和將軍們擁有他們原本沒有的地位。外交部、國防部和情報部門全都從英美官僚系統的盤根錯節關聯和人員的私人關係獲得了威望。這種好處的受益人會主張，既然有種種好處，那麼一個首相偶而會被報章取笑他或她對美國太過唯命是從就是完全值得。不過這種意見沒有考慮到，英國有多少次是完全違背自己的利益而在政策上遷就美國。

卡麥隆會在歐洲翻船。他在上任之初便認定，保守黨對歐盟問題的癡迷有礙他把黨拉回到政治中間路線的決心。選民更關心的是醫療、衛生服務、教育、生活水準和工作的問題。當保守黨議員開口閉口都是反對歐洲的時候，選民認為他們對民間漠不關心。卡麥隆看出沒完沒了的反歐發言已經把保守黨推到了政治邊緣。他的兩個前任黨魁——威廉・海格和霍華德——曾經把歐洲放在大選選戰的核心，結果都輸了。他出任黨魁沒多久之後，就形容法拉吉所領導反歐洲的「英國獨立黨」的支持者為「瘋子、怪胎，大多是低調的種族主義者」。[9]他說保守黨不應該沒完沒了把歐洲掛在嘴上。

早前，當英鎊被淘汰出「歐洲匯率機制」時，卡麥隆任職財政部，擔任財相拉蒙特的顧問。當拉蒙特在一九九二年九月十六日宣布英格蘭銀行投入到外匯市場的數十億美元都已打水漂的時候，卡麥隆就站在他背後。接下來幾年，他目睹了國會就是否批准《馬斯垂克條約》所發生的激烈戰爭，以及看見梅傑被立場強硬的疑歐派折騰。布萊爾在一九九七年的壓倒性勝利讓保守黨盪向了右翼。威廉・海格以從布萊爾對歐元的熱忱中「拯救英鎊」為己任。不過保守黨在一九九七年失敗之後，是二〇〇一年相同的毀滅性崩盤敗選。

然而，如果說卡麥隆明白保守黨必須關心選民日常關切的事物，那麼從他出任首相的第一天開始，他有時看來也是受到疑歐洲派的支配。達洛克回憶了卡麥隆在二〇一〇年第一次參加歐洲高峰會議的情形。會議無風無浪，不過卡麥隆因為幫忙解決了聯合公告上的一些措詞爭議而受到其他與會領袖的一些讚賞。他顯然頗為自得，形容高峰會議是一次成功。不過這時候有一個英國記者問他，他的愉快心情是否讓他對歐盟的觀感改觀時，他「愣了一下，然後開始列舉所有歐洲讓他不喜歡的事情」。[10]

威廉・海格曾經減低了疑歐派的一些刺耳音量，因為就是這一派導致他帶領的保守黨在二〇〇一年的大選敗北。他在情感上是個懷舊者，認為英國應該放眼歐洲大陸之外，再次在世界各地大展拳腳。他在外務大臣任內很多時間都是用來培養英國和遙遠國家的雙邊關係。他在英國外交久不問津的首都開設大使館。與波斯灣阿拉伯國家的關係獲得恢復。他派官員去研究大英國協可不可能恢復成為拉抬英國影響力和威望的工具。自由民主黨人華勒斯勳爵在卡麥隆的聯合政府中當過外務大臣，他驚見有那麼多保守黨人仍然相信「大英國協的迷思」。認為「印度將會因為我們為他們所做的事而給予我們特殊待遇的想法」證明了大家有多麼自欺欺人。[11]威廉・海格手下的官員將會指出，他的世界觀有著鮮明的伊莉莎白時代色彩，這種世界觀認為只要解除和歐洲的連結，英國就可以以一個海權國家的身分再次繁榮起來，對全球的每一個角落造成影響。只要不受拘束，英國便可以向世人顯示它是由什麼構成。但這位外務大臣也能以實用主義節制他的浪漫主義。隨著時間的推移，他開始明白其他歐洲國家的支持是英國權力的一個放大器，可以提供槓桿作用促進英國的利益。但他從來無法在歐洲的同儕之間感到完全自如，給人冷漠的印象。一個多世紀之前，帕默斯頓勳爵曾認為英國不需要永久的同盟。一名歐洲國家的外交部長後來將會表示，威廉・海格是個晚了一世紀出生的人。

在二〇一〇年，布魯塞爾把英國視為一個半抽離的夥伴。英國自外於歐元區和開放邊界的中根系統，只選擇參加一些會深化安全、法律和司法整合的《馬斯垂克條約》條款。威廉・海格挑戰外交部的傳統智慧，不認為英國有需要參加每一個歐洲的會議。這時候保守黨在西敏也有了新一代的疑歐派。他們是和柴契爾主義一起長大，不太了解歐洲的整合是如何在歐洲與蘇聯共產主義的對抗中保障了歐洲的和平。當他們重讀柴契爾夫人的布魯日演說時，他們讚揚她主張英國有權作出自己的政治選擇，卻忽略了她堅持不會退出歐洲共同體的承諾。當白廳籌備第一次世界大戰百年紀念儀式時，一份備忘錄在部會之間流傳，強調紀念會「不應支持歐洲一體化是兩次世界大戰的結果的迷思」。

卡麥隆在二〇一三年一月發表的彭博演說分為兩部分。[12] 他的執政聯盟夥伴克萊格拒絕同意讓舉行公投的承諾顯得是一項政府政策。卡麥隆被迫把他對於歐盟的批判性反省（但總的來說是正面）區分於一個承諾：如果保守黨在下一次大選贏得絕對多數，選民就會被容許在一次公投中表達意見。他這是在答應，英國將會與歐盟談判新的協議，而選民可以在二〇一七年底舉行的公投中決定是否批准該協議。他在布魯塞爾提出的很多要求猶如是來自前面幾任首相的願望清單。英國政府想要看見一個單一市場的完成，看見命令是從各國首都而不是從布魯塞爾發出，看見歐盟的機構有更多的民主問責機制，以及看見歐盟對各國的生活減少干涉。具體來說，英國想要得到以下的保證：歐元區的整合不是以犧牲單一貨幣之外的成員國的權利和利益為代價。卡麥隆聲稱，英國想要的是一種同時對英國和歐洲有利的改革。其他歐洲國家領袖並不買帳。他們看得出來，英國是想要獲得更多的選擇退出權和豁免權。稍後，當脫歐派贏得二〇一六年的公投之後，卡麥隆將會說他之所以舉行公投，是為了回應大得無法抵抗的公眾壓力。但當時的民意調查顯示不是這麼回事。根據「益普索莫里」的調查，在二〇一〇年至二〇一五年之間，把歐洲視為「最重要議題之一」的選民的比例極少高於一成——完全談不上是無法抵抗的壓力。

「彭博演說」的演講稿在首相官邸草擬了幾個月，內容一改再改。卡麥隆是在前一個夏天首先提出舉行一場公投的可能性。威廉．海格反應熱烈。奧斯本看出其中包含的危險。這位財相力主政府是挺得住疑歐派的風暴而無須冒這種重大風險。保守黨親歐派的代表克拉克對首相的提議驚恐萬分。除了強烈不喜歡公投之外（柴契爾夫人曾引用艾德禮在威爾遜的一九七五年公投前夕說過的話：公投是煽動家和獨裁者的工具），克拉克就像奧斯本那樣，擔心投票結果有可能是被大眾的情緒而不是深思熟慮的論證決定。他考慮辭職，但最後決定留下來。其他人表達了無可奈何的勉強順從心態。

明面上，卡麥隆說他推出公投，是為了讓國民有權重新決定是否留在自一九七五年之後就變得面目全非的歐盟。但實際上，他此舉是為了消除黨內的雜音，讓政府施政較輕鬆。他告訴克拉克，舉行公投是唯一可以讓保守黨在二〇一五年大選前保持團結的方法。歐洲各國領袖對英國首相準備豪賭一把感到震驚，因為這是把英國在歐洲的地位押在變幻無常的民意上。梅克爾的幕僚說她認為卡麥隆「不只是蠢」。波蘭總理和後來的歐洲部長理事會主席圖斯克直接向卡麥隆說出自己的憂慮，但卡麥隆要他放心：他有把握保守黨不會在二〇一五年的大選贏得絕對多數，所以勢必要再次和自由民主黨人合組政府，而較小的自由民主黨自會阻止公投的舉行。

當上首相不久以後，卡麥隆曾被問及他最喜愛的童書是哪一本。他回答說：「小時候我特別喜愛伊莉莎白·馬歇爾寫的《我們島嶼的故事》……它的寫法激起我的想像力，孕育了我對我們的偉大民族的歷史的興趣。」[13]出版於二十世紀之交，馬歇爾的這部書略過英國歷史上較黑暗的時刻，專門描繪英國在歷史上捍衛自由民主的獨一無二角色。卡麥隆的「彭博演講」也透著這種特殊主義的風味。他說：「我們的地理環境無疑形塑了我們的心理特質。我們擁有一個島國民族的性格：獨立、直率，熱烈捍衛我們的主權。一如我們無法瀝乾英吉利海峽，我們也無法改變英國人的心性。」[14]

然而，卡麥隆某個意義下正是要那樣做。首相官邸的官員力主由於脫歐後果深遠，贊成脫歐的票數必須高於五成方為有效。這種主張未獲理會。卡麥隆的自負告訴他他一定會贏。《金融時報》報導了他在二〇一四年和范榮佩的一席談話，後者是前比利時總理和現任歐洲高峰會主席。當時卡麥隆已經同意「蘇格蘭民族黨」的要求，舉行一場蘇格蘭獨立公投。他告訴范榮佩：「我將會輕易贏得這場公投，讓蘇格蘭問題被束之高閣二十年。歐洲的問題也是一樣。」[15]

這位英國首相沒有從經驗學到任何事。他對黨內疑歐派議員的每一次退讓都只讓他們得寸進尺。在二〇〇五年競選黨魁的時候，他答應和歐洲議會內其他主流中間偏右政黨（例如德國的基督教民主黨）切斷聯繫。二〇〇九年，保守黨的歐洲議會議員據此退出「歐洲人民黨」，成立了一個新的中間偏右政黨群體「歐洲保守和改革主義者」。這種新的安排讓保守黨和右翼的民粹主義政黨攪和在一起。但受影響的遠不只是歐洲議會的座位安排。「歐洲人民黨」是歐洲主流中間偏右政黨領袖們頻繁而非正式的聚會平台，在這些聚會他們可以擺脫拘束坦誠相見，達成非正式的協議。梅克爾賣力參加這些聚會，其他重要人物（例如薩科奇）不遑多讓。但卡麥隆沒有多想便放棄掉這些可以發揮影響力的機會。

疑歐派為此歡欣鼓舞，然後就要求更多。卡麥隆曾一度承諾就《里斯本條約》舉行公投，但被布朗政府先發制人——布朗趕在二〇一〇年大選前便讓《里斯本條約》通過。後來疑歐派又要求立法規定任何把英國主權讓給布魯塞爾的條約都必須付諸公投。《主權授予法》在二〇一一年通過，但它沒能安撫首相的批評者而只是讓他們變得更大膽。已經清楚的是，保守黨黨內一個實質少數（人數據估計從四十到八十人不等）只有在見到英國退出歐盟的情況下才會感到完全滿意。另一個為數不少的黨內群體震驚於「獨立黨」在民調中獲得的支持竄升，要求政府保證不得參與任何新的歐洲大計。克拉克提醒卡麥隆，姑息只會帶來進一步的讓步。他沒有聽從。

卡麥隆本來想用「彭博演說」來讓歐洲的辯論平息至二〇一五年大選為止。然而它卻在不知不覺中鼓勵了他的反對者，因為這演講指出了一條可以帶領英國脫離歐盟的途徑。不到幾個月，九十五名保守黨議員就簽署了一封信件，要求立法重新肯定英國的主權凌駕於歐洲法律之上。這種立法將會讓英國對《羅馬條約》的簽署變為笑話，因為它挑戰了歐洲法律在一些主權匯聚*的領域（例如貿易）的優先性。為首的疑歐派議員拜倫指出這封信顯示造反分子已經把首相吃定。他告訴《金融時報》：「世人將會記得，卡麥隆甚至沒有把公投兩個字說出口，但一封由一百個議員簽署的信件就讓他答應舉行公投。」

卡麥隆形同把政策的制定權拱手讓給了驅使疑歐派敵視歐盟的奇怪混合物：特殊主義和不安全感的混合。在前幾十年，英國對歐盟走向的影響極為巨大，然而面對批評，卡麥隆卻總是擺出一個下蹲防守的姿勢，甚至不願意暗示歐盟有利於英國的國家利益。唐寧街十號的官員充滿挫折感，私底下抱怨現在每個決定都受到了首相害怕議員造反的心理挾持。任何需要立法的倡議——哪怕是明顯符合國家利益的——都必須考慮到卡麥隆減弱了的權威是否能讓它通過。外交官形容外交部處於癱瘓。「彭博演說」幾天後，首相最資深的其中一個顧問在被問及這演講的意義時搖頭苦笑。[16]他的一個同僚指出，如果政府不是在投票上要依賴克萊格的自由民主黨，情況會更糟。是聯合政府的存在阻止了更多的讓步。

政府的公投承諾無助於壓制「英國獨立黨」在二〇一四年歐洲議會選舉前的竄升勢頭。正好相反，它讓法拉吉的黨和保守黨的造反分子獲得了合法性。一度呼籲停止把權力轉讓給布魯塞爾的保守黨議員現在敢於要求把已經讓出的權力要回，或者是贊成法拉吉所鼓吹的，對英國的最佳做法是完全脫離歐盟。從他們的選區協會的老邁會員，保守黨議員聽到了迴響了幾十年的論證：英國是一個放眼世界而非歐洲的島國，大英國協和英語圈是英國的自然歸屬。少不了要重提的當然還有英國打贏二次大戰的事實。

法拉吉也是透過同一副玫瑰色的眼鏡望向一個想像出來的過去，但他給這個混合物添加了憤怒的元素，指出如果說一九五〇年代的美好時光已經丟失。那有人必須為此負責。到了二〇一四年，法拉吉擴大了他的攻擊對象。這個「英國獨立黨」領袖是昂貴的公校教育的產物，在一九九〇年接下疑歐大業的棒子之前曾經在倫敦金融城工作，所以本來非常不像是一個能夠和庶民打成一片的人。不過他卻天生擅長打動別人，而且對政治策略有著精明掌握。當國家為全球金融危機付出代價時，「英國獨立黨」把自己裝扮為對抗菁英分子和經濟建制的民粹主義起義，除了反對布魯塞爾的歐盟官員還反對奧斯本的財政緊縮政策、大企業和移民。對移民的反覆攻擊讓「英國獨立黨」幾近種族歧視，但它堅稱自己是站在愛國的一邊。法拉吉也看出來，在英格蘭中部和北部之類的工黨重鎮，勞工階級的不滿是很可以大加利用的資源。工黨領袖文禮彬先前把工黨帶到了左翼。他訴求的對象是都市中年人懷抱著社會主義心態的選民而不是被全球化拋棄的小鎮工人。用法拉吉自己的話來說，「英國獨立黨」變成了「西敏雞舍裡的狐狸」，既在首都圈搶走保守黨的支持者，又在飽受壓力的勞工社群的不滿選民之中有所斬獲。就這樣，疑歐洲主義和英國民族主義匯合了起來——在其極端處也和藏頭露尾的種族主義匯合

*「主權匯聚」指各國把主權匯聚到布魯塞爾。

了起來。

移民問題為「英國獨立黨」打開了選舉勝利的大門，把有關歐洲的辯論轉化為一場有關文化和身分的激烈衝突。當東歐和中歐的第一批前共產主義國家在二〇〇四年加入歐盟時，布萊爾政府是三個放棄暫時禁止新成員國人民移民入境權利的政府之一（另外兩個國家是瑞典和愛爾蘭）。當時經濟欣欣向榮，財政部歡迎波蘭、捷克、匈牙利和波羅的海三小國的工人移民進入英國，以作為英國勞工市場的補充。英格蘭銀行行長金恩——他後來成了脫歐鼓吹者——當時大力主張要對波蘭水管工人打開大門，好平抑工資的增加和通貨膨脹。不過前共產主義國家的移民規模超乎所有預期，本來預計每年數以萬計的新住民後來變成了每年數以十萬計。他們有很多人去了倫敦，但也有不少定居在英格蘭的小鎮，從事在地人口不感興趣的低薪工作。到了二〇〇七年，羅馬尼亞人和保加利亞人加入他們的行列。雖然學校醫院和其他公共服務都受到了壓力，但眾人起初反應並不強烈，而布朗也找到新的資金來源以減去小社區提供公共服務的壓力。

但全球金融危機和卡麥隆政府引入的公共支出削減計畫改變了一切。布朗的移民資助計畫是最早被刪除的。突然間，各社區得面對凍薪、生活水準下降、公共支出削減和工作安全降低。波蘭水管工、羅馬尼亞採水果工和立陶宛貨倉工人成為了法拉吉的民粹主義的顯眼靶子。「英國獨立黨」除了標舉英國民族主義，還標舉英格蘭民族主義。移民被描繪為搶走在地人的工作、因願意接受低工資而壓低工資水平、分薄了社會福利和在申請稀有的社會住宅時插隊。

「英國獨立黨」認為這一切的罪魁禍首是歐盟堅持讓工人自由流動。政治菁英和大企業在這件事情上沆瀣一氣。這種論調的毛病顯然易見。有充分證據顯示，從歐洲移入的移民絕大多數是經濟的淨貢獻者。他們繳的稅比他們從公共服務得到的要多，也很少人是依賴社會福利過活。英國每年有約一半的移民淨增加是來自非歐盟國家，特別是巴基斯坦、印度、奈及利亞和孟加拉。以粗糙的經濟角度來說，這些社群最有可能成為國家的暫時包袱。但這些事實被尖銳的說法迷惑，即英國的認同正在遭受威脅，而社區被來自歐洲的移民淹沒。

卡麥隆給了「英國獨立黨」一個把柄。英國的移民淨增長——包括從歐洲和世界其他地方移入的工人——每年超過二十萬。大選時，他答應大力縮減這個數字，把人數減至「數以萬計」。但入主唐寧街之後，手下官員告訴他這個目標無法達成。這不只是因為他們無權控制從歐盟移入的人數，還是因為政府無法影響那些要離開英國的人的決定。就這樣，卡麥隆首相任內每一年都有一個兌現不了的承諾。在法拉吉的論述裡，英國工人為大企業需要的廉價勞工和倫敦有錢人僱用的保姆及管家付出了代價。只要英國一日留在歐洲，這種情形就一日無法改變。「英國獨立黨」在二〇一四年的歐洲議會選舉成為了第一大黨，保守黨退居第三。疑歐派的棘輪又升高了一個刻度。

這是卡麥隆許多失算中的第一個。想要實現他在「彭博演說」裡承諾的改革（不管他提到的改革事項有多模糊），將需要英國的夥伴們的支持。但卡麥隆沒有做什麼去為自己贏得盟友。一場歐元的危機繼全球金融風暴之後出現，因為歐盟中較弱的經濟體（例如西班牙、葡萄牙、義大利和希臘）苦苦掙扎著要逃出不斷升高的公共債務和巨大的經常帳赤字的負擔。歐元本身面臨著生死威脅。所謂的「地中海俱樂部」（Club Med）＊各政府的求助聲抵觸了德國和其他北歐國家對於不給較弱夥伴紓困的堅持。柏林方面要求各國厲行撙節，然後才願意拿出德國納稅人的錢來冒險。危機持續了幾個月（希臘的經濟崩潰一度危及其民主政體），最終達成了妥協。不過嚴厲的指責和強硬的紓困條件讓雙方的關係幾近破裂。二〇一三年的恐慌是另外一次外部衝擊。卡麥隆因為承諾推出一次公投，等於拉掉手榴彈上的保險栓。很多其他歐洲國家政府也面對民粹主義的崛起，萬一英國人在公投中贊成脫歐怎麼辦？那會不會是有傳染性的？卡麥隆為了解決自身煩惱而推出公投，對此舉會為英國夥伴們帶來的可能風險置之不理。

德國的梅克爾將會是英國任何對歐重新談判的樞紐人物。英國人正確假定，柏林會竭盡所能把英國留在歐洲俱樂部裡。不管兩國對歐洲整合的方向和步伐有多麼意見分歧，她們都有著相同的自由派大西洋主義展望，而且英國也可以為柏林提供助力，制衡法國（德國和法國雖然比較親密，但關係極少是平順）。不過，梅克爾對卡麥隆的決定感到沮喪。她在「彭博演說」兩個月前曾造訪英國，當時卡麥隆告訴她，要求辦一場公投的壓力已經愈來愈無法抗拒。她不相信。讓她困擾的是（很多歐洲領袖也有這種感覺），卡麥隆政府在用公投來賭一把的同時卻又總是拒絕留在歐盟立案。梅克爾並不天真，知道每一個到布魯塞爾參加高峰會的成員國領袖莫不是把自己的國家利益放在最前面，但英國的不是之處在於她不覺得歐盟的成功會為她帶來長遠和更大利益。德法創造共同市場是為了追求和解。葡萄牙和西班牙等國家是把歐盟視為民主的保證。對波羅的海三小國來說，歐盟可以保障她們獨立於蘇聯。

在卡麥隆看來，英國和歐盟的談判完全是買賣性的，是有關輸贏的。梅克爾在他決定脫離「歐洲人民黨」的時候已經看見過同一種短視近利。一個對歐洲牌局真有興趣的人不可能會放棄歐洲中間偏右政黨俱樂部的會員資格，失去一個可以發揮影響力的平台。卡麥隆讓自己自外於例行性歐盟高峰會舉行前固定舉行的非正式協商。他為此在二〇一一年十二月付出了慘重代價，當時歐盟高峰會決定要推出新的法規來恢復市場對歐元的信心。

其他歐洲國家領袖多多少少能看得出來，成員國之間有一種共同利益是超出這次或那次對於貿易政策、預算分攤或農業補貼的談判結果。這被稱為「團結一致」，儘管這個詞語常常被各國政府拿來作為追求自身利益的工具。法國人所說的「打造歐洲」有著其內在價值。但卡麥隆從來沒有這種思想感情——當然，他的各個前任莫非如此。二〇一一年，當歐元區領袖們主動表示，他們願意在討論歐元區的未來發展時納入其他歐盟成員國時候，瑞典、波蘭和其他國家趕緊抓住這個機會。然而卡麥隆卻告訴其他領袖，他無意在他們討論單一貨幣的時候在場。除了偶而在場邊喊話以外，他顯得沒有意願協助穩定歐元，哪怕他承認如果歐元失敗，英國一樣會受傷。他在二〇一二年指出：「歐元走到了十字路口。它要麼是補強要麼是等著潛在的崩潰。除非歐洲擁有一個穩定和成功的歐元區，有著有效的防火牆，有著資本充足和受規範的銀

＊指西班牙、葡萄牙、義大利和希臘等環地中海國家。

行，有著一個財政分擔的系統和一種支撐性的貨幣政策，否則我們就會走進一個未經測繪的地域，人人都面臨著巨大風險。」[17]他沒有明說的是，在這件事情上，沒有人應該預期英國會伸出援手。財政部是已經準備好為愛爾蘭提供若干財政幫助（愛爾蘭是受歐元危機打擊最重的國家之一），但歐元區的其他國家應該自行解決難題。英國將只會照顧好自己。

梅克爾看得出來卡麥隆提出的公投正在動搖他的地位。英國右翼報章對歐盟有一堆的謾罵和中傷。《太陽報》、《每日郵報》和《每日電訊報》充斥著歐盟陰謀顛覆英國自由的報導。即使德國國防軍沒有向著英國進軍，歐盟官員一樣在制定禁止英國豬肉派入口和搶走康沃爾漁船隊漁獲的法規。內閣閣員們很少對這些報導加以反駁，反而寧願承諾他們會奮力抵抗歐盟官員。梅克爾有一次問卡麥隆，他的政府固定把歐盟描繪為一個討厭鬼，甚至是對英國的一個直接威脅，那它又怎能指望在六星期的公投選戰活動中搖身變為歐洲一體化的捍衛者？[18]受政治投機心理驅策，卡麥隆並沒有去考慮這種矛盾。巴黎和布魯塞爾對脫歐公投也表現出同一種疑慮。

卡麥隆對其他歐洲國家領袖的說教調調很少受到歡迎。英國政府似乎很慶幸自己留在歐元區之外，哪怕她的經濟因為出口暴跌和預算赤字高漲而搖搖晃晃。就是這種心態讓卡麥隆在二〇一一年十二月的布魯塞爾高峰會陷入孤立，歐元區國家想要歐盟要求貨幣聯盟裡的成員支持預算控制的規則，即「歐洲財政協定」。為此，他們需要得到單一貨幣之外的政府同意，其中包括英國政府。卡麥隆因為害怕在布魯塞爾贊成任何事情會招來本黨議員的憤怒，決定討價還價，表示如果歐盟願意為倫敦城的金融機構提供一些保護，英國願意支持。這種建議是一個嚴重的失算，聽在柏林一些人的耳中帶有勒索的味道。法國總統薩科奇怒不可遏。卡麥隆嚴重誤解了政治形勢。在早上向高峰會提出他的最後通牒時，他丟臉地被告知，梅克爾和薩科奇已經找到繞過英國否決的辦法，將會草擬一份和現存條約並行不悖的協議。

卡麥隆的裝模作樣背後有著真正的政策考量。隨著危機把歐元國家拉得更近，他們的決定會有不利於英國的風險。但卡麥隆沒有聽仔細梅克爾所說的話。她說她準備幫英國她能夠幫的忙，但不會被英國霸凌。卡麥隆不讓人意外地投下了否決票，但歐盟其他國家沒有理他。用一個外交官的話來說，這位首相是給別人上了「一堂怎樣輸掉談判的高級課」。[19]在倫敦，唐寧街把首相的被孤立說成為一場大勝，指出英國堅定地對歐盟說「不」。保守黨的疑歐派在下議院裡為首相喝采，聲震屋頂。首相官邸的一個幕僚後來盡在不言中地回憶了當時《泰晤士報》的著名頭條標題：「霧鎖海峽：歐陸被孤立了。」[20]這次事件引起的各界反應幾乎有點可憐兮兮的味道。

卡麥隆將會反覆誤解梅克爾能支持的限度。一個外交部官員指出：「他就是不懂魅力的力量有時而窮。他們（其他歐洲國家領袖）一樣要考慮國內的觀感。」從幾年後被洩漏的波蘭外交部長席科斯基所說的話，卡麥隆的行事風格有多麼讓人洩氣可見一斑。在一通咒罵中，席科斯基取笑了英國在歐盟的裝腔作勢和卡麥隆安撫保守黨疑歐派的政策：「就像我所預言的，他給批評者餵剩飯剩菜想要滿足他們的整個策略會轉為對他不利。他應該說：『滾開！』設法去說服人民和孤立疑歐派。但他卻把舞台讓給了現在讓他尷尬的那些人。」[21]這位波蘭外交部長是一個長期的親英派，也像卡麥隆一樣曾經是牛津大學愛惡搞的布靈敦俱樂部的成員。不過他卻說出了英國在海峽彼岸執政者眼中形成的固定觀感。

就像首相官邸一位高階官員後來所說的那樣，二〇一五年的大選是卡麥隆不幸贏得的一場角逐。這位首相本來是預期和自由民主黨再一次合組政府，然而，自由民主黨的慘敗和工黨領袖文禮彬的可悲競選表現卻讓卡麥隆在下議院贏得了少數的多數席位（多十二席）。現在他得要兌現一個他曾向其他歐洲國家領袖保證他可以避開的承諾。

早在卡麥隆正式要求歐盟進行改革以便更吸引英國的選民時，其他歐洲國家領袖已經鐵了心不讓歐盟的基本規則有所改變。梅克爾的底線——保存既有歐盟規則的架構——幾乎得到她的夥伴們的一致背書。希斯當初在一九七三年把英國帶進歐洲俱樂部時，曾被迫接受這些規則。卡麥隆不被允許改變它們和像保守黨疑歐派所要求的那樣，移除歐洲法庭在涉及歐盟法律一事上的優先性。作為單一市場基礎的所謂四大自由——貨物、勞務、資本和人員的跨邊界自由流動——是不可分割。英國固然也許可以被允許以緊急安排來應付移入移民的激增，或者被允許自外於其夥伴們追求歐洲統一的宏大雄心，但她不被允許從根本上改寫歐盟的規則。卡麥隆本人因為認為改變條約太過曠日廢時，限縮了其他政府對英國所能有的讓步。根據將會成為歐洲高峰會主席的圖斯克的形容，卡麥隆「所要求的事情在歐盟條約的框架裡面是不可能完成的」。

在二〇一五年冬天之後進行的重新談判到了二〇一六年二月在布魯塞爾舉行的一次領袖高峰會時達到高峰。高峰會經歷了三十小時，談判過程極其艱辛。最後的談判結果如英國財政部之所願，保證了英國不會因為歐元區內更大的整合而蒙受不利。卡麥隆被給予保證，在制定全歐盟的規則時，單一貨幣的成員國不被允許忽略非成員國的觀點。歐元二十七國也同意提供「緊急煞車」，讓英國政府可以暫時限制來自其他成員國的工人取得社會福利。作為對英國特殊主義的讓步，這協議也批准英國不必接受歐盟追求各成員國人民愈來愈緊密合作的長期目標。

對倫敦金融城的保障措施就其本身來說是重要的。獲得社會福利的資格上的改變和選擇退出愈來愈緊密合作的目標，固然是反映著對保守黨議員的讓步，但這些事項卻很難構得上是卡麥隆曾經承諾的新安排。它們對即將會被問到是不是想要留在歐盟的英國選民也沒有多大意義。到最後，這協議幾乎沒有被西敏以外的世界注意到。卡麥隆就像威爾遜在一九七五年做過的那樣，解除內閣在公投選戰期間的集體責任。他的親密朋友戈夫和另外五個閣員把他的話當話，發起了「投離」＊選戰運動。加入他們的有即將離任的倫敦市長強生，他已經在二〇一五年重返議會，以追求他進入政壇之後所一直追求的大獎：卡麥隆在唐寧街的職位。

二〇一六年年頭的民調顯示，支持留歐的人數略略領先，但差距小得可憐，讓人難以放心：贊成留歐的選民略多於四成，贊成脫歐的在三成七或三成八，其餘的未決定。卡麥隆相信

＊指「投脫歐一票」。

到了正式投票日選民會選擇安全牌。財政部、英格蘭銀行和幾乎每個國際經濟組織都預言，如果選民選擇脫歐，英國將會蒙受重大經濟衝擊。奧斯本的財政部把脫歐的前景描繪得一片黯淡：低成長、高失業率和加稅。

卡麥隆也賭上自身。兩年前，他曾同意「蘇格蘭民族黨」的要求，舉辦一場蘇格蘭獨立公投。正反雙方在選戰過程中咬得很緊，但蘇格蘭人最終選擇了安全做法，以五成五比四成五票數支持留在聯合王國。然而這個結果本身會讓人忽略了一件事：支持獨立派一開始只有三成多一點的選民。在後來的公投中，有大量蘇格蘭人甚至不理會有嚴重經濟脫臼的危險，選擇支持獨立。

脫歐陣營煽動起懷舊症和神經痛，讓人同時緬懷一個想像出來的過去和害怕未來。它的「奪回控制權」承諾讓人回想起邱吉爾和「三巨頭」的時代，當時的英國不為歐洲所縛，認為單憑一己之力可以繼續在世界事務上叱吒風雲。選戰中的很多口號——有關恢復主權的、重振英國全球鞭長的和捍衛民主的——呼應了一九五〇年代的辯論，那時候英國對初生的共同市場不屑一顧。在英國民族主義者的心目中，《羅馬條約》是在嘲笑莎士比亞筆下的「銀海洋裡的珍貴石頭」*的自由。不過，脫歐運動的真正力量在於它恬不知恥地聲稱它代表著「人民」對菁英的鬥爭：所謂的「菁英」不只包括布魯塞爾的歐盟官員，還包括合謀讓英國落入歐盟枷鎖的英國政壇當權派和商業領袖。當戈夫宣稱英國受夠了專家們所預言的脫歐將有悲慘經濟後果時，他就是活脫脫地體現了這種前啟蒙的心態。脫歐派揚言自己是代表「人民」說話，而「人民」就是那些想要脫離歐盟的人。

這種英國特殊主義和一種醜陋的英國民族主義結合在一起，後者會讓人強烈聯想起埃諾奇・鮑威爾在一九六〇年代和一九七〇年代鼓吹的仇外心態。在美國，共和黨總統候選人川普要求把所有穆斯林當成嫌疑犯對待。脫歐派把土耳其塑造成為威脅：強生和戈夫子虛烏有地宣稱，土耳其即將加入歐盟。英國將會被數百萬土耳其移民淹沒的說法成為了脫歐運動的支柱之一。另一根支柱——認為英國每星期交給布魯塞爾的三億五千萬英鎊應該轉用於國民健康服務的主張——同樣是不實。英國的繳款要遠低於三億五千萬英鎊。強生是個從不理會真理的政客。這兩個謊話匯合成為英國備受「外人」威脅的民粹主義畫面。

脫歐運動拉攏了幾個突出的工黨人物參加，其中工黨議員吉絲拉・斯圖亞特被任命為主席。突出土耳其和波羅的海三小國移民的未來威脅，吉絲拉・斯圖亞特的言論傳達了仇外訊息：「與其讓額外的八千八百萬人——超過我們的全人口——得到國民健保的照顧，我相信更安全的做法是奪回控制權。我們應該把我們每星期交給歐盟的三億五千萬英鎊改為交給國民健保署。」[22]換言之，外國人正在花用本來可以用來支持備受壓力的醫院的錢。贊成留歐的陣營想辦法製造恐懼心理（有時會流於誇大），鋪陳選擇脫歐的經濟代價。但脫歐派祭出更能打動情緒的說詞，指稱英國的文化和成色已經受到移民的擾亂。二〇一五年敘利亞內戰期間湧現的

＊指不列顛島。

難民潮——德國被迫接受了大約一百萬難民——讓土耳其人即將大舉湧入的可怕謠言有了幾分可信度。

脫歐派的論證都不是基於事實或理性。戈夫以反智論作為自己的正字標記。他指出眾多獨立的機構和專家預言脫歐將會為英國帶來嚴重的經濟和國家威望損害必然是錯的。為什麼？因為那是菁英們——主流政客、大企業和統治集團知識分子——對付人民的陰謀的一部分。法拉吉的「英國獨立黨」對移民的反對還要更甚。在美國大選把川普送入白宮以前，脫歐派為他滿嘴謊言的競選策略進行了道路測試。

那是一個符合國家情緒的運動。全球金融危機和政府撙節措施的代價和結果主要落在了弱勢群體身上。工黨領袖柯賓——他是由黨內活躍分子在二〇一五年工黨大選失敗後選出來取代黨魁文禮彬，為人特立獨行，是黨內極左派的叛徒——不准他的黨在弱勢者地區（即主要是投票給工黨的地區）發起有活力的親歐洲運動，也因此為脫歐派反對菁英的聖戰增加了信譽。懷舊症被傳染給首都圈中富有和上了年紀的人——他們都是對英國的輝煌過去帶有記憶的人，從未能真正甘願看見英國成為歐盟的一員。反移民的民族主義在英格蘭中部和北部的小城鎮與勞工階級選民的憤恨情緒產生共鳴，對公投結果起了決定性作用。在公投前夕，《金融時報》一篇社論體現出留歐派的深切挫折感：「沒有時間回到小英格蘭了。我們是大不列顛。我們對締造一個較繁榮和安全的世界作出了貢獻。我們必須投『留下』一票。」

到這時候，首相官邸的情緒雖然緊張但仍然樂觀。卡麥隆認為他可以低空掠過。但來自國家其他地區的——包括英格蘭中部和東北部的，還有南英格蘭大片大片地區的——卻是很不好的消息。強生和戈夫的「奪回控制權」的簡單訴求深入人心。二十五年前，當柴契爾夫人和她的閣員就該怎樣對待布魯塞爾爭論正酣時，政治評論家羅格利在《金融時報》寫道：「英國在歐洲共同體的角色的問題就像一把斧頭那樣懸在保守黨的頭上。」公投翌日，當卡麥隆早上出現在首相官邸門外宣布辭職時，反映的是羅格利曾經預言的保守黨內戰已經連續毀掉了它第三位首相。柴契爾夫人對迪羅更進一步整合歐洲的計畫連連說不是她下台的一大原因，接下來幾年，梅傑政府受到黨內湧現的疑歐主義的牽制，最終在大選中敗北。卡麥隆則是一心要消除黨內對歐盟問題的癡迷，最終自毀。他不顧後果的公投承諾代價巨大，將由國家來買單。英國決定了要斬斷自己和最重要經濟夥伴之間的聯繫，在形塑歐洲政治未來一事上不再扮演任何角色。

英國脫歐公投不只關係到歐洲或歐盟。脫歐派的高明之處在於它懂得把一個滿腹牢騷的國家的眾多悲憤匯聚為一個投票方向。很多支持脫歐的人也是在抗議政治菁英對他們的生活漠不關心，還有些人是要反對全球化和科技創新讓他們失去工作，生活在「零工經濟」的不安全中。不過，脫歐運動也是扎根於對脫歐派現在所謂的「全球性英國」的懷舊中，混雜著對英國在一九四五年的勝利的緬懷和重申議會主權的需要，在在與一九五〇年代發生著詭異的共鳴。法國和德國都能以歐洲為滿足，但英國卻是放眼世界。在二〇一六年的英國，很多人——特別是住在小鎮和小城裡的人——對未來愈來愈害怕。「奪回控制權」的口號打開了過去的威力。

公投四天之後，卡麥隆前往布魯塞爾，參加他最後一次的歐盟領袖高峰會。高峰會的情緒是克制的，甚至是平和的。歐洲執委會主席榮克說了一個梅克爾常常說的意思：「我的印象是，如果你即使不是幾十年來也是幾年來常常說歐盟的壞話，說它太過科技官僚主義或太過繁文縟節之類，你就不應該奇怪選民會相信你說的。」[23]卡麥隆也獲得禮貌性的提醒：英國不能指望歐盟在和英國談脫歐條件時會慷慨大方。當愛爾蘭總理肯尼表示任何協議都必須尊重北愛爾蘭和愛爾蘭在《耶穌受難日協議》中規定的開放邊界時，他是說出了達成協議的一個關鍵難處。圖斯克就英國未來想要進入單一市場設下了一道門檻。他告訴記者：「不會有單點的單一市場這回事。*」

資深的歐洲官員指出了脫歐公投結果讓人難過的可笑之處。沒有人比英國保守黨人更樂見單一市場的創立，也沒有人比他們更樂見歐盟迅速擴大、把東歐和中歐的前共產主義國家納入。然而正是這些政策的後果——為保障單一市場公平性而新增的法規和新成員國工人的大量移入——讓卡麥隆說他施政維艱。在讓英國和歐盟其他國家相處不來的麻煩事上，從來沒有那麼多的不一致。

第十二章　孤伶伶

一切都在二〇一六年六月二十三日發生了改變。在公投之前，從來沒有人了解脫離歐盟的地震規模。這一步除了切斷倫敦和布魯塞爾的聯繫，也危及了聯合王國的未來。被打敗的卡麥隆在首相官邸門外宣布辭職。有鑑於他是把公投當成了政黨管理的操作，他的辭職十之八九是不可避免的。不過明顯的是，他也是想儘快擺脫燙手山芋。他說：「我不認為由我來當船長把國家帶向下一個目的地是恰當的。」對此，他的一個親歐派內閣同僚評論說：「這叫跳船。」[1]

當脫歐運動的領袖強生和戈夫在六月二十四日早上出現在攝影鏡頭前面時，他們看來是飽受驚嚇而不是洋洋得意。強生設法假裝鎮定，要國人對國家退出一個參加了四十三年的俱樂部一事放心：「我們不能對歐洲轉過身去。我們是歐洲的一部分。我們的子女和孫子女將會繼續以歐洲人的身分擁有一個美好的未來、在歐洲大陸旅行、了解構成我們共同歐洲文明的語言和文化。」對於強生而言，支持脫歐是關乎個人野心，是要建立他當領袖的資格。他在脫歐運動一

＊指英國不要認為她可以進入單一市場而不用做出其他讓步。

開始曾經對卡麥隆表示：「我們（脫歐派）將會被輾壓。」[2]贏得公投不是他計畫的一部分。

對於公投的結果，西敏和白廳同感震驚。留歐派和脫歐派一樣毫無準備。兩派的假定都是雖然投票結果會相當接近，但在大部分選民之中理性將會戰勝感情，經濟盤算將會戰勝怒氣。公投結果推倒了英國外交政策兩大支柱的其中之一。它打破了全球性公司把英國作為在歐盟二十八國運作的平台的經濟模式。英國形同否定了她在蘇伊士運河事件之後幾十年擁抱的身分——一個有著世界性利益的領導性歐洲大國。從技術層面說，脫離歐盟將會讓英國和歐盟夥伴分享已久的數以千計法規、協議和規範失效。

從心理上說，它將會推翻一些有幾十年歷史的假設。脫歐讓聯合王國的未來被打上問號。脫歐派在英格蘭得到多數支持，但蘇格蘭卻以大比數贊成留在歐盟。北愛爾蘭的未來也變成了懸念。就像蘇格蘭那樣，它也是贊成留在歐盟。突然間，曾經以現代化旗手身分進入二十一世紀的英國自我封閉起來。脫歐後的英國陷入分裂。以倫敦為首的大部分英格蘭大城市都是支持留歐，但較小的城市和外省城鎮傾向於脫歐。較年長的選民緬懷英國的輝煌過去，但年輕選民卻是一面倒的親歐洲。富裕和受過良好教育的人是留歐派，被社會遺棄的人是脫歐派。這種分裂在可見的未來將會支配政治格局。它們將會讓英國陷入困境，無法脫身。

英國偏偏挑這個時間點躍入未知也很是要命。如果它換成是在十五或二十年前選擇踽踽獨行，將會安全得多，因為那時候的經濟大環境要穩定得多。當時全球化在全世界打開了許多新的市場，民主制度打入了很多本來獨裁的國家，而美國也以一個良性霸權的方式保證了國際的安全。但到了二〇一六年，所有這些假設都已經粉碎。英國是在一個自一九四五年以來最不穩定的大環境中選擇脫歐。全球權力的轉移讓中國起而挑戰西方霸權，讓俄羅斯尋求破壞歐洲的穩定，也讓一些獨裁者在土耳其、巴西、菲律賓和印度之類的國家上台掌權。伊斯蘭恐怖主義是西方國家共同面對的威脅。西方的信譽和對開放國際市場的信仰被二〇〇八年的金融危機撕碎。全球化正在撤退中。所以像梅克爾之類的歐洲領袖才會有此一問：像英國這樣的國家有理由認為單打獨鬥對她會比較好嗎？

過去五十年來在唐寧街起草的每一份外交政策文件都認為英國的利益繫於維持和促進講規則的國際秩序。但現在她卻棄多邊主義而取雙邊主義，在自己外交政策的大西洋支柱面對嚴重挑戰時拆毀自己的歐洲支柱。川普的單邊主義——「讓美國再次偉大起來」——在很多方面是由脫歐運動標榜的同一批悲憤助長，這些悲憤包括收入停滯不前、就業的不安全感增加、對移民的恐懼和愈來愈大的不平等。在二〇一六年十一月當選美國總統的川普將會宣稱自己是脫歐派的盟友。然而，強生和他的支持者所看不見的一個諷刺是，川普維繫美國國家利益的決心將會讓英國失去依恃。自一九四九年以來英國的國家安全一直依靠北大西洋公約組織來維繫，但現在卻有一個美國總統納悶：「北約何用？」

「脫歐的意思就是脫歐。」梅伊在二〇一六年六月爭取繼承卡麥隆黨魁和首相職位時這樣宣稱。這短語後來成為了她諸事不順的首相生涯的墓誌銘。到了她三年後被迫離開唐寧街十號的時候，她還是無法說清這短語的意義。英國固然以五成二對四成八的毫釐比數選擇脫歐，但選票上提供的二元選項並沒有理會脫歐程序的複雜性。它也沒有回答那個顯然易見的問題：脫歐涉及哪門子的脫歐？保守黨領導的脫歐派在選戰期間刻意保持含糊。對脫歐的終端點說得愈少，親歐派能揭發其風險和矛盾的機會也愈少。英國是想要像挪威或瑞士那樣，一方面維持著和歐盟二十七國的很多經濟聯繫，另一方面又和歐盟的政治目標切斷關係嗎？像歐洲議會議員漢南之類的殷切脫歐派就是支持這種妥協。其他人則巴望看見一種更徹底的決裂，讓英國可以撤退到自己大洲的遙遠邊緣——這會讓她與布魯塞爾的關係大約相當於加拿大。

公投選戰期間對這個問題有過一些提示，但沒有真正的答案。卡麥隆本人不願去想這件事，不願承認有敗選的可能性。留歐派和脫歐派雙方都沒有認真評估過要讓英國解除和歐洲超過四十年的整合涉及些什麼。一直以來，有大規模的政策領域——包括農業方面、環境方面、就業權方面、金融服務法規方面、競爭方面、航空方面和資訊保護方面等等——實際都已經轉移給了歐盟，由布魯塞爾的聯合決策決定。這些全都要打掉重練嗎？脫歐派在打選戰期間的言行就像是英國脫歐只需要一走了之。沒有什麼比這種想法更遠離事實的了。「要處理的事情多如牛毛，沒有個十年不會搞得定。」一個首相辦公室的資深官員在公投翌日早上指出。

那另一個聯盟又怎麼樣？終結北愛爾蘭三十年戰爭的《耶穌受難日協議》的核心是北愛爾蘭和愛爾蘭之間邊界的永久開放。拉倒瞭望塔和拆毀邊界崗哨是平息統一主義者和民族主義者之間衝突的要素之一。跨邊界貿易和投資保證了南、北愛爾蘭的繁榮。比經濟更重要的是政治象徵意義：一條開放的邊界讓愛爾蘭島的公民可以自行選擇身分。取消這個選項將會逼他們回歸訴諸悲憤的政治，甚至極有可能回歸訴諸暴力的政治。但在英國脫歐後，愛爾蘭和北愛爾蘭之間將會形成一條「硬邊界」。除非為北愛爾蘭作出特別安排或是英政府選擇留在單一市場和關稅聯盟，否則跨邊界的貿易就會受到監控。

在蘇格蘭，贊成留歐的票數超過六成。面對被硬拉出歐盟而不能置喙的前景，執政的「蘇格蘭民族黨」有道理為蘇格蘭人民力爭另一次獨立公投的機會。這就是狂妄自大的代價。卡麥隆因為無意中帶領英國脫歐，激起蘇格蘭民族主義者要求第二次公投。

讓事情更為複雜的是，脫歐派兩股本來不同的意見潮流在打選戰期間合而為一。第一股意見潮流是懷舊症的產物，它把脫歐視為英國更大全球性角色的平台，因為它讓英國可以擺脫歐盟的許多法規和其他限制。有些人說這將會讓英國變成一個更大的新加坡，也有人說這將會讓英國回歸到第一個伊莉莎白時代的俠盜冒險主義。第二股意見潮流流向相反方向。它認為脫歐是一個可以讓英國閉關自守的機會。由此英國可以制定限制移民的嚴格規定和保護本國產業對抗全球化衝擊的政策。如果說第一股意見潮流吸引到英格蘭南部較富有的保守黨脫歐派選民，那第二股意見潮流就得到英國最凋敝的一些城鎮的「英國獨立黨」支持者的青睞，後者把脫歐視為是向統治菁英報復的行動。至於下議院，各黨派議員加起來有三分之二是站在留歐派一邊。公投後，這些議員有責任把一項他們認為有損英國安全和繁榮的政策立為法律。一個親歐的大臣為此感嘆說：「我又怎能投票去傷害我的國家！」[3]

白廳完全沒有脫歐的心理準備。卡麥隆一直不願意承認他有輸的可能性。他也不願制定應變計畫，因為這種計畫有可能會洩漏出去。所以雖然內閣祕書海伍德和其他大部會的資深官員考慮過敗選的結果，也明白通過脫歐的話會有多龐大的工作要做，卡麥隆禁止他們做出詳細準備。就像一個官員後來所說的，分享卡麥隆的狂妄自大要比想像脫歐挑戰的艱鉅容易。財政部倒是曾就脫歐對經濟、商業和生活水準可能帶來的損害進行評估。所有大型經濟機構（包括英格蘭銀行、國際貨幣基金組織、經濟合作發展組織和財政部）一致認為，如果英國不再能夠進入她最主要的市場，那麼她在投資、貿易、競爭力和經濟成長上將會付出慘重代價。這種衝擊未必是即時，因為英格蘭銀行會迅速行動，向金融市場保證它會用寬鬆的貨幣政策去阻止通縮螺旋。不過英國的損失將會是隨時間的推移而不斷累積，表現為低成長、英鎊貶值、投資停滯、生活水準下降和商業信心暴跌。

梅伊有政治野心從來不是祕密。從她在牛津大學搞學運的日子已經顯示她有心問鼎首相。她為人謹慎，不屬於首相官邸裡「哥兒們」核心圈子的一員。她在公投辯論中捍衛留歐派，不過同僚抱怨她刻意底調。大家都認為她此舉是為了預留退路，以防脫歐派勝出。她從來沒有顯示她對外交政策或歐洲事務有太大興趣。她在內政部一待六年，除了差點打平內政大臣在位最久的紀錄，也佐證了她對全球事務興趣缺缺。如果說她在卡麥隆政府裡有什麼引人注目之處，那就是她強烈建議收緊移民政策和強調政府應該加強國內安全措施而不是花錢從事海外軍事行動。前幾任首相都跑到了伊拉克和敘利亞去打擊恐怖主義，但她認為英國土生土長的聖戰士要更危險。有官員透露，當一票年輕人——卡麥隆、奧斯本和克萊格——在國安會議上興奮談論正在利比亞、伊拉克和敘利亞進行的轟炸任務時，梅伊會翻白眼。

在卡麥隆去職時，梅伊取得大位的機會仍是不確定的。一等脫歐的震驚消散後，強生就運作起來，成為了繼任的熱門人選，由戈夫為其搖旗吶喊。然而這兩個最突出脫歐派人物的公開翻臉為梅伊廓清通往首相官邸的道路。梅伊形容自己是「一雙安全的手」，最能夠把政府這艘船開過波濤洶湧的水域。這讓一個「留歐派」人物成為了保守黨的領袖。隨之而來的一些誤判——最終讓梅伊跨台——就是源於這種緊張性。

在首相官邸歡迎梅伊入主的官員有兩個最早印象。第一是這位新首相喜歡和一個小圈子的顧問商議，不鼓勵較公開的辯論，會把自己的想法保密直到決定已經作出為止。第二個印象是她急於向保守黨證明她勝任帶領英國離開歐盟的工作。一個資深官員評論她出任首相的最初表現時說她「神神祕祕和猶豫不決」。[4]她也不信任文官。他兩個最親密的顧問提摩太和希爾扮演看門人角色。強生被委為外務大臣，另一個脫歐派人物戴維斯獲選領導新成立的脫歐部，負責和布魯塞爾談判的事宜。梅伊的顧問們認為外交部的官員都太過親歐，難以承擔脫歐的重任，而梅伊又極力限制強生的影響力。她宣布，所有重大決策都要由首相官邸來決定。

搞神祕和焦慮的相加讓這位首相犯上一系列的策略錯誤，導致英國的脫歐之路一點都不順遂。第一個錯誤表現在梅伊畫下強硬的「紅線」，壓縮了她和歐盟在談判時的轉圜餘地。第二個錯誤是假定她和布魯塞爾達成協議之後用不著反對黨議員的支持就可獲得通過，也就是說讓脫歐成為保守黨的專有財產，哪怕該黨在下議院的多數議席少得可憐。第三個錯誤是在政府還沒搞清楚自己對脫歐本質的立場之前，就急急忙忙啟動了正式的、有時限的對歐談判。

到了梅伊十月初在伯明罕的保守黨大會上講話時，她提出了一個設計來贏得疑歐洲派讚揚但又會嚴重擾亂英國和歐盟經濟關係的脫歐方案。她畫出取悅大眾的「紅線」，宣布英國將不再接受歐盟的自由移動規則，也不會允許英國的法律由歐洲法庭來決定。她討喜地說：「我們離開歐盟不是為了再次放棄控制移民，也不是為了回頭接受歐洲法庭的司法管轄。這等事將不會發生。我們離開是要再一次成為一個有充分主權和獨立的國家。所以協議將會是為英國效力的。」[5]

她說這番話之前沒有和內閣商量過，也沒有和財相夏文達商量過，後者的任務理應是想辦法把脫歐的經濟代價減到最低。坐在會場的夏文達聽了梅伊的話後大驚，因為她形同是承諾採取「硬脫歐」，而此舉將會切斷英國工業分布在全歐洲各地的供應鏈。一些人注意到她的這種立場的矛盾之處，而這種立場日後將會讓她落馬。梅伊形同承諾英國將會離開歐盟的單一市場和稅務聯盟。但她也保證會保留南、北愛爾蘭之間的開放邊界。這兩種承諾互不相容。

事實上，英國本來並沒有把她的獨立性拱手讓給了歐盟。如果需要證明的話，那證明就在於她能夠決定脫離歐盟。然而取回當初選擇轉讓給歐盟的主權將會以失去真正的實力和影響力為代價。奪回「對我們的法律、我們的邊界和我們的金錢」的控制權實質上讓英國放棄進入單一市場的特權和作為關稅聯盟的成員的資格。此舉也會讓英國無法再參與情資分享和邊界警報的計畫，在對抗國際恐怖主義和犯罪集團上失去重要助力。英國的國家安全主管們對此憂心忡忡。梅伊的承諾也會讓英國的供應鏈斷鏈。在英國的外國投資者將再也無法把他們的財貨和勞務無障礙地運送到歐洲其他地區。和歐盟二十七國的貿易將會需要英國就一系列全新的安排達成協議。不理會手下官員勸她步步為營的建議，梅伊還按照歐盟條約第五十條的規定，宣布啟動正式退出歐盟的過程。脫歐談判將會在二〇一七年三月展開，而因為談判的期限規定是兩年，這就意味著英國至晚得在二〇一九年春天正式脫歐。

這裡的策略錯誤在於把談判的槓桿送給了歐盟二十七國。官員們勸告梅伊在和其他歐洲國家領袖（特別是梅克爾）初步談過談判應該怎樣進行以前，不要引用第五十條條款。他們警告說，時鐘一旦開始轉動，妥協的壓力就會不成比例地落在英國身上。如果英國在兩年後沒有協議地脫歐，所要付出的代價將比她的夥伴們大得多。英國首相不予理會，不把花了大量時間來學習布魯塞爾行事方式的官員的經驗當一回事。

整個白廳的怒氣具體可觸。她兩個最親密的顧問提摩太和希爾都沒有和歐盟打交道的經驗。他們的每個決定都是出自狹隘的政治盤算。很快就看得出來，有鑑於保守黨黨內對於應該以什麼方式脫歐意見分歧，梅伊當初把反對黨晾一邊的做法是個錯誤。到了年底，英國駐歐盟的常設代表羅傑斯爵士就因為梅伊拒絕接受顯然的事情備感挫折，憤而辭職。他在辭職信中透露，雖然開始和布魯塞爾正式談判只剩下三個月，但梅伊還沒有決定要爭取哪些核心目標。留在白廳的外交官私底下附和羅傑斯的說法。他們說歐盟已經準備好一個陷阱，讓布魯塞爾可以完全控制談判的進程。梅伊正在走進陷阱中。在接下來兩年，羅傑斯爵士將會對首相未能掌握和歐盟談判的基本規則作出一系列幽默睿智的評論。他後來說，他對他的女老闆的無知感到驚異。很多閣員都認為，一紙和歐盟的貿易協定「必須在我們離開之前談判、談妥和被批准，在我們正式離開的第二天開始運作。然後我們還必須和全球各地的有實力玩家簽署一大堆新的貿易協定。很多這一類壯闊承諾都在公投選戰期間作出過，但事實證明它們完全是空想。」[6] 這種「異乎尋常」和「應受譴責」的天真讓英國在談判中被布魯塞爾牽著鼻子走。很多羅傑斯爵士公開說過的意見都由仍然在職的唐寧街官員低聲告訴梅伊。她不肯傾聽。

英國的朋友和盟友對公投結果的感覺是難以置信、沮喪，很多時候還感到憤怒。荷蘭總理呂特發出了嚴厲批評，他說：英國「在政治上、貨幣上、憲政上和經濟上都垮了」。卡麥隆想要把公投結果甩鍋給英國的夥伴們，指責他們沒有在容許人民自由移動的規定上作出足夠讓步。有些人形容公投結果是國家的一次自殘。德國總理梅克爾對英國選民的決定感到難過，但她手下的官員堅稱，她從一開始就告訴卡麥隆，歐盟的規定不會為了遷就一個成員國而更動。清楚的是，英國和歐盟的關係一旦塵埃落定，她的重要性就會變小。英國之所以一直在國際間名聲響亮，是因為她步步為營，小心保存自己的威望和影響力。英國以政治穩定著稱，但止於脫歐公投。從華府到東京，從柏林到馬德里，大家都認為英國的脫歐會削減英國在世界上的影響力。那將會切斷她和最大貿易夥伴的經濟聯繫，讓她離開常常帶給她利益的政治會議。根據白宮的幕僚表示，歐巴馬把脫歐公投視為嚴重可怕的錯誤。很多脫歐派都鼓吹英國和華府建立更堅強的關係，以此作為歐洲的替代品。但白宮卻認為英國的脫歐讓她成為了較沒有價值的夥伴。自此柏林成為了歐巴馬政府打電話到歐洲的第一站。

英國是在一九四五年之後明白到國際規則對一個有著全球利益但卻逐漸沒有能力保衛這些利益的國家的重要性。大型多邊組織——包括聯合國、布列敦森林體制和北約組織——提供槓桿供英國追求她的外交政策目標。透過服從規則，英國擴大了保護自己的利益的能力。錯過了墨西拿的班車之後，歷屆英國政府也了解到歐盟可以在英國和其他國家打交道時提供助力，是一個可以讓英國擴大影響力的平台。盟友們了解這一點。在公投選戰期間造訪倫敦時，歐巴馬直接對英國的選民說話，指出如果英國想要維持她在華府的優越地位，就應該保持形塑歐洲的政策的能力。然而，情感卻戰勝了利害考量。中國的崛起和普丁俄國在中歐和東歐採取的收復失地主義都宣布了大國競爭的回歸。在這種競爭中，即便最強大的歐洲國家單打獨鬥起來都會備感吃力。另外，在歐盟架構內的跨邊界合作對打擊恐怖主義也是至關重要。

德國、法國、義大利和其他歐洲國家政府都有各自的盤算。她們擔心會被英國公投釋放出來的力量掃到。歐洲還在從二〇一一年和二〇一二年的歐元危機康復中，也還在慢慢消化二〇一五年大量湧入的敘利亞難民。單是德國就收容了大約一百萬難民，大部分來自敘利亞，但也有很多來自阿富汗和伊朗。因為內戰而陷入混亂，利比亞已經成為撒哈拉以南非洲的居民尋求越過地中海前往義大利和西班牙的跳板。梅克爾在二〇一五年八月決定對移民開放德國邊境之舉在國內和在四鄰國家都引起了極大爭議。「英國獨立黨」之類政黨的吸引力並不只是在英國存在。反移民的民粹主義團體——例如法國的「民族陣線」和「德國另類選擇」都對歐陸各國的當權政治人物構成威脅。

歐盟各國最擔心的是英國的公投結果具有傳染性，會在其他國家引起連鎖反應。勒朋的「民主陣線」和義大利極右民族主義政黨「聯盟」都是把布魯塞爾視為眼中釘。現在它們也許會動念搞搞脫歐。歐盟二七國政府從一開始就說好，和英國談判的脫歐條件必須是嚴厲的，以防日後有其他國家有樣學樣。梅克爾是許多對英國公投結果感到遺憾的領袖之一，她最初也希望結果可以逆轉。不過這位德國總理也堅持，既然英國選擇退群，就必須同時損失在群時的利益。她以毫不含糊的方式告訴訪客，讓歐盟各國統一在共同目的中的法律和法規不容變更或取消。

為防英國採取分化政策，二十七國建立了一個嚴格的談判架構。各國領袖將不會單獨和梅伊討價還價。歐洲方面的談判團隊將會由前高級專員巴尼耶領導，以事先由各國政府同意的談判指南為指引。具有關鍵重要性的是，談判將會拆分為兩部分。除非有關分手的具體條件已經談妥，否則雙方不會討論未來的貿易安排。所謂的具體條件包括了英國該補償歐盟的金額，以及保證北愛爾蘭和愛爾蘭的邊界繼續開放。巴尼耶毫不動搖。脫歐派當初主張歐盟一定會讓步的預言被證明是幻想。

梅伊並不注意其他歐洲國家的政治氣氛。出於對歐洲政治動力的不感興趣或沒有經驗，她決定了她的脫歐努力應該以保持保守黨統一為主軸。有一段時間，反對黨內部的紛爭看來對她有利。儘管大多數工黨議員堅定站在留歐一邊，黨魁柯賓卻是以疑歐派自居。他在打選戰時並沒有全心全意捍衛本黨的親歐洲官方立場。然而隨著脫歐談判逐漸陷入僵局，工黨議員開始繞過柯賓，力推一個將會維持英歐經濟連結的軟脫歐方案。梅伊自己並沒有清楚策略，所以《經濟學人》在二〇一七年初才會戲稱她為「德蕾莎・也許」（Thersa Maybe）＊。[7]她也不理會脫歐可能會對聯合王國帶來的威脅，拒絕讓蘇格蘭議會、威爾斯議會和北愛爾蘭議會在脫歐談判中有發言權。

到了談判在二〇一七年春天正式展開時，三件事情已經昭然若揭。一是政府不答應一種狀態，那就是梅伊既決心讓英國脫離歐盟法律，又想維持英國進入單一市場的特權。二是閣員對英國在談判中可以達成些什麼成就感到迷惑。三是內閣和保守黨議員都對同一件事陷於意見分裂，到底英國是應該和布魯塞爾「切割乾淨」（即所謂的「硬脫歐」），還是維持貿易和投資的無障礙流動（這是財相夏文達之類親歐派大臣偏好的「軟脫歐」）。強生顯示出何謂痴心妄想。他在外交部宣稱，政府在談判中採取的是魚與熊掌兼得的策略。這話在其他歐洲國家引起尖銳批評。小國盧森堡的總理貝特爾道出了這種不滿情緒。他說英國以前在作為歐盟的全權成員時總是要求「選擇退出這個，選擇退出那個……現在他們退群了，卻想要一卡車的選擇加

＊這是拿她的名字 Thersa May 玩文字遊戲。

入。」[8]強生在私底下和公開場合都一貫堅稱英國在脫離歐盟之後一樣可以保留所有好處。根據外交部的官員所述，遇到有人告訴他事情不是這個樣子，他就會「用雙手蓋住耳朵哼國歌」。[9]

那些領導脫歐衝刺的人對歐盟運作方式的了解都少得可憐。好幾次擔任脫歐大臣後來又當上外務大臣的藍韜文坦承他本來不知道英國和歐陸有多少貿易是要透過法國加萊進行——這個港口遇到關稅或貿易限制時會有潛在的瓶頸。強生在一九九〇年代是《每日電訊報》駐布魯塞爾的特派員。當時他以揭發歐洲執委會動搖英國主權的「陰謀」為己任，例如瞎掰布魯塞爾訂定香蕉要「不彎」才准許販售的法規。他從不允許事實干涉他寫的精采報導。

在公投前的宣傳戰中，戈夫保證，如果英國選擇脫歐，政府在後續的貿易談判中將會「握有所有好牌」。事實很快就被證明是恰好相反。戈夫置之不理。唐寧街的官員指出，脫歐派採取的是一種以信仰為基礎的前啟蒙運動立場。外交部的外交官和駐外大使抱怨強生不肯好好讀會議的官方簡報，也拒絕接受抵觸他對歐洲一定會遷就英國的深信不疑的政策分析。他的歐洲同僚感到困惑，也對他的自以為是愈來愈感到惱怒。強生曾就英國進口的普羅賽克酒的數量給義大利外交部長簡提洛尼上了一課。他本來是希望義大利會知恩圖報，支持倫敦金融機構進入歐洲金融市場。簡提洛尼氣壞了。[10]脫歐派認為歐盟是一個以貿易為主的機構，所以到了緊要關頭，德國政府一定會聽取她的汽車製造商的意見，法國和義大利一定會聽取她們的葡萄酒釀酒商的意見。這種分析完全無視柏林、巴黎和其他國家政府投入保護歐盟凝聚性的政治努力。

強生二〇一七年在「慕尼黑安全會議」上的演講暴露了雙方讓人難為情的鴻溝。他在演講中聲稱，英國盼著從歐盟的桎梏中解放出來已經盼了四十年。聽眾中有很多東歐和中歐國家的高層官員，他們的國家曾被蘇聯壓制了幾十年，後來加入歐盟是為了鞏固新獲得的自由民主。他們很多人都對強生的類比感到憤怒。「可恥」是一個中歐國家代表的形容。德國的部長們對於強生習慣把德國在歐盟的影響力和希特勒獨霸歐洲的野心相提並論，深感反感。法國外交部長艾侯指出，強生在脫歐公投選戰期間撒了很多謊，[11]而他的德國同僚史坦麥爾也說強生的言行「離譜」。[12]

與此同時，英國對國際辯論和決定的影響力逐漸減弱。二〇一七年十一月，前外務大臣福瑞澤爵士提出了一個在整個白廳引起迴響的憂慮。他在漆咸樓告訴一群聽眾：「我們很難記得，自從公投之後我們曾對任何重大的外交政策發生過決定性影響。我們的政治機構在國外幾乎沒有獲得尊重，脫歐的負面經濟後果正在逐漸浮現。」對於強生主管的外交部，他有如下建議：「成功的外交政策需要的是仔細分析和持續努力，不是如珠妙語和一廂情願的思考方式。」[13]

脫歐派認為英國跟歐盟和世界其他有活力經濟體的雙邊協議都可以在一年內左右完成。這個天真的信仰是根植於過去。在他們的世界觀裡，關稅是貿易的主要障礙。但事實上，自由貿易的安排更大程度是仰賴法規協調和相同的規範準則。而且，英國最主要的海外收入是來自金融服務和專業服務，而這些領域都是不會受制於關稅。想要搞定這些領域也困難得多。可以作為證明的是，加拿大和歐盟在這方面談判了七年才達成協議。另一個脫歐派沒有理會的基本事實是，英國和歐盟的關係是不對稱的——英國有四成五的貿易是和歐盟二十七國進行，但歐盟二十七國和英國的貿易額只有不到一成。談判如果不成，英國將會損失更大。尤有甚者，英國和其他一些大型貿易夥伴（例如巴西、南韓和加拿大）的貿易都是依賴由布魯塞爾談成的協議。但脫歐派將不會甩掉他們的自得自滿。金融市場對公投結果的最初反應是有傷害性但未達災難性的程度。經濟損失將會很快浮現，因為商業投資的停滯和消費者信心的下跌將會在經過三年的累積後變得明朗。不過留歐派預測的即時震撼沒有出現，倒是有助於持續英國挺得過風暴的幻想。

這段時間英國過度有自信、未能充分了解脫歐工程的難度，而且設想談判會相對順遂。內閣大臣們看來沒有想到過，《里斯本條約》中為成員國的退群條件而寫的第五十條條款是為了對退出國不利而設。有證據顯示，他們並沒有花時間去讀它。德國財政部長蕭伯樂取笑強生對歐盟的運作方式了解膚淺，表示可以寄一本《里斯本條約》給他。諷刺的是，第五十條條款是由一個極其聰明的英國外交官起草。克爾爵士在成為外交部常務次長之前，曾經先後擔任駐布魯塞爾大使和駐美大使，後來被網羅為《里斯本條約》——在二〇〇九年簽訂——的草擬者之一。他是強烈的親歐派，草擬條約的當時萬萬沒有想到英國在幾年後將動用第五十條條款。克爾爵士將會在上議院領導一個有力的團體，強勁地反對政府對後續談判的草率態度。

政府對於英國脫歐後國家和世界的關係並沒有方向感。一直以來，英國在美歐之間的平衡關係——儘管有時會出現緊張——都是英國和世界其他國家關係的基準點。但這已經成為過去。離開歐盟讓英國和歐洲的連結降級。這表示英國將會無奈地完全落入美國的懷抱，還是說她將會有全新的外交政策設計？梅伊和強生都沒有為此提出答案。他們只是大談脫歐預示著國家將蛻變為一個「全球性英國」。更要命的是，就在英國行將離開歐洲的同時，一個新任的美國總統正在著手動搖倫敦和華府的關係。

英國女王在白金漢宮金碧輝煌舞廳舉行的晚宴上道出了這些憂慮。二〇一九年六月的那個晚上，她的一百七十名賓客中很少人能猜到這位君主身負外交任務。國宴上的貴賓是第四十五任美國總統川普。就職兩年多以後，他已經讓自己成為美國現代史上最有爭議的總統。在皇宮之外，示威者正在計劃對一個來訪領袖進行的最大規模抗議活動。柯賓和自由民主黨領袖凱布爾不客氣地拒絕和川普共進晚餐，下議院議長貝爾考也是如此。

白廳資深官員私底下都認為梅伊把川普邀請到英國來進行國事訪問是太過熱心。她在川普於二〇一七年一月宣誓就職後訪問過美國，之後英美兩國的關係就不平順。新任美國總統既反覆無常，又英國和歐洲民主政治中不可缺少的自由主義完全相左，為梅伊帶來的只有麻煩。在二〇一八年一次較短程的英國行中，大批群眾聚集在倫敦市中心抗議他的來訪。現在，沒剩幾個星期首相可當的梅伊頂著個大笑容，看著英國的達官貴人像是歡迎珍貴朋友和盟友那樣熱烈歡迎川普。女皇一輩子都在會見和招待世界領袖（很多都是殘忍無情的獨裁者），在川普面前泰然自若。川普這次訪英和標誌著諾曼第登陸七十五週年紀念的一系列事件重疊。女王在談話中強調第二次世界大戰加強了英美兩國獨一無二的情誼，又讚揚了羅斯福和邱吉爾的願景為國際關係制定了一條新道路。她告訴在座的顯貴，這兩位領袖的大智慧顯示在他們創立了一個保障和平與自由的國際架構：「在二戰分擔過犧牲之後，英美和其他盟國攜手一道創立了一個國際機構的大會，以確保恐怖的衝突永不再重演。」接著是給川普有禮貌但精準的訊息：「雖然世界已經改變，但我們永遠記得這些結構的原來目的：國與國攜手合作去守衛一個艱辛贏得的和平。」[14]她本來還可以說：英國將繼續堅決守護這些被川普取笑的多邊規則和機構。

川普的當選美國總統不過是在脫歐公投的幾個月之後。這個獨立獨行的紐約地產發展商本來是個民主黨黨員，後來卻在共和黨脫穎而出，贏得總統候選人資格。然後他在競爭白宮的比賽中打敗了希拉蕊・柯林頓。這次的總統選舉某個意義下就是美國的脫歐公投，代表著一大票選民對既有政治菁英的否定。川普對共和黨的挾持讓人聯想到保守黨內疑歐派的政變。他在選舉中的勝利也是仰仗見於脫歐公投的勞工階級怒氣和民族主義者懷舊症。英國脫歐派允諾「奪回控制權」，川普承諾「讓美國再次偉大起來」。兩者都是回望一九五〇年代：川普是回望美國的政令在蘇聯集團以外通行無阻的時代，脫歐派回望的是英國認為自己可以一切靠自己的時代。兩者的銷售對象都是不滿的選民，這些選民目睹自己的經濟安全被全球化破壞，目睹國家的文化成色受到移民的擾亂。

這兩個運動也都訴諸粗糙的排外主義。川普的靶子是從中美洲和拉丁美洲移入的非法移民，脫歐派向來自東歐和中歐的移民開火，又憑空想像歐洲很快就會被數以百萬計的土耳其移民淹沒。兩個運動都沒有理會事實，兩個運動都成功增加選民的恐懼。「英國獨立黨」的領袖法拉吉在紐約的川普大樓受到總統當選人的熱烈歡迎。川普的好鬥單邊主義讓他拒絕接受美國在二次大戰之後建立的多邊機制。在他的心目中，脫歐是類似的國家主權的重申。

川普不時為脫歐派說話讓英國政府感到厭煩，讓首相感到尷尬。但對英國來說，更危險的是他對戰後國際秩序的明顯鄙夷。川普宣稱這一類的全球主義是對美國國家利益的威脅。他讓美國退出《巴黎氣候變遷協定》，又拒絕接受歐巴馬和伊朗簽訂的核子協議。

另外他也質疑華府長期盟友的價值。諷刺的是，雖然川普是脫歐的啦啦隊隊員，但英國的脫離歐盟卻削弱了她在華府的發言權。這種挫折感顯示在拯救伊朗核子協議的努力注定失敗。二〇一八年五月，外務大臣強生被派往華府，對白宮進行最後的遊說。川普拒絕抽時間見他。強生努力遊說國務卿龐培歐、副總統彭斯和總統千金兼顧問伊凡卡，皆徒勞無功。駐美大使達洛克在發回倫敦的電報裡說：「我們對整個政府做了挽救協議所能做的一切……為了說服和左右美國政府的觀點，我們能找的人都找過。」一年後，這封電報連同一批其他的大使館通訊被洩露給了報界。這些通訊就像駐外大使私人電文慣有的那樣，對川普政府的任性和無能有忠實的描述。總統氣壞了，發了一連串憤怒的「推特」迫達洛克辭職。這時強生正在角逐梅伊首相大位的繼承權，拒絕支持達洛克。川普對待一個親密盟友的方式是前所未見的。這就是倫敦和華府的權力之間的新平衡狀態。達洛克辭去了大使之職。

「美國優先」新政策對英國的威脅再怎樣強調也不為過。一位資深外交官形容這種威脅是

「生死攸關」。如果美國斬斷自己對國際事務的錨定，她的親密盟友就會無所依歸。歷屆英國政府都以它們是北約組織中美國最可靠的盟友自豪，但現在川普卻對美國是否應該繼續防衛歐洲打上問號，因為大多數北約的歐洲成員國都沒有履行她們至少會把國民所得百分之二用於防衛的承諾。當然，其他美國總統也曾抱怨美國為了歐洲的防衛擔負太多包袱，但他們沒有人曾經質疑盟友的用處。這對於英國的核阻嚇力量會有什麼影響？要知道，根據甘迺迪和麥克米倫於一九六二年十二月在拿騷達成的協議，這種阻嚇力量至今仍然正式隸屬於北約組織。

白金漢宮國宴翌日，梅伊在唐寧街招待川普。她送給他一幅邱吉爾和羅斯福在一九四一年簽訂的《大西洋憲章》的鑲框打字稿。該憲章宣稱第二次世界大戰是奉自由和民主的名義作戰。它的八條原則——包括棄絕擴張主義、保護國界、支持民族自決和引領更大的國際合作——是戰後和平的基礎。這些都是川普所不熟悉的崇高觀念。這種溫和的糾纏持續到川普在普利茅斯和十幾個其他國家領袖參加諾曼第登陸的紀念儀式——在場每個人都簽署一份宣言，保證為了維護許多年輕士兵在一九四四年為之犧牲性命的價值觀念和自由而繼續合作。

脫歐派曾大力聲稱，一個「全球性英國」很快就會在世界各地找到新的盟友和達成新的貿易協議。現在他們都得絞盡腦汁讓這個承諾看似有幾分實質。加拿大、澳洲和好些其他國家固然都表示她們準備好和英國談判協議，但前提是英國要能先搞定她在脫歐後和歐盟的關係。無論如何，在作為歐盟成員國的那幾十年間，英國並沒有和世界其他地方切斷貿易。德國在歐盟中的地位並沒有阻止她成為快速崛起的中國的最大出口國。脫歐派認為，英國多少是被歐洲抑制住，但與例如日本或南韓等國家的貿易大可以複製業已透過歐盟取得的安排。和美國的貿易協定（川普已承諾簽署）將會向一側傾斜的，因為作為兩個經濟體中比較大的一個，美國有更多的談判籌碼。同樣的不平衡也會出現在英國和習近平愈來愈有自信的北京政權的關係之間。卡麥隆和他的財相奧斯本曾經尋求和中國打造較友好的關係，但明顯的是，北京就像華府那樣，沒有心情縱容英國。英國對習近平打壓香港民主抗議的批評招來了北京要把她打入冷宮的警告。這些都是地緣政治的現實。英國已經被脫歐所削弱。

如果梅伊面對的是一個可靠的反對黨，那麼她的談判立場和「全球性英國」的空洞之間的矛盾將會變得更加明顯。但工黨卻因為柯賓的領導而形同解除了武裝。他總是站在主流的議會政治之外。他的世界觀——激烈反美又對歐洲極端不信任——自從一九七〇年代以來就沒有改變過。有些親歐工黨議員決心要阻擋強硬脫歐派讓英國和布魯塞爾斬斷關係的企圖，卻發現他們無法在黨內取得共識。大部分人都無法想像英國選民會在什麼情況下願意選柯賓當首相。

梅伊是個天性謹慎的政治人。但在二〇一七年春天，她卻決定賭一把。她的顧問告訴她，她需要的只是在下議院有夠多的多數議席讓她可以壓制黨內的脫歐派造反分子（他們業已對她和布魯塞爾的談判構成威脅）。到了二〇一七年四月，民調顯示政府的受支持度遠勝反對黨。梅伊先繼承了十七席多數議席，如果她能夠在大選中把這個數字翻倍或者翻兩倍，她就會獲得她需要的政治權威。所以她在二〇一七年六月宣布舉行大選。但她不但沒有像預期那樣獲得多數議席的增加，反而因為表現拙劣、選戰策略失敗和選民投逆反票*而失去了絕對多數。《經濟學人》相關報導的的標題作「德蕾莎．梅伊賭輸了」[15]，下面是一幅女首相面無血色的照片。她的權威已蕩然無存，僅靠著和愛爾蘭的「民主聯盟黨」結盟而維持權力，後者的十個議員都是大號的疑歐派人物。現在尤甚於從前任何時候，如果梅伊想要推動一份和歐洲保持密切經濟關係的協議，都會需要反對黨議員的支持。然而脫歐卻愈來愈成為了保守黨內部的一場談判，這場談判的一方是強硬脫歐派，他們對於在沒有與布魯塞爾達成協議就脫歐的經濟後果不感興趣，另一方是由夏文達領導的內閣溫和派。梅伊是還在位，卻已經被架空。

政府每個月都被拉向不同的方向，而巴尼耶和他的談判團隊則是愈來愈緊張和困惑不解。歐盟這邊的挫折感由歐洲高峰會主席圖斯基完整地表達出來。自稱是親英派，他也是布魯塞爾中不放棄英國會改變脫歐決定的希望的人之一。看著保守黨的內鬥，他告訴布魯塞爾的媒體，他希望上帝「在地獄裡專門留一個地方」給那些「鼓吹脫歐卻沒有安全付諸實行草案的人」。巴尼耶發出的訊息一貫是有禮貌但堅定——除非英國放棄她有關單一市場和關稅聯盟的「紅線」，否則歐盟會給她的經濟夥伴關係將幾乎不會更優於加拿大。

夏文達的財政報告指出，如果英國不能直通她的最大市場，會付出何等重大的經濟代價。製造業的供應鏈將會斷鏈，英國的服務業將會有效地被拒諸歐盟二十七國門外。倫敦金融城已開始不斷出現國際銀行家遷移到杜拜、巴黎、盧森堡和法蘭克福的情形，而白廳也開始理解，要解除過去四十年來形成的法規有多麼千頭萬緒，無比複雜。商業法規、好些競爭政策和環境標準一直都是外包給布魯塞爾決定。如果沒有某種協議來管理英國的退群，飛機將會不能飛，手機將不能打到國外，而重要藥物的出入口亦將會停擺。一直以來，梅伊內閣和議會裡的保守黨強硬脫歐派都一口咬定英國不會有多少損傷便能退出歐盟。至少在明面上，梅伊被她二〇一七年一月在蘭開斯特府宣布的政府立場束縛住。在該演講中，她堅稱英國在擺脫布魯塞爾之後一樣可以繼續享有貿易優惠。反觀巴尼耶的談判團隊卻是冷靜、理智和絕不動搖。

隨著第五十條條款設下的時間底線愈來愈接近，梅伊開始按照布魯塞爾設定的限制修改自己的要求。然而，她在她所謂的「紅線」上的軟化卻引發她和黨內基本教義派的衝突。由於唐寧街設法遊說和安撫黨內造反分子，和歐盟的談判一度停頓有幾個月。有那麼一刻，即二〇一八年夏天，她看似把整個內閣集結在一個搖搖欲墜的妥協後面。根據在首相鄉村別墅舉行了一整天的內閣會議達成的《契喀斯協議》，政府將會設法一方面尋求繼續直通單一市場，另一方面有自由和諸如美國等第三國家達成貿易協議。不過這個讓步不到幾天便導致兩個內閣大臣去職。脫歐大臣戴維斯和外務大臣強生兩人據稱都認為首相的立場會讓英國無限期地被困在歐盟的關稅聯盟裡。使用他愈來愈不知收斂的措詞（這種措詞方式已成為他形容英歐關係的正字標記），強生指控梅伊的建議讓英國淪為歐盟的「附庸國」。

＊逆反票又稱抗議票、白票、無效票、廢票，台灣俗稱賭爛票，指在選舉中對全部候選人或現行政治體制表達不滿的選票。

那些關心國家安全、英國捍衛自身利益，和保護海外公民能力的人又有別的憂慮。北約組織代表了英國防衛的第一線，但外交官們、情報機構和國防首長強烈意識到英國與歐洲合作的價值，特別是這種合作對於反恐和反國際犯罪網絡的價值。官員指出，祕密情報局局長楊格特別要求梅伊在和歐盟達成協議時，內容應該包括確保英國可以進入申根國家搜集到的龐大情報寶庫。這些情報對打擊伊斯蘭教主義群體和其他恐怖主義群體極端重要。來自更有自信的中國和愈來愈趨向領土收復主義的俄羅斯的挑戰，對英國商業和政府部門的網路攻擊成倍增加，還有伊斯蘭主義聖戰士國際網絡的不斷擴大，全都顯示世界的秩序會愈來愈混亂。這不是一個英國和其他歐洲國家政府應該終止合作的時刻。在二〇一八年的一個演講中，前祕密情報局局長索爾斯公開說出在職官員只會在私底下說的話：

我們必須應付的新興國際秩序是一個權力放前面、規則擺兩邊的秩序。利益壓倒價值信念。英國正在離開歐盟。這個時刻也正是美國從世界的開明領導角色退後一步的時刻，正是大國政治重新恢復支配性而取代以規則為基礎的國際秩序的時刻。歐盟這時面臨了它七十年來的最大的政治挑戰，因為英國正在大膽地走出具有保護性的區域群體，獨自去面對現代世界的淒風冷雨。我很難相信這是符合我們的長遠利益。[16]

梅伊最終在二〇一八年十一月和巴尼耶的團隊達成脫歐協議。這五百九十九頁的協議既平平無奇又無比重要和具有爆炸性。說是「無比重要」是因為它一頁又一頁地列明英國對歐盟剩下的財政責任（退群帳單的價碼是三九〇億英鎊）、歐盟公民在英國的未來權利和英國公民在歐盟的未來權利，以及確保有關貿易和政治關係的後續安排將會讓北愛爾蘭和愛爾蘭保持開放邊界，在任何脫歐協定都是不可少的特殊安排。說是「平平無奇」是因為在附帶的政治聲明中所列出的經濟和政治關係的輪廓充其量是粗枝大葉，把很多最困難的問題留給未來的談判去解決。在那之前是一段過渡時期，一切將會按照原有的樣子運轉，直到二〇二〇年底為止。說這份協議具有爆炸性，是因為它赤裸裸暴露出從一開始就存在於保守黨態度的矛盾。

除了有愈來愈多保守黨議員厭倦了談判和呼籲與布魯塞爾一刀兩斷，他們也認為讓愛爾蘭邊界保持開放的建議是布魯塞爾另一個讓英國留在歐盟關稅聯盟和無限期受制於歐洲法規的陰謀。另一方面，親歐的蘇格蘭民族黨人、自由民主黨人、工黨和一小批保守黨議員又認為這協議讓英國和單一市場太過隔閡（歐盟市場是四成五英國出口貨的目的地）。

保守黨死硬派和支持妥協的人在黨內展開了一場公開的內戰，而反對黨議員中有愈來愈多人主張英國和布魯塞爾達成的任何協議都應該交付第二次公投。不過這些派系沒有一個能夠在議會中取得多數。白廳因此為之癱瘓，集體的內閣責任也完全瓦解。梅伊指望得到北愛爾蘭「民主統一黨」的支持，試了三次讓下議院通過協議，但每次都被大比數的反對票打敗。投反對票的一方面是工黨議員，另一方面是保守黨的造反分子和民主統一黨人，前者希望以「較軟」的方式脫歐，後者希望「硬脫歐」。梅伊雖然贏得一次黨內的不信任投票，但因為面對領導權的公然被挑戰和下議院的癱瘓，她被迫要求其他歐洲國家政府准予把談判原定的時間底線（二〇一九年三月二十九日）向後延。從前，保守黨在貿易和保護的事情上分裂過兩次，一次是一八四〇年代有關《穀物法》的爭論，另一次是二十世紀初期有關帝國貿易優惠權的爭論。這個黨現在看來忘記了自己的歷史。

搞政治的第一守則是學會算數。梅伊簽署了一份在下議院得不到大多數贊成的協議，而爭論的範圍一路下來變動不居。她企圖以辭職要脅同黨議員支持她的協議卻不起作用。在第三次闖關失敗後，她向現實低頭，在二〇一九年六月辭職。英國飽受挫折的歐洲夥伴們亦不想看見一次「翻車式」的脫歐，同意把談判的時間底線延至二〇一九年十月三十一日。

這是強生一直等待的時刻。在對大位的最後追求中，他執起了英國民族主義的棍棒。脫歐變成了一次對抗歐洲菁英的聖戰，這些菁英和倫敦的同謀者串通一氣，想要把英國永遠囚禁在歐盟裡。強生在他的文宣裡把怨恨加入到仇外心理中，指出親歐派企圖要顛覆「人民的意志」，所以犯了大逆罪。他是藉助他不可能實現的承諾來爭取大位——不管會發生什麼事，也不管和歐盟有沒有達成脫歐協議，英國都會在十月三十一日的最後期限脫離歐盟。這張支票是不可能兌現的。脫歐需要經過立法，也因此需要得到國會議員的批准。強生將會像梅伊一樣得不到多數票。他主張的無協議脫歐根本不具實際可能性。

強生是出了名的心口不一。他人生中有許多次說假話而被逮到的紀錄。幾年前，保守黨黨魁霍華德因為他說謊而把他從影子內閣開除出去。然而他總是有辦法東山再起。因為是黨內絕大多數人所屬意，他在七月底被選為黨魁。出任首相之後，他明確表現出他不打算讓英國在脫歐後和歐盟保持密切經濟夥伴關係。不過也發現自己就像前任首相那樣，被困在議會的僵局裡。

接下來發生的兩件非同尋常事件把英國帶到了政治崩潰和憲制崩潰的邊緣。因為想要挫敗議員們尋求再延長脫歐談判時間底線的努力，強生宣布延長議會的休會時間。這個舉措被保守黨前首相梅傑和卡麥隆指責為企圖妨礙合法的民主辯論。然後，因為在下議院投票落敗，強生又開除了二十一名中間派保守黨議員的黨籍，結果被他弟弟約・強生以辭去內閣職位打臉他。工黨議員把強生告上法庭。蘇格蘭高等法院和英國最高法院先後裁定首相延長議會復會日期的決定是不合法。兩個法庭都認為強生在尋求女王同意延長休會一事上是誤導了女王。議會於是復會，而下議院議長貝爾考決定推翻禁止反對黨議員提出議案的規定，讓他們有機會發聲。

強生發現通向無協議脫歐之路被法律封死。當他重啟他的前任所談判的協議包裹時，他的遭遇好不到哪裡去。巴尼耶表示願意調整歐盟對愛爾蘭邊界的立場，但要求強生（這是梅伊先前拒絕的）在分隔北愛爾蘭和英國其餘部分的愛爾蘭海設立一條新的虛擬邊界。「民主統一黨」因為擔心此舉會把北愛爾蘭推向和愛爾蘭重新統一之路，堅決反對。這個僵局只能用一次大選來打開。強生曾經站在首相官邸前的台階保證「沒有如果或但是」，英國一定會在十月三十一日脫歐。這是他另一個放鴿子的承諾。

當英國選民在二〇一九年十二月為選出一個新國會而投票時，民調顯示選民對英國是否應該脫歐的看法仍然是一半一半。不過和上一次不同的是，這一次留歐派些微領先。但強生擁有好幾個優勢。首先是柯賓和他的黨就如果工黨勝選是不是應該舉行另一次脫歐公投意見分歧，這讓反對黨缺乏清晰的政策。柯賓極度不受歡迎，在英格蘭中部和北部這些傳統的工黨鐵票區尤其如此。在這些地區，被遺棄的人曾以頗大比數贊成脫歐，而它們現在也是強生耕耘的焦點。如果說這些地方有留歐派的票源的話，它也是被工黨、自由民主黨、蘇格蘭民族黨和綠黨瓜分。就像「奪回控制權」口號之於二〇一六年的公投那樣，強生提出的「搞定脫歐」也成為了這一次大選的有力選戰口號。至於說真正要搞定脫歐需要花很多年時間談判這一點則可以不用理會。因為在大選中贏得八十席的多數議席，強生乃能簽署和發布他那讓英國在二〇二〇年一月三十一日正式脫離歐盟的退群協議。

他在英國脫歐後選擇來發表自己世界觀的場地並非任意。二〇二〇年二月三日，這位英國首相在倫敦格林威治舊皇家海軍學院金碧輝煌的巴洛克式「彩繪畫廳」登上講台。在他頭頂是桑希爾爵士繪製的華麗彩繪天花板，刻劃英國的偉大海戰勝利和標誌著英國對天主教歐洲的勝利的事件：威廉和瑪莉在一六八九年的登基。強生指出，光榮革命標誌著「誰應該坐在英格蘭王位上這個漫長和引起對立的政治問題的解決」。脫歐是一個類似的時刻，經過近些年的許多爭執以後，英國將要再次自由自在。「新的聯合王國正準備從下水坡滑下。」但這番振奮人心的話並沒有提及目的地。將要被英格蘭俠義海盜劫掠的西班牙帆船在哪裡？我們的首相沒有為這種闕如而煩惱，因為他所住的世界不是充滿歷史而是充滿後帝國假象。

後記　恢復探尋

從蘇伊士運河撤軍兩個月後，艾登爵士寫下了對這次潰敗的一些私人反省。他在結論裡說：這次不幸遭遇的意義並不完全在於它改變了未來的道路，而在於它揭示了現在的嚴酷現實。英國不能以既有的方式繼續走下。消化這個不討喜真相的工作將留待艾登的幾位繼任者去做。負責打頭陣的是麥克米倫對英國國力的重新評估。最終，他們的結論將會導致英國加入歐洲經濟共同體。

脫歐就像遠征蘇伊士運河一樣，是想要透過回望歷史中的美好日子而為未來繪製地圖。一如艾登曾經希望後帝國時代的英國可以保有她的強權地位，脫歐派的核心主張是此舉可以讓英國恢復她在加入歐盟前曾享有的行動自由。他們不把麥克米倫的「相互依賴」的觀念或集體行動的利益當一回事。這一次英國大概需要花更長時間才能重新適應現實。蘇伊士運河危機只是單一的震撼性事件，反觀脫歐的衝擊性卻會持續多年。不過，英國可以憑一己的喜好而行事的錯覺卻是注定會再次被粉碎。這個國家在世界上的地位總是由她的歷史所形塑，但她卻不可能像脫歐派所樂見的那樣始終凍結在歷史裡。

二〇二〇年的英國仍然擁有很多天生的實力，也是一些極高檔國際俱樂部的成員。然而就像蘇伊士運河危機之後的那樣，她迷失了方向。在結束她和歐洲鄰國四十多年的緊密勾連之後，她重新打開了艾奇遜對她在世界上的地位的疑問。大部分人一直以為這個問題已經因為希斯簽署《羅馬條約》而塵埃落定。加入歐洲共同體這個決定緊接在英軍撤出蘇伊士運河以東之後出現，讓英國成為一個歐洲大國，儘管這個英國就像法國一樣有著全球視野和利益。但拔起歐洲的錨錠之後，英國失去了角色。

國際氣候也沒有麥克米倫在艾登離開唐寧街時面對的那樣溫和。最顯而易見的是，因為世界權力的再洗牌，英國的相對經濟實力和軍事實力在這幾十年間進一步減弱。蘇伊士運河危機之後的頭號世界政治大事是美蘇的冷戰對抗，以及英國的歐洲共同體夥伴們從大戰的復甦，麥克米倫和他的繼任者所害怕的是英國被排除在這些權力集團之外。但六十年之後的世界要變得不穩定得多。「美國治世」——二戰後西方和英國的安全保證——正在崩解。來臨的時代——有人稱為「國際新失序」——看來將由中美的大國角力所形塑，也是由普丁俄國的軍事冒險主義所形塑。中東大片土地是一片火海，敘利亞和利比亞飽受內戰蹂躪，黎巴嫩處於懸崖邊緣，伊朗和美國進入永久對峙狀態。崛起中的民族主義成為了「自由國際主義」的一大挑戰，後者本來一直被視為西方在冷戰勝利後的遺產。在脫歐公投以前，卡麥隆政府曾經幻想英國可以成為中國在西方的「最好朋友」。到了二〇二〇年，北京的擴張主義外交政策和不理會國際規則的態度對西方民主制度構成廣泛挑戰。

在美國方面，她已經轉為閉鎖，採行川普的好鬥孤立主義。簡言之，在二十世紀的下半葉，穩定和講規則的國際體系——這體系保障了一段長時期的相對和平——被大國之間的競爭所取代，很像是回到了十九世紀的權力平衡體系。現在，英國必須在一九四五年以來最凶險的環境中尋找新的定位。

除了吹噓主權的失而復得以外，脫歐的鼓吹者從未能就英國應該扮演何種新角色達成共識。有些人想像擺脫歐洲的規範之後，英國可以轉型為歐陸邊緣一個活力充沛的經濟轉口港，就像一個較大的和歐洲版的新加坡那樣。和這些自由貿易鼓吹者形成對比的是英國民族主義者，他們巴望對移民甩上大門和架設貿易藩籬以保護本國產業。還有些人幻想恢復讓柴契爾夫人深受吸引的英語圈，即把英美的「特殊關係」擴大至包含澳洲、紐西蘭和加拿大。另一些人繼續指望大英帝國協可以取代帝國，另外到中國和其他新興國家尋找經濟契機。最後還有一些人相信，即使英國收回轉移給歐盟的主權，一樣可以保存和歐盟的所有經濟聯繫。在標榜所謂的「全球性英國」時，強生只是把一件披風披套在一些駁雜和常常自相矛盾的觀念上。

他是一個沒有指南針的首相。用一個每天和他一起在政府裡工作的官員的話來說，他不把尋找穩定施政路線的事放在心上。他對不討喜的事實真相和戰略選擇有一種熱情的罔顧。政治諸神沒有眷顧這種狂妄自負。新冠病毒在二〇二〇年二月底橫掃歐洲，直撲英國。這種類似「嚴重急性呼吸道症候群」（Sars）的傳染病是幾個月前首先在幾千公里外的中國武漢省爆發。歐陸各國開始鎖國，但強生的最初反應和他的為人如出一轍。他對其他國家的慌慌張張不以為然，勸國民放一百二十個心，因為英國擁有「冠絕群倫」的流行病學家和大藥廠，一定很快就會消滅病毒。他的言下之意就像脫歐已經給英國打了對抗災殃的疫苗。他話還沒說完，「二〇一九冠狀病毒」就在英國全國各地肆虐，甚至連首相本人也病倒，讓政府不得不對經濟作出空前未有的圍封。強生後來是康復了，但他的過度自信卻奪走了數以千計的生命。脫歐本來是為了重新樹立國界，但病原體可不理會這種分別。

強生在日記裡指出，二〇二〇年五月是英國例外主義一個值得大肆慶祝的日子，因為這一天是英國打敗納粹德國七十五週年紀念。不過這一天全國國民卻是躲在家裡，唯恐會感染冠狀病毒。政府對這種病毒的反應是猶豫和混亂的。英國的死亡率要高於四鄰國家。現在英國的特殊主義變成了是國家失敗的象徵而不是如強生所以為的，代表了英國的先天優越性。

脫歐改變不了全球的權力分布。不管還會發生其他什麼事，英國將必然繼續錨定在西方。這個國家的領土安全將繼續依賴由美國領導的北約組織。在歐陸以外，她必須對華府顯示出特別的效忠。然而因為有近一半的貿易是和歐盟二十七國進行，她的重大經濟利益將離不開歐陸鄰居的經濟利益。不管英國和歐盟的經濟與政治關係最後是如何安排，也不管倫敦和第三國家簽訂了多少貿易協議，與歐洲緊密互動都將會是英國想要繁榮茁壯的必要條件。脫歐的悲劇在於透過築起對這些互動的新障礙，英國的相對經濟表現必然會變差。英國也將會為脫歐付出政治代價。歐盟一直充當了英國影響力的擴大器，讓英國可以以布魯塞爾作為平台，與美國、中國和印度打交道時更能追求自己的國家利益。因為從柏林、布魯塞爾和巴黎的會議缺席，英國失去了和世界其他國家談判的政治與經濟槓桿。

這樣說不是要小覷英國的實力。不管是她深厚的民主傳統還是她與全球各地豐富的打交道經驗都是這實力的一環。在大家對誰有資格擔任安理會第六個常任理事國達成共識之前，英國將繼續坐穩她的常任理事席位。英國在北約組織和七國集團都有突出角色，在大英國協也擁有領導地位。她是世界第六或第七大經濟體，擁有的兵力在歐洲只有法國可以匹敵，而她的語言、文化和歷史都是軟實力的一個持久泉源。她的援外預算在富有國家中也是最多。另外，長久以來，英國的情報人員和外交官——用道格拉斯．赫德的話來說——都是在高於自己量級的拳賽比賽。

這些都是讓人敬畏的資產，但還缺少的是一個部署這些資產的架構（外交政策實踐者會稱之為「大戰略」）和對二流國力的鞭長一個合乎現實的評估。例如，未來如果普丁政權謀殺了一個住在倫敦的俄國流亡人士，英國要怎樣集合盟友？她要怎樣在維護香港的民主與中國對峙時贏得國際社群的支持？她要怎樣才能阻止華府預設，認為脫離歐盟的英國只是個「軟腳蝦」，不可能有膽量違抗美國的意願？

基於英國在安全上無可避免要依賴美國、經濟繁榮上無可避免要依賴歐洲的考量，白廳的資深官員在二〇二〇年夏天草擬出一個新的外交和防衛策略。他們的簡報是要給英國首相的天馬行空天花亂墜帶來一些實質的東西。[1]這份評估讓人印象深刻的特徵是它顯示出英國的選項少得可憐。當然，英國是有可能強化和延伸她在世界各地建立的雙邊關係網絡。她也有可能成為一批志同道合國家的新組織——特別是民主國家的新組織——的召集人。不過在每一個選項中，美國和歐洲都是身影巨大。面對華府，英國最重要的工作是繼續證明自己是有用的盟友，而主要方法是維持充足的國防預算。面對歐洲，英國要做的是建立一種有效取代歐盟成員夥伴關係的新關係。焦點首先是放在重建通往巴黎和柏林的橋梁，但英國還需要一些讓她可以和歐盟機構攜手合作的安排。英國最迫切的安全憂慮——不管是國際恐怖主義、有敵意國家發起的網攻還是俄國和中國動搖西方民主制度的企圖——也是歐洲的安全憂慮。所以，假如英國想要有效打擊聖戰恐怖主義，就需要繼續獲得歐盟的情報資源。

但強生政府沒有用嶄新方式思考的意願，不願意去想像英國仍然能夠對國際秩序作出貢獻卻不再假裝是一個「小型超級強權」的樣子。這樣的思考方式將會首先質疑，為什麼仍然要把數百億的英鎊繼續投注在擁有獨立核子嚇阻力量的假象上？何不把這筆錢些花在改變英國艦隊長久以來的衰落趨勢，花在購買數量足夠的戰鬥機和確保英國規模較小的軍隊擁有潛在敵人所沒有的科技優勢上？難道英國不是應該把預算更多投注在提高情報和外交部門的戰力而不是投注在製造航空母艦之類的顯赫計畫？那些要找一個字眼來形容英國自一九四五年以來外交和國防政策弱點的人，會認為沒有比「過度擴張」更好的詞了。歷屆政府一貫拒絕按照國力的削弱來看待英國在世界上的地位。這種實事求是的態度和脫歐主導者的玫瑰色想像力鑿枘不入。在他們心目中，英國總是「冠絕群倫」。彌合巨大國際野心和國力縮減現實的鴻溝，這工作將有待未來的英國首相來做。強生從不知道假裝大國和以一個偉大民族的方式行事的分別何在——

這種分別是七十年前由蒂澤德爵士首先揭櫫。

脫歐還有著一個特別險惡、攸關生死的危險。離開歐盟有可能是讓另一個聯盟最後瓦解的催化劑。歷史也許最後將會記載，二〇一六年的公投不只是決定了英國和歐陸鄰居的關係，還決定了不列顛的未來，決定了聯合王國的未來。最顯而易見的是，脫歐協議割裂了北愛爾蘭和英國其餘部分的關係。人員和貨物將會繼續可以在北愛爾蘭和愛爾蘭的邊界兩邊自由流動，無須檢查也不會遇到任何障礙。然而，北愛爾蘭和英國其餘部分的貿易卻會受到新的限制，因為愛爾蘭海現在成為了一條邊界。南、北愛爾蘭的重新統一看來不會是一個太遙遠的前景。然而更尖銳的決裂是發生在倫敦和愛丁堡之間。先前，蘇格蘭人在一場公投中拒絕了獨立，不過兩年後，當他們以更大的選票比數選擇留在歐洲，卻發現他們的決定被英格蘭的脫歐派選票壓倒。聯合王國的聯合條件事實上已經被英格蘭保守黨人改寫。蘇格蘭現在被倫敦方面告知，它必須按照倫敦所說的話去做。蘇格蘭民族主義的支持者因此激增。所以，最後會落得孤伶伶的到底是英國還是英格蘭只有天曉得。

參考書目

談論有在本書上場的角色和事件的著作汗牛充棟。以下列舉者是我認為最有用的，還有我最常引用的官方檔案館的網址。這份名單遠談不上是完備。

值得特別一提的著作有：Peter Hennessy 談二戰後一、二十年的優異史作；已故 Hugo Young 對英歐折騰關係的精彩敘述；Keith Kyle 的傑作《蘇伊士運河》（*Suez*）；Roger Louis 編的談「不那麼特殊的」大西洋關係的文集；Michael Charlton 對嘗試讓英國和歐洲親近的推手們的精彩訪談。對任何想了解脫歐路徑的讀者而言，Stephen Wall 就英國和歐洲的愛恨關係的局內人記述是必讀之作。有六間檔案館的優異數位收藏可以讓人窺見歷史發生時的歷史現場。

Acheson, Dean, *Present at the Creation*, W. W. Norton and Company, New York, first published 1969, reprinted 1987.

Ashdown, Paddy, *The Ashdown Diaries, Volume Two 1997–1999*, Allen Lane, London, 2001.

Bales, Tim, *The Conservative Party from Thatcher to Cameron*, Polity, London, 2010.

Beckett, Andy, *When the Lights Went Out: Britain in the Seventies*, Faber & Faber, London, 2009.

Benn, Tony, *Out of the Wilderness, Diaries 1963–67*, Arrow, London, 1989.

Bennett, Gill, *Six Moments of Crisis: Inside British Foreign Policy*, Oxford University Press, Oxford, 2013.

Blair, Tony, *A Journey*, Hutchinson, London, 2010.

Brinkley, Douglas, *Dean Acheson: The Cold War Years 1953–71*, Yale University Press, New Haven and London, 1990.

Brinkley, Douglas, 'Dean Acheson and the Special Relationship', *The Historical Journal*, 33, 3 (1990).

Brown, Gordon, *My Life, Our Times*, The Bodley Head, London, 2017.

Burk, Kathleen and Cairncross, Alec, *Goodbye Great Britain: The 1976 IMF Crisis*, Yale University Press, New Haven and London, 2002.

Butler, David and Kitzinger, Uwe, *The 1975 Referendum,* Palgrave Macmillan, London, 1976.

Callaghan, James, *Time and Chance*, Collins, London, 1987.

Campbell, John, *Edward Heath: A Biography*, Pimlico/Random House, London, 1994.

Catterall, Peter (Ed.), *The Macmillan Diaries: The Cabinet Years, 1950–1957*, Macmillan, London, 2003.

Catterall, Peter (Ed), *The Macmillan Diaries, Vol. II: Prime Minister and After, 1957–1966*, Macmillan, London, 2011.

Charlton, Michael, *The Price of Victory*, BBC, London, 1983.

Chilcot, John (Chair), *The Iraq Inquiry: Report of a Committee of Privy Councillors*, HC264/265, HMSO,

London, 2016.

Clarke, Peter, *The Last Thousand Days of the British Empire: Churchill*, Roosevelt, and the Birth of the Pax Americana, Bloomsbury, London, 2009.

Clinton, Bill, *My Life*, Hutchinson, Random House, London, 2004.

Colman, Jonathan, *A 'Special Relationship'? Harold Wilson, Lyndon B. Johnson and Anglo–American Relations*, Manchester University Press, Manchester, 2004.

Colville, John, *The Fringes of Power, Downing Street Diaries, Vol. II*, Hodder and Stoughton, London, 1985.

Cradock, Percy, *Know Your Enemy: How the Joint Intelligence Committee Saw the World*, John Murray, London, 2002.

Daddow, Oliver J. (Ed.), *Harold Wilson and European Integration*, Frank Cass Publishers, London, 2003.

Dalton, Hugh, *High Tide and After: Memoirs 1945–1960*, Frederick Muller, London, 1962.

Denman, Roy, *Missed Chances: Britain and Europe in the Twentieth Century*, Cassell, London, 1996.

Donoughue, Bernard, *Downing Street Diary: With Harold Wilson in No. 10*, Jonathan Cape, London, 2005.

Dumbrell, John, 'The Johnson Administration and the British Labour Government: Vietnam, the Pound and East of Suez', *Journal of American Studies*, vol. 30, no. 2, Cambridge University Press, 1996.

Eden, Anthony, *Full Circle: The Memoirs of Anthony Eden*, Houghton Mifflin, London, 1960.

Elliot, Francis and Hanning, *James, Cameron: The Rise of the New Conservative*, Fourth Estate, London, 2007.

Freedman, Lawrence, *The Official History of the Falklands Campaign. Volume 1: The Origins of the Falklands*

War, Routledge, Abingdon, 2005.

Freedman, Lawrence, *The Official History of the Falklands Campaign. Volume II: War and Diplomacy*, Routledge, Abingdon, 2007.

Garnett, Mark, Mabon, Simon and Smith, Robert, *British Foreign Policy Since 1945*, Routledge, Abingdon, 2018.

Garton Ash, Timothy, *In Europe's Name: Germany and the Divided Continent*, Random House, New York, 1993.

Greenstock, *Jeremy, Iraq: The Cost of War*, Heinemann, London, 2016.

Hannay, David, *Britain's Quest for a Role: A Diplomatic Memoir from Europe to the UN*, IB Tauris, London, 2012.

Healey, Denis, *The Time of My Life*, Michael Joseph, London, 1989.

Heath, Edward, *The Course of My Life*, Hodder and Stoughton, London, 1988.

Henderson, Nicholas, *Mandarin: The Diaries of Nicholas Henderson*, Weidenfeld and Nicolson, London, 1994.

Hennessy, Peter, *Having It So Good: Britain in the 1950s*, Allen Lane/Penguin, London, 2006.

Hennessy, Peter, *Never Again: Britain 1945–51*, Vintage, London, 1993.

Hennessy, Peter, *The Prime Minister: The Office and Its Holders Since 1945*, Allen Lane/Penguin, 2000.

Hennessy, Peter, *The Secret State: Whitehall and the Cold War*, Allen Lane/Penguin, London, 2003.

Hennessy, Peter, *Winds of Change: Britain in the Early Sixties*, Allen Lane, London, 2019.

Horne, Alistair, *Macmillan: 1957–86*, Macmillan, London, 1996.

Howe, Geoffrey, *Conflict of Loyalty*, Macmillan, London, 1994.

Hurd, Douglas, *Memoirs*, Little, Brown, London, 2003.

Jay, Douglas, *Sterling: A Plea for Moderation*, Sidgwick & Jackson, London, 1985.

Jenkins, Roy, *A Life at the Centre*, Macmillan, London, 1991.

Kavanagh, Dennis and Seldon, Anthony, *The Major Effect*, Macmillan, London, 1994.

Kenny, Michael and Pearce, Nick, *Shadows of Empire: The Anglosphere in British Politics*, Polity, London, 2019.

Kissinger, Henry, *The White House Years*, Little, Brown and Company, Boston, 1999.

Kyle, Keith, *Suez: Britain's End of Empire in the Middle East*, Weidenfeld and Nicolson, London, 1991.

Lamb, Richard, *The Macmillan Years, 1957–1963*, The Emerging Truth, John Murray, London, 1995.

Liddle, Roger, *The Europe Dilemma: Britain and the Drama of European Integration*, IB Tauris, London, 2014.

Louis, Wm Roger and Bull, Hedley (Eds), *The Special Relationship: Anglo–American Relations Since 1945*, Clarendon Press, Oxford, 1986.

Major, John, *The Autobiography*, HarperCollins, London, 1999.

Mayne, Richard, Johnson, Douglas and Tombs, Robert (Eds), *Cross Channel Currents: 100 Years of the Entente Cordiale*, Routledge, London, 2004.

Monnet, Jean, *Memoirs*, William Collins and Sons, London, 1976.

Moore, Charles, *Margaret Thatcher: Vol. I, Not for Turning*, Allen Lane, London, 2013.

Moore, Charles, *Margaret Thatcher: Vol. II, Everything She Wants*, Allen Lane, London, 2015.

Naughtie, James, *The Accidental American: Tony Blair and the Presidency*, Macmillan, London, 2004.

Neustadt, Richard E., *Alliance Politics*, Columbia University Press, New York, 1970.

Neustadt, Richard E., *Report to JFK: The Skybolt Crisis in Perspective*, Cornell University Press, New York, 1999.

Newhouse, John, *Imperial America: The Bush Assault on the World Order*, Alfred A. Knopf, New York, 2003.

Ogilvie-White, Tanya, *On Nuclear Deterrence: The Correspondence of Sir Michael Quinlan*, Routledge, London, 2011.

Patten, Chris, *Not Quite the Diplomat: Home Truths About World Affairs*, Allen Lane, London, 2005.

Pimlott, Ben, *Harold Wilson*, Harper Collins, London, 1993.

Powell, Jonathan, *Great Hatred, Little Room: Making Peace in Northern Ireland*, Bodley Head, London, 2008.

Riddell, Peter, *Hug Them Close: Blair, Clinton, Bush and the Special Relationship*, Politico, London, 2003.

Roberts, Richard, *When Britain Went Bust: The 1976 IMF Crisis*, OMFIF Press, London, 2016.

Roll, Eric, *Crowded Hours*, Faber & Faber, London, 1985.

Salmon, Patrick (Ed.), *Documents on British Policy Overseas, Series III, Volume VII: German Unification 1989–1990*, Routledge, London, 2010.

Seitz, Raymond, *Over Here*, Phoenix/Orion, London, 1998.

Self, Robert, *British Foreign and Defence Policy Since 1945*, Palgrave Macmillan, London, 2010.

Stephens, Philip, *Tony Blair*, Viking/Penguin, New York, 2004.

Stephens, Philip, *Politics and the Pound: The Conservatives' Struggle with Sterling*, Macmillan, London, 1996.

Straw, Jack, *Last Man Standing*, Macmillan, London, 2012.

Thatcher, Margaret, *The Downing Street Years*, Harper Collins, London, 1993.

Thatcher, Margaret, *The Path to Power*, Harper Collins, London, 1995.

Wall, Stephen, *The Official History of Britain and the European Community, Vol II: From Rejection to Referendum, 1963–1975*, Routledge, London, 2012.

Wall, Stephen, *The Official History of Britain and the European Community, Vol III: The Tiger Unleashed, 1975–1985*, Routledge, London, 2019.

Wall, Stephen, *A Stranger in Europe: Britain and the EU, from Thatcher to Blair*, Oxford University Press, Oxford, 2008.

Wallace, William, 'British Foreign Policy after the Cold War', International Affairs, vol. 68, no. 3, London, July 1992.

Wright, Patrick, *Behind Diplomatic Lines: Relations with Ministers*, Biteback, London, 2018.

Young, Hugo, *This Blessed Plot: Britain and Europe, from Churchill to Blair*, Macmillan, London, 1998.

Ziegler, Philip, *Wilson: The Authorised Life, Weidenfeld and Nicolson*, London, 1993.

網站

National Archives, Kew, London: nationalarchives.gov.uk US National Archives: archives.gov
Hansard: parliament.uk
National Security Archive, George Washington University, Washington DC: nsarchive.gwu.edu
Office of the Historian, Department of State, Washington, DC: history.state.gov
The Margaret Thatcher Foundation: margaretthatcher.org
The John F. Kennedy Library and Archive: JFKlibrary.org

注釋

序幕

1 Cited in Young, Hugo, *This Blessed Plot: Britain and Europe from Churchill to Blair*, Macmillan, London, 1998, p. 24.

2 Speech at Columbia University, 11 January 1952.

3 'Britain, the Commonwealth and Europe', Conservative Central Office, October 1962.

4 Neustadt, Richard E., *Alliance Politics*, Columbia University Press, New York, 1970, pp. 111–12.

5 Hansard, 8 April 1975, c. 1027.

6 Speech at the Lord Mayor's Banquet, 22 November 1999.

7 Self, Robert, *British Foreign and Defence Policy Since 1945*, Palgrave Macmillan, London, 2010, p. 117.

8 Neustadt, *Alliance Politics*, p. 5.

9 Young, *This Blessed Plot*, p. 1.

10 Charlton, Michael, *The Price of Victory*, BBC, London, 1983, p. 307.

第一章

1 Anthony Logan, *Financial Times*, 8 January 1986.

2 The protocol is published in Avi Shlaim, 'The Protocol of Sèvres, 1956: Anatomy of a War Plot', *International Affairs*, Vol. 73, No. 3 (1997).

3 Colville, John, *The Fringes of Power: Downing Street Diaries Vol. II*, Hodder and Stoughton, London, 1985, p. 364.

4 National Archives, CAB 128/30, CM 56, 54th Conclusions, 27 July 1956.

5 'CIA Confirms Role in 1953 Iran Coup', National Security Archive, Washington, Electronic Briefing Book No. 435, 19 August 2013.

6 Catterall, Peter (Ed.), *The Macmillan Diaries: The Cabinet Years, 1950–1957*, Macmillan, London, 2003, p. 587.

7 'Factors Affecting Egypt's Policy in the Middle East and North Africa', 20 April 1956, JIC (56), 20 Final.

8 National Archives, CAB 128/30, CM 56, 54th Conclusions, 27 July 1956.

9 同前。

10 Office of the Historian, 'Message from Prime Minister Eden to President Eisenhower, 27 July 1956', *Foreign Relations of the United States, Suez Crisis*, Vol. XVI.

11 Kyle, Keith, *Suez: Britain's End of Empire in the Middle East*, Weidenfeld and Nicolson, London, 1991, p. 148.

12 同前。

13 Office of the Historian, 'Letter from President Eisenhower to Prime Minister Eden, 31 July 1956', *Foreign Relations*.

14 同前。

15 Louis, Wm. Roger, and Bull, Hedley (Eds), *The Special Relationship: Anglo–American Relations Since 1945*, Clarendon Press, Oxford, 1986, p. 275.

16 Eden, Anthony, *The Reckoning: The Eden Memoirs*, Cassell, London, 1965, p. 513.

17 Hansard, HOC, Vol. 557, cc. 1602–18, 2 August 1956.

18 Hennessy, Peter, *The Prime Minister: The Office and Its Holders Since 1945*, Allen Lane/Penguin Press, London, p. 233.

19 Kyle, *Suez*, p. 320.

20 同前 , p. 295.

21 Kyle, *Suez*, p. 290.

22 Logan, *Financial Times*, 8 January 1986.

23 Shlaim, 'The Protocol of Sèvres, 1956'.

24 Logan, *Financial Times*, 8 January 1986.

25 See Kyle, *Suez*, p. 388.

26 *Observer*, 4 November 1956.

27 Kyle, *Suez*, p. 256.

28 Office of the Historian, *Foreign Relations of the United States, Suez Crisis, Special Watch Report of the Intelligence Advisory Committee*, 28 October 1956, Vol. XVI.

29 'The American Presidency Project: Radio and Television Report to the American People on the Developments in Eastern Europe and the Middle East', national radio and television address, 31 October 1956, available at UC Santa Barbara.

30 Louis, *The Special Relationship*, p. 277. See also Office of the Historian, 'Memorandum of a Discussion at the 302nd Meeting of the National Security Council', 1 November 1956.

31 Hennessy, *The Prime Minister*, p. 243.

32 Neustadt, *Alliance Politics*, p. 26.

33 Hansard, HOC, Vol. 562, cc. 1456–63, 20 December 1956.

34 Office of the Historian, *Foreign Relations of the United States, Suez Crisis, Memorandum from the Secretary of State's Special Assistant for Intelligence*, 5 December 1956, Vol. XVI.

35 Kyle, *Suez*, p. 426

36 同前。

37 同前 , p. 467.

第11章

1 Colville, John, *The Fringes of Power*, p. 204.

2 Crossman, Richard, 'The Making of Macmillan', *Sunday Telegraph*, 9 February 1964.

3 Catterall, *The Macmillan Diaries*, p. 187.

4 Acheson, Dean, *Present at the Creation*, W. W. Norton and Company, New York, 1969, reprinted 1987, p. 387.

5 Watt, David, *The Inquiring Eye*, Penguin, London, 1988, p. 85.

6 Speech at Westminster College, Fulton, Missouri, 5 March 1946, winstonchurchill. org.

7 See the National Archives, 'UKUSA Agreement', GCHQ files HW80/1-HW80-10.

8 Speech at University of Zurich, 21 September 1946, winstonchurchill.org.

9 Winston Churchill, 'Humble Address on the Death of President Roosevelt', House of Commons, 17 April 1945.

10 Louis, *The Special Relationship*, p. 52.

11 Hansard, HOC, Vol. 417, cc. 421–558, 12 December 1945.

12 Dalton, Hugh, *High Tide and After: Memoirs 1945–1960*, Frederick Muller, London 1962, pp. 74–5. See also Louis, *The Special Relationship*, pp. 51–2.

13 Hansard, HOC, Vol. 417, cc. 421–558, 641–739, 12/13 December 1945.

14 同前。

15 Lord George-Brown, *In My Way: The Political Memoirs of Lord George-Brown*, Gollancz, London, 1971, p. 243.

16 Louis, *The Special Relationship*, p. 45.

17 See Garnett, Mark, Mabon, Simon, and Smith, Robert, *British Foreign Policy Since 1945*, Routledge, Abingdon, 2018, p. 95.

18 Louis, *The Special Relationship*, p. 54.

19 Hewitt, Gavin, 'Strains on the Special Relationship', BBC News, 20 April 2016.

20 Cited in Ruane, Kevin, *Churchill and the Bomb in War and Cold War*, Bloomsbury, London, 2016, p. 57.

21 National Churchill Museum, 'The Bright Gleam of Victory', speech at Mansion House, 11 November 1942.

22 Michael Howard, 'The 1995 FCO Annual Lecture, 1945–1995: Fifty Years of European Peace', FCO Historians, October 1995.

23 National Archives, CAB 129/53, C(52) 202, 18 June 1952.

24 Office of the Historian, 'United States Objectives and Programs for National Security', National Security Paper NSC-68, 1950.

25 Louis, *The Special Relationship*, p. 261.

26 See the American Presidency Project, UC Santa Barbara, 'Declaration of Common Purpose by the President and the Prime Minister of the United Kingdom', 25 October 1957.

27 Office of the Historian, 'Memorandum of a Conference with the President, White House, Washington,

October 22, 1957’, *Foreign Relations of the United States, 1955–1957, Western Europe and Canada*, Vol XXVII, p. 311.

28 National Archives, C. (58) 77, 10 April 1958, ‘Anglo–American Relations’, note by the Secretary of State for Foreign Affairs.

29 Louis, *The Special Relationship*, p. 87.

30 Office of the Historian, ‘Information Memorandum from the Assistant Secretary of State-Designate for European Affairs (Burt) to Secretary of State Haig, 21 May 1982’, Foreign Relations of the United States, 1981–1988, Vol. XIII, 283.

31 Catterall, Peter, *The Macmillan Diaries Vol. II: Prime Minister and After*, Macmillan, London, 2009, p. 239.

第三章

1 Denman, Roy, *Missed Chances: Britain and Europe in the Twentieth Century*, Cassell, London, 1996, p. 196.

2 Catterall, *The Macmillan Diaries Vol. II*, p. 313.

3 Kyle, *Suez*, p. 267.

4 Speech to the College of Europe, Bruges, 20 September 1988; margaretthatcher. org.

5 同前。

6 National Archives, ‘Future Policy Study, 1960–70’, FP (60) 1, Cab 129/100, 24 February 1960.

7 Young, *This Blessed Plot*, p. 73.

8 Acheson, *Present at the Creation*, p. 385.

9 Charlton, *The Price of Victory*, p. 21.

10 同前 , p. 81.

11 同前 , p. 67.

12 同前 , p. 70.

13 同前 , p. 67.

14 *Documents of British Policy Overseas, Foreign & Commonwealth Office*, 2nd Series, Vol. I, 1986, pp. 6–7.

15 See Denman, *Missed Chances*, p. 188.

16 Charlton, *The Price of Victory*, p. 115.

17 同前 , p. 117.

18 Young, *This Blessed Plot*, p. 83.

19 Denman, *Missed Chances*, p. 199.

20 Young, *This Blessed Plot*, p. 118.

21 Cited in Bogdanor, Vernon, 'From the European Coal and Steel Community to the Common Market', Gresham Lecture, 12 November 2013.

22 Hennessy, Peter, *Having It So Good: Britain in the 1950s*, Penguin/Allen Lane, London 2006, p. 594.

23 Hansard, HOC, 27 June 1950, Vol. 476, cc. 2104–59.

24 Statement by Edward Heath, Paris, 10 October 1961, available at CVCE, EU, University of Luxembourg.

25 Hennessy, *Having It So Good*, p. 615.

26 Bennett, Gill, *Six Moments of Crisis: Inside British Foreign Policy*, Oxford University Press, Oxford, 2013, p. 86.

27 Speech at Labour Party conference, 3 October 1962.

28 See Young, *This Blessed Plot*, p. 163.

29 Anthony Eden, speech at Columbia University, January 1952.

30 Conservative Central Office, 'Britain, the Commonwealth and Europe', October 1962.

31 Catterall, *The Macmillan Diaries Vol. II*, p. 431.

32 Available at University of Luxembourg, CVCE.eu.

33 Catterall, *The Macmillan Diaries Vol. II*, p. 535–9.

第四章

1 Catterall, *The Macmillan Diaries Vol. II*, p. 523.

2 Acheson, *Present at the Creation*, p. 385.

3 For a detailed account of the Westpoint speech, see Neustadt, Richard, 'Dean Acheson and the Special Relationship: The West Point Speech of December 1962', *Historical Journal*, Vol. 33, No. 3 (1990), pp. 599–608.

4 同前。

5 Catterall, The Macmillan Diaries Vol. II, p. 523.
6 Neustadt, *Alliance Politics*, p. 52–3.
7 Louis, *The Special Relationship*, p. 91.
8 同前 , pp. 118/19.
9 同前 , p. 120.
10 Hennessy, *Having It So Good*, p. 182.
11 同前 , p. 329.
12 同前 , p. 339.
13 See the National Security Archive, 'Consultation Is Presidential Business: Secret Understandings on the Use of Nuclear Weapons', NSA Electronic Briefing Book, No. 159.
14 Colville, *The Fringes of Power*, p. 345.
15 Garnett, *British Foreign Policy Since 1945*, p. 119.
16 Louis, *The Special Relationship*, p. 105.
17 Lamb, Richard, *The Macmillan Years, 1957–1963: The Emerging Truth*, John Murray, London, 1995, p. 298.
18 See Neustadt, *Alliance Politics*, p. 38.
19 Office of the Historian, Letter from Kennedy to Macmillan transmitted via outgoing telegram, Department of State, to US Ambassador, London, 8 May 1961.
20 Neustadt, Richard, E., *Report to JFK: The Skybolt Crisis in Perspective*, Cornell University Press, New York,

1999, p. 134.

21 同前, p. 77.

22 Office of the Historian, Department of State, 20778, Memorandum of Conversation, 19 December 1962.

23 John F. Kennedy Presidential Library, 'Kennedy–Macmillan Joint Statement, Nassau, 21 December 1962'.

24 National Archives, Cab. 128/36 (62), 76th Conclusions, 22 December 1961.

25 Charlton, *The Price of Victory*, p. 283.

26 Catterall, *The Macmillan Diaries Vol. II*, p. 527.

27 同前, p. 528.

28 Neustadt, *Alliance Politics*, p. 35.

29 Louis, *The Special Relationship*, p. 97.

30 Charlton, *The Price of Victory*, p. 294.

31 Neustadt, *Alliance Politics*, p. 111.

32 See Lamb, *The Macmillan Years, 1957–1963*, p. 319.

33 Margaret Thatcher Foundation, 'Letter to Reagan (Trident nuclear deterrent)', 11 March 1982.

34 同前。

35 Ronald Reagan Presidential Library and Museum, 'Letter to Prime Minister Margaret Thatcher of the United Kingdom Confirming the Sale of the Trident II Missile System to the [sic] Her Country', 11 March 1982.

36 Press conference at NATO summit in Warsaw, 9 July 2016.

37 作者採訪。

38 Garnett, British Foreign Policy Since 1945, p. 152.

第五章

1 Office of the Historian, Telegram from the Embassy in the United Kingdom to the Department of State, 16 October 1964. *Foreign Relations of the United States, 1964–68*, Volume XII, Western Europe, 230.

2 同前。

3 Speech at the Guildhall, 16 November 1964.

4 Healey, Denis, *The Time of My Life*, Michael Joseph, London, 1989, p. 280.

5 Speech at Labour Party conference, Scarborough, 1 October 1963.

6 Speech at Birmingham Town Hall, 19 January 1964.

7 Hansard, HOC, Vol. 653, cc. 32–167, 5 February 1962.

8 *The New Britain*, Labour Party Manifesto 1964.

9 Dumbrell, John, 'The Johnson Administration and the British Labour Government', *Journal of American Studies*, Vol. 30, No. 2, Part 2, August 1996, p. 214.

10 Office of the Historian, 'Telegram from the Embassy in the United Kingdom to the Department of State', 16 October 1964.

11 Hansard, HOC, Vol. 704, cc. 629–705, 16 December 1964.

12 Benn, Tony, *Out of the Wilderness: Diaries 1963–67*, Arrow, London, 1989, p. 108.

13 'The Wind of Change', speech to the South African parliament, Cape Town, 3 February 1960.

14 作者採訪。

15 Self, *British Foreign and Defence Policy Since 1945*, p. 70.

16 Colman, Jonathan, *A 'Special Relationship'? Harold Wilson, Lyndon B. Johnson and Anglo–American Relations,* Manchester University Press, Manchester, 2004, p. 31.

17 Ziegler, Philip, Gresham College Lecture, 21 February 2006; see also Ziegler, Philip, *Wilson: The Authorised Life*, Weidenfeld and Nicolson, London, 1993.

18 Office of the Historian, 'Memorandum of a Telephone Conversation between President Johnson and Prime Minister Wilson, 10 February 1965'. *Foreign Relations of the United States 1964–68*, Vol. II, Vietnam, January–June 1965.

19 同前。

20 Quoted by Davies, Peter, 'Sterling and Strings', *London Review of Books*, 20 November 2008.

21 Office of the Historian, *Foreign Relations of the United States, 1964–1968*, Vol. V, Vietnam, Circular 137167, 17 February 1967.

22 Dumbrell, 'The Johnson Administration and the British Labour Government', p. 231.

23 Healey, *The Time of My Life*, p. 334.

24 Davies, 'Sterling and Strings'.

25 Office of the Historian, 'Memorandum from the President's Special Adviser for National Security Affairs (Bundy) to President Johnson, 3 June 1965'. See also 'Memorandum from Francis M. Bator to the President's Special Assistant for NSC Affairs, 29 July 1965'.

26 National Archives, Cabinet Papers, CC (68), 7th Conclusions, 15 January 1968.

27 Hansard, HOC, Vol. 756, cc. 1787–911, 17 January 1968.

28 Bennett, *Six Moments of Crisis*, p. 101.

29 Hennessy, Peter, *Winds of Change: Britain in the Early Sixties*, Allen Lane, London, 2019, p. 31.

30 Young, *This Blessed Plot*, p. 190.

31 同前 , p. 192.

第六章

1 Campbell, John, *Edward Heath: A Biography*, Pimlico/Random House, London, 1994, p. 335.

2 Young, *This Blessed Plot*, p. 220.

3 Michael Cockerell, 'Ted Heath and Me', *Guardian*, 19 July 2005.

4 Campbell, *Edward Heath*, p. 335.

5 Young, *This Blessed Plot*, p. 228.

6 同前 , p. 226.

7 Hansard, HOC, Vol. 823, cc. 1732–2033, 2076–217, 27/28 October 1971.

8 Louis, *The Special Relationship*, p. 97.
9 Heath, Edward, *The Course of My Life*, Hodder and Stoughton, London, 1988, p. 493.
10 Office of the Historian, *Foreign Relations of the United States, 1969–1976*, Vol. E-15, Part 2, 'Message from British Prime Minister Heath to President Nixon, 25 July 1973'.
11 Office of the Historian, 'Message from British Prime Minister Heath to President Nixon, 4 September 1973'.
12 Kissinger, Henry, *The White House Years*, Little, Brown and Company, Boston, 1999, p. 961.
13 作者採訪。
14 Beckett, Andy, *When the Lights Went Out: Britain in the Seventies*, Faber & Faber, London, 2009, p. 147.
15 Butler, David, and Kitzinger, Uwe, *The 1975 Referendum*, Palgrave Macmillan, London, 1976, p. 12.
16 Young, *This Blessed Plot*, p. 280.
17 同前, p. 291.
18 *Sun*, 7 June 1975.
19 *The Times*, 7 June 1975.
20 Young, *This Blessed Plot*, p. 290.
21 作者採訪。
22 Speech at Labour Party conference, Blackpool; available at britishpoliticalspeech. org.
23 Seitz, Raymond, *Over Here*, Phoenix/Orion, London, 1998, p. 213.
24 National Archives, 'Britain's Decline, Its Causes and Consequences', Diplomatic Report no. 129/79, FCO,

HM Ambassador at Paris, 31 March 1979.

第七章

1 作者採訪。

2 同前。

3 Thatcher, Margaret, *The Path to Power*, HarperCollins, London, 1995, p. 57.

4 Margaret Thatcher Foundation, speech at Kensington Town Hall, 19 January 1976.

5 Margaret Thatcher Foundation, letter to President Carter, 2 October 1979.

6 Moore, Charles, *Margaret Thatcher, Vol. 1: Not for Turning*, Allen Lane, London, p. 442.

7 Thatcher, Margaret, *The Downing Street Years*, HarperCollins, London, 1993, p. 156.

8 Margaret Thatcher Foundation, speech accepting Donovan Award ('The Defence of Freedom'), 28 February 1981.

9 National Archives, cited in *The Times*, 1 May 2014.

10 Freedman, Lawrence, *Britain and the Falklands War*, Institute of Contemporary British History, Basil Blackwell, Oxford, p. 23.

11 Bennett, *Six Moments of Crisis*, p. 169.

12 Hansard, HOC, Vol. 21, cc. 633–68, 3 April 1982.

13 同前。

14 同前。

15 Margaret Thatcher Foundation, Falklands: Henderson Valedictory Despatch ('US Policy in the Falkands Crisis with Some Valedictory Comments on US/UK Relations'), 27 July 1982.

16 Thatcher, *The Downing Street Years*, p 198.

17 Office of the Historian, 'Transcript of a Telephone Conversation between President Reagan and British Prime Minister Thatcher', *Foreign Relations of the United States, 1981–88*, Vol. XIII.

18 Hansard, HOC, Vol. 25, c. 738, 15 June 1982.

19 Thatcher, *The Downing Street Years*, p. 235.

20 作者採訪。

21 Hansard, HOC, Vol. 971, cc. 620–736, 25 July 1979.

22 Moore, Charles, *Not for Turning*, p. 452.

23 私人談話。

24 Wright, Patrick, *Behind Diplomatic Lines: Relations with Ministers*, Biteback, London, 2018, p. 1.

25 作者採訪。

26 Moore, Charles, *Margaret Thatcher, Vol. II: Everything She Wants*, Allen Lane, London, 2015, p. 129.

27 作者採訪。

28 Thatcher, *The Downing Street Years*, p. 444.

29 作者採訪。

30 同前。

31 Margaret Thatcher Foundation, 'Press Conference after Andropov's Funeral', 14 February 1984.

32 Margaret Thatcher Foundation, 'Return to Moscow', Margaret Thatcher's memoir, 16 March 1985.

33 Margaret Thatcher Foundation, 'Record of a Meeting between the Prime Minister and President Reagan at Camp David, 22 December 1984'.

34 同前。

35 Moore, *Everything She Wants*, p. 252.

36 作者採訪。

37 US National Security Archive, 'Session of CC CPSU Politburo, Outcomes of Margaret Thatcher's Visit, 16 April 1987'.

38 Hurd, Douglas, *Memoirs*, Little, Brown, London, 2003, p. 381.

39 National Archives, Ref. PREM 19/3175. See also Salmon, Patrick (Ed.), *Documents on British Policy Overseas, Series III, Volume VII: German Unification 1989–1990*, Routledge, London, 2010, p. 79, text and footnote.

40 US National Security Archive, 'Record of Conversation between Mikhail Gorbachev and Margaret Thatcher, 23 September 1989', written by Anatoly Chernyaev. See also 'The Thatcher–Gorbachev Conversations', National Security Archive Electronic Briefing Book No. 422, posted 12 April 2013.

41 Speech to the College of Europe, Bruges.

42 Wright, *Behind Diplomatic Lines*, p. 188.

43 Salmon, *Documents on British Policy Overseas*, pp. 164–5.

44 Hurd, *Memoirs*, p. 382.

45 Timothy Garton Ash, 'Britain Fluffed the German Question', *Guardian*, 21 October 2009.

46 Interview with Nicholas Ridley, 'Saying the Unsayable About the Germans', *Spectator*, 14 July 1990. Available at the Margaret Thatcher Foundation.

第八章

1 Hansard, HOC, Vol. 889, cc. 1020–150, 8 April 1975.

2 同前。

3 作者採訪。

4 同前。

5 Wall, Stephen, *A Stranger in Europe: Britain and the EU from Thatcher to Blair*, Oxford University Press, Oxford, 2008, p. 5.

6 作者採訪。

7 Observer, 25 November 1990.

8 Thatcher, *The Downing Street Years*, p. 730.

9 作者採訪。

10 同前。
11 同前。
12 Thatcher, *The Downing Street Years*, p. 558.
13 Speech to the College of Europe, Bruges.
14 同前。
15 同前。
16 Sun, 1 November 1990.
17 作者採訪。
18 Stephens, Philip, *Politics and the Pound: The Conservatives' Struggle with Sterling*, Macmillan, London, 1996, p. 104.
19 Thatcher, *The Downing Street Years*, p. 840.
20 私人談話。
21 Thatcher, *The Downing Street Years*, p. 309.
22 Hurd, Memoirs, p. 399.
23 作者採訪。
24 Hansard, HOC, Vol. 178, cc. 869–91, 30 October 1990.
25 Hansard, HOC, Vol. 180, cc. 461–66, 13 November 1990.

第九章

1 作者採訪。
2 Wall, *A Stranger in Europe*, p. 111–12.
3 與作者私下對談。
4 Wall, *A Stranger in Europe*, p. 110.
5 與作者私下對談。
6 Hansard (HOC), Vol.199, cc. 269–320, 20 November 1991.
7 Wall, *A Stranger in Europe*, p. 114.
8 Stephens, *Politics and the Pound*, p. 147.
9 Speech to Scottish Confederation of British Industry, Glasgow, 10 September 1992.
10 與作者對談。
11 Hansard, HOC, Vol. 226, cc. 281–85, 9 June 1993.
12 Major, John, *The Autobiography*, HarperCollins, London, p. 498.
13 Seitz, Over Here, pp. 279–81.
14 Released by National Archives, December 2018; see Financial Times, 28 December 2018.
15 作者採訪。
16 Wall, *A Stranger in Europe*, p. 157.

第十章

1 Chilcot, John (Chair), *The Report of the Iraq Inquiry: Report of a Committee of Privy Councillors*, HC264/265, HMSO, London, 2016.
2 私人談話。
3 Speech to Friedrich-Ebert Foundation, Bonn, 30 May 1995.
4 私人談話。
5 Press conference, Downing Street garden, 29 May 1997.
6 作者採訪。
7 同前。
8 Speech at the Lord Mayor's Banquet, 22 November 1999.
9 Stephens, Philip, *Tony Blair*, Viking/Penguin, New York, 2004, p. 210.
10 作者採訪。
11 私人談話。
12 作者採訪。
13 同前。
14 私人談話。
15 'The New Challenge for Europe', speech delivered at Aachen on receipt of the Charlemagne Prize, 13 May 1999.

16 作者與布萊爾的談話。
17 作者採訪。
18 私人談話。
19 Remarks at White House, 6 February 1988.
20 Stephens, *Tony Blair*, p. 119.
21 Ashdown, Paddy, *The Ashdown Diaries: Volume Two, 1997–1999*, Allen Lane, London, 2001, p. 127.
22 Stephens, *Tony Blair*, p. 157.
23 同前。
24 'It Will Be Peace, On Our Terms', *The Times*, 7 May 1999.
25 Speech at University of Sofia, 17 May 1999.
26 作者採訪。
27 'Doctrine of the International Community', prime minister's speech in Chicago, 22 April 1999.
28 Stephens, *Tony Blair*, pp. 169–70.
29 Prime minister's speech at Lord Mayor's Banquet, 22 November 1999.
30 Stephens, *Tony Blair*, p. 187.
31 同前，p. 196.
32 同前，pp. 196–200.
33 作者採訪。

34 The Economist, 10 January 2002.

35 作者採訪。

36 Tony Blair, letter to George W. Bush, 11 October 2001, published in Chilcot, The Iraq Inquiry.

37 Stephens, Tony Blair, p. 205.

38 Tony Blair, letter to George W. Bush, 28 July 2008, published in Chilcot, The Iraq Inquiry.

39 For advice of intelligence chiefs, see Chilcot, The Iraq Inquiry.

40 See Stephens, *Tony Blair*, pp. 209–37.

41 作者採訪。

42 同前。

43 同前。

44 同前。

45 同前。

46 Stephens, *Tony Blair*, p. 235.

47 作者採訪。

48 Liddle, Roger, *The Europe Dilemma: Britain and the Drama of European Integration*, I. B. Tauris, London, 2014, p. 177.

49 作者採訪。

50 同前。

51 同前。

第十一章

1 作者採訪。
2 同前。
3 同前。
4 Prime minister's speech at Mansion House, 15 November 2010.
5 作者採訪。
6 私人談話。
7 Hansard, HOC, Vol. 566, cc. 1555–6, 29 August 2013.
8 Ministry of Defence paper made available to author.
9 LBC radio interview, 4 April 2006.
10 作者採訪。
11 同前。
12 Prime minister's EU speech at Bloomberg, 23 January 2013.
13 Prime minister's speech on Scottish independence, 7 February 2014.
14 Prime minister's speech at Bloomberg.
15 See *Financial Times magazine*, 22 January 2016.

16 私人談話。
17 *Financial Times*, 17 May 2012.
18 與德國官員的私下談話。
19 私人談話。
20 同前。
21 *Financial Times*, 23 June 2014.
22 Statement issued by Vote Leave campaign, 27 April 2016.
23 *Financial Times*, 23 June 2014.

第十二章

1 私人談話。
2 Interview with *The Times*, 13 September 2019.
3 私人談話。
4 同前。
5 Speech at Conservative Party conference, 5 October 2016.
6 Speech at Trinity College, Cambridge, 10 October 2018.
7 *The Economist*, 7 January 2017.
8 See Stephens, Philip, 'Britain's Latest Brexit Strategy: Any Deal Will Do', *Financial Times*, 22 March 2018.

9 私人談話。

10 同前。

11 Reported by Reuters, 14 July 2016.

12 'Johnson Appointment Divides Opinion', *Financial Times*, 14 July 2016.

13 Speech at Chatham House, 7 November 2017.

14 The Queen's speech at US State Banquet, 3 June 2019; royal.uk.

15 *The Economist*, 10 June 2017.

16 2018 Sir Edward Heath Charitable Foundation Lecture, Salisbury, 19 October 2018.

17 Prime minister's speech, Greenwich, 3 February 2020.

後記

1 與作者談話。

圖片來源

Churchill, Truman and Stalin at Potsdam (*Imagno/Getty Images*)
Clement Attlee meets the crew of an American B-29 Superfortress bomber at RAF Marham, October 1949 (*Ron Burton/Getty Images*)
Ernest Bevin meets Robert Schuman in Brussels, December 1950 (*Walter Carone/Getty Images*)
Anthony Eden speaks to the nation after Nasser seizes the Suez Canal, August 1956 (*Keystone/Getty Images*)
An anti-Suez demonstration in Trafalgar Square, November 1956 (*Mark Kauffman/Getty Images*)
Eisenhower is driven through London in an open-topped Rolls-Royce, August 1959 (*Fox Photos/Getty Images*)
De Gaulle slams the European door in Macmillan's face at Rambouillet, December 1962 (*Keystone-France/Getty Images*)
Macmillan and JFK in Nassau, December 1962 (*Bettmann/Getty Images*)
Harold Wilson in Washington in 1965 (*Rolls Press/Popperfoto/Getty Images*)
Devaluation paves the way for Wilson's retreat from East of Suez (Rolls Press/Popperfoto/Getty Images)
Edward Heath and France's Georges Pompidou during Common Market negotiations in May 1971 (*Rolls Press/*

Popperfoto/Getty Images)

Prime Minister James Callaghan and his chancellor, Denis Healey, in July 1976 (*Evening Standard/Getty Images*)

François Mitterrand and Margaret Thatcher meet in November 1981 (*Jacob Sutton/Getty Images*)

Thatcher and Reagan in Washington, June 1982 (*David Hume Kennerly/Getty Images*)

Thatcher leaves 10 Downing Street for the last time in November 1990 (*Richard Baker/Getty Images*)

Tony Blair with Irish prime minister Bertie Ahern in Belfast, June 1999 (*Paul Faith/Getty Images*)

Blair with George W. Bush at the US president's ranch in Crawford, Texas, April 2002 *(Stephen Jaffe/Getty Images*)

David Cameron announces his resignation the day after the June 2016 referendum (*Bloomberg/Getty Images*)

The last laugh for UKIP leader and pro-Brexit campaigner Nigel Farage (*Richard Stonehouse/Getty Images*)

Boris Johnson and Donald Trump at the December 2019 NATO summit in Watford (*Dan Kitwood/Getty Images*)

索引

人名

三至四畫

五畫

六畫

七畫

八畫

九畫

十畫

十一畫

十二畫

十三畫

十四畫

十五畫以上

文獻、條約

三至十畫

十一畫以上

地名

四至十畫

內蓋夫沙漠　Negev desert　46
巴斯拉　Basra　296, 307, 320-321
巴摩拉城堡　Balmoral　119
加萊　Calais　370
史丹利港　Port Stanley　197-198, 203-204
史卡博羅　Scarborough　142
史特拉斯堡　Strasbourg　91, 163, 225, 234
布里克斯頓　Brixton　259
布魯日　Bruges　9, 31, 87, 181, 229, 241, 243, 261, 268, 338
甘島　Gan　141
皮特肯群島　Pitcairn　146
安娜堡　Ann Arbor　123
自由城　Freetown　296
色佛爾　Sèvres　33-34, 47-48, 51, 53
杜倫　Durham　101, 104
沙姆沙伊赫　Sharm el-Sheikh　46
貝爾格拉維亞區　Belgravia　139, 272
亞丁　Aden　158
亞歷山卓　Alexandria　37
東盎格利亞　East Anglia　73
東赫特福德郡　East Hertfordshire　172
波昂　Bonn　86, 91, 97, 123, 161, 219, 222, 226-227, 232, 238, 260
金斯灣　Kings Bay　136
金絲雀碼頭　Canary Wharf　314
阿卡巴灣　Gulf of Aqaba　44, 46
南喬治亞與南桑威奇群島　South Georgia and the South Sandwich Islands　197
哈特斯菲爾德　Huddersfeld　150
垂斯坦昆哈　Tristan da Cunha　146
契喀斯　Chequers　46-47, 162, 166, 214-216, 226, 297-299, 379
威特尼　Witney　319
查哥斯群島　Chagos Islands　147
科索沃　Kosovo　270, 292-295, 302, 305
迪亞哥加西亞島　Diego Garcia　62, 130, 147
埃內韋塔克環礁　Enewetak Atoll　119

十一畫以上

機構和組織

其他

三至十畫

十一畫以上

孤獨英國：
從大英帝國到大英國協，加入歐洲共同體到脫歐，英國將走向何方？

作　　者　菲利浦・史蒂芬（Philip Stephens）
譯　　者　梁永安
選書責編　張瑞芳
編輯協力　林穎鈺
專業校對　童霈文
版面構成　張靜怡
封面設計　陳文德
行銷統籌　張瑞芳
行銷專員　段人涵
出版協力　劉衿妤
總 編 輯　謝宜英
出 版 者　貓頭鷹出版

發 行 人　凃玉雲
發　　行　英屬蓋曼群島商家庭傳媒股份有限公司城邦分公司
104 台北市中山區民生東路二段 141 號 11 樓
劃撥帳號：19863813；戶名：書虫股份有限公司
城邦讀書花園：www.cite.com.tw　購書服務信箱：service@readingclub.com.tw
購書服務專線：02-2500-7718~9（週一至週五 09:30-12:30；13:30-18:00）
24 小時傳真專線：02-2500-1990~1
香港發行所　城邦（香港）出版集團／電話：852-2877-8606 ／傳真：852-2578-9337
馬新發行所　城邦（馬新）出版集團／電話：603-9056-3833 ／傳真：603-9057-6622
印 製 廠　中原造像股份有限公司
初　　版　2022 年 12 月
定　　價　新台幣 699 元／港幣 233 元（紙本書）
新台幣 489 元（電子書）
I S B N　978-986-262-592-7（紙本平裝）／ 978-986-262-587-3（電子書 EPUB）

讀者意見信箱　owl@cph.com.tw
投稿信箱　owl.book@gmail.com
貓頭鷹臉書　facebook.com/owlpublishing

國家圖書館出版品預行編目資料

孤獨英國：從大英帝國到大英國協，加入歐洲共同體到脫歐，英國將走向何方？／菲利浦・史蒂芬（Philip Stephens）著；梁永安譯 . -- 初版 . -- 臺北市：貓頭鷹出版：英屬蓋曼群島商家庭傳媒股份有限公司城邦分公司發行 , 2022.12
面；　公分 .
譯自：Britain alone: the path from Suez to Brexit.
ISBN 978-986-262-592-7（平裝）

1. CST：政治發展　2. CST：外交政策
3. CST：歐洲聯盟　4. CST：英國

574.41　　111017003